CONTABILIDADE TRIBUTÁRIA NA PRÁTICA

O GEN | Grupo Editorial Nacional – maior plataforma editorial brasileira no segmento científico, técnico e profissional – publica conteúdos nas áreas de ciências sociais aplicadas, exatas, humanas, jurídicas e da saúde, além de prover serviços direcionados à educação continuada e à preparação para concursos.

As editoras que integram o GEN, das mais respeitadas no mercado editorial, construíram catálogos inigualáveis, com obras decisivas para a formação acadêmica e o aperfeiçoamento de várias gerações de profissionais e estudantes, tendo se tornado sinônimo de qualidade e seriedade.

A missão do GEN e dos núcleos de conteúdo que o compõem é prover a melhor informação científica e distribuí-la de maneira flexível e conveniente, a preços justos, gerando benefícios e servindo a autores, docentes, livreiros, funcionários, colaboradores e acionistas.

Nosso comportamento ético incondicional e nossa responsabilidade social e ambiental são reforçados pela natureza educacional de nossa atividade e dão sustentabilidade ao crescimento contínuo e à rentabilidade do grupo.

FRANCISCO COUTINHO CHAVES
ÉRIKA GADÊLHA MUNIZ

CONTABILIDADE TRIBUTÁRIA NA PRÁTICA

2ª Edição

Os autores e a editora empenharam-se para citar adequadamente e dar o devido crédito a todos os detentores dos direitos autorais de qualquer material utilizado neste livro, dispondo-se a possíveis acertos caso, inadvertidamente, a identificação de algum deles tenha sido omitida.

Não é responsabilidade da editora nem dos autores a ocorrência de eventuais perdas ou danos a pessoas ou bens que tenham origem no uso desta publicação.

Apesar dos melhores esforços dos autores, do editor e dos revisores, é inevitável que surjam erros no texto. Assim, são bem-vindas as comunicações de usuários sobre correções ou sugestões referentes ao conteúdo ou ao nível pedagógico que auxiliem o aprimoramento de edições futuras. Os comentários dos leitores podem ser encaminhados à **Editora Atlas Ltda.** pelo e-mail editorialcsa@grupogen.com.br.

Direitos exclusivos para a língua portuguesa
Copyright © 2010 by
Editora Atlas Ltda.
Uma editora integrante do GEN | Grupo Editorial Nacional

Reservados todos os direitos. É proibida a duplicação ou reprodução deste volume, no todo ou em parte, sob quaisquer formas ou por quaisquer meios (eletrônico, mecânico, gravação, fotocópia, distribuição na internet ou outros), sem permissão expressa da editora.

Rua Conselheiro Nébias, 1384
Campos Elísios, São Paulo, SP – CEP 01203-904
Tels.: 21-3543-0770/11-5080-0770
editorialcsa@grupogen.com.br
www.grupogen.com.br

Capa: Zenário A. Oliveira
Composição: Lino-Jato Editoração Gráfica

Composição: Formato Serviços de Editoração Ltda.

Dados Internacionais de Catalogação na Publicação (CIP)

(Câmara Brasileira do Livro, SP, Brasil)

Chaves, Francisco Coutinho

Contabilidade tributária na prática / Francisco Coutinho Chaves, Érika Gadêlha Muniz. – 2. ed. – [2. Reimpr.] – São Paulo : Atlas, 2018.

Bibliografia
ISBN 978-85-97-00364-2

1. Contabilidade tributária 2. Contabilidade tributária – Leis e legislação I. Muniz, Érika Gadêlha. II. Título.

10-06920 CDD-657.46

Índice para catálogo sistemático:

1. Contabilidade tributária 657.46

À minha querida Rosário, Companheira de todas as horas, de quem recebo muito apoio.

Aos meus filhos, Ricardo, Rodrigo e Bia, e, como não poderia deixar de ser, aos meus queridos netos, Marco Antônio, Mateus e Davi, razão da minha vida.

Francisco Coutinho Chaves

A Deus por todas as bênçãos que generosamente tem me concedido, iniciando-se com minha vida.

Aos meus pais, José Edilson Muniz e Elizomar Gadêlha de Almeida Muniz, por sempre terem acreditado em mim.

Ao meu enamorado Manoel Cavalcanti Gomes de Freitas Filho por todo apoio e carinho.

Érika Gadêlha Muniz

Sumário

Nota Preliminar, xvii

Introdução, 1

1 Comentários gerais, 3
    1.1 Finalidade, 3
    1.2 Do patrimônio, 4
    1.3 Dos fatos, 5
        1.3.1 Do fato administrativo permutativo, 5
        1.3.2 Do fato administrativo modificativo, 6
        1.3.3 Do fato administrativo misto, 8
        1.3.4 Das considerações gerais sobre os fatos administrativos, 9
    1.4 Princípios fundamentais de contabilidade, 11
        1.4.1 Princípio da entidade, 11
        1.4.2 Princípio da competência, 14

2 Plano de conta, 15
    2.1 Considerações gerais, 15
    2.2 Modelo de plano de conta, 15

3 Disponível, 20
    3.1 Comentários gerais, 20
    3.2 Conta caixa, 20

3.2.1 Integralização de capital, 22

3.2.2 Compra a vista, 28

3.2.3 Venda a vista, 30

3.2.4 Recebimento de empréstimo de sócio, 31

3.2.5 Recebimento de empréstimo de terceiro, 37

3.3 Banco Conta Movimento, 37

3.3.1 Do depósito, 38

3.3.2 Saque de cheque e débitos de taxas bancárias, 48

3.3.2.1 Saque de cheque, 48

3.3.2.2 Débitos de taxas bancárias, 51

3.4 Das aplicações financeiras, 51

3.4.1 Do valor aplicado, 51

3.4.2 Do IRRF, 51

3.5 Provisão do IR e da CSLL, 55

3.6 Do Razão das contas, 56

3.7 Posição patrimonial, 63

3.8 Demonstração do resultado, 64

3.9 Dos custos tributários, 65

3.10 Resumo e efeito dos lançamentos com relação às contas do disponível, 66

4 Contas a receber, 68

4.1 Da venda a prazo, 68

4.1.1 Ajuste a valor presente, 69

4.2 Do desconto de duplicata, 74

4.3 Do recebimento das duplicatas, 75

4.4 Reconhecimento das perdas, 75

4.5 Da contabilização das perdas, 78

4.6 Da provisão para o IR e para a CSLL, 82

4.7 Do Razão das contas, 83

4.8 A nova posição patrimonial, 88

4.9 Demonstração de resultado, 89

4.10 Demonstrativo dos custos tributários, 90

4.11 Resumo e efeito dos lançamentos feitos neste grupo de contas, 90

5 Impostos a recuperar, 92

5.1 IRRF, 93

5.2 PIS e COFINS, 100

5.2.1 Dos créditos relativos à não cumulatividade, 100

5.2.2 Dos créditos relativos à retenção e ao pagamento a maior, 104

5.3 ICMS, 108

5.4 Contribuições sociais previdenciárias, 113

5.5 CSLL, 116

6 Estoque de mercadoria, 117

6.1 Estoque comércio, 117

6.2 Estoque indústria, 121

7 Adiantamentos, 123

7.1 Adiantamentos de salário, 123

7.2 Adiantamentos de salários e 13º (décimo terceiro), 127

7.3 Adiantamentos a fornecedores, 128

7.4 Da provisão do IR e da CSLL, 130

7.5 Do Razão das contas, 131

7.6 A nova posição patrimonial, 137

7.7 Demonstração de resultado, 138

7.8 Demonstrativo dos custos tributários, 139

7.9 Resumo e efeito dos lançamentos com relação às contas de adiantamento, 139

8 Despesas de exercícios seguintes, 141

8.1 Seguro, 141

    8.1.1 Comentários gerais, 141

8.2 Dos lançamentos, 142

8.3 Da Provisão do IR e da CSLL, 143

8.4 Do Razão dos lançamentos contábeis neste capítulo, 144

8.5 Posição patrimonial, 146

8.6 Demonstração do resultado, 147

8.7 Resumo e efeito dos lançamentos com relação às despesas de exercícios seguintes, 149

9 Empréstimos a coligadas, 150

9.1 Comentários gerais, 150

9.2 Do IOF, 150

9.3 Dos encargos financeiros, 154

9.4 Do IRRF, 157

9.5 Prática, 158

9.6 Da provisão do IR e da CSLL, 160

9.7 Do Razão, 161

9.8 Posição patrimonial, 164

9.9 Demonstração do resultado, 165

9.10 Demonstrativo dos custos tributários, 166

9.11 Resumo e efeito dos lançamentos com relação aos empréstimos a coligadas, 167

10 Investimentos, 168

10.1 Comentários gerais, 168

10.2 Investimentos avaliados pelo método de custo, 168

10.2.1 Dos dividendos, 169

10.2.2 Dos lançamentos, 170

10.3 Investimentos avaliados pelo método de equivalência patrimonial, 170

10.3.1 Desmembramento, 175

10.3.2 Ajuste de equivalência patrimonial, 187

10.3.3 Provisão para perda, 189

10.3.4 Da provisão para o IR e para a CSLL, 190

10.3.5 Do Razão, 190

10.3.6 Posição patrimonial, 192

10.3.7 Demonstração do resultado, 193

10.3.8 Demonstrativo dos custos tributários, 194

10.3.9 Resumo e efeito dos lançamentos com relação às Contas de Investimentos, 195

11 Imobilizado, 196

11.1 Comentários gerais, 196

11.2 Manutenção, 199

11.3 Depreciação, 201

11.3.1 Das taxas, 201

11.3.2 Depreciação acelerada, 204

11.3.3 Atividade rural, 205

11.3.4 Dos procedimentos com as depreciações incentivadas, 205

11.3.5 Dos incentivos à inovação tecnológica, 207

11.3.6 Dos incentivos às microrregiões nas áreas de atuação das extintas Sudene e Sudam, 208

11.4 *Leasing*, 209

11.5 Ganhos e perdas de capital na alienação de bens do ativo imobilizado, 212

11.6 Créditos das contribuições para o PIS e COFINS, 213

11.7 Das despesas financeiras incorporadas aos bens, 214

11.8 Prática, 221

11.9 Da provisão do IR e da CSLL, 228

11.10 Do Razão, 229

11.11 Posição patrimonial, 233

11.12 Demonstração do resultado, 235

11.13 Demonstrativo dos custos tributários, 235

11.14 Resumo e efeito dos lançamentos com relação às contas do imobilizado, 236

11.15 Bens Intangíveis, 237

12 Fornecedores, 238

12.1 Comentários gerais, 238

12.2 Dos valores referentes a ajuste a valor presente, 242

12.2.1 Tributação do ajuste a valor presente, 242

12.2.2 Reconhecimento das despesas financeiras referente ao ajuste a valor presente com a revenda da mercadoria, 243

12.3 Das variações cambiais, 259

12.4 Dos descontos, 263

12.5 Das importações, 266

12.6 Na prática, 271

12.7 Da provisão do IR e da CSLL, 274

12.8 Do Razão, 275

12.9 Da posição patrimonial, 280

12.10 Demonstração do resultado, 281

12.11 Demonstrativo dos custos tributários, 282

12.12 Resumo e efeito dos lançamentos com relação às contas de fornecedores, 283

13 Empréstimos e Financiamentos, 284

13.1 Comentários gerais, 284

13.2 Na prática, 286

13.3 Da provisão do IR e da CSLL, 289

13.4 Do Razão das contas, 289

13.5 Posição patrimonial, 293

13.6 Demonstração do resultado, 294

13.7 Demonstrativo dos custos tributários, 295

13.8 Resumo e efeito dos lançamentos com relação às contas de empréstimos e financiamentos, 296

14 Das Obrigações Sociais e Tributárias, 297

14.1 Comentários gerais, 297

14.2 Previdência social, 303

14.3 Do IRRF, 310

14.4 PIS e COFINS a pagar, 311

14.5 FGTS a pagar, 313

14.6 ICMS, 314

14.7 Dos incentivos fiscais e doações, 315

14.8 Dos lançamentos, razões e demonstração de resultado na contabilidade societária, 316

14.9 Do Razão, 319

14.10 Posição patrimonial, 322

14.11 Demonstração do resultado, 324

14.12 Demonstrativo dos custos tributários, 324

14.13 Resumo e efeito dos lançamentos com relação às contas das obrigações sociais e tributárias, 325

15 Provisões, 326

15.1 Provisão de imposto ou contribuição, 326

15.2 Provisão de férias, 328

15.3 Provisão de gratificação para empregado, 329

15.4 Décimo terceiro salário, 333

15.5 Provisão para contingências, 337

15.6 Do livro Razão, 337

15.7 Posição patrimonial, 341

15.8 Demonstração do resultado, 342

15.9 Demonstrativo dos custos tributários, 343

15.10 Resumo e efeito dos lançamentos com relação às contas de provisões, 344

16 Comentários Gerais Sobre as Contas de Resultado, 345

16.1 Custos das vendas de bens ou serviços, 345

16.2 Despesas operacionais, 347

16.2.1 Despesas com remuneração de dirigentes, 348

16.2.2 Despesas de propaganda, 351

16.2.3 Das despesas com multas, 352

16.2.4 Do reembolso de seguro, 353

16.2.5 Multas com rescisão de contrato, 353

16.2.6 Roubo de mercadorias – com cobertura do seguro, 354

16.2.7 Roubo de mercadorias – sem cobertura do seguro, 354

16.2.8 Das despesas com desfalques e apropriação indébita, 354

16.2.9 Dos incentivos fiscais de ICMS, 354

16.2.10 Das despesas com viagens, veículos e transportes, 356

16.2.11 Das despesas de doação, 357

16.2.12 Rateio de despesas comuns entre empresas do mesmo grupo, 358

16.2.13 Das despesas com tecnologia, 359

16.2.14 Despesas em nome de terceiros, 361

16.2.15 Das despesas que devem ser rateadas pelo período de competência, 362

16.2.16 Tributos com exigibilidade suspensa, 362

16.2.17 Das despesas comprovadas por recibos, notas simplificadas, cupons fiscais e documentos inidôneos, 363

16.2.18 Da reparação de danos patrimoniais, 363

16.2.19 Das despesas financeiras, 364

16.2.20 Variações passivas, 365

16.2.21 Das despesas com créditos junto a sócios, 365

16.3 Das receitas não operacionais, 365

16.3.1 Operações de desapropriação de imóvel rural, 365

16.3.2 Do resultado positivo nas compras e vendas de participações societárias, 366

16.3.2.1 Resultado nas compras de quotas ou ações de terceiro, 367

16.3.2.2 Lucro na venda das ações, 368

17 Do Cálculo do Imposto de Renda e Contribuição Social sobre Lucro, 370

17.1 Comentários gerais, 370

17.2 Lucro real, 370

17.3 Lucro presumido, 374

17.3.1 Das pessoas jurídicas autorizadas a optar, 374

17.3.2 Das pessoas jurídicas não autorizadas a optar, 375

17.3.3 Das receitas que deverão ser consideradas para cálculo do limite, 376

17.3.4 Quando fazer a opção, 376

17.3.5 Do início das atividades, 376

17.3.6 Da base de cálculo do Imposto de Renda, 377

17.3.7 Do percentual, 379

Referências, 381

Nota Preliminar

Este livro é de introdução à contabilidade tributária, sempre com exemplos práticos, dessa forma apresentando passo a passo os procedimentos contábeis, fiscal e tributário no operacional de uma pessoa jurídica.

Cumpre-me ressaltar que este trabalho não é um livro de contabilidade avançada e sim introdutória, sempre voltado para as definições de fatos geradores de tributos, com recomendações no sentido de evitar autuação fiscal, como também à apresentação de linhas de defesas nos casos em que sejam necessárias as respectivas impugnações administrativas ou ajuizamento de ações judiciais.

É destinado aos profissionais de Contabilidade, Administração e Advocacia que militam na área tributária e aplicam o referido Direito, como também aos estudantes das respectivas áreas, sempre com o intuito de contribuir com informações básicas sobre os fatos geradores de tributos.

Como não poderia deixar de ser, este trabalho faz comentário sobre alguns procedimentos, ao nosso entendimento, errôneos por parte das autoridades fiscais na aplicação da legislação fiscal.

Ressalta-se que, sempre, ao salientar o nosso pensamento perante um procedimento fiscal, o fundamentamos no entendimento jurisprudencial da matéria, que em última instância é o intérprete do Direito posto e sempre observa os princípios do devido processo legal e de trânsito em julgado.

Como é de conhecimento dos profissionais das áreas relacionadas com a Contabilidade, existe a classificação dos fatos administrativos, como também existem determinados fatos que não são fatos geradores de tributos; diante dessa realidade distinta, verifica-se que em alguns procedimentos de fiscalização há equívocos resultantes em constituição indevida de crédito tributário, que estão demonstrados neste livro com muita clareza.

Para melhor compreensão pelo leitor neste livro, foi criada uma sociedade fictícia cujo nome é ABC Comércio Ltda., onde são destacados, desde sua constituição até o encerramento de um exercício, exemplos de lançamentos contábeis e a evolução de seu patrimônio.

Cada capítulo trata de um grupo de contas, sendo sempre apresentadas a parte conceitual e a prática, mostrando os lançamentos contábeis, razão das contas movimentadas, como também as demonstrações das variações patrimoniais e quais os efeitos fiscais dos exemplos dados em cada capítulo.

Acrescente-se ainda que no final de cada capítulo é evidenciado um resumo com a classificação dos fatos administrativos apresentados no respectivo capítulo.

Este trabalho é fruto da experiência do Autor, de vários anos de trabalho com contabilidade, auditoria e revisões fiscais, como também de participações constantes em seminários, conferências e encontros, sempre direcionados a um público eclético, formado por empresários, executivos, advogados, contadores, administradores e estudantes, conjugado com a experiência da Coautora, militante na advocacia especializada no Direito Tributário.

O objetivo deste trabalho, continuando o pensamento do livro anterior do autor de *Planejamento tributário*,[1] foi manter um diálogo fácil e acessível, procurando contribuir com o conhecimento na área contábil-tributária, demonstrando a evolução patrimonial de uma empresa comercial, salientando os procedimentos adotados, destacando com uma atenção especial os procedimentos que usualmente são adotados, apesar de equivocados, e as consequências do ato, possibilitando a autuação fiscal, bem como o entendimento jurisprudencial, administrativo e judicial acerca da matéria.

Dessa forma, esperamos que este trabalho possa contribuir para o correto entendimento dos conceitos contábeis de cada grupo de contas, além da necessária aplicação dos mesmos através dos demonstrativos e das escriturações, bem como da classificação e dos efeitos que pode ter a adoção de procedimentos contábeis, conforme a correta compreensão da lei e a interpretação dada, quer pelo conselho administrativo, quer pelos tribunais pátrios.

---

[1] CHAVES, Francisco Coutinho. *Planejamento tributário na prática*. São Paulo: Atlas, 2009.

Agradecimentos

Em primeiro, a DEUS, à Comunidade Católica Shalom, minha família espiritual, aos meus pais já falecidos, Alcêncio Lira Chaves e Antônia Edmilsa Coutinho Chaves, que, mesmo com as dificuldades do agricultor do interior cearense, souberam compreender a importância do conhecimento e me apoiaram e me incentivaram nos meus estudos; por fim agradeço ao Prof. José Ferreira Silva Bastos, chefe da Divisão de Educação Continuada da Vice-Reitoria de Extensão da Universidade de Fortaleza – UNIFOR –, pela gentileza de fazer a revisão dos originais.

Francisco Coutinho Chaves

Agradecimentos

Em primeiro lugar e acima de todas as coisas, a DEUS por toda bondade e amor eterno que tem por todos, inclusive por mim.

Agradeço ainda a todos os meus familiares e amigos e, em especial, ao namorado, pela compreensão da ausência e pela amizade incondicional, um dos maiores tesouros de minha vida.

Por fim, aos professores que tive e aos sócios e colegas de trabalho, por terem a cada dia me ensinado lições novas, contribuindo para meu desenvolvimento intelectual.

Érika Gadêlha Muniz

Introdução

Na atualidade, com a carga tributária muito elevada, a contabilidade tributária é ferramenta necessária para todos os profissionais ligados à gestão empresarial, sejam contadores, economistas, administradores de empresas, advogados e outros.

Ocorre que o conhecimento em contabilidade tributária para o operador do Direito Tributário é importante para identificar quais os fatos administrativos que são fatos geradores de tributos. Por se tratar de tema por demais importante, ressalta-se que este trabalho não tem a pretensão de ser aplicado de forma isolada, porquanto se trata de estudos introdutórios à contabilidade tributária.

Muitas autuações fiscais são improcedentes em razão de cobrança de tributos sobre fatos administrativos que não são fatos geradores de tributos.

Com efeito, a contabilidade é o ponto de partida para a avaliação do fato administrativo, de modo que este livro trata de registros contábeis sempre voltados para o aspecto tributário.

Dessa forma, será narrada a história fictícia de uma sociedade empresarial desde a sua constituição até o encerramento do primeiro período de apuração do Imposto de Renda e da Contribuição Social sobre o lucro líquido.

A cada fato administrativo serão feitos os lançamentos que lhe são correspondentes e quando necessário serão feitos comentários e algumas citações jurisprudenciais cabíveis.

Cada capítulo corresponde a um grupo de conta, no qual são citados exemplos de fatos que lhe são relacionados. Ao final, serão apresentadas uma posição patrimonial, uma demonstração de resultado, uma demonstração dos custos e o resumo dos efeitos fiscais dos eventos relacionados às contas estudadas.

Como se trata de um livro de introdução na prática, em cada capítulo estará transcrito o Razão referente ao grupo de contas que foi trabalhado e, no último capítulo, o Razão de todas as contas.

Nos comentários de cada capítulo serão apresentadas algumas determinações ou vedações legais, bem como jurisprudências administrativas e judiciais sobre a aplicação da legislação fiscal.

1

Comentários Gerais

1.1 Finalidade

A contabilidade registra os fatos geradores de tributos na pessoa jurídica, como também fatos econômicos que não geram tributos e outros que têm reflexos indiretos na carga tributária da empresa.

Diante da complexidade da legislação tributária e fiscal, é importante que a contabilidade tributária seja utilizada como uma ferramenta na elucidação de algumas questões tributárias, surgindo daí a necessidade de os profissionais que atuam no ramo do Direito Tributário terem alguns conhecimentos contábeis básicos.

É importante que o profissional conheça as terminologias aplicadas à contabilidade, como também os fatos administrativos que modificam a situação patrimonial. Partindo-se dessa premissa, poder-se-á entender como é fundamental a importância desses conhecimentos básicos.

Como os fatos geradores de tributos nas pessoas jurídicas são registrados na contabilidade, assim é importante que o profissional tenha habilidade para manusear os livros contábeis e interpretar cada registro.

Em uma autuação fiscal, a autoridade fiscal menciona em seu relatório a descrição dos fatos geradores dos tributos constantes do auto de infração, de forma que é preciso que o profissional faça uma análise na contabilidade para embasar sua defesa.

Um exemplo do parágrafo anterior pode ser facilmente visualizado a partir de uma pequena história:

Uma empresa emitiu vários cheques, porém não comprovou a destinação dos valores, embora todos os saques tenham sido contabilizados como: saída da conta bancária e entrada no caixa.

A fiscalização autuou a empresa, adicionando os valores referentes aos cheques como despesas indedutíveis da base de cálculo do IR e CSLL.

Assim, com uma simples análise na contabilidade, identificou-se que não existiam quaisquer daqueles valores relacionados pela autoridade fiscal contabilizados como despesa.

Dessa forma, o auto foi considerado nulo em sua plenitude.

Diante de todas essas colocações pode-se dizer que a contabilidade tributária é o ponto de partida para o sucesso em uma defesa administrativa ou judicial; assim, é imprescindível para os profissionais que atuam no ramo do Direito Tributário o conhecimento nessa área.

Esta obra, portanto, tem como uma de suas finalidades cooperar para o entendimento de determinadas autuações fiscais e quais seriam as análises cabíveis para as defesas dos contribuintes.

1.2 Do patrimônio

O conceito de patrimônio é o conjunto de bens, direitos e obrigações de uma pessoa física ou jurídica.

Neste livro serão narrados e contabilizados fatos administrativos exemplificativos de uma sociedade desde sua constituição até o encerramento do primeiro balanço patrimonial.

Em cada capítulo será tratado um grupo de contas contábeis e no final será demonstrado se os fatos mencionados nos exemplos relacionados com aquele grupo de contas tiveram como consequência a modificação no patrimônio da sociedade, bem como se existiram fatos geradores de tributos.

O fato administrativo que modifica o patrimônio é a primeira condição para ser um fato gerador de tributos, considerando que existem variações patrimoniais em que a legislação autoriza ou determina a exclusão ou adição da base de cálculo de determinados tributos.

Com relação aos fatos administrativos que não modificam o patrimônio, não existe fato gerador de tributo, exceto com relação ao ICMS sobre as transferências entre unidades da mesma pessoa jurídica.

Dessa forma, como existe a possibilidade de o fato administrativo ser modificativo ou não, é preciso uma análise mais aprofundada para avaliar o fato e para identificar a existência ou não de fato gerador de tributo.

O patrimônio na contabilidade é demonstrado assim: Ativo, Bens e Direitos, Passivo, Obrigações.

Exemplos de bens são os numerários em caixa ou bancos, estoques e bens do ativo imobilizado, ou seja, bens necessários para o funcionamento da empresa.

Exemplos de direitos são os valores a receber de clientes relativos às vendas a prazo, os créditos de tributos a serem restituídos ou compensados junto ao governo federal, estadual e municipal, depósitos compulsórios, cauções e tantos outros.

Exemplos de obrigações são os fornecedores, empréstimos e financiamentos bancários, obrigações sociais, tributárias etc.

Tem-se ainda o patrimônio líquido, que é a diferença entre a somatória dos bens e direitos e as obrigações que, se positiva, poderia ser considerada como uma dívida da sociedade com os sócios. O patrimônio líquido é onde se refletem os fatos modificadores, conforme será demonstrado.

1.3 Dos fatos

Os fatos podem ser permutativos, modificativos e mistos. É importante que o profissional tenha conhecimento contábil para identificar e avaliar se houve fato gerador de tributo em determinada situação, pois os fatos permutativos não têm reflexos na carga tributária.

1.3.1 Do fato administrativo permutativo

O conceito de fato administrativo permutativo é aquele que não muda a posição patrimonial, havendo apenas uma permuta da classificação do bem, do direito ou da obrigação.

Exemplo: Uma empresa tinha a seguinte situação patrimonial:

POSIÇÃO PATRIMONIAL 1

Ativo		Passivo	
Bancos c/ movimento	R$ 30.000	Fornecedores	R$ 10.000
Duplicatas a receber	R$ 30.000	Outras contas a pagar	R$ 5.000
Permanente Investimentos	R$ 240.000	Patrimônio líquido	R$ 285.000
Total do ativo	R$ 300.000	Total do passivo	R$ 300.000

Continuando o exemplo, essa empresa recebe de seus clientes, através de transferência bancária, a importância de R$ 20.000 (vinte mil reais), e será feito o seguinte lançamento:

Débito:	Banco conta movimento
Crédito:	Duplicatas a receber
Histórico:	R$ 20.000

Dessa forma, houve uma permuta de contas patrimoniais, ou seja, o valor de R$ 20.000 (vinte mil reais), que estava demonstrado na conta de duplicatas a receber, foi transferido para a conta de bancos conta movimento, assim, não houve qualquer modificação no patrimônio, conforme demonstrativo a seguir:

POSIÇÃO PATRIMONIAL 2

Ativo		Passivo	
Bancos c/movimento	R$ 50.000	Fornecedores	R$ 10.000
Duplicatas a receber	R$ 10.000	Outras contas a pagar	R$ 5.000
Permanente Investimentos	R$ 240.000	Patrimônio líquido	R$ 285.000
Total do ativo	R$ 300.000	Total do passivo	R$ 300.000

Então, se não houver qualquer alteração na situação patrimonial, trata-se de um fato administrativo permutativo.

1.3.2 Do fato administrativo modificativo

O fato modificativo é aquele que muda a posição patrimonial e poderá gerar aumento ou redução na base de cálculo dos tributos, ou seja, poderá ser aumentativo ou diminutivo.

a) Modificativo aumentativo

O modificativo aumentativo é um fato em que houve ingresso de recurso no patrimônio da pessoa sem a saída de outro.

Exemplo: Dando continuidade ao exemplo anterior, a sociedade recebeu juros sobre capital próprio, referentes a investimentos em outra empresa, assim demonstrado:

Valor bruto: R$ 100.000

IRRF: R$ 15.000

Os valores acima serão contabilizados da seguinte forma:

1. Lançamento do valor líquido

   Débito: Banco conta movimento

   Crédito: Receita financeira

   Histórico: R$ 85.000

2. Lançamento do IRRF

   Débito: Impostos a recuperar – IRRF

   Crédito: Receita financeira

   Histórico: R$ 15.000

Considerando a posição patrimonial 2 acrescida desse fato, o balanço patrimonial da empresa passou a ser o seguinte:

POSIÇÃO PATRIMONIAL 3

Ativo		Passivo	
Bancos c/movimento	R$ 135.000	Fornecedores	R$ 10.000
Duplicatas a receber	R$ 10.000	Outras contas a pagar	R$ 5.000
Impostos a recuperar	R$ 15.000		
Permanente		Patrimônio líquido	R$ 285.000
Investimentos	R$ 240.000	Lucro do exercício	R$ 100.000
Total do ativo	R$ 400.000	Total do passivo	R$ 400.000

Analisando essa posição patrimonial, pode-se observar que houve o ingresso de R$ 100.000 (cem mil reais) no patrimônio da investidora, ou seja, aumentou o valor dos bens representados pela variação nas contas bancos com movimento e impostos a recuperar, de modo que o fato administrativo é modificativo aumentativo.

b) Modificativo diminutivo

Com relação ao fato modificativo diminutivo, é aquele em que houve uma saída de recursos sem a entrada de qualquer outro.

Exemplo: A empresa contratou um escritório de advocacia por R$ 30.000 para emitir um parecer sobre a legitimidade de compensação de créditos tributários de terceiros, que será contabilizada da seguinte forma:

Débito:	Despesas serviços de terceiros
Crédito:	Banco conta movimento
Histórico:	R$ 30.000

Partindo da posição patrimonial 3, após a contabilização dessa despesa, a empresa passou a ter a seguinte posição patrimonial:

POSIÇÃO PATRIMONIAL 4

Ativo		Passivo	
Bancos c/movimento	R$ 150.000	Fornecedores	R$ 10.000
Duplicatas a receber	R$ 10.000	Outras contas a pagar	R$ 5.000
Impostos a recuperar	R$ 15.000		
Permanente Investimentos	R$ 240.000	Patrimônio líquido Lucro do exercício	R$ 285.000 R$ 70.000
Total do ativo	R$ 370.000	Total do passivo	R$ 370.000

Analisando a situação desse exemplo, pode-se observar que houve uma saída de patrimônio, ou seja, o lucro do exercício foi reduzido em R$ 30.000 em contrapartida à disponibilidade da empresa.

1.3.3 Do fato administrativo misto

Quanto ao fato modificativo e permutativo, ou seja, misto, são aqueles em que no mesmo fato administrativo ocorrem a entrada e a permuta de contas patrimoniais na demonstração, conforme a seguir.

Exemplo: A empresa vendeu a vista todo o seu estoque de R$ 100.000, de tal forma que serão feitos os seguintes lançamentos:

1. Lançamento da venda da mercadoria

Débito:	Caixa
Crédito:	Receita de venda de mercadoria
Histórico:	R$ 100.000

2. Lançamento dos custos da mercadoria vendida

Débito: Custo mercadoria vendida

Crédito: Estoque de mercadoria

Histórico: R$ 50.000

Considerando a posição patrimonial 4 e o evento acima mencionado, a posição patrimonial da empresa passou a ser a seguinte:

POSIÇÃO PATRIMONIAL 5

Ativo		Passivo	
Bancos c/movimento	R$ 165.000	Fornecedores	R$ 10.000
Estoque	R$ –	Outras contas a pagar	R$ 5.000
Impostos a recuperar	R$ 15.000		
Permanente		Patrimônio líquido	R$ 285.000
Investimentos	R$ 240.000	Lucro do exercício	R$ 120.000
Total do ativo	R$ 420.000	Total do passivo	R$ 420.000

Fica demonstrado que houve uma permuta da conta estoque para a conta caixa no valor de R$ 50.000 e houve um lucro de R$ 50.000, que aumentou o patrimônio. Dessa forma, pode-se dizer que aconteceu um fato misto, ou seja, permutativo e modificativo.

1.3.4 *Das considerações gerais sobre os fatos administrativos*

Com efeito, existem muitas situações em que a autoridade fiscal faz o levantamento da movimentação bancária e entende que todos os créditos em conta bancária são receitas. Muitas das vezes, trata-se de descontos de títulos, empréstimos, recebimento de cobrança etc. No decorrer deste livro, será demonstrado que nem sempre um crédito bancário será um fato modificativo aumentativo ou receita.

Exemplo: Uma empresa fez uma venda a prazo e depois fez um desconto de duplicatas relativas a essa venda com os seguintes valores:

Descrição do fato	Valor
Valor bruto das duplicatas	R$ 500.000
Juros cobrados pela instituição financeira	R$ 5.000
Valor líquido do desconto creditado na conta movimento (R$ 500.000 – R$ 5.000)	R$ 495.000

Os lançamentos contábeis são feitos do seguinte modo:

a) Na venda da mercadoria

Débito:	Cliente
Crédito:	Receita de Vendas
Histórico:	R$ 500.000

b) Do desconto

Débito:	Banco conta movimento
Crédito:	Duplicatas descontadas
Histórico:	R$ 495.000
Débito:	Despesas financeiras
Crédito:	Duplicatas descontadas
Histórico:	R$ 5.000

No exemplo existem dois fatos independentes, que são: (a) a venda da mercadoria; e (b) o desconto das duplicatas.

Analisando o fato administrativo do desconto das duplicatas, e com base em comentários feitos até aqui, o leitor pode concluir que se trata de fato administrativo misto, ou seja, permutativo e modificador diminutivo, assim demonstrado:

Descrição	Valor
Líquido creditado na conta do banco	R$ 495.000
Despesas financeiras do desconto	R$ 5.000
Total	R$ 500.000

Dessa forma, fica demonstrado que esse crédito na conta bancária no valor de R$ 495.000 (quatrocentos e noventa e cinco mil reais) não se trata de fato administrativo modificativo aumentativo e sim de um fato administrativo misto mais diminutivo.

Ocorre que, conforme comentado, algumas autoridades fiscais consideram o líquido creditado na conta bancária como um fato administrativo modificativo aumentativo, ou seja, consideram indevidamente a existência de um fato gerador de tributos.

Diante das situações, as quais foram analisadas no parágrafo anterior, é que se fará o comentário a seguir, a fim de facilitar para aqueles que estão iniciando sua profissão na área tributária.

A conclusão com relação aos fatos é a de que sempre que houver lançamento como receitas ou despesas e que se refiram a fatos administrativos modificativos, conforme ao longo deste trabalho será observado, somente esse tipo de fato terá influência na base de cálculo de tributos.

A exceção diz respeito ao fato permutativo ter influência em base de cálculo de tributos é com relação aos contratos de mútuos relativos ao IOF e ao ICMS nos casos de transferência entre unidades da mesma pessoa jurídica.

1.4 Princípios fundamentais de contabilidade

Os princípios fundamentais da contabilidade, de acordo com a Resolução nº 750/93 do Conselho Federal de Contabilidade,[1] são os seguintes:

- Princípio da Entidade;
- Princípio da Continuidade;
- Princípio da Oportunidade;
- Princípio do Registro pelo Valor Original;
- Princípio da Atualização Monetária;
- Princípio da Competência;
- Princípio da Prudência.

Todos os princípios têm sua devida importância; no entanto, para o propósito deste livro, serão comentados apenas os princípios da entidade e da competência.

1.4.1 Princípio da entidade

Esse princípio determina a autonomia patrimonial da sociedade e a necessidade da separação do patrimônio dos sócios do patrimônio da empresa constituída, conforme o art. 4º da Resolução nº 750/93 do CFC.[2]

Nas empresas de pequeno e médio porte, por não terem uma maior organização, às vezes, os sócios fazem os pagamentos da sociedade, e a recíproca é verdadeira.

---

[1] CONSELHO FEDERAL DE CONTABILIDADE – CFC. Resolução 750/93. Disponível em: <www.cfc.org.br/sisweb/sre/Default.aspx>. Acesso em: 21 jan. 2010.

[2] "Art. 4º O Princípio da ENTIDADE reconhece o Patrimônio como objeto da Contabilidade e afirma a autonomia patrimonial, a necessidade da diferenciação de um patrimônio particular no universo dos patrimônios existentes, independentemente de pertencer a uma pessoa, a um conjunto de pessoas, a uma sociedade ou a uma instituição de qualquer natureza ou finalidade, com ou sem fins lucrativos. Por consequência, nesta acepção, o patrimônio não se confunde com aqueles dos seus sócios ou proprietários, no caso de sociedade ou instituição. Parágrafo único. O PATRIMÔNIO pertence à ENTIDADE, mas a recíproca não é verdadeira. A soma ou a agregação contábil de patrimônios autônomos não resulta em nova ENTIDADE, mas numa unidade de natureza econômico-contábil."

Quando os patrimônios dos sócios e da sociedade se confundem, além do desrespeito ao princípio fundamental da contabilidade, surgem alguns problemas tributários, tais como:

a) quando os sócios fazem os pagamentos da empresa, podem surgir dificuldades para comprovar que o recurso realmente ingressou na sociedade, podendo assim a empresa ser autuada por omissão de receita;

b) quando a sociedade faz os pagamentos do sócio, a saída desse recurso pode ser considerada como: pró-labore, distribuição de lucro ou pagamento de juros sobre capital próprio.

No Capítulo 3 sobre o disponível, especificamente nos comentários sobre suprimento de caixa pelos sócios, estão explicadas com mais detalhes as consequências dos pagamentos de obrigações da empresa realizados por sócios.

Com relação aos pagamentos de despesas dos sócios pela empresa, se não forem muito bem controlados, podem ser motivo de autuação fiscal.

Os pagamentos de pró-labore estão sujeitos à tributação do Imposto de Renda e Contribuição para a Previdência Social.

Quanto à distribuição de lucro, não existe qualquer tributação, no entanto, existem empresas que pagam antecipação de lucros, as quais devem ter os seguintes cuidados:

a) existe a possibilidade de o lucro disponível no final do período de apuração ser inferior aos valores pagos como antecipação de lucro;

b) as sociedades simples de profissão regulamentada mencionadas no art. 647 do RIR/99[3] não podem fazer antecipação de lucro;

c) empresas com dívidas tributárias não podem fazer distribuição de lucros.[4]

Quando os valores pagos como antecipação de lucro durante um determinado exercício forem maiores do que os lucros disponíveis para distribuição no final do mesmo período de apuração, a diferença será tributada como rendimentos pagos aos sócios.

---

[3] "Art. 647. Estão sujeitas à incidência do imposto na fonte, à alíquota de um e meio por cento, as importâncias pagas ou creditadas por pessoas jurídicas a outras pessoas jurídicas, civis ou mercantis, pela prestação de serviços caracterizadamente de natureza profissional (Decreto-lei nº 2.030, de 9 de junho de 1983, art. 2º, Decreto-lei nº 2.065, de 1983, art. 1º, inciso III, Lei nº 7.450, de 1985, art. 52, e Lei nº 9.064, de 1995, art. 6º). § 1º Compreendem-se nas disposições deste artigo os serviços a seguir indicados: 1. administração de bens ou negócios em geral (exceto consórcios ou fundos mútuos para aquisição de bens); 2. advocacia; [...] 8. auditoria; [...] 12. consultoria; 13. contabilidade."

[4] "Art. 889. As pessoas jurídicas, enquanto estiverem em débito, não garantido, por falta de recolhimento de imposto no prazo legal, não poderão (Lei nº 4.357, de 1964, art. 32: I – distribuir quaisquer bonificações a seus acionistas; II – dar ou atribuir participação de lucros a seus sócios ou quotistas, bem como a seus diretores e demais membros de órgãos dirigentes, fiscais ou consultivos."

Exemplo: A empresa, em 31/12/2008, tinha as seguintes informações:

(+) Lucro do exercício de 2008	R$ 1.000.000
(–) Prejuízos acumulados de anos anteriores	R$ 600.000
(=) Lucro disponível para distribuir	R$ 400.000
(–) Antecipação de lucro em 2008	R$ 500.000
Diferença a ser tributada	R$ 100.000
IRRF (100.000 × 27,5% – 7.955,36)	R$ 19.544
INSS parte da empresa[5] (100.000 × 20%)	R$ 20.000
Total dos tributos	R$ 39.544

O Imposto de Renda foi calculado com base na tabela progressiva anual para o ano de 2009,[6] conforme a seguir:

Base de cálculo anual	Alíquota %	Parcela a deduzir do Imposto de Renda
Até 17.215,08	–	–
De 17.215,08 a 25.800,00	7,50	1.291,13
De 25.800,01 a 34.400,40	15,00	3.226,13
De 34.400,41 a 42.984,00	22,50	5.806,16
Acima de 42.984,00	27,50	7.955,36

Diante dessa situação, a melhor opção para o contribuinte é o pagamento de juros sobre capital próprio.

No livro *Planejamento tributário na prática*, publicado pela Editora Atlas, de autoria do doutrinador Francisco Coutinho Chaves, o Capítulo 5 trata exclusivamente dos juros sobre capital próprio.

Quanto à antecipação de lucros pelas sociedades simples de profissão regulamentada, de acordo com o § 5º do art. 201 do Decreto nº 3.048/99,[7] essa remuneração está sujeita à tributação da Previdência.

---

[5] Art. 22, I, da Lei nº 8.212/91.

[6] BRASIL. Receita Federal. Disponível em: <www.receita.fazenda.gov.br/aliquotas/ContribFont. htm>. Acesso em: 12 jan. 2010.

[7] "§ 5º No caso de sociedade civil de prestação de serviços profissionais relativos ao exercício de profissões legalmente regulamentadas, a contribuição da empresa referente aos segurados a que se referem as alíneas g a i do inciso V do art. 9º, observado o disposto no art. 225 e legislação especí-

Dessa forma, não é recomendável o pagamento de antecipação de lucro na sociedade simples de profissão regulamentada.

Ainda com relação às sociedades simples, caso o contrato social determine que mensalmente será levantado balanço, e que o lucro apurado em cada mês depois das compensações de prejuízos existentes poderá ser distribuído aos sócios, o pagamento mensal não teria qualquer contingência, pois não se trata mais de antecipação.

1.4.2 Princípio da competência

O princípio da competência é aquele em que as receitas, custos e despesas devem ser incluídos no resultado do período em que aconteceu o fato, independentemente da realização financeira da receita ou pagamento dos custos ou despesas, conforme determina o *caput* do art. 9º da Resolução nº 750/93.[8]

Assim, a boa prática contábil determina que as receitas, custos e despesas sejam reconhecidos no período em que contribuíram para a formação do resultado, independentemente do recebimento ou pagamento.

Exemplo: No mês de janeiro de um determinado ano, uma empresa realizou vendas para receber somente em fevereiro o valor de R$ 100.000 (cem mil reais). Ocorre que sobre essas vendas vai pagar uma comissão no valor de R$ 3.000 (três mil reais) no mês do recebimento das vendas.

Nesse caso, tanto as receitas das vendas como as despesas de comissão devem ser reconhecidas em janeiro.

Ocorre que, quando se trata de tributação, existe a possibilidade do reconhecimento pelo regime de caixa, ou seja, as receitas serão reconhecidas somente no recebimento e os custos e as despesas, nos pagamentos.

No exemplo anterior sobre as vendas de R$ 100.000 (cem mil reais) e sobre a comissão de R$ 3.000 (três mil reais), tanto as receitas quanto a despesa de comissão serão reconhecidas somente em fevereiro.

---

fica, será de vinte por cento sobre: (Redação dada pelo Decreto nº 3.265, de 29/11/99) I – a remuneração paga ou creditada aos sócios em decorrência de seu trabalho, de acordo com a escrituração contábil da empresa; ou II – os valores totais pagos ou creditados aos sócios, ainda que a título de antecipação de lucro da pessoa jurídica, quando não houver discriminação entre a remuneração decorrente do trabalho e a proveniente do capital social ou tratar-se de adiantamento de resultado ainda não apurado por meio de demonstração de resultado do exercício (Redação dada pelo Decreto nº 4.729, de 9/6/2003)."

[8] "Art. 9º As receitas e as despesas devem ser incluídas na apuração do resultado do período em que ocorrerem, sempre simultaneamente quando se correlacionarem, independentemente de recebimento ou pagamento."

2

Plano de Conta

2.1 Considerações gerais

O plano de conta é o ponto de partida para se entender uma contabilidade, ou seja, é o mapa para o analista encontrar com facilidade os fatos registrados, muitas vezes mencionados pela autoridade fiscal.

Frequentemente, para a elaboração da impugnação de um auto de infração, é necessário que seja feita a análise na contabilidade para definir a linha de defesa, de modo que o profissional deve iniciar essa análise através do plano de conta para localizar com facilidade as contas em que estão registrados os fatos mencionados no auto.

O plano de conta é composto pelo número e nome da conta e, no livro Razão, está pela ordem numérica da conta, de tal forma que basta o profissional verificar qual é o número da conta que a autoridade fiscal mencionou para localizá-la no livro razão.

Neste trabalho, serão analisadas várias situações em que a autoridade fiscal menciona determinados fatos como geradores de tributos, quando, na verdade, não houve qualquer modificação no patrimônio.

2.2 Modelo de plano de conta

Para facilitar o entendimento sobre a função do plano de conta, apresenta-se um modelo simples de um plano de conta, que será utilizado nos casos práticos citados neste livro:

1 Ativo

1.1	Ativo circulante
1.1.1	Disponível
1.1.1.01	Caixa
1.1.1.02	Bancos
1.1.1.02.001	Banco do Brasil
1.1.1.03	Aplicações financeiras
1.1.1.03.001	Banco do Brasil
1.1.2	Contas a receber
1.1.2.01	Duplicatas a receber
1.1.2.01.001	ABC Comércio Ltda.
1.1.2.02	Duplicatas descontadas
1.1.2.02.001	Banco do Brasil
1.1.3	Impostos a recuperar
1.1.3.01	IRRF
1.1.3.02	PIS
1.1.3.03	COFINS
1.1.3.04	ICMS
1.1.4	Estoques
1.1.4.01	Mercadorias para revenda
1.1.5	Adiantamento
1.1.5.01	Adiantamento de salário
1.1.5.01.001	Francisco
1.1.5.01.002	Erika
1.1.5.02	Adiantamento de 13º salário
1.1.5.03	Adiantamento a fornecedores
1.1.6	Despesas de exercício seguinte
1.1.6.01	Seguros
1.2	Ativo não circulante
1.2.1	Empréstimos de coligadas
1.2.2	Permanente
1.2.2.1	Investimentos
1.2.2.1.001	Ações na empresa A

1.2.2.2	Imobilizado
1.2.2.2.001	Terrenos
1.2.2.2.002	Edificações
1.2.2.2.003	Veículos
1.2.2.3	Bens intangíveis

2 Passivo

2.1	Passivo circulante
2.1.1	Fornecedores
2.1.1.001	Indústria ABC S.A.
2.1.2	Empréstimos e financiamentos
2.1.2.01	Banco do Brasil
2.1.3	Obrigações sociais e tributárias
2.1.3.1	Obrigações sociais
2.1.3.1.001	INSS
2.1.3.2	Obrigações tributárias
2.1.3.2.001	IRRF
2.1.3.2.002	PIS a pagar
2.1.3.2.003	COFINS a pagar
2.1.3.2.004	ICMS
2.1.4	Provisão IR e CSLL
2.1.4.01	Provisão de Imposto de Renda a pagar
2.1.4.02	Provisão CSLL
2.1.5	Salários a pagar
2.1.5.01	Salários a pagar
2.1.6	Provisões
2.1.6.01	Férias
2.1.6.02	Provisão de 13º salário
2.1.6.03	Comissões a pagar
2.1.6.04	Provisões para contingências
2.1.7	Adiantamentos a clientes
2.1.7.01	Supermercado Ceará
2.1.8	Outras contas a pagar
2.1.8.01	Seguradora JB

2.2	Passivo não circulante
2.2.1	Empréstimos de coligadas
2.2.1.01	Nome do sócio
2.2.1.02	Fazenda Nova S.A.
2.3	Patrimônio líquido
2.3.1	Capital social
2.3.1.01	Capital social subscrito
2.3.1.02	Capital a integralizar
2.3.2	Reservas de capital
2.3.3	Reservas de lucros
2.3.4	Ajuste de avaliação patrimonial
2.3.5	Lucros ou prejuízos acumulados (LPA)
3 Receitas	
3.1	Receitas operacionais
3.1.1	Vendas
3.1.1.1	Vendas de mercadorias
3.1.1.2	Impostos faturados
3.1.1.2.01	PIS
3.1.1.2.02	COFINS
3.1.1.2.03	ICMS
3.1.1.2.04	ISS
3.1.2	Outras receitas operacionais
3.1.2.1	Receita de aluguéis
3.1.2.2	Receitas financeiras
3.1.2.2.01	Rendimentos de aplicações financeiras
3.1.2.2	Receita na alienação de bens e direitos do permanente
4 Custos e despesas	
4.1	Custos
4.1.1	Custo das vendas
4.1.1.01	Custo das mercadorias vendidas
4.2	Despesas operacionais
4.2.1	Despesas com vendas
4.2.1.1	Comissão

4.2.1.2	Propaganda
4.2.2	Despesas administrativas
4.2.2.1	Despesas com pessoal
4.2.2.1.01	Salários
4.2.2.1.02	INSS
4.2.2.1.03	FGTS
4.2.2.2	Outras despesas administrativas
4.2.2.2.01	Aluguéis
4.2.2.2.02	Depreciação
4.2.2.2.03	Arrendamento mercantil
4.2.2.2.04	Serviços de terceiros pessoas físicas
4.2.2.2.05	Serviços de terceiros pessoas jurídicas
4.2.3	Outras despesas operacionais
4.2.3.1	Custo de bens e direitos do permanente alienados
4.2.4	Despesas financeiras
4.2.4.01	Juros
4.2.4.02	Variação cambial
4.2.4.03	Juros sobre capital próprio
4.2.4.04	Taxas bancárias
4.3	Provisão para o IR e CSLL
4.3.1	Provisão CSLL
4.3.1.01	Provisão da CSLL
4.3.2	Provisão IR
4.3.2.01	Provisão IR

Esse é um projeto de plano de conta no qual foram mencionadas as principais contas relacionadas a tributos, apesar de todas as contas na contabilidade poderem ter registros de fatos geradores de tributos.

Nos capítulos seguintes será abordada cada uma das contas do plano.

3

Disponível

3.1 Comentários gerais

Neste capítulo serão tratadas as disponibilidades de recursos financeiros. No Brasil são considerados como disponíveis os recursos que a pessoa jurídica pode dispor em até 90 dias.

O disponível é composto pelas contas que registram o dinheiro em caixa, em contas bancárias e em aplicações financeiras que possam ser resgatadas no prazo mencionado no parágrafo anterior.

As contas deste grupo são:

Caixa

Banco conta movimento

Aplicações financeiras em curto prazo

Esse grupo merece um cuidado especial, pois todo recurso que entra ou sai da empresa é registrado nessas contas. Como o ingresso ou saída de recurso pode ser um fato gerador dessa forma, verifica-se que muitos autos de infração lavrados estão relacionados com deficiência nesses registros.

3.2 Conta caixa

A principal movimentação na conta caixa pode ser resumida da seguinte forma:

Entradas	Saídas
Integralização de capital	Compra a vista
Vendas a vista	Pagamento de fornecedores
Recebimento de duplicatas	Pagamento de tributos
Empréstimos de sócios	Pagamento de juros sobre capital próprio
Empréstimos de terceiros	Pagamento de dividendos
Outros recebimentos	Outros pagamentos

A conta caixa, quando se fala em controle interno, deve ser dividida em caixa geral e fundo fixo, o que se passa a comentar.

Como controles internos, o recomendado é que a pessoa jurídica tenha um caixa geral onde serão registrados somente os recebimentos de clientes e, ao final de cada dia ou no dia seguinte, seja feita uma saída no montante do recebimento para depósito em contas bancárias.

Quando a empresa adota os procedimentos comentados no parágrafo anterior com relação ao caixa geral, o saldo dessa conta, no máximo, será o recebimento do dia para depósito no dia seguinte.

Ocorre que esse tipo de controle normalmente só existe nas grandes empresas, o que não é comum na maioria das médias e pequenas empresas.

Com relação ao fundo fixo, são valores de pequena monta disponíveis na sede da empresa para pagamento de pequenas despesas.

Todo recurso que entra nas empresas, regra geral, deve ser tributado na sociedade ou na pessoa física dos sócios, embora existam exceções, como em toda regra.

Os sócios, quando fizerem aporte de recursos na sociedade a qualquer título, devem ter disponibilidade em sua declaração de Imposto de Renda.

Com efeito, quando a origem dos recursos que ingressam na sociedade for relativa aos negócios próprios da tributação, pode acontecer no ato do recebimento ou em período anterior, em evento diferente.

Exemplo: Uma empresa, em janeiro/09, faz uma venda a prazo, para receber somente em março/09, e outra à vista. A tributação das duas vendas vai acontecer no mês da emissão das notas fiscais.

Na venda a vista, a entrada do recurso no caixa é imediata, ou seja, no próprio mês da venda, mas na venda a prazo, o ingresso do recurso ocorrerá posteriormente, sendo que a tributação do total das vendas é em janeiro/09.

As pessoas jurídicas tributadas com base no lucro são obrigadas a observar o regime de competência.

O art. 177 da Lei nº 6.404/76, *in verbis*, determina que a escrituração contábil da companhia deve observar o regime de competência:

> Art. 177. A escrituração da companhia será mantida em registros permanentes, com obediência aos preceitos da legislação comercial e desta Lei e aos princípios de contabilidade geralmente aceitos, devendo observar métodos ou critérios contábeis uniformes no tempo e registrar as mutações patrimoniais segundo o regime de competência.

O inciso XI do art. 67 do Decreto-lei nº 1.598/77 determina que o lucro real seja apurado a partir do resultado alcançado, de acordo com a Lei nº 6.404/76:

> Art. 67. Este Decreto-lei entrará em vigor na data da sua publicação e a legislação do imposto sobre a renda das pessoas jurídicas será aplicada, a partir de 1º de janeiro de 1978, de acordo com as seguintes normas:
>
> XI – o lucro líquido do exercício deverá ser apurado, a partir do primeiro exercício social iniciado após 31 de dezembro de 1977, com observância das disposições da Lei nº 6.404, de 15 de dezembro de 1976.

Com uma simples leitura do inciso XI do art. 67 pode-se afirmar que todas as empresas que declaram com base no lucro real estão obrigadas a apurar o resultado contábil de acordo com a Lei nº 6.404/76, mesmo com as alterações introduzidas pelas Leis nº 11.638/07 e nº 11.941/09.

Com efeito, as pessoas jurídicas que declaram com base no lucro presumido podem reconhecer suas receitas e despesas pelo regime de caixa.

Apresentou-se uma história fictícia de uma suposta sociedade, durante a qual se fez comentário sobre cada um dos fatos, com seus reflexos tributários, sempre chamando a atenção para os perigos de uma autuação fiscal e para as formas de evitá-la, como também, sempre que possível, foram dadas sugestões alternativas de redução de custo tributário.

3.2.1 Integralização de capital

Normalmente, quando a sociedade é constituída, o capital é integralizado em moeda corrente no país, como também pode ser integralizada com bens.

Todavia, em se tratando de disponível, deve ser considerada a integralização do capital em dinheiro.

Quando a constituição for de uma sociedade anônima, a Lei nº 6.404/76, no art. 80, *in verbis*, determina que, antes do registro na Junta Comercial dos atos constitutivos, é necessário um depósito junto ao Banco do Brasil ou qualquer outra instituição financeira da parcela integralizada no ato da constituição, que deve ser de no mínimo 10% (dez por cento) do capital:

Art. 80. A constituição da companhia depende do cumprimento dos seguintes requisitos preliminares:

I – subscrição, pelo menos por 2 (duas) pessoas, de todas as ações em que se divide o capital social fixado no estatuto;

II – realização, como entrada, de 10% (dez por cento), no mínimo, do preço de emissão das ações subscritas em dinheiro;

III – depósito, no Banco do Brasil S.A., ou em outro estabelecimento bancário autorizado pela Comissão de Valores Mobiliários, da parte do capital realizado em dinheiro.

Para registro na Junta Comercial, é necessária a comprovação do depósito. Dessa forma, emergem várias dúvidas, principalmente em relação a como proceder a um depósito em nome de uma sociedade que ainda não existe.

Não existe qualquer mistério. No Banco do Brasil, como em qualquer outra instituição financeira, existem as contas transitórias para essa finalidade, ou seja, é feito o depósito em uma conta transitória e, após o registro na Junta Comercial e na Receita Federal do Brasil, é aberta a conta definitiva, de modo que esse valor é transferido para essa conta.

Diante da obrigatoriedade do depósito bancário no ato da constituição, pelo menos da parte que é integralizada no ato, o recebimento por parte da sociedade será através de banco.

Assim, o lançamento do capital social seria simples. Pode-se considerar um exemplo da constituição de uma limitada em que o capital subscrito é de R$ 1.000.000 (hum milhão de reais), sendo integralizada no ato somente a quantia de R$ 200.000 (duzentos mil reais). Desse modo, o lançamento seria da seguinte forma:

1 – Lançamento da subscrição nº 1

Débito:	2.3.1.02 Capital social a integralizar
Crédito:	2.3.1.01 Capital social subscrito
Histórico:	R$ 1.000.000

2 – Lançamento da integralização nº 2

Débito:	1.1.1.02.001 Banco conta movimento (Banco do Brasil)
Crédito:	2.3.1.02 Capital social a integralizar
Histórico:	R$ 200.000

Esses lançamentos são os primeiros da sociedade fictícia a ser tratada neste livro, que tem as seguintes informações:

Descrição	
Data de constituição	20/1/2009
Razão social	ABC Comércio Ltda.
Tipo de sociedade	Empresarial limitada
Forma de integralização do capital social	Com depósitos bancários

Ocorre que, nas sociedades limitadas, a integralização do capital social, como na legislação que regulamenta esse tipo de sociedade, não existe uma determinação legal de que o aporte de capital deva ser através de instituições financeiras.

No entanto, o suprimento de caixa através de qualquer modalidade feito pelos administradores, sócios, acionistas ou titulares deve ser sua origem e ingresso na sociedade comprovados.

Com efeito, o art. 282 do Regulamento do Imposto de Renda determina a obrigatoriedade da comprovação do ingresso do recurso na sociedade quando este for fornecido por administradores, sócios, titulares, acionistas ou titular, conforme a seguir transcrito de forma literal:

> Art. 282. Provada a omissão de receita, por indícios na escrituração do contribuinte ou qualquer outro elemento de prova, a autoridade tributária poderá arbitrá-la com base no valor dos recursos de caixa fornecidos à empresa por administradores, sócios da sociedade não anônima, titular da empresa individual, ou pelo acionista controlador da companhia, se a efetividade da entrega e a origem dos recursos não forem comprovadamente demonstradas (Decreto-lei nº 1.598, de 1977, art. 12, § 3º, e Decreto-lei nº 1.648, de 18 de dezembro de 1978, art. 1º, inciso II).

A forma mais prática de comprovar o ingresso do recurso na sociedade é o depósito bancário. Assim, pode-se concluir que, mesmo na sociedade limitada, o ingresso do recurso na sociedade, quando for fornecido pelo sócio a qualquer título, deve ser através de conta bancária.

Diante dessa determinação legal, é recomendável que o contribuinte evite a prática de suprimento de caixa pelos administradores ou sócios através do caixa, pois será motivo para autuação fiscal.

Considerando a possibilidade de alguns sócios de sociedade limitada fazerem a integralização pelo caixa, no exemplo anterior os lançamentos seriam os seguintes:

1 – Lançamento da subscrição:

Débito:	Capital social a integralizar
Crédito:	Capital social
Histórico:	R$ 1.000.000

2 – Lançamento da integralização:

Débito:	Caixa
Crédito:	Capital social a integralizar
Histórico:	R$ 200.000

Esses dois lançamentos não foram numerados, tendo em vista que esse procedimento não é recomendável, de modo que não serão considerados na evolução da empresa **ABC Comércio Ltda.**, encontrando-se acima somente a título explicativo.

No caso da integralização através da conta caixa, a empresa já está constituída, com possibilidade de autuação fiscal, pois com base no regulamento do Imposto de Renda, as autoridades entendem que o aporte de recurso pelo sócio, independentemente da denominação, tem que ter a origem do recurso comprovada, bem como o respectivo ingresso na sociedade.

A origem será comprovada através do saque do dinheiro na conta do sócio e o ingresso com o depósito na conta bancária da sociedade; assim é que entendia o antigo Conselho de Contribuintes, consoante se depreende da ementa do acórdão nº 107-07463, de 5/12/2003, da Sétima Câmara, no sentido de que são obrigatórios a comprovação da origem e o devido ingresso do recurso na sociedade:

> Ementa:
>
> IRPJ – SUPRIMENTOS DE CAIXA – PESSOAS LIGADAS – OMISSÃO DE RECEITAS – Os suprimentos de caixa realizados por parte dos sócios da pessoa jurídica, a título de aumento de capital ou empréstimos em dinheiro, sem prova da boa origem e efetiva entrega dos mesmos, autoriza a presunção legal de omissão de receitas nos termos da legislação de regência.

O mesmo raciocínio consta do Acórdão nº 101.92608, de 17/3/1999, a seguir transcrito:

> Ementa:
>
> IRPJ – OMISSÃO DE RECEITAS – INTEGRALIZAÇÃO DE CAPITAL – A falta de comprovação da origem e da efetiva entrega à empresa dos recursos destinados à integralização de capital autoriza a presunção de que eles sejam originários de receita omitida.
>
> IRPJ – OMISSÃO DE RECEITAS – EMPRÉSTIMOS DE SÓCIOS – Os suprimentos de caixa feitos à pessoa jurídica devem ser comprovados com documentação hábil e idônea, coincidente em datas e valores. A falta de comprovação torna legítima a presunção de omissão de receitas.

Quanto à comprovação da origem do recurso, está relacionada com a capacidade econômica e financeira dos sócios, os quais devem ter a declaração de

Imposto de Renda analisada, a fim de verificar a origem dos recursos aplicados na sociedade.

No sentido de comprovar a origem do recurso, a fim de se constatar a nulidade da autuação, tem entendido o Superior Tribunal de Justiça, no REsp nº 404624/PE, Ministro Garcia Vieira, Primeira Turma, *DJ*, 18/11/2002, p. 162, o seguinte:

> Ementa:
>
> TRIBUTÁRIO E PROCESSUAL CIVIL – IMPOSTO DE RENDA – OMISSÃO DE RECEITA – PRETENSO SUPRIMENTO DE CAIXA PELOS SÓCIOS – CONEXÃO – REUNIÃO DE PROCESSOS – RECURSO ESPECIAL – FALTA DE PREQUESTIONAMENTO – IMPOSSIBILIDADE DE REEXAME DE QUESTÕES FÁTICAS.
>
> [...]
>
> Incabível o reexame de questões fáticas em sede de recurso especial (Súmula 07/STJ).
>
> Constatada omissão de receita na contabilidade de pessoa jurídica em consequência do reajustamento de caixa realizado pelos sócios, caberá a empresa o ônus de provar a nulidade da autuação fiscal.
>
> Recurso especial parcialmente conhecido, e, nesta parte, improvido.

Desde o primeiro evento na sociedade, existe reflexo tributário, pois como bem demonstrado na integralização, o sócio tem que comprovar sua capacidade econômica, evidentemente com os recursos declarados e pagos no Imposto de Renda.

Dessa forma, a regra geral é que na entrada de recurso na sociedade, através de um fato administrativo modificador aumentativo, esse recurso será tributado na pessoa física do sócio ou na sociedade. Quando se trata de aporte de capital, a tributação é na pessoa física do sócio.

Com base na leitura das jurisprudências administrativas e judiciais mencionadas, fica claro que, no caso do suprimento através do caixa, o contribuinte suporta o ônus da prova do ingresso do recurso.

Ocorre que a comprovação do ingresso do recurso na sociedade pode ser feita por outros meios que não sejam o depósito bancário, embora fique mais difícil.

Existem jurisprudências judiciais no sentido de que é necessário apenas que o sócio comprove o ingresso do recurso, que pode ser por vários meios, dentre os quais a perícia contábil.

Nesse sentido, seguem as ementas dos Acórdãos do TRF 5ª Região, Apelação Cível nº 30221-14.2005.4.05.0000, Documento nº 202455, *Diário da Justiça Eletrônico*, de 9/10/2009, p. 97, nº 27, ano 2009, e do TRF 3ª Região, AC – Apelação Cível nº 1326588, Processo nº 2002.61.26.009600-1/SP, *DJF3*, *CJ*1, de 14/7/2009, p. 321:

Ementa:

TRIBUTÁRIO. OMISSÃO. LUCRO. EMPRÉSTIMO FEITO PELO SÓCIO. AUSÊNCIA DE COMPROVAÇÃO. LANÇAMENTO DEVIDO. UTILIZAÇÃO DA TRD COMO ÍNDICE DE CORREÇÃO MONETÁRIA. NÃO DEMONSTRAÇÃO. DEDUÇÃO. DESPESA OPERACIONAL. FALTA DE PROVA. APELAÇÃO DESPROVIDA.

– "O EMPRÉSTIMO FEITO PELO SÓCIO À EMPRESA DE QUE FAZ PARTE, PARA SUPRIMENTO DE CAIXA, DEVE FICAR CABALMENTE DEMONSTRADO, COMPROVANDO-SE A ORIGEM DO NUMERÁRIO E SUA ENTREGA EFETIVA, SOB PENA DE SE ENTENDER SER FICTÍCIO PARA OCULTAR ESTOURO DE CAIXA" (TRF5, AC209624-SE, 4ª TURMA, REL. DESEMBARGADOR FEDERAL (CONVOCADO) PAULO MACHADO CORDEIRO, DJ DATA 12/5/2004).

– QUANTO AOS DEMAIS ARGUMENTOS DO APELANTE, URGE MANTER A SENTENÇA PELOS SEUS PRÓPRIOS FUNDAMENTOS, SEJA PORQUE AUSENTE QUALQUER DEMONSTRAÇÃO DE QUE A TRD ESTARIA SENDO UTILIZADA COMO FATOR DE CORREÇÃO MONETÁRIA, SEJA PORQUE O CONTRIBUINTE, QUANTO À RECEITA OMITIDA, NÃO PROVOU TER SUPORTADO DESPESA OPERACIONAL APTA A AUTORIZAR A DEDUÇÃO PRETENDIDA.

– APELAÇÃO DESPROVIDA.

EMBARGOS À EXECUÇÃO. TRIBUTÁRIO. IRPF. OMISSÃO DE RECEITAS. DEPÓSITOS BANCÁRIOS. PROVA PERICIAL. TRIBUTAÇÃO REFLEXA. DESCONSTITUIÇÃO DO CRÉDITO ORIGINÁRIO RELATIVO À PESSOA JURÍDICA. INEXIGIBILIDADE DESTE.

1. O crédito tributário objeto da Certidão de Dívida Ativa impugnada diz respeito a omissão de receita com base em depósitos bancários sem origem comprovada e tributação reflexa de Imposto de Renda na pessoa do sócio, decorrente de autuação da pessoa jurídica correlata.

2. A prova pericial realizada concluiu pela inexistência de omissão de rendimentos no tocante ao primeiro ponto, contando, inclusive, com a adesão do assistente técnico da União, donde que a cobrança deve ser afastada.

3. A tributação reflexa, por sua vez, igualmente não deve prevalecer, pois por força de embargos acolhidos no âmbito da cobrança da pessoa jurídica, da qual é decorrente, restou o crédito desconstituído mediante decisão já transitada em julgado.

4. Apelo da União a que se nega provimento.

Assim, fica demonstrado que a comprovação do ingresso do recurso pode ser feita por outros meios que não seja o depósito, mas isso, muitas vezes, será após a autuação fiscal, o que pode gerar custos para a empresa.

A posição patrimonial da sociedade ora constituída é a seguinte:

	Posição anterior em real	Variação em real	Posição atual em real
Ativo			
Ativo circulante	–	200.000	200.000
Bancos c/movimento	–	200.000	200.000
Total do ativo	–	200.000	200.000
Passivo			
Patrimônio líquido	–	200.000	200.000
Capital social	–	200.000	200.000
Subscrito	–	1.000.000	1.000.000
(–) A integralizar	–	(800.000)	(800.000)
Total do passivo	–	200.000	200.000

3.2.2 Compra a vista

A compra a vista é um fato administrativo permutativo, ou seja, não altera a posição patrimonial, assim, não existe fato gerador de tributos.

A ABC Comércio Ltda., em 22/1/2009, fez uma compra de mercadoria para revenda no valor de R$ 200.000 (duzentos mil reais). A nota fiscal tem as seguintes informações:

Valor da mercadoria	R$ 200.000
ICMS destacado	R$ 34.000

Considerando que a empresa declara o Imposto de Renda com base no lucro real, então existe crédito para as contribuições para o PIS[1] e COFINS[2] nas seguintes condições:

---

[1] Lei nº 10.637/2002: "Art. 3º Do valor apurado na forma do art. 2º a pessoa jurídica poderá descontar créditos calculados em relação a: [...] § 1º O crédito será determinado mediante a aplicação da alíquota prevista no *caput* do art. 2º desta Lei sobre o valor:"

[2] Lei nº 10.833/2003: "Art. 3º Do valor apurado na forma do art. 2º a pessoa jurídica poderá descontar créditos calculados em relação a: § 1º Observado o disposto no § 15 deste artigo, o crédito será determinado mediante a aplicação da alíquota prevista no *caput* do art. 2º desta Lei sobre o valor:" (Redação dada pela Lei nº 11.727, de 2008) (Produção de efeitos).

Contribuição	Base de cálculo em real	Alíquota	Valor do crédito em real
PIS	200.000	1,65%	3.300
COFINS	200.000	7,60%	15.200
Total		9,25%	18.500

Dos lançamentos

1 – Da compra, Lançamento nº 3

Débito: 1.1.4.01 Estoque de mercadorias para revenda Crédito: 1.1.1.02.001 Banco do Brasil Histórico: R$ 200.000

2 – Do crédito do ICMS, Lançamento nº 4

Débito: 1.1.3.04 Impostos a recuperar ICMS Crédito: 1.1.4.01 Estoque de mercadorias para revenda Histórico: R$ 34.000

3 – Do crédito do PIS, Lançamento nº 5

Débito: 1.1.3.02 Impostos a recuperar PIS Crédito: 1.1.4.01 Estoque de mercadorias para revenda Histórico: R$ 3.300

4 – Do crédito do COFINS, Lançamento nº 6

Débito: 1.1.3.03 Impostos a recuperar COFINS Crédito: 1.1.4.01 Estoque de mercadorias para revenda Histórico: R$ 15.200

Analisando os lançamentos desse exemplo, conclui-se que o patrimônio da empresa continua sendo de R$ 200.000 (duzentos mil reais), portanto, não houve fato gerador do Imposto de Renda, pois não houve aumento na disponibilidade. Da mesma forma, também não houve fato gerador das contribuições para o PIS e COFINS, pois não houve faturamento.

Outra análise importante é que o custo da mercadoria comprada para a revenda é o valor líquido da mercadoria, sendo o valor bruto da nota fiscal deduzido dos créditos, conforme demonstrado a seguir:

Descrição	Valor
Mercadoria	R$ 200.000
(–) ICMS	R$ 34.000
(–) PIS	R$ 3.300
(–) COFINS	R$ 15.200
Líquido (custo)	**R$ 147.500**

A dedução dos créditos para definição do valor do custo da mercadoria é em função de esses valores serem recuperados no ato da venda.

3.2.3 Venda a vista

A venda a vista é o fato administrativo misto, ou seja, permutativo e modificativo aumentativo. Para facilitar o entendimento, a ABC Comércio Ltda., em 20/2/2009, vendeu a vista 50% do estoque por R$ 130.000 (cento e trinta mil reais).

Dados da nota fiscal:

Valor da mercadoria   R$ 130.000

ICMS   R$ 22.100

Dos lançamentos

Da venda, Lançamento nº 7

Débito:	1.1.1.02.001 Banco do Brasil
Crédito:	3.1.1.1 Venda de mercadoria
Histórico:	R$ 130.000

Do ICMS sobre a venda, Lançamento nº 8

Débito:	3.1.1.2.03 Imposto sobre vendas (ICMS)
Crédito:	2.1.3.2.004 ICMS a pagar
Histórico:	R$ 22.100

Dos custos, Lançamento nº 9

Débito:	4.1.1.01 Custo das mercadorias vendidas
Crédito:	1.1.4.01 Mercadorias para Revenda
Histórico:	baixa de estoques correspondentes a 50% do estoque (147.500 × 50%) R$ 73.750

Do PIS, Lançamento nº 10

Débito:	3.1.1.2.01 Imposto sobre vendas (PIS)
Crédito:	2.1.3.2.002 PIS a pagar
Histórico:	(R$ 130.000 × 1,65%) = 2.145

Do COFINS, Lançamento nº 11

Débito:	3.1.1.2.01 Imposto sobre venda COFINS
Crédito:	2.1.3.2.003 COFINS a pagar
Histórico:	(R$ 130.000 × 7,60%) = 9.880

Analisando os lançamentos, pode-se concluir que nesse evento aconteceu o fato gerador dos seguintes tributos: ICMS, PIS e COFINS.

Com relação aos tributos IR e CSLL, podem ter acontecido os fatos geradores. Todavia, será necessária apuração do resultado, o que será feito no final deste capítulo.

3.2.4 Recebimento de empréstimo de sócio

Como já bastante comentado, o suprimento de caixa pelo sócio está sujeito ao entendimento das autoridades fiscais como omissão de receita.

Em primeiro lugar, deve ser analisado se o sócio da empresa tem disponibilidade em sua declaração para fazer esse empréstimo.

Essa análise deve ser feita da seguinte forma:

a) o recurso entregue a pessoa jurídica pelo sócio foi declarado como rendimentos e recolhe o Imposto de Renda devido pelo mesmo;

b) os investimentos ou gastos, incluindo o recurso ingressado na pessoa jurídica é até o limite dos rendimentos;

c) caso as respostas das perguntas acima forem afirmativas, não há qualquer problema em fazer o suprimento de caixa da empresa em que ele é sócio quanto à origem.

O problema pode estar no fato de o contribuinte, por algum motivo, não ter declarado e não ter recolhido o Imposto de Renda sobre o acréscimo patrimonial.

Quanto ao ingresso do recurso na sociedade, essa determinação legal da comprovação de que realmente o dinheiro foi entregue à sociedade é importante para elucidar qualquer dúvida sobre a omissão de receita.

Por que o suprimento de caixa pode ser entendido como omissão de receita?

Resposta: Porque existe a possibilidade de a empresa realizar uma venda e não contabilizar a receita.

Tomando como base o exemplo da venda a vista, caso a empresa não tivesse contabilizado a receita, teria duas opções:

1. não contabilizar o depósito, que seria considerado pela fiscalização como omissão de receita, conforme comentário no item 3.2.1;
2. contabilizar o depósito.

No caso de o contribuinte fazer a opção por lançar o depósito, surge outra pergunta: qual seria a contrapartida do lançamento do depósito bancário?

No primeiro momento, a resposta pode ser com o seguinte lançamento:

Débito:	Bancos c/ movimento
Crédito:	Caixa
Histórico:	R$ 130.000

Como a conta caixa não tem saldo, então, às vezes, é feito o lançamento da entrada no caixa como suprimento pelo sócio, que teria o seguinte lançamento:

Débito:	Caixa
Crédito:	Empréstimo de sócio
Histórico:	R$ 130.000

ATENÇÃO: ESTA PRÁTICA NÃO É RECOMENDÁVEL!

Como destacada prática não é aconselhável, não serão considerados esses lançamentos na evolução patrimonial da empresa ABC Comércio Ltda.

Pelas razões expostas, a legislação determina que a origem e o ingresso sejam demonstrados com muita clareza.

Na verdade, a não comprovação da origem e do ingresso do recurso na sociedade é uma presunção de omissão de receita, portanto, não é uma certeza. Dessa forma, se o contribuinte comprovar, através de perícia, que não houve a sonegação, estará sanada a contingência fiscal.

Nesse sentido é o acórdão do TRF 5ª Região, na Apelação Cível nº 6359/CE, *DJ*, 21/9/1990, e do TRF 3ª Região, na Apelação Cível nº 346309, Processo nº 96.03.087759-0/SP, *DJF*3, 3/9/2008, e do STJ, no REsp nº 158105/CE, *DJ*, 12/6/2000, p. 91:

Ementa:

TRIBUTÁRIO. IMPOSTO DE RENDA. SUPRIMENTO DE CAIXA FEITO PELO SÓCIO.

1 – OS SUPRIMENTOS DE CAIXA EFETUADOS PELOS SÓCIOS, DESDE QUE RESTEM COMPROVADOS A ORIGEM E O EFETIVO INGRESSO DOS RECURSOS NO PATRIMÔNIO DA PESSOA JURÍDICA, DEVEM SER CONSIDERADOS COMO ATOS LÍCITOS E NÃO GERADORES DE PRESUNÇÃO DE OMISSÃO DE RECEITA.

2 – SE A PROVA PERICIAL REALIZADA NA ESCRITA CONTÁBIL DA EMPRESA ATESTA A REGULARIDADE DA TRANSAÇÃO, EM FACE DOS DOCUMENTOS QUE A COMPROVAM, NÃO HÁ COMO O FISCO INSISTIR NA SUA POSIÇÃO DE PRESUNÇÃO DE OMISSÃO DE RECEITA. OUTROSSIM, A SIMPLES PRESUNÇÃO DE OMISSÃO DE RECEITA NÃO GERA A OBRIGAÇÃO DO PAGAMENTO DO IMPOSTO, POR HAVER NECESSIDADE DE TAL FATO FICAR COMPROVADO.

3 – APELAÇÃO E REMESSA OFICIAL IMPROVIDAS.

TRIBUTÁRIO. EMBARGOS À EXECUÇÃO. FINSOCIAL. TRIBUTAÇÃO REFLEXA DE IRPJ. OMISSÃO DE RECEITA. SUPRIMENTO DE CAIXA. AUSÊNCIA DE COMPROVAÇÃO DA ORIGEM DOS RECURSOS DO SUPRIDOR E DA EFETIVA ENTREGA DO RESPECTIVO NUMERÁRIO À EMPRESA SUPRIDA. PROVA PERICIAL QUE NÃO ELIDE A PRESUNÇÃO DE LIQUIDEZ E CERTEZA QUE REVESTE O TÍTULO EXECUTIVO. Decreto-lei nº 1.940/82. LEGALIDADE. 1. Prevalece a autuação fiscal fulcrada no art. 181 do Decreto nº 85.450/80 (RIR), cujo fundamento de validade está no § 3º, do art. 12, do Decreto-lei nº 1.598/77 e inciso II, do art. 1º, do Decreto-lei nº 1.648/78, quando não demonstradas cabalmente a capacidade financeira do sócio supridor de caixa e a efetiva entrega do numerário à empresa.

2. Documentos particulares e contabilidade que registram apenas os pagamentos efetivados ao sócio a título de pagamento pelos empréstimos efetuados são insuficientes para arredar a incidência do aludido dispositivo legal quando não demonstrada, igualmente, o anterior ingresso dos recursos e sua origem.

3. Perícia técnica fundamentada em entendimento pessoal acerca da legislação aplicável ao caso, desacompanhada de indicação da documentação que a teria embasado não se presta para elidir a presunção de liquidez e certeza que reveste o título executivo. 4. O Supremo Tribunal Federal assentou a inconstitucionalidade tão somente das alterações de alíquota do tributo FINSOCIAL, à exceção das empresas prestadoras de serviços, mantendo no ordenamento jurídico o tributo até o momento em que passou a ter eficácia a exação instituída pela Lei Complementar nº 70, de 1991 (Recursos Extraordinários nºs 150.764, 150.755 e 187.436). 5. Apelação da embargante a que se nega provimento.

Ementa:

PROCESSUAL CIVIL. RECURSO ESPECIAL. EMBARGOS À EXECUÇÃO FISCAL. IRPJ. ACÓRDÃO FUNDADO NA AUSÊNCIA DE IDONEIDADE E INSUFICIÊNCIA DAS PROVAS. IMPOSSIBILIDADE DE REEXAME. SÚMULA 07/STJ. DIVERGÊNCIA JURISPRUDENCIAL NÃO CONFIGURADA.

– Decidindo o Tribunal *a quo* serem inidôneas e insuficientes as provas (recibos e registros contábeis) que demonstrariam a origem dos recursos entregues à empresa, como suprimento de caixa, inviável o recurso especial manejado com o objetivo de modificar a decisão, por isso que não cabe reapreciar o conjunto probatório trazido aos autos, a teor do enunciado no Verbete nº 07/STJ.

– Se os julgados paradigmas colacionados enfrentaram tema sequer ventilado pelo Tribunal, ao apreciar a controvérsia, não se configura o dissenso interpretativo alegado.

– Recurso especial não conhecido.

No caso da empresa ABC Comércio Ltda., o genitor de um dos sócios fez um saque bancário no valor de R$ 500.000 (quinhentos mil reais) e fez uma doação em dinheiro para os dois filhos no valor de R$ 250.000 (duzentos e cinquenta mil reais) cada.

O sócio recebeu em dinheiro e queria comprar a sede da empresa, mas não queria alterar a participação no capital social da sociedade. Nesse caso, em comum acordo com os outros sócios, em 21/2/2009, emprestou R$ 250.000 (duzentos e cinquenta mil reais) à empresa.

Dos lançamentos

Do recebimento do empréstimo, Lançamento nº 12

Débito:	1.1.1.01 Caixa
Crédito:	2.2.1.01 Nome do sócio da empresa
Histórico:	R$ 250.000

Em 22/2/2009, a empresa comprou um prédio para ser a sede da mesma; dessa forma, será feito o seguinte lançamento:

Da compra do prédio, Lançamento nº 13

Débito:	1.2.2.2.002 Edificações
Crédito:	1.1.1.01 Caixa
Histórico:	R$ 250.000

Como comprovar através de perícia que não houve omissão de receita?

a) apresentar a movimentação física do estoque. Se não houve diferença, não fica comprovada a omissão de receita, visto que, no caso do exemplo, a sociedade estava com o estoque zero, então, não haveria a menor possibilidade de existir venda;

b) a comprovação da origem é o saque na conta bancária do genitor e a declaração dos dois filhos informando a doação;

c) ainda pode ser comprovado o ingresso do recurso com a compra da sede.

Na análise do exemplo, o recurso já foi tributado na pessoa física do genitor, pois a transferência a título de doação é isenta do Imposto de Renda.

A isenção do Imposto de Renda na transferência a título de doação é com base no art. 23 da Lei n$^{\underline{o}}$ 9.532/97 e regulamentada no inciso XV do art. 39 do RIR/99:

> Art. 23. Na transferência de direito de propriedade por sucessão, nos casos de herança, legado ou por doação em adiantamento da legítima, os bens e direitos poderão ser avaliados a valor de mercado ou pelo valor constante da declaração de bens do de *cujus* ou do doador.
>
> § 1$^{\underline{o}}$ Se a transferência for efetuada a valor de mercado, a diferença a maior entre esse e o valor pelo qual constavam da declaração de bens do de *cujus* ou do doador sujeitar-se-á à incidência de Imposto de Renda à alíquota de quinze por cento.
>
> Art. 39. Não entrarão no cômputo do rendimento bruto:
>
> [...]
>
> Doações e Heranças
>
> XV – o valor dos bens adquiridos por doação ou herança, observado o disposto no art. 119 (Lei n$^{\underline{o}}$ 7.713, de 1988, art. 6$^{\underline{o}}$, inciso XVI, e Lei n$^{\underline{o}}$ 9.532, de 10 de dezembro de 1997, art. 23 e parágrafos);

Importante citar o entendimento do STJ acerca da aplicação do art. 23 da Lei n$^{\underline{o}}$ 9.532/97, consoante o julgamento do REsp 805806/RJ, *DJ*, 18/2/2008, p. 25, abaixo transcrito:

> Ementa:
>
> TRIBUTÁRIO. IMPOSTO DE RENDA. GANHO DE CAPITAL DECORRENTE DA TRANSFERÊNCIA DE BENS E DIREITOS POR SUCESSÃO HEREDITÁRIA. IMPOSSIBILIDADE DE APLICAÇÃO RETROATIVA DO ART. 23 DA LEI N$^{\underline{o}}$ 9.532/97.

1. O art. 81, II, da Lei 9.532/97, fixou o início da vigência do art. 23 da mesma lei a partir de 1º de janeiro de 1998. O Tribunal de origem, em face do que dispõe o art. 1.572 do Código Civil de 1916, decidiu pela inaplicabilidade, ao presente caso, da Lei 9.532/97, que foi editada em data posterior à abertura da sucessão, conforme entendimento assim ementado: "1. A solução da controvérsia trazida à colação está em fixar o momento da transmissão da herança e, partindo deste, em aplicar o princípio da irretroatividade da lei tributária.

2. O artigo 1.572 do antigo Código Civil, em vigor ao tempo do falecimento do autor da herança, transmitiam-se, desde logo, aos herdeiros legítimos e testamentários, no que encontra correspondência no artigo 1.784 do novo Código Civil.

3. Adotou-se o princípio originário do *droit de saisine*, que dá à sentença de partilha caráter meramente declaratório, haja vista que a transmissão dos bens aos herdeiros e legatários se dá no momento do óbito do transmitente.

4. As regras a serem observadas na transmissão da herança serão aquelas em vigor ao tempo do óbito do *de cujus* que, no caso em tela, e no que tange à incidência do Imposto de Renda, encontravam-se na Lei 7.713/88.

5. Dispunha o citado diploma legal, no inciso XIV, do art. 6º, e no inciso III, do art. 22, que o valor dos bens adquiridos por herança serão isentos do Imposto de Renda e que as transferências *causa mortis* serão excluídas do ganho de capital dos herdeiros e legatários.

6. A tese defendida pela recorrida, de que o fato gerador do imposto na espécie, a ensejar o recolhimento do imposto, é o acréscimo patrimonial decorrente da reavaliação patrimonial dos bens constantes da última declaração do *de cujus*, há de ser refutada, haja vista que faz incidir ao caso em comento sistemática criada por lei posterior à transmissão dos bens deixados pelo transmitente, que se deu sob a égide da Lei 7.713/1988, com consequente violação do princípio da irretroatividade das leis tributárias."

2. Em assim decidindo, a Turma Regional não contrariou o art. 23 da Lei 9.532/97; ao contrário, deu-lhe interpretação consentânea com a lei civil, observando, ainda, o disposto nos arts. 104, 105 e 116 do Código Tributário Nacional.

3. Recurso especial desprovido.

Com efeito, só será tributado quando a transferência de bens for pelo valor de mercado, e este for superior ao valor declarado.

Com a análise da atual posição patrimonial, verifica-se que o fato administrativo não foi modificativo.

Como não houve receita nem lucro, não existiu o fato gerador dos tributos: ICMS, PIS, CONFINS, IRPJ e CSLL.

3.2.5 Recebimento de empréstimo de terceiro

O lançamento contábil e os efeitos fiscais do empréstimo de terceiro como suprimento de caixa são semelhantes aos dos sócios, sem qualquer reflexo fiscal. Para não tornar cansativa a leitura, não serão feitos esses lançamentos.

Mas é importante fazer uma observação: o art. 282 do RIR/99[3] não menciona como hipótese de presunção de receita os recursos fornecidos por não sócios.

Antes, na vigência do Decreto nº 3.000/99, o Conselho de Contribuinte decidia no sentido de que empréstimos de terceiros não seriam indícios de omissão de receita.

Veja-se o Acórdão 103.22594 do Conselho de Contribuintes:

> Ementa:
>
> OMISSÃO DE RECEITA – SUPRIMENTO DE NUMERÁRIO – CARACTERIZA-ÇÃO – O suprimento de numerário feito por sócio, cuja origem e efetividade da entrega não forem devidamente comprovadas através de documentação hábil e idônea, autoriza a presunção legal de omissão de receita. OMISSÃO DE RECEITA – EMPRÉSTIMO FEITO POR TERCEIRO – NÃO CARACTERI-ZAÇÃO – O empréstimo feito por terceiro não dá ensejo à presunção de omissão de receita, vez que circunscrita aos suprimentos feitos pelas pessoas referidas no art. 229 do RIR/94. TRIBUTAÇÃO REFLEXA – PIS – COFINS – IRRF – CSLL – Aplicam-se aos processos decorrentes as mesmas conclusões adotadas para o IRPJ, em razão da íntima relação de causa e efeito que os vincula. Recurso provido em parte. Publicado no *DOU* nº 193.

Com relação aos outros eventos que estão relacionados ao caixa, serão inseridos nos comentários das contas seguintes, nas operações que envolvem referidas contas.

3.3 Banco Conta Movimento

Essa conta tem como finalidade o registro dos valores nas instituições com disponibilidade imediata.

As principias operações que envolvem a conta "banco conta movimento" são as seguintes:

---

[3] "Art. 282. Provada a omissão de receita, por indícios na escrituração do contribuinte ou qualquer outro elemento de prova, a autoridade tributária poderá arbitrá-la com base no valor dos recursos de caixa fornecidos à empresa **por administradores, sócios da sociedade não anônima, titular da empresa individual, ou pelo acionista controlador da companhia**, se a efetividade da entrega e a origem dos recursos não forem comprovadamente demonstradas" (Decreto-lei nº 1.598, de 1977, art. 12, § 3º, e Decreto-lei nº 1.648, de 18/12/1978, art. 1º, inciso II).

Entradas	Saídas
Depósitos	Saque ou compensação de cheque
Resgate de aplicação	Aplicação financeira
Recebimento de duplicatas	Débitos de taxas bancárias
Desconto de duplicatas	TED
Empréstimos de sócios	Pagamento de folha de pagamento
Integralização de capital	
Outros recebimentos	Outros débitos

3.3.1 Do depósito

Quanto ao lançamento contábil do depósito, este já foi realizado nos comentários e exemplo da conta caixa, restando observações pontuais sobre essa conta.

O contribuinte deve ter cuidado com os depósitos bancários, pois o art. 42 da Lei nº 9.430/96 define como característica de omissão de receita os créditos em conta depósito ou investimento junto à instituição em que o sujeito passivo não comprove a origem do recurso:

> Art. 42. Caracterizam-se também omissão de receita ou de rendimento os valores creditados em conta de depósito ou de investimento mantido junto à instituição financeira, em relação aos quais o titular, pessoa física ou jurídica, regularmente intimado, não comprove, mediante documentação hábil e idônea, a origem dos recursos utilizados nessas operações.
>
> § 1º O valor das receitas ou dos rendimentos omitido será considerado auferido ou recebido no mês do crédito efetuado pela instituição financeira.
>
> § 2º Os valores cuja origem houver sido comprovada, que não houverem sido computados na base de cálculo dos impostos e contribuições a que estiverem sujeitos, submeter-se-ão às normas de tributação específicas, previstas na legislação vigente à época em que auferidos ou recebidos.
>
> § 3º *Para efeito de determinação da receita omitida, os créditos serão analisados individualizadamente, observado que não serão considerados:*
>
> *I – os decorrentes de transferências de outras contas da própria pessoa física ou jurídica;*
>
> *II – no caso de pessoa física, sem prejuízo do disposto no inciso anterior, os de valor individual igual ou inferior a R$ 1.000,00 (mil reais), desde que o seu somatório, dentro do ano-calendário, não ultrapasse o valor de R$ 12.000,00 (doze mil reais). (Vide Lei nº 9.481, de 1997) (Grifou-se)*
>
> § 4º Tratando-se de pessoa física, os rendimentos omitidos serão tributados no mês em que considerados recebidos, com base na tabela progressiva vigente à época em que tenha sido efetuado o crédito pela instituição financeira.

§ 5º Quando provado que os valores creditados na conta de depósito ou de investimento pertencem a terceiro, evidenciando interposição de pessoa, a determinação dos rendimentos ou receitas será efetuada em relação ao terceiro, na condição de efetivo titular da conta de depósito ou de investimento. (Incluído pela Lei nº 10.637, de 2002)

§ 6º Na hipótese de contas de depósito ou de investimento mantidas em conjunto, cuja declaração de rendimentos ou de informações dos titulares tenham sido apresentadas em separado, e não havendo comprovação da origem dos recursos nos termos deste artigo, o valor dos rendimentos ou receitas será imputado a cada titular mediante divisão entre o total dos rendimentos ou receitas pela quantidade de titulares. (Incluído pela Lei nº 10.637, de 2002)

Em primeiro lugar, cabem alguns comentários sobre como algumas autoridades fiscais vêm aplicando esse dispositivo legal.

O § 3º do referido artigo determina que não são considerados para efeito de determinação do valor da provável omissão de receita, quando o crédito na conta bancária seja transferência de outra conta da pessoa física ou jurídica.

Existem algumas autoridades fiscais que fazem a relação dos créditos e tributam toda movimentação da conta sem fazer qualquer análise.

Dentre os vários princípios que norteiam o processo administrativo, o mais importante é o da busca da verdade real.

Nesse sentido é o Acórdão nº 102-47969, de 18/10/2006, do antigo Conselho de Contribuintes, cuja ementa segue transcrita:

Ementa:

GLOSA DE DESPESAS – PRINCÍPIOS QUE NORTEIAM O PROCESSO ADMINISTRATIVO – PROVAS

– A verdade real é princípio que não pode ser afastado do processo administrativo. Na busca da verdade e para a apuração do efetivo tributo devido, é assegurado ao contribuinte, em qualquer fase do processo, apresentar provas pertinentes e necessárias ao julgamento.

– A juntada aos autos, ainda que após o julgamento de primeira instância, de documento que comprove a efetiva contribuição à Previdência Oficial, importa considerá-lo e, se for o caso, afastar a glosa.

– Demonstrado por meio de documentos as efetivas contribuições feitas à Previdência Oficial, afasta-se a glosa.

Recurso provido.

Dessa forma fica demonstrado que o interesse do Estado é fazer justiça, conforme o Acórdão nº 101-92819, de 15/9/1999, do antigo Conselho de Contribuintes, a seguir transcrito:

Ementa:

PROCESSO ADMINISTRATIVO FISCAL – MATÉRIA DE PROVA-PRINCÍPIO DA VERDADE MATERIAL – Sendo o interesse substancial do Estado à justiça, é dever da autoridade utilizar-se de todas as provas e circunstâncias de que tenha conhecimento, na busca da verdade material. Diante da impossibilidade do contribuinte de apresentar os documentos que se extraviaram, e tendo ele diligenciado junto aos seus fornecedores para obter a prova da efetividade do passivo registrado, deve a autoridade utilizar-se dessas provas, desde que elas reúnam condições para demonstrar a verdade real dos fatos.

Recurso provido em parte.

A importância do princípio da busca da verdade real está consagrada na jurisprudência do STJ, no *Habeas Corpus* nº 38994/SP, rel. Min. Gilson Dipp, *DJ*, 9/2/2005, p. 212, cuja ementa encontra-se abaixo transcrita:

Ementa:

CRIMINAL. ECA. ROUBO QUALIFICADO. CONFISSÃO. HOMOLOGAÇÃO DA DESISTÊNCIA DE PRODUÇÃO DE OUTRAS PROVAS. CERCEAMENTO DO DIREITO DE DEFESA. IRRENUNCIABILIDADE. PRINCÍPIO CONSTITU-CIONAL. CONSTRANGIMENTO ILEGAL CARACTERIZADO. ORDEM CON-CEDIDA.

I. Hipótese em que, diante da confissão da prática do ato infracional feita pelos adolescentes, desistiu-se da produção de outras provas, o que foi homologado pelo juiz monocrático.

II. O direito de defesa é consagrado na Constituição Federal, na parte que dispõe que "aos litigantes, em processo judicial ou administrativo, e aos acusados em geral são assegurados o contraditório e ampla defesa, com os meios e recursos a ela inerentes".

II. A tutela do direito de impugnar acusação de eventual prática de delitos ou, como ocorre *in casu*, de ato infracional, interessa, também, ao Estado, na medida em que se procura esclarecer os fatos em busca da verdade real.

III. O direito de defesa é irrenunciável, não podendo dele dispor o réu ou o representado, seu advogado, ou o Ministério Público, ainda que o acusado admita a acusação e pretenda cumprir a pena.

IV. A instrução probatória configura um dos meios pelo qual o paciente poderia exercer seu direito de defesa, o que não ocorreu, sendo que a ampla defesa, como princípio constitucional que é, deve ser exercida no âmbito do devido processo legal.

V. Deve ser anulada a decisão que julgou procedente a representação oferecida contra os pacientes, a fim de que seja procedida a prévia instrução probatória, determinando-se que os adolescentes aguardem o desfecho do processo em liberdade assistida, prejudicadas as demais alegações.

VI. Ordem concedida, nos termos do voto do Relator.

Acórdão

Vistos, relatados e discutidos os autos em que são partes as acima indicadas, acordam os Ministros da QUINTA TURMA do Superior Tribunal de Justiça. "A Turma, por unanimidade, concedeu a ordem, nos termos do voto do Sr. Ministro Relator." Os Srs. Ministros Laurita Vaz, Arnaldo Esteves Lima, José Arnaldo da Fonseca e Felix Fischer votaram com o Sr. Ministro Relator.

Dúvidas não pairam de que a finalidade do processo administrativo é a busca da verdade real e a prática da justiça fiscal.

Portanto, é necessário que a autoridade fiscal faça uma investigação mais profunda, em vez de simplesmente fazer o levantamento dos créditos em conta bancária.

Como não bastasse, o art. 43 do Código Tributário Nacional define como base de cálculo do Imposto de Renda o acréscimo patrimonial. Assim determina o referido diploma legal:

> Art. 43. O imposto, de competência da União, sobre a renda e proventos de qualquer natureza tem como fato gerador a aquisição da disponibilidade econômica ou jurídica:
>
> I – de renda, assim entendido o produto do capital, do trabalho ou da combinação de ambos;
>
> II – de proventos de qualquer natureza, assim entendidos os acréscimos patrimoniais não compreendidos no inciso anterior.

O antigo Conselho de Contribuinte tinha um entendimento que o mero depósito bancário não era base legal para a constituição de crédito tributário, conforme o Acórdão nº 101-93956, a seguir transcrito:

> Ementa:
>
> IRPJ – OMISSÃO DE RECEITAS – DEPÓSITOS BANCÁRIOS NÃO CONTABILIZADOS – É ilegítimo o lançamento do Imposto de Renda que teve como base de cálculo omissão de receitas decorrentes de depósitos bancários não contabilizados por constituir simples presunção que não confere consistência ao lançamento. LANÇAMENTOS DECORRENTES – Aplica-se aos lançamentos decorrentes, (PIS, COFINS e CSSL) o decidido quanto ao lançamento principal (IRPJ), por uma relação de vinculação entre este e aqueles.

É importante citar a Súmula 182 do TRF: "É ilegítimo o lançamento do Imposto de Renda arbitrado com base apenas em extratos ou em depósitos bancários."

Destaca-se ainda o julgamento do Tribunal Regional Federal da 3ª Região pela impossibilidade de autuação somente com base na movimentação da conta-corrente:

Ementa:

TRIBUTÁRIO – EMBARGOS À EXECUÇÃO FISCAL – AUTUAÇÃO FISCAL EXCLUSIVAMENTE COM BASE EM DEPÓSITOS BANCÁRIOS, ART. 9º, VII, DO Decreto-lei nº 2.471/88 – SÚMULA 182 DO EXTINTO TFR – PROCEDÊNCIA AOS EMBARGOS.

1. Em procedimento fiscal realizado para apuração de IRPJ, analisado foi o IRPF reflexo, alvo destes embargos à execução, onde se afirma omissão de receita, caracterizada pela divergência entre valores de depósitos bancários e o que declarado pela empresa. 2. Em que pese à época vigorasse, formalmente, o art. 9º do DL 1.648/78, a assim prever a configuração de enfocada omissão, a unilateralidade de tal tipo de prova – e assim sua flagrante insuficiência – culminou com a edição da Súmula 182, TFR, a reconhecer veemente ilegitimidade de tal procedimento fiscal, culminando com a superveniente regra canceladora de cobrança, estampada no inciso VII do art. 9º do DL 2.471/88.

3. Em nome de um tratamento isonômico, então, coerente até a extensão deste preceito aos processos em curso, palco de discussão a respeito de tal modalidade tributante, como na lide em exame. Precedentes.

4. Conforme r. laudo pericial, constatado restou que a omissão de receitas, apontada pelo Fisco, e demais afirmadas irregularidades tiveram origem em Fiscalização calcada exclusivamente na movimentação bancária do polo embargante/apelado.

5. Improvimento à apelação e à remessa oficial. Procedência aos embargos (TRF 3ª Região, na Apelação Cível nº 188190, Processo nº 94.03.053375-7/SP, *DJF3*, 24/7/2008).

No entanto, urge salientar que existem também decisões mantendo os autos de infração com fundamentação somente no art. 42 da Lei nº 9.430/96, conforme se colhe do Acórdão nº 102-48982, que tem a seguinte redação:

Ementa:

OMISSÃO DE RENDIMENTOS – ACRÉSCIMO PATRIMONIAL A DESCOBERTO/SINAIS EXTERIORES DE RIQUEZA – ARBITRAMENTO COM BASE EM DEPÓSITO BANCÁRIO – No arbitramento, em procedimento de ofício, efetuado com base em depósito bancário, nos termos do parágrafo 5º do artigo 6º da Lei nº 8.021, de 1990, é imprescindível que seja comprovada a utilização dos valores depositados como renda consumida.

DEPÓSITO BANCÁRIO – PRESUNÇÃO DE OMISSÃO DE RENDIMENTOS – Para os fatos geradores ocorridos a partir de 1º/1/97, a Lei nº 9.430/96, em seu art. 42, autoriza a presunção de omissão de rendimentos com base nos valores depositados em conta bancária para os quais o titular, regularmente intimado, não comprove, mediante documentação hábil e idônea, a origem dos recursos utilizados nessas operações.

Decadência afastada.

Recurso parcialmente provido.

Ocorre que o acórdão há pouco mencionado pode ter sido motivado pelo patrimônio descoberto, ou seja, o contribuinte não tinha recursos declarados para fazer os depósitos.

Também existem decisões judiciais mantendo a autuação fiscal com base nas movimentações financeiras, arguindo a aplicação do art. 6º da Lei nº 8.021/90:

> Ementa:
>
> TRIBUTÁRIO. IMPOSTO DE RENDA PESSOA FÍSICA. FATO GERADOR. SINAIS EXTERIORES DE RIQUEZA. MOVIMENTAÇÃO BANCÁRIA. OMISSÃO DE RENDIMENTOS. REQUISITOS FORMAIS DA CDA. MULTA. PERCENTUAL.
>
> 1. Para que se aplique o entendimento consubstanciado na Súmula nº 182/ TFR, é necessário que o lançamento tributário esteja fundado unicamente em depósitos bancários e não tenha sido possibilitada a apresentação de documentos e comprovantes que justifiquem o motivo pelo qual os valores depositados extrapolam a receita declarada do contribuinte. Se a ação fiscal intimou a contribuinte para explicar a origem dos recursos e empreendeu esforços para a investigação e elucidação dos fatos, acolhendo os elementos coligidos ao processo que se revelaram plausíveis, não há falar em tributação baseada exclusivamente em extratos bancários. Nesse caso, os próprios depósitos bancários prestam-se como prova da omissão de receita, nos termos do art. 6º da Lei nº 8.021/1990.
>
> 2. Os depósitos bancários apenas sinalizam o acréscimo patrimonial não declarado, constituindo dever do sujeito passivo da obrigação tributária prestar informações claras e fidedignas à autoridade fiscal acerca da origem do incremento patrimonial, que é o fato gerador do Imposto de Renda.
>
> 3. As CDAs que fundamentam a execução fiscal preenchem os requisitos legais, o que faz manter a presunção de liquidez e certeza dos títulos executivos, não se sustentando a alegada nulidade.
>
> 4. Cuidando-se de multa por descumprimento de obrigação acessória, cujo *quantum* decorre de expressa previsão legal, não há falar em ilegalidade. O montante das multas não extrapola o limite de 100% do principal, não ofendendo o princípio da vedação ao confisco (TRF 4ª Região, na Apelação/ Reexame necessário nº 2000.71.07.003330-8/RS, *DE*, 20/10/2009).

Acrescente-se ainda o entendimento do STJ, adotado em setembro de 2009, pela possibilidade da autuação do Fisco com base em demonstrativos de movimentação bancária, consoante se depreende do julgamento do AgRg no RECURSO ESPECIAL nº 1.115.978/RS, no *DJe*, em 9/9/2009.

> Ementa:
>
> TRIBUTÁRIO – IMPOSTO DE RENDA – ARBITRAMENTO – DEPÓSITOS E EXTRATOS BANCÁRIOS – INAPLICABILIDADE DA SÚMULA 182/TFR – POSSIBILIDADE DE AUTUAÇÃO DO FISCO COM BASE EM DEMONSTRATIVOS DE MOVIMENTAÇÃO BANCÁRIA – AUSÊNCIA DE VINCULAÇÃO AO JUÍZO DE ADMISSIBILIDADE DO TRIBUNAL DE ORIGEM.

1. A jurisprudência da Primeira Turma desta Corte, por unanimidade, inaugura novo entendimento sobre o tema, no sentido da inaplicabilidade da Súmula 182/TFR e da possibilidade de autuação do Fisco com base em demonstrativos de movimentação bancária, em decorrência da aplicação imediata da Lei nº 8.021/90 e Lei Complementar nº 105/2001, como exceção ao princípio da irretroatividade tributária. (REsp 943.304/SP, rel. Min. Luiz Fux, Primeira Turma, julgado em 6.5.2008, *DJe*, 18/6/2008.)

2. Tendo o Tribunal de origem considerado legal o lançamento tributário com base nas provas contidas nos autos, não cabe a esta Corte Superior averiguar se a autuação deu-se com supedâneo apenas em depósitos ou extratos bancários; porquanto, implicaria reexame de matéria de fato, o que é incompatível com os limites impostos à via especial, nos termos da Súmula 7/STJ.

3. O juízo de admissibilidade do Tribunal *a quo* não vincula o entendimento deste Tribunal, ao qual é devolvida toda a análise da admissibilidade do recurso.

Agravo regimental improvido.

Importante ainda mencionar o entendimento do Tribunal Regional Federal da 1ª Região, Apelação Criminal nº 2003.41.00.006547-8/RO, Relatora Desembargadora Federal Assusete Magalhães, órgão julgador: Terceira Turma, publicação: 14/8/2009, no *e-DJF*1, p. 87, de que a omissão de receita preconizada no art. 42 da Lei nº 9.430/96 é crime contra a ordem tributária, o delito tipificado no inciso I do art. 1º da Lei nº 8.137/90:[4]

Ementa:

PENAL – CRIME CONTRA A ORDEM TRIBUTÁRIA – ART. 1º, INCISO I, DA LEI 8.137, DE 1990 – SUPRESSÃO DE TRIBUTOS – OMISSÃO DE INFORMAÇÃO SOBRE RENDIMENTOS À AUTORIDADE FAZENDÁRIA – INOCORRÊNCIA DE PRESCRIÇÃO DA PRETENSÃO PUNITIVA – LEI 10.741/2003 E LEI 10.259/2001 – NULIDADE DO PROCESSO AFASTADA – CRIME MATERIAL – LANÇAMENTO DEFINITIVO DO CRÉDITO TRIBUTÁRIO – MATERIALIDADE COMPROVADA – AUSÊNCIA DE COMPROVAÇÃO SOBRE A ORIGEM DOS DEPÓSITOS EFETUADOS NA CONTA CORRENTE DO RÉU, NOS ANOS DE 1998 E 1999 – ART. 42 DA LEI 9.430/96 – PROVAS DOCUMENTAL E TESTEMUNHAL INSUFICIENTES – DOLO ESPECÍFICO CONFIGURADO – NÃO PAGAMENTO DO IMPOSTO DE RENDA CONSIDERADO DEVIDO PELO FISCO – NÃO EXTINÇÃO DA PUNIBILIDADE – SENTENÇA CONDENATÓRIA MANTIDA – APELAÇÃO DESPROVIDA.

I – "Considera-se termo inicial, para fins de contagem do prazo prescricional, a data do julgamento definitivo sobre eventual supressão ou redução de tributo devido" (STF, HC 94.096, Rel. Min. Menezes Direito, 1ª Turma, julgado em 3/2/2009, *DJe*-048, de 13/3/2009).

---

[4] "Art. 1º Constitui crime contra a ordem tributária suprimir ou reduzir tributo ou contribuição social e qualquer acessório, mediante as seguintes condutas: I – omitir informação, ou prestar declaração falsa às autoridades fazendárias;"

II – Condenado o réu a pena privativa de liberdade de dois anos, com trânsito em julgado para a acusação, o prazo prescricional, pela pena *in concreto*, é de quatro anos (art. 109, inciso V, c/c art. 110 do Código Penal). Não tendo transcorrido o lapso prescricional entre o lançamento definitivo do crédito tributário e a data do recebimento da denúncia e entre esta e a publicação da sentença condenatória recorrível, é de ser afastada a preliminar de ocorrência de prescrição da pretensão punitiva.

III – A Lei 10.741, de 2003, dispõe sobre o Estatuto do Idoso e tipifica vários crimes cometidos contra pessoas maiores de 60 (sessenta) anos de idade. Trata-se de crimes próprios, dos quais somente o idoso pode ser a vítima, e para os quais devem ser adotados os procedimentos da Lei nº 9.099, de 1995, especificamente. Inexiste, assim, derrogação do art. 2º da Lei nº 10.259, de 2001 – que trata, de modo geral, dos crimes da competência dos Juizados Especiais Federais Criminais – pelo art. 94 da Lei 10.741/2003, que, ademais, prevê aquele procedimento para os crimes referidos naquele diploma legal, cuja pena máxima privativa de liberdade não ultrapasse quatro anos – o que não é a hipótese dos autos. Não há, pois, de se falar em nulidade do processo, por não apresentada, pelo Ministério Público, proposta de suspensão condicional do processo.

IV – Na forma do art. 42 da Lei nº 9.430/96, caracteriza-se como omissão de receita ou de rendimento a existência de valores creditados em conta de depósito ou de investimento mantida junto a instituição financeira, em relação aos quais o titular, pessoa física ou jurídica, regularmente intimado, não comprove, mediante documentação hábil e idônea, a origem dos recursos utilizados nessas operações.

V – A materialidade delitiva está comprovada pelo Auto de Infração Fiscal, consolidado no lançamento definitivo do crédito tributário.

VI – "Não há, em tese, qualquer exclusão de responsabilidade do contribuinte pessoa física, que está obrigado a declarar todos os rendimentos auferidos, bem como explicar eventual omissão na declaração apresentada quando chamado a fazê-lo perante a Receita Federal, exigências que, aparentemente, não foram cumpridas pelo paciente" (RHC 20438/SP, Rel. Ministra Jane Silva (Desembargadora Convocada do TJ/MG), 5ª Turma do STJ, julgado em 28/11/2007, *DJU* de 17/12/2007, p. 225).

VII – As provas documentais e testemunhais coligidas nos autos mostraram-se insuficientes para sustentar as alegações do réu e afastar a condenação. Não há notas fiscais, recibos, contratos de corretagem ou quaisquer outros documentos que evidenciem a atividade do apelante, no período objeto da ação fiscal (1998 e 1999), nem tampouco as testemunhas de defesa ouvidas identificam qualquer depósito feito na conta corrente do réu, discorrendo, genericamente, sobre a prática, realizada à época, de corretagem de café e cereais, na qual afirmam estar envolvido o acusado.

VIII – O delito tipificado no inciso I do art. 1º da Lei nº 8.137/90 não se contenta com o dolo genérico, haja vista que o elemento subjetivo exige a especial finalidade de suprimir ou reduzir pagamento de tributo, o que restou configurado, no caso, quando significativo volume de recursos transitou, por muito tempo, pela conta bancária do réu, sem que fossem devidamente declarados e, mesmo quando reiteradamente intimado a prestar as informações necessárias ao Fisco, silenciou-se o acusado.

IX – O art. 9º, § 2º, da Lei 10.684/2003 deixa expresso que somente o pagamento integral do débito oriundo de tributos, exigido pelo Fisco, extingue a punibilidade em favor do suposto agente do crime previsto no.

X – Preliminares rejeitadas. Apelação desprovida.

No mesmo sentido, tem julgado o Tribunal Regional Federal da 5ª Região, Apelação Criminal nº 3058-45.2006.4.05.8400, rel. Des. Federal Francisco Cavalcanti, Data de Julgamento 12/6/2008, Documento nº 164034, *Diário da Justiça*, 18/8/2008, p. 775, nº 158, ano 2008:

Ementa:

PENAL. CRIME CONTRA A ORDEM TRIBUTÁRIA (ART. 10, I, DA LEI Nº 8.137, DE 27 DE NOVEMBRO DE 1990). OMISSÃO DE RECEITA. REDUÇÃO DE IMPOSTO DE RENDA. AUTORIA E MATERIALIDADE COMPROVADAS.

1. COMETE CRIME CONTRA A ORDEM TRIBUTÁRIA O CONTRIBUINTE QUE NÃO INFORMA NAS DECLARAÇÕES DE IMPOSTO DE RENDA PESSOA FÍSICA (DIRPF) À SECRETARIA DA RECEITA FEDERAL DO BRASIL (RFB) MOVIMENTAÇÕES FINANCEIRAS EM CONTAS BANCÁRIAS, PARA REDUZIR O IMPOSTO DE RENDA DEVIDO NO PERÍODO.

2. O DELITO DO ART. 1º, I, DA LEI Nº 8.137, DE 1990, É CRIME MATERIAL, ISTO É, DEPENDE DA OCORRÊNCIA DE EFETIVO PREJUÍZO PARA O ESTADO, CONSISTENTE NA REDUÇÃO DO TRIBUTO, QUE, NO CASO, CORRESPONDE AO QUE SE DEIXOU DE ARRECADAR, EM VALORES DE ABRIL DE 2003: R$ 468.545,05 (QUATROCENTOS E SESSENTA E OITO MIL, QUINHENTOS E QUARENTA E CINCO REAIS E CINCO CENTAVOS).

3. O RÉU NÃO LOGROU DEMONSTRAR, MEDIANTE DOCUMENTAÇÃO HÁBIL E IDÔNEA, A ORIGEM NEM A TRIBUTAÇÃO ANTERIOR DOS ATIVOS MOVIMENTADOS NAS CONTAS BANCÁRIAS. POR CONSEGUINTE, NÃO ILIDIU A PRESUNÇÃO RELATIVA (*IURIS TANTUM*) DE OMISSÃO DE RECEITA PREVISTA NO ART. 42 DA LEI Nº 9.430, DE 27 DE DEZEMBRO DE 1996.

4. O SUPERIOR TRIBUNAL DE JUSTIÇA TEM ENTENDIDO QUE A INCOMPATIBILIDADE ENTRE OS RENDIMENTOS INFORMADOS NA DECLARAÇÃO DE AJUSTE ANUAL E OS VALORES MOVIMENTADOS NO ANO-CALENDÁRIO CARACTERIZA PRESUNÇÃO RELATIVA DE OMISSÃO DE RECEITA, QUE PODE SER AFASTADA POR PROVA EM CONTRÁRIO DO CONTRIBUINTE. NESSES CASOS, O STJ TEM AFASTADO A APLICAÇÃO DA SÚMULA Nº 182 DO EXTINTO TRIBUNAL FEDERAL DE RECURSOS (TFR), PORQUE DIVORCIADA DA ATUAL LEGISLAÇÃO TRIBUTÁRIA. PRECEDENTE: RESP Nº 792.812/RJ.

5. ESTÃO PRESENTES, PORTANTO, OS ELEMENTOS CARACTERIZADO-RES DO TIPO PENAL – ART. 1º, I, DA Lei nº 8.137, DE 1990, – AÍ INCLUÍDO O DOLO ESPECÍFICO, QUE É A VONTADE LIVRE E CONSCIENTE DIRIGIDA À OMISSÃO DE RECEITA E À REDUÇÃO DO PAGAMENTO DO IRPF, ME-DIANTE A APRESENTAÇÃO DE DECLARAÇÕES DE IMPOSTO DE RENDA PESSOA FÍSICA À SRFB, SEM INFORMAR A REALIZAÇÃO DE MOVIMEN-TAÇÕES FINANCEIRAS EM CONTAS BANCÁRIAS.

6. PRECEDENTES DA 2ª E 3ª TURMAS DESTE TRIBUNAL REGIONAL FEDE-RAL DA 5ª REGIÃO: ACR Nº 4.745-CE, ACR Nº 5.007-SE E ACR Nº 3.867-PB).

7. APELAÇÃO PROVIDA.

Veja também o entendimento do Tribunal Regional Federal da 4ª Região, na Apelação Cível nº 2004.72.03.000474-3/SC, *DE*, 24/11/2009, rel. Joel Ilan Paciornik, cuja ementa segue transcrita:

Ementa:

PROCESSUAL CIVIL. EMBARGOS DE DECLARAÇÃO. AGRAVO LEGAL. TRI-BUTÁRIO. AÇÃO FISCAL. DOCUMENTOS SOLICITADOS PELO FISCO. LE-GALIDADE.

1. Em atenção aos princípios da economia processual e da fungibilidade recursal, os embargos de declaração são conhecidos como agravo legal, in-clusive para o fim de suprir a omissão apontada pelo impetrante.

2. O contribuinte possui o ônus legal não só de suportar as atividades de fiscalização, mas também de fornecer os documentos solicitados pela auto-ridade tributária, desde que isso não implique violação de sua intimidade e da vida privada. Esse dever não se opõe à garantia de não autoincriminação, pois o contribuinte não é obrigado a prestar esclarecimentos que agravem a sua situação. As consequências de sua omissão, porém, são as previstas no art. 42 da Lei nº 9.430/1996, permitindo que o fisco realize o arbitramento, caso o contribuinte não forneça as explicações solicitadas ou as informações forem insuficientes.

3. O argumento de impossibilidade de obtenção dos documentos requeridos é completamente impertinente em sede de mandado de segurança, visto que pressupõe ilegalidade ou abuso em relação aos documentos requeridos pela autoridade impetrada.

4. Não se pode tachar de ilegítima a conduta da autoridade fiscal de intimar o contribuinte a prestar as informações necessárias à apuração da existência ou não de omissão de receita. O procedimento anterior ao lançamento fiscal caracteriza-se por ser inquisitório, descabendo analisar eventual ofensa ao princípio da presunção de inocência.

Dessa forma, quando o contribuinte faz o depósito e tem a comprovação da origem do recurso, está comprovado que não acorreu omissão de receita.

Diante de todo o exposto, pode-se chegar à conclusão de que todos os de-pósitos devem ter origem, ou seja, é recurso e foi tributado ou será oferecido à tributação em algum momento.

Ocorre que, às vezes, o contribuinte não faz a contabilização do depósito, porque não há nada a ser feito, pois nesses casos a autoridade fiscal lavra o auto de infração e o antigo Conselho de Contribuinte, bem como o STJ e os TRFs da 1ª e da 5ª Região, mantêm o lançamento como omissão de receita por falta da contabilização de depósito.

Nesse sentido é o Acórdão 101-93956 do Conselho de Contribuintes, cuja ementa segue transcrita:

> Ementa:
>
> IRPJ – OMISSÃO DE RECEITAS – DEPÓSITOS BANCÁRIOS NÃO CONTABI-LIZADOS – É ilegítimo o lançamento do Imposto de Renda que teve como base de cálculo omissão de receitas decorrentes de depósitos bancários não contabilizados por constituir simples presunção que não confere consistência ao lançamento. LANÇAMENTOS DECORRENTES – Aplica-se aos lançamentos decorrentes, (PIS, COFINS e CSSL) o decidido quanto ao lançamento principal (IRPJ), por uma relação de vinculação entre este e aqueles.

Ainda são cabíveis aos contribuintes que foram autuados pela falta de contabilização de depósitos os argumentos de que o crédito bancário não é renda.

3.3.2 Saque de cheque e débitos de taxas bancárias

3.3.2.1 Saque de cheque

O saque do dinheiro nas instituições financeiras pode ter várias finalidades, dentre as quais o suprimento de caixa, compra a vista ou pagamento de fornecedores e despesas.

Exemplo: A empresa ABC Comércio Ltda., em 23/2/2009, emitiu um cheque no valor de R$ 200 (duzentos reais) para suprimento de caixa:

Lançamento nº 14

Débito:	1.1.1.01 Caixa
Crédito:	1.1.1.02.001 Banco do Brasil
Histórico:	R$ 200

O fato administrativo do saque no valor de R$ 200 (duzentos reais) foi permutativo, pois não modificou a posição patrimonial; apenas houve uma permuta entre as contas banco conta movimento e caixa. Assim, não teve qualquer influência em base de cálculo de tributos.

O exemplo do saque para pequenas despesas refere-se ao mundo ideal; entretanto, nem sempre é assim, ou seja, o real é bem diferente.

Existe a possibilidade de alguns saques para pagamentos que não podem ser comprovados fiscalmente e, dessa forma, não podem ser contabilizados.

Como o objetivo deste livro é também chamar a atenção para algumas situações complicadas, esse assunto será tratado apenas a título de informação, de modo que o lançamento a seguir não entrará na composição do patrimônio da empresa ABC Comércio Ltda.

Quando a administração da empresa faz um saque de um cheque no valor de R$ 20.000 (vinte mil reais) para pagamento que não será comprovado fiscalmente, normalmente é feito o seguinte lançamento:

Débito:	Caixa
Crédito:	Banco do Brasil
Histórico:	R$ 20.000

Esse valor fica como saldo de caixa quando, na verdade, não existe qualquer dinheiro, pois o recurso foi utilizado para pagamento que não pode ser comprovado.

Quando a empresa é fiscalizada, a autoridade poderá fazer a contagem do dinheiro no caixa na época da verificação fiscal e fazer um levantamento retroagindo à data do balanço que demonstrou o saldo no caixa, bem como verificar que aquele recurso não está mais na empresa.

Exemplo: O saque de R$ 20.000 (vinte mil reais) foi em 30/6/2000, então, o balanço de 31/12/2000 demonstrou e declarou um saldo de caixa nesse valor. A verificação fiscal foi em 20/6/2004, data em que foi encontrado no caixa o valor de R$ 200,00 (duzentos reais) referente ao fundo fixo:

Descrição	Valor
Contagem em 20/6/2004	R$ 200
Pagamentos do período de 1º/1/2001 até 20/6/2004	R$ 10.000
Entrada no caixa no período de 1º/1/2001 até 20/6/2004	R$ 10.000
Saldo em 31/12/2000 conforme levantamento	R$ 200
Saldo em 31/12/2000 conforme balanço e DIPJ	R$ 20.200
Diferença apurada	R$ 20.000

Essa diferença, às vezes, as autoridades fazendárias tributam como pagamentos a beneficiários não identificados com uma alíquota de 35% (trinta e cinco por cento), de acordo com o art. 61 da Lei nº 8.981/95, que tem a seguinte redação:

> Art. 61. Fica sujeito à incidência do Imposto de Renda exclusivamente na fonte, à alíquota de trinta e cinco por cento, todo pagamento efetuado pelas pessoas jurídicas a beneficiário não identificado, ressalvado o disposto em normas especiais.
>
> § 1º A incidência prevista no *caput* aplica-se, também, aos pagamentos efetuados ou aos recursos entregues a terceiros ou sócios, acionistas ou titular, contabilizados ou não, quando não for comprovada a operação ou a sua causa, bem como à hipótese de que trata o § 2º, do art. 74 da Lei nº 8.383, de 1991.[5]
>
> § 2º Considera-se vencido o Imposto de Renda na fonte no dia do pagamento da referida importância.
>
> § 3º O rendimento de que trata este artigo será considerado líquido, cabendo o reajustamento do respectivo rendimento bruto sobre o qual recairá o imposto.

Com efeito, o imposto sobre os R$ 20.000 (vinte mil reais) seria no montante de R$ 7.000 (sete mil reais), ou seja, (R$ 20.000 × 35%).

Ocorre que a autoridade tributária tem que deixar comprovado que realmente foram pagamentos a beneficiário não identificado, ou seja, esse recurso pode ter sido retirado pelo próprio sócio.

Nesses casos, o ônus da prova de que fez pagamentos a beneficiário não identificado é da Fazenda.

Nesse sentido têm sido as decisões do antigo Conselho de Contribuinte, conforme Acórdão nº 101-95461, a seguir transcrito:

> Ementa:
>
> IRFONTE – PAGAMENTOS A BENEFICIÁRIO NÃO IDENTIFICADO – Incomprovado que o pagamento denunciado se destinou a terceiro, que não o beneficiário indicado no documento correspondente, considera-se que o pagamento foi efetivado a beneficiário identificado, sendo indevido o IRFONTE com base no disposto no art. 61 da Lei nº 8.981/95.

---

[5] "Art. 74. Integrarão a remuneração dos beneficiários: I – a contraprestação de arrendamento mercantil ou o aluguel ou, quando for o caso, os respectivos encargos de depreciação, atualizados monetariamente até a data do balanço: (a) de veículo utilizado no transporte de administradores, diretores, gerentes e seus assessores ou de terceiros em relação à pessoa jurídica; (b) de imóvel cedido para uso de qualquer pessoa dentre as referidas na alínea precedente; II – as despesas com benefícios e vantagens concedidas pela empresa a administradores, diretores, gerentes e seus assessores, pagos diretamente ou através da contratação de terceiros, tais como: (a) a aquisição de alimentos ou quaisquer outros bens para utilização pelo beneficiário fora do estabelecimento da empresa; (b) os pagamentos relativos a clubes e assemelhados; (c) o salário e respectivos encargos sociais de empregados postos à disposição ou cedidos, pela empresa, a administradores, diretores, gerentes e seus assessores ou de terceiros; (d) a conservação, o custeio e a manutenção dos bens referidos no item I. 1º A empresa identificará os beneficiários das despesas e adicionará aos respectivos salários os valores a elas correspondentes. 2º A inobservância do disposto neste artigo implicará a tributação dos respectivos valores, exclusivamente na fonte, à alíquota de trinta e três por cento."

3.3.2.2 Débitos de taxas bancárias

As instituições financeiras cobram diversas taxas por serviços prestados, juros por créditos concedidos, taxa de IOF etc.

Exemplo: O Banco do Brasil, em 23/2/2009, debitou a quantia de R$ 100 (cem reais) de taxa para emissão de talão de cheques, cujo lançamento contábil é o seguinte:

Lançamento nº 15

Débito:	4.2.4.04 Taxas bancárias
Crédito:	1.1.1.02.001 Banco do Brasil
Histórico:	R$ 100

Esse fato administrativo é modificativo, pois está reduzindo o patrimônio da sociedade. Nesse caso, deve ter reflexo na apuração dos impostos (IRPJ e CSLL).

Com relação aos outros fatos que afetam a conta banco conta movimento, já foram ou serão comentados nos lançamentos seguintes em outras contas.

Todavia, ao final do livro, será apresentado um resumo de todos os lançamentos.

3.4 Das aplicações financeiras

3.4.1 Do valor aplicado

Existem vários tipos de aplicações financeiras, as quais podem ser títulos de renda fixa e variável, com várias subdivisões, que devem ser classificados de acordo com o prazo de resgate.

Para a classificação contábil correta das aplicações financeiras, devem ser analisadas várias outras circunstâncias, a exemplo da possibilidade de resgate antes do vencimento etc. Mas como a intenção deste livro é apenas tratar do aspecto fiscal e tributário, não se alongará nos aspectos técnico-contábeis.

3.4.2 Do IRRF

Os rendimentos sobre as operações de aplicações estão sujeitos à retenção de Imposto de Renda, cuja alíquota depende do prazo de resgate, conforme a seguir:

a) 22,5% (vinte e dois inteiros e cinco décimos por cento), em aplicações com prazo de até 180 (cento e oitenta) dias;

b) 20% (vinte por cento), em aplicações com prazo de 181 (cento e oitenta e um) dias até 360 (trezentos e sessenta) dias;

c) 17,5% (dezessete inteiros e cinco décimos por cento), em aplicações com prazo de 361 (trezentos e sessenta e um) dias até 720 (setecentos e vinte) dias;

d) 15% (quinze por cento), em aplicações com prazo acima de 720 (setecentos e vinte) dias.

As alíquotas de IRRF sobre os rendimentos de aplicação financeira foram regulamentadas pelo art. 1º da Lei nº 11.033/04, conforme a seguir transcrito:

> Art. 1º Os rendimentos de que trata o art. 5º da Lei nº 9.779,[6] de 19 de janeiro de 1999, relativamente às aplicações e operações realizadas a partir de 1º de janeiro de 2005, sujeitam-se à incidência do Imposto de Renda na fonte, às seguintes alíquotas:
>
> I – 22,5% (vinte e dois inteiros e cinco décimos por cento), em aplicações com prazo de até 180 (cento e oitenta) dias;
>
> II – 20% (vinte por cento), em aplicações com prazo de 181 (cento e oitenta e um) dias até 360 (trezentos e sessenta) dias;
>
> III – 17,5% (dezessete inteiros e cinco décimos por cento), em aplicações com prazo de 361 (trezentos e sessenta e um) dias até 720 (setecentos e vinte) dias;
>
> IV – 15% (quinze por cento), em aplicações com prazo acima de 720 (setecentos e vinte) dias.

Os rendimentos de conta poupança de pessoa jurídica estão sujeitos a tributação na fonte, conforme SRRF/1ª RF, Solução de Consulta nº 63, de 8/7/2005, a seguir transcrita:

> Ementa:
>
> APLICAÇÕES FINANCEIRAS DE RENDA FIXA. ALÍQUOTAS. As alíquotas indicadas no art. 3º da IN SRF nº 487/04[7] serão aplicadas nos casos de rendimentos produzidos por aplicações financeiras de renda fixa efetuadas

---

[6] "Art. 5º Os rendimentos auferidos em qualquer aplicação ou operação financeira de renda fixa ou de renda variável sujeitam-se à incidência do Imposto de Renda na fonte, mesmo no caso das operações de cobertura (*hedge*), realizadas por meio de operações de *swap* e outras, nos mercados de derivativos."

[7] "Art. 3º O Imposto de Renda na hipótese de fundo de longo prazo será cobrado às seguintes alíquotas: I – 22,5% (vinte e dois inteiros e cinco décimos por cento), em aplicações com prazo de até 180 (cento e oitenta) dias; II – 20% (vinte por cento), em aplicações com prazo de 181 (cento e oitenta e um) dias até 360 (trezentos e sessenta) dias; III – 17,5% (dezessete inteiros e cinco décimos por cento), em aplicações com prazo de 361 (trezentos e sessenta e um dias) até 720 (setecentos e vinte) dias; IV – 15% (quinze por cento), em aplicações com prazo acima de 720 (setecentos e vinte) dias. § 1º No caso de aplicações existentes em 31 de dezembro de 2004:"

a partir de 1º/1/2005, incluindo as cadernetas de poupança cujos titulares sejam pessoas jurídicas. Nas hipóteses em que a data do crédito dos rendimentos trimestrais for até o dia 31/12/2004, os rendimentos produzidos até essa data serão tributados nos termos da legislação então vigente (alíquota de 20%). No caso de aplicações existentes em 31/12/2004, aos rendimentos produzidos em 2005, os prazos a que se referem os incisos I a IV do *caput* do art. 3º da IN SRF nº 487/04 serão contados a partir: de 1º/7/2004, no caso de aplicação efetuada até 22/12/2004; e da data da aplicação, no caso de aplicação efetuada após 22/12/2004.

Exemplo: A empresa ABC Comércio Ltda., em 24/2/2009, fez uma aplicação financeira em fundo fixo no Banco do Brasil no valor de R$ 100.000 (cem mil reais). Assim, o lançamento é o seguinte:

Lançamento nº 16

Débito:	1.1.1.03.001	Banco do Brasil
Crédito:	1.1.1.02.001	Banco do Brasil
Histórico:	R$ 100.000	

Em 28/2/2009, a empresa ABC Comércio Ltda. resgatou a aplicação com as seguintes informações:

Descrição	Valor
Valor aplicado	R$ 100.000
Rendimento	R$ 10.000
IRRF (25%)	R$ 2.500
Valor líquido	R$ 107.500

Os números apresentados nessa tabela são meramente exemplificativos, não estando relacionados com qualquer tipo de aplicação financeira, como também prazo de resgate.

Então, nesse caso, os lançamentos são os seguintes:

Do valor líquido resgatado Lançamento nº 17

Débito:	1.1.1.02.001	Banco do Brasil
Crédito:	1.1.1.03.001	Banco do Brasil
Histórico:	R$ 107.500	

No valor contabilizado como resgate, o recomendável é que o seja pelo líquido, a fim de facilitar a conciliação bancária.

Para aqueles que estão iniciando seus estudos na área contábil, é importante lembrar que a conta aplicação financeira foi debitada com R$ 100.000 (cem mil reais) e foi creditada com R$ 107.000 (cento e sete mil reais). Isso significa dizer que essa conta ficou com o saldo credor, o que não pode acontecer.

Isso ocorreu porque ainda faltam fazer os lançamentos 18 e 19 referentes aos rendimentos e IRFF. Observando o histórico da conta aplicação financeira no livro razão, serão tiradas as dúvidas existentes.

O lançamento dos rendimentos é o seguinte:

Do rendimento, Lançamento nº 18

Débito: 1.1.1.03.001 Banco do Brasil
Crédito: 3.1.2.2.01 Rendimento de aplicação financeira
Histórico: R$ 10.000

Esse é um fato administrativo modificativo aumentativo, pois o patrimônio da sociedade aumentou em função dos rendimentos da aplicação financeira.

A retenção do Imposto de Renda é um fato administrativo permutativo, pois não altera o patrimônio da sociedade, pois será apenas transferida da conta aplicação financeira para impostos a recuperar.

O lançamento do IRRF é o seguinte:

Do rendimento, Lançamento nº 19

Débito: 1.1.3.01 IRRF
Crédito: 1.1.1.03.001 Banco do Brasil
Histórico: R$ 2.500

O IRRF (Imposto de Renda Retido na Fonte) das pessoas jurídicas, atualmente, referente às aplicações financeiras, é considerado como antecipação do Imposto de Renda devido pela empresa.

Na declaração de Imposto de Renda, os valores referentes ao IRFF podem ser deduzidos dos valores a pagar. Nos casos em que a retenção for maior do que o imposto devido, deve ser demonstrado na DIPJ (Declaração de Informações

Econômico-Fiscais da Pessoa Jurídica),[8] e o saldo negativo para gerar os créditos deve ser informado na PERDCOMP (Pedido de Restituição, Ressarcimento ou Reembolso e Declaração de Compensação),[9] para futuramente ser compensado com qualquer tributo administrado pela RFB.[10]

Exemplo:

Descrição	Valor
IR devido	R$ 10.000
IRRF	R$ 12.000
Saldo a pagar	(R$ 2.000)

3.5 Provisão do IR e da CSLL

Com base na demonstração de resultado dos eventos mencionados neste capítulo, a empresa obteve lucro antes da provisão para o IR e para a CSLL, no montante de R$ 32.025 (trinta e dois mil e vinte e cinco reais). Observe-se que na demonstração, no item 3.8, portanto, aumentou o patrimônio da sociedade nesse valor. Dessa forma ocorreu o fato do Imposto de Renda.

Mas, caso a empresa, no período de apuração do Imposto de Renda não tivesse realizado qualquer operação, como também não tivesse mais despesas, o IRPJ e a CSLL seriam assim demonstrados:

Descrição dos fatos	Valor
Lucro bruto	R$ 32.025
CSLL (9%)[2]	R$ 2.882
IRPJ (15%)	R$ 4.804
Lucro líquido	R$ 24.339

---

[8] Instrução Normativa RFB nº 969, de 21/10/2009, que dispõe sobre a obrigatoriedade de apresentação de declarações com assinatura digital, efetivada mediante utilização de certificado digital válido, nos casos de tributação com base no lucro real, no lucro presumido ou no lucro arbitrado.

[9] Instrução Normativa RFB nº 901, de 30/12/2008, que aprova o programa PER/DCOMP 4.0.

[10] Art. 74 da Lei nº 9.430/96.

Tomando como base os valores da CSLL e IRPJ apresentados nessa demonstração, serão feitos os lançamentos desses tributos:

Dos Lançamentos

Da CSLL, Lançamento nº 20

Débito:	4.3.1.01 Provisão P/ CSLL
Crédito:	2.1.4.02 Provisão CSLL
Histórico:	R$ 2.882

Do IRPJ, Lançamento nº 21

Débito:	4.3.2.01 Provisão IR
Crédito:	2.1.4.01 Provisão IR
Histórico:	R$ 4.804

3.6 Do Razão das contas

O Razão das contas do disponível com os lançamentos contábeis tem as seguintes informações:

RAZÃO CONTÁBIL

Empresa ABC Comércio Ltda.   **Folha – 1**

Conta Contábil: 1.1.1.01 – Caixa

Data	Histórico	Nº Lança-mento	Débito	Crédito	Saldo	D/C
21/2/2009	Vr. Empréstimo de sócio	12	250.000		250.000	D
22/2/2009	Vr. Compra da sede	13		250.000		
23/2/2009	Vr. Suprimento de caixa	14	200		200	D
				Saldo final >>	200	D

Disponível **57**

RAZÃO CONTÁBIL

Empresa ABC Comércio Ltda.   Folha – 2

Conta Contábil: 1.1.1.02. 001 – Banco do Brasil

Data	Histórico	Nº Lança-mento	Débito	Crédito	Saldo	D/C
20/1/2009	Vr. Integralização de capital	02	200.000		200.000	D
22/1/2009	Vr. Compra mercadoria	03		200.000		
20/2/2009	Rec. Venda a vista	07	130.000		130.000	D
23/2/2009	Vr. Suprimento de caixa	14		200	129.800	D
23/2/2009	Vr. Taxa bancária	15		100	129.700	D
24/2/2009	Vr. Aplicação financeira	16		100.000	29.700	D
28/2/2009	Vr. Resgate aplicação	17	107.500		137.200	D
				Saldo final >>	137.200	D

RAZÃO CONTÁBIL

Empresa ABC Comércio Ltda.   Folha – 3

Conta Contábil: 1.1.1.03. 001 – Banco do Brasil

Data	Histórico	Nº Lança-mento	Débito	Crédito	Saldo	D/C
24/2/2009	Vr. Aplicação financeira	16	100.000		100.000	D
28/2/2009	Vr. Resgate aplicação	17		107.500	(7.500)	C
28/2/2009	Vr. Rendimentos	18	10.000		2.500	D
28/2/2009	Vr. IRRF	19		2.500	0	
				Saldo final >>	0	

RAZÃO CONTÁBIL

Empresa ABC Comércio Ltda.   Folha – 4

Conta Contábil: 1.1.3.01 – IRRF

Data	Histórico	Nº Lança-mento	Débito	Crédito	Saldo	D/C
28/1/2009	Vr. IRRF	19	2.500		2.500	D
				Saldo final >>	2.500	D

RAZÃO CONTÁBIL

Empresa ABC Comércio Ltda.   Folha – 5

Conta Contábil: 1.1.3.02 – PIS

Data	Histórico	Nº Lança-mento	Débito	Crédito	Saldo	D/C
22/1/2009	VR. Crédito sobre compra	05	3.300		3.300	D
				Saldo final >>	3.300	D

RAZÃO CONTÁBIL

Empresa ABC Comércio Ltda.   Folha – 6

Conta Contábil: 1.1.3.02 – COFINS

Data	Histórico	Nº Lança-mento	Débito	Crédito	Saldo	D/C
22/1/2009	VR. Crédito sobre compra	06	15.200		15. 200	D
				Saldo final >>	15.200	D

RAZÃO CONTÁBIL

Empresa ABC Comércio Ltda.   Folha – 7

Conta Contábil: 1.1.3.04 – ICMS

Data	Histórico	Nº Lança-mento	Débito	Crédito	Saldo	D/C
22/1/2009	VR. Crédito sobre compra	04	34.000		34.000	D
				Saldo final >>	34.000	D

RAZÃO CONTÁBIL

Empresa ABC Comércio Ltda.   Folha – 8

Conta Contábil: 1.1.4.01 – Mercadorias para revenda

Data	Histórico	Nº Lança-mento	Débito	Crédito	Saldo	D/C
22/1/2009	Vr. Compra mercadoria	03	200.000		200.000	D
22/1/2009	Vr. Crédito sobre compra	04		34.000	166.000	D
22/1/2009	Vr. Crédito sobre compra	05		3.300	162.700	D
22/1/2009	Vr. Crédito sobre compra	06		15.200	147.500	D
20/2/2009	Vr. Baixa de Mercadoria vendida	09		73.750	73.750	D
				Saldo final >>	73.750	D

Disponível 59

RAZÃO CONTÁBIL

Empresa ABC Comércio Ltda. Folha – 9

Conta Contábil: 1.2.2.2. 002 – Edificações

Data	Histórico	Nº Lança-mento	Débito	Crédito	Saldo	D/C
22/2/2009	Vr. Compra da sede	13	250.000		250.000	D
				Saldo final >>	250.000	D

RAZÃO CONTÁBIL

Empresa ABC Comércio Ltda. Folha – 10

Conta Contábil: 2.1.3.2.002 – PIS a Pagar

Data	Histórico	Nº Lança-mento	Débito	Crédito	Saldo	D/C
20/2/2009	Vr. PIS sobre vendas	10		2.145	2.145	C
				Saldo final >>	2.145	C

RAZÃO CONTÁBIL

Empresa ABC Comércio Ltda. Folha – 11

Conta Contábil: 2.1.3.2.002 – COFINS a Pagar

Data	Histórico	Nº Lança-mento	Débito	Crédito	Saldo	D/C
20/2/2009	Vr. COFINS sobre vendas	11		9.880	9.880	C
				Saldo final >>	9.880	C

RAZÃO CONTÁBIL

Empresa ABC Comércio Ltda. Folha – 12

Conta Contábil: 2.1.3.2.002 – ICMS a Pagar

Data	Histórico	Nº Lança-mento	Débito	Crédito	Saldo	D/C
20/2/2009	Vr. ICMS sobre vendas	08		22.100	22.100	C
				Saldo final >>	22.100	C

RAZÃO CONTÁBIL

Empresa ABC Comércio Ltda.   Folha – 13

Conta Contábil: 2.1.4.01 – Provisão IR

Data	Histórico	Nº Lança-mento	Débito	Crédito	Saldo	D/C
20/2/2009	Vr. Provisão IR	21		4.804	4.804	C
				Saldo final >>	4.804	C

RAZÃO CONTÁBIL

Empresa ABC Comércio Ltda.   Folha – 14

Conta Contábil: 2.1.4.02 – Provisão CSLL

Data	Histórico	Nº Lança-mento	Débito	Crédito	Saldo	D/C
20/2/2009	Vr. Provisão CSLL	20		2.882	2.882	C
				Saldo final >>	2.882	C

RAZÃO CONTÁBIL

Empresa ABC Comércio Ltda.   Folha – 15

Conta Contábil: 2.2.1.01 – Nome do sócio

Data	Histórico	Nº Lança-mento	Débito	Crédito	Saldo	D/C
20/1/2009	Vr. Subscrição de capital	01		250.000	250.000	C
				Saldo final >>	250.000	C

RAZÃO CONTÁBIL

Empresa ABC Comércio Ltda.   Folha – 16

Conta Contábil: 2.3.1.01 – Capital Social subscrito

Data	Histórico	Nº Lança-mento	Débito	Crédito	Saldo	D/C
20/1/2009	Vr. Subscrição de capital	01		1.000.000	1.000.000	C
				Saldo final >>	1.000.000	C

Disponível **61**

RAZÃO CONTÁBIL

Empresa ABC Comércio Ltda.   Folha – 17

Conta Contábil: 2.3.1.02 – Capital Social a integralizar

Data	Histórico	Nº Lança-mento	Débito	Crédito	Saldo	D/C
20/1/2009	Vr. Subscrição de capital	01	1.000.000		1.000.000	C
20/1/2009	Vr. Integralização de capital	02		200.000	800.000	C
				Saldo final >>	800.000	C

RAZÃO CONTÁBIL

Empresa ABC – Comércio Ltda.   Folha – 18

Conta Contábil: 3.1.1.1 – Vendas de Mercadorias

Data	Histórico	Nº Lança-mento	Débito	Crédito	Saldo	D/C
20/2/2009	Rec. Venda a vista	07		130.000	130.000	C
				Saldo final >>	130.000	C

RAZÃO CONTÁBIL

Empresa ABC Comércio Ltda.   Folha – 19

Conta Contábil: 3.1.1.2.03 – Imposto sobre Vendas ICMS

Data	Histórico	Nº Lança-mento	Débito	Crédito	Saldo	D/C
20/2/2009	Vr. ICMS sobre vendas	08	22.100		22.100	D
				Saldo final >>	22.100	D

RAZÃO CONTÁBIL

Empresa ABC Comércio Ltda.   Folha – 20

Conta Contábil: 3.1.1.2.01 – Imposto sobre vendas PIS

Data	Histórico	Nº Lança-mento	Débito	Crédito	Saldo	D/C
20/2/2009	Vr. PIS sobre vendas	10	2.145		2.145	D
				Saldo final >>	2.145	D

RAZÃO CONTÁBIL

Empresa ABC Comércio Ltda. Folha – 21

Conta Contábil: 3.1.1.2.01 – Imposto sobre vendas COFINS

Data	Histórico	Nº Lança-mento	Débito	Crédito	Saldo	D/C
20/2/2009	Vr. ICMS sobre vendas	11	9.880		9.880	D
				Saldo final >>	9.880	D

RAZÃO CONTÁBIL

Empresa ABC Comércio Ltda. Folha – 22

Conta Contábil: 3.1.2.2.01 – Rendimento de aplicação financeira

Data	Histórico	Nº Lança-mento	Débito	Crédito	Saldo	D/C
20/2/2009	Vr. Rendimentos	19		10.000	10.000	C
				Saldo final >>	10.000	C

RAZÃO CONTÁBIL

Empresa ABC Comércio Ltda. Folha – 23

Conta Contábil: 4.1.1.01 – Custo das Mercadorias vendidas

Data	Histórico	Nº Lança-mento	Débito	Crédito	Saldo	D/C
20/2/2009	Vr. Baixa de Mercadoria vendida	09	73.750		73.750	D
				Saldo final >>	73.750	D

RAZÃO CONTÁBIL

Empresa ABC Comércio Ltda. Folha – 24

Conta Contábil: 4.3.1.01 – Provisão CSLL

Data	Histórico	Nº Lança-mento	Débito	Crédito	Saldo	D/C
20/2/2009	Vr. Provisão CSLL	20	2.882		2.882	D
				Saldo final >>	2.882	D

RAZÃO CONTÁBIL

Empresa ABC Comércio Ltda.   Folha – 25

Conta Contábil: 4.3.1.02 – Provisão IRPJ

Data	Histórico	Nº Lançamento	Débito	Crédito	Saldo	D/C
20/2/2009	Vr. Provisão IR	21	4.804		4.804	D
				Saldo final >>	4.804	D

RAZÃO CONTÁBIL

Empresa ABC Comércio Ltda.   Folha – 26

Conta Contábil: 4.2.4.04 – Taxas bancárias

Data	Histórico	Nº Lançamento	Débito	Crédito	Saldo	D/C
23/2/2009	VR. Taxas bancárias	17	100		100	D
				Saldo final >>	100	D

3.7 Posição patrimonial

A posição patrimonial após a contabilização dos fatos administrativos relacionados com o disponível:

Descrição dos fatos	Valor		
	Posição anterior	Variação em real	Posição atual
Ativo			
Circulante	200.000	66.150	266.150
Caixa	–	200	200
Bancos c/movimento	200.000	(62.800)	137.200
Impostos a recuperar		55.000	55.000
IRRF	–	2.500	2.500
PIS	–	3.300	3.300
COFINS	–	15.200	15.200
ICMS	–	34.000	34.000

Descrição dos fatos	Valor		
	Posição anterior	Variação em real	Posição atual
Estoques		73.750	73.750
Mercadorias		73.750	73.750
Ativo não circulante		250.000	250.000
Imobilizado		250.000	250.000
Edificações		250.000	250.000
Total do ativo	200.000	316.150	516.150
Passivo			
Obrigações tributárias		41.811	41.811
PIS		2.145	2.145
COFINS		9.880	9.880
ICMS		22.100	22.100
Provisão CSLL		2.882	2.882
Provisão IRPJ		4.804	4.804
Passivo não circulante		250.000	250.000
Empréstimo de sócio		250.000	250.000
Patrimônio Líquido	200.000	24.339	224.339
Capital social	200.000	–	200.000
Subscrito	1.000.000	–	1.000.000
(–) A integralizar	(800.000)	–	(800.000)
Resultado do período		24.399	24.339
Total do passivo	200.000	316.150	516.150

Os valores demonstrados como ICMS, PIS e COFINS a pagar serão compensados com os valores a recuperar dos referidos tributos e recolhida somente a diferença. Assim, de acordo com a posição atual, não há valores a recolher, tendo em vista que os valores a recuperar são maiores.

3.8 Demonstração do resultado

A demonstração do resultado apurado nesse grupo de conta, ou seja, os lançamentos contábeis que podem ter incidência de tributação, representa a variação do patrimônio líquido:

Descrição dos fatos	Valor		
	Posição anterior	Variação	Posição atual
Vendas de mercadorias	130.000	–	130.000
(–) ICMS	22.100	–	22.100
(–) PIS	2.145	–	2.145
(–) COFINS	9.880	–	9.880
Receita líquida	95.875	–	95.875
Custo da Mercadoria vendida	73.750	–	73.750
Lucro bruto	22.125	–	22.125
Despesas Financeiras	(100)	-	(100)
Receitas Financeiras	10.000	–	10.000
Lucro antes do IR e CSLL	32.025		32.025
CSLL (9%)	(2.882)		(2.882)
IRPJ (15%)	(4.804)		(4.804)
Lucro líquido	24.339		24.339

Os tributos tais como PIS, COFINS, IRPJ e CSLL, apurados nessa demonstração não são definitivos, pois serão calculados no final do período de apuração.

A finalidade dessa demonstração, ao incluir os tributos, ainda que de forma provisória, é facilitar o entendimento de quais fatos administrativos são geradores de tributos.

3.9 Dos custos tributários

Os custos tributários da operação compensados com os valores dos créditos correspondentes à baixa do estoque são de R$ 15.461 (quinze mil e quatrocentos e sessenta e um reais), conforme quadro demonstrativo:

Descrição dos fatos	Valor		
	Posição anterior	Variação	Posição atual
(A) Tributos s/vendas	–		**34.025**
ICMS	–		22.000
PIS	–		2.145
COFINS	–		9.880
(B) Tributos s/Resultado	–		**7.686**
CSLL	–		2.882
IRPJ	–		4.804
(C) Créditos s/estoques baixados	–		**26.250**
ICMS	–		17.000
PIS	–		1.650
COFINS	–		7.600
(D) Custo líquido (A + B – C)	–		**15.461**

3.10 Resumo e efeito dos lançamentos com relação às contas do disponível

(P) Permutativo

(MA) Modificativo aumentativo

(MD) Modificativo diminutivo

Nº Lanç.	Fato contábil			Valor do lançamento	
	P	MA	MD		
01	X			1.000.000	
02	X			200.000	
03	X			200.000	
04	X			34.000	
05	X			3.300	
06	X			15.200	
07			X		130.000
08			X		(22.100)
09			X		(73.750)
10			X		(2.145)

Nº Lanç.	Fato contábil			Valor do lançamento	
	P	MA	MD		
11			X		(9.880)
12	X			250.000	
13	X			250.000	
14	X			200	
15			X		(100)
16	X			100.000	
17	X			107.500	
18		X			10.000
19	X			2.500	
20			X		(2.882)
21			X		(4.819)
Resultado dos lançamentos do disponível					24.315

4

Contas a Receber

4.1 Da venda a prazo

Esse grupo de conta registra os valores a receber referente às vendas a prazo, quando a empresa tem controles extracontábil-analíticos, informando os clientes e os valores a receber de cada. Além dos vencimentos das duplicatas, a contabilidade pode ter efeito somente em uma conta sintética, ou seja, na conta duplicatas a receber.

Ocorre que existem empresas que não têm esses controles, o que implica dizer que, nesses casos, a contabilidade deve ter uma conta para cada cliente.

Exemplo: A empresa ABC Comércio Ltda. não tem esse controle e, em 2/3/2009, fez uma venda a prazo para **JF Comércio Ltda.**, com as seguintes informações:

Dados da Nota Fiscal:

Valor do estoque vendido	R$ 73.500
Valor da venda	R$ 200.000
ICMS sobre a venda	R$ 34.000
Condições de pagamento	duas duplicatas no valor de R$ 100.000

Dos lançamentos

Da venda, Lançamento nº 22

Débito:	1.1.2.01.001 **JF Comércio Ltda.**
Crédito:	3.1.1.1 Vendas de mercadoria
Histórico:	R$ 200.000

Do ICMS sobre a venda, Lançamento nº 23

Débito:	3.1.1.2 ICMS
Crédito:	2.1.3.2.004 ICMS a pagar
Histórico:	R$ 34.000

Dos custos, Lançamento nº 24

Débito:	4.1.1.01 Custo das Mercadorias vendidas
Crédito:	1.1.4.01 Mercadorias para revenda
Histórico:	baixa de estoques correspondentes a 50% do estoque (147.500 × 50%) R$ 73.750

Do PIS, Lançamento nº 25

Débito:	3.1.1.2.01 PIS
Crédito:	2.1.3.2.002 PIS a pagar
Histórico:	(R$ 200.000 × 1,65%) = 3.300

Do COFINS, Lançamento nº 26

Débito:	3.1.1.2.02 COFINS
Crédito:	2.1.3.2.003 COFINS a pagar
Histórico:	(R$ 200.000 × 7,60%) = 15.200

4.1.1 Ajuste a valor presente

Com efeito, na primeira edição deste livro, apesar das novas regras contábeis determinarem o registro dos valores referente a ajuste a valor presente, não foi comentado sobre esta matéria tendo em vista que o trabalho refere-se à tributação.

Ocorre que, com a vigência da Lei nº 12.973/2014, este procedimento passou a ser obrigatório fiscalmente para as operações com prazo a partir de doze meses, então passou a ser necessário estes comentários.

A referida lei alterou o conceito de receita líquida incluindo nas deduções o valor referente a ajuste a valor presente, por esta razão, este assunto merece uma explicação mais detalhada.

Os lançamentos do ajuste a valor presente têm como finalidade a exclusão da receita financeira embutida no valor da mercadoria ou produtos quando vendidos a prazo.

Ainda que seja divulgado pelo vendedor que está vendendo a prazo com preço de a vista, é necessário este lançamento para demonstrar qual o custo financeiro desta promoção.

A obrigação de apuração do Ajuste a Valor Presente – AVP, no Brasil (talvez por entenderem que não exista mais inflação), será somente sobre os elementos do ativo e passivo não circulante, ou seja, com prazo para recebimento ou pagamento superior a 365 dias.

Desta forma pode-se trabalhar com o seguinte exemplo:

1 – VENDAS A PRAZO

Descrição	Informação
Valor da venda	R$ 50.000
Nº de parcelas	1
Prazo	18 meses
Taxa de juros	3% ao mês

Para fins de cálculo do ajuste a valor presente, a taxa de juros será considerada aquela usual na empresa para recebimento de valores em atraso.

Para um melhor entendimento, a seguir será demonstrado o passo da apuração do ajuste do valor presente tomando como base as informações da taxa de 3% ao mês.

PRIMEIRO PASSO

Cálculo do valor presente VP.

Siglas:

VP = Valor presente

VF = Valor futuro

AVP = Ajuste valor presente

O ajuste a valor presente é a diferença entre o valor presente e futuro; para encontrar o valor presente deve ser aplicada a seguinte fórmula:

Fórmula:

$VP = VF \div (1 - i/100)^n$

Cálculo com base nas informações:

$VP = 50.000 \div (1 - 0,03)^{18}$

$VP = 50.000 \div (1,03)^{18}$

$VP = 50.000 \div 1,70243$

$VP = 29.369,78$

SEGUNDO PASSO

Apurar o valor do ajuste estipulado para o valor presente.

Desta forma o ajuste a valor presente será de R$ 20.630,22 conforme demonstrado:

$AVP = 50.000 - 29.369,78$

$AVP = 20.630,22$

No exemplo acima, a venda foi com um prazo de 18 meses, portanto, superior a 365 dias, então deve ser contabilizado o efeito do ajuste ao valor presente de acordo com a legislação comercial.

Como demonstrado, o ajuste a valor presente no exemplo foi de R$ 20.630,22, desta forma será feito os seguintes lançamentos contábeis:

Débito: Cliente

   Nome do cliente

Crédito: Cliente

   Ajuste a valor presente

Histórico....................... R$ 20.630,22

O ajuste a valor presente será reconhecido como receita financeira *pro rata tempore* de acordo com o prazo da operação, que no caso é de 18 meses.

Para calcular o valor a ser amortizado por mês é necessário, antes, transformar em valor presente o ajuste de R$ 20.630,22.

TERCEIRO PASSO

Calcular o valor presente do ajuste encontrado no segundo passo.

Fórmula:

$$VP = VF \div (1 + i/100)^n$$

Cálculo do valor presente

$$VP = 20.630,22 \div (1 + 0,03)^{18}$$

$$VP = 20.630,22 \div 1,70243$$

$$VP = 12.118,10$$

QUARTO PASSO

Apuração do valor mensal a ser reconhecido como receita financeira.

Sigla:

VRFM = Valor Receita Financeira Mensal

Fórmula:

$$VRFM = VP \times ((i/100) \times (1+i/100)^n) \div ((1 + i)^n - 1))$$

Cálculo do primeiro mês:

$$VRFM = 12.118,10 \times ((0,03) \times (1,03)^{18}) \div ((1,03)^{18} - 1))$$

$$VRFM = 12.118,10 \times ((0,03 \times 1,70243) \div (1,70243 - 1))$$

$$VRFM = 12.118,10 \times (0,05107 \div 0,70243)$$

$$VRFM = 12.118,10 \times 0,07270$$

$$VRFM = 880,98$$

Após a definição do valor a apropriar da receita financeira no primeiro mês, será demonstrado os valores a serem reconhecidos nos meses seguintes.

O valor a ser reconhecido no primeiro passo será mensalmente atualizado pela taxa de juro aplicado, que no caso em estudo é de 3% ao mês.

Na tabela a seguir constam os valores mensais atualizados com a taxa mencionada no parágrafo anterior, partindo do valor de R$ 880,98 pela taxa de juro mensal comentada, conforme a seguir demonstrado:

Mês	Atualização da prestação			Valor da prestação
	BC[1]	Índice	Atualização	
1				880,98
2	880,98	0,03	26,43	907,41
3	907,41	0,03	27,22	934,63
4	934,63	0,03	28,04	962,67
5	962,67	0,03	28,88	991,55
6	991,55	0,03	29,75	1.021,30
7	1.021,30	0,03	30,64	1.051,94
8	1.051,94	0,03	31,56	1.083,49
9	1.083,49	0,03	32,50	1.116,00
10	1.116,00	0,03	33,48	1.149,48
11	1.149,48	0,03	34,48	1.183,96
12	1.183,96	0,03	35,52	1.219,48
13	1.219,48	0,03	36,58	1.256,07
14	1.256,07	0,03	37,68	1.293,75
15	1.293,75	0,03	38,81	1.332,56
16	1.332,56	0,03	39,98	1.372,54
17	1.372,54	0,03	41,18	1.413,71
18	1.413,71	0,03	44,98	1.458,69
Total				**20.630,22**

O primeiro lançamento de reconhecimento da receita será em 21 de dezembro de 2015, considerando que a operação de venda ocorreu nesta data.

A partir do mês subsequente será feito mensalmente um lançamento referente à apropriação da receita financeira de acordo com os valores mencionados na tabela acima.

O ajuste a valor presente se aplica somente quando a venda for com prazo superior a 365 dias, podendo ser recomendada quando a operação seja com prazo inferior ao mencionado apenas nos casos relevantes.

---

[1] Base de cálculo.

Como caso relevante se entende uma venda com valor grande e com alta taxa de juros embutidos, assim o ajuste será um valor que tem influência nas demonstrações contábeis.

4.2 Do desconto de duplicata

A empresa **ABC Comércio Ltda.**, em 5/3/2009, fez junto ao Banco do Brasil um desconto da duplicata no valor de R$ 100.000 (cem mil reais), em que o sacado é a empresa JF Comércio Ltda., com as seguintes informações:

Descrição	Valor
Duplicata 01	100.000
Juros cobrados na operação	4.000
Líquido creditado na conta	96.000

Os lançamentos contábeis referentes ao desconto das duplicatas são os seguintes:

Do Líquido Creditado na conta, Lançamento nº 27

Débito:	1.1.1.02.001 Banco do Brasil
Crédito:	1.1.2.02.001 Banco do Brasil (DP descontada)
Histórico:	R$ 96.000

Do COFINS, Lançamento nº 28

Débito:	4.2.4.01 Juros
Crédito:	1.1.2.02.001 Banco do Brasil (DP descontada)
Histórico:	R$ 4.000

O lançamento dos valores referentes aos juros relativos ao desconto de duplicata, quando forem valores representativos, deve ser contabilizado como despesas de exercícios e apropriado como despesas *pro rata*.

No Capítulo 8, Despesas de exercícios seguintes, serão explicados os procedimentos contábeis e fiscais relacionados às despesas que devem ser reconhecidas *pro rata*.

4.3 Do recebimento das duplicatas

Em 28/3/2009, a empresa JF Comércio Ltda. pagou as duas duplicatas, nas seguintes situações:

Descrição	Localização	Valor pago
Duplicata 01	Em carteira	100.000
Duplicata 02	Descontada	100.000

A duplicata que estava em carteira foi paga através de depósito bancário no Banco do Brasil, com o seguinte lançamento contábil:

Do Valor recebido da DP em carteira, Lançamento nº 29

```
Débito:     1.1.1.02.001  Banco do Brasil
Crédito:    1.1.2.02.001  JF Comércio Ltda.
Histórico:  R$ 100.000
```

Com relação à duplicata descontada, como o recurso já ingressou na empresa, com a liquidação da referida duplicata será dada baixa somente na obrigação, com o seguinte lançamento contábil:

Do Líquido Creditado na conta, Lançamento nº 30

```
Débito:     1.1.2.02.001  Banco do Brasil (DP descontada)
Crédito:    1.1.2.02.001  JF Comércio Ltda.
Histórico:  R$ 100.000
```

4.4 Reconhecimento das perdas

Os valores não recebidos podem ser contabilizados como perda. Assim será a redução na base de cálculo do IR e CSLL, no entanto, devem ser observados os seguintes procedimentos:

a) em relação aos quais tenha havido a declaração de insolvência do devedor, mediante sentença emanada do Poder Judiciário, com relação a qualquer valor;

b) vendas sem garantia de valor:

b.1) até R$ 5.000 (cinco mil reais), por operação, vencidos há mais de seis meses, independentemente de iniciados os procedimentos judiciais para o seu recebimento;

b.2) acima de R$ 5.000 (cinco mil reais) até R$ 30.000 (trinta mil reais), por operação, vencidos há mais de um ano, independentemente de iniciados os procedimentos judiciais para o seu recebimento, porém mantida a cobrança administrativa;

b.3) acima de R$ 30.000 (trinta mil reais), vencidos há mais de um ano, desde que iniciados e mantidos os procedimentos judiciais para o seu recebimento;

c) com garantia, vencidos há mais de dois anos, desde que iniciados e mantidos os procedimentos judiciais para o seu recebimento ou o arresto das garantias;

d) contra devedor declarado falido ou pessoa jurídica declarada concordatária, relativamente à parcela que exceder o valor que esta tenha se comprometido a pagar. Caso a pessoa jurídica concordatária não honre o compromisso do pagamento de parcela do crédito, esta também poderá ser deduzida como perda, observadas as condições gerais para dedução das perdas (IN SRF nº 93/97, art. 24).[2]

Para fins de definição do valor da operação, devem ser incluídos, inclusive, os encargos financeiros.

Exemplos:

Hipótese 1

Admita-se que uma pessoa jurídica tenha realizado no mês de janeiro de 2006 vendas de mercadorias a um determinado cliente, cujas notas fiscais foram englobadas numa única fatura (de nº 01), para pagamento nos seguintes prazos e condições:

a) Valor e vencimento das duplicatas:
- Duplicata nº 01-A, no valor de R$ 2.000 (dois mil reais), com vencimento em 2/2/2006;
- Duplicata nº 01-B, no valor de R$ 1.500 (hum mil e quinhentos reais), com vencimento em 16/2/2006;
- Duplicata nº 01-C, no valor de R$ 1.000 (hum mil reais), com vencimento em 28/2/2006.

b) Caso as duplicatas não sejam pagas no vencimento, os respectivos valores serão acrescidos dos seguintes encargos, previstos contratualmente:

---

[2] Referida Instrução Normativa foi alterada pela IN SRF nº 15/99 para tão somente revogar o § 4º do art. 57.

- Juros (simples) de 0,5% (zero vírgula cinco por cento) ao mês, contados a partir do dia subsequente ao do vencimento do título;

- Multa de mora de 2% (dois por cento) sobre o valor original do crédito.

Nesse caso, se em 31/12/2006 esses créditos ainda não tiverem sido liquidados, tem-se a seguinte situação:

Valor total do crédito acrescido de encargos moratórios:

Dup. Nº	Vencimento	A Valor original	B Valor dos juros devidos até 31/12/2006 (3,5% de A)	C Valor da multa (2% de A)	Total do crédito (A + B + C)
01-A	2/2/2006	2.000	110	40	2.150
01-B	16/2/2006	1.500	106	30	1.636
01-C	28/2/2006	1.000	102	20	1.122
Totais		4.500	318	90	4.908

Nessa hipótese, como o total do crédito relativo à operação, acrescido de encargos moratórios contratados, enquadra-se no limite de R$ 5.000 (cinco mil reais), a empresa poderá proceder a sua baixa, no valor de R$ 4.908 (quatro mil, novecentos e oito reais e sessenta e sete centavos), naturalmente, com o pressuposto de que os encargos moratórios foram contabilizados como receita, tendo em vista que esse crédito está vencido há mais de seis meses.

Hipótese 2

Considere-se que a pessoa jurídica tenha crédito não liquidado relativo a vendas de mercadorias feitas a outro cliente, representado por uma única fatura, cujas duplicatas venceram nas seguintes datas:

- Duplicata 02-A, no valor de R$ 2.500 (dois mil e quinhentos reais), vencida em 2/2/2006;

- Duplicata 02-B, no valor de R$ 2.300 (dois mil e trezentos reais), vencida em 16/2/2006.

Considerando as mesmas taxas de juros e multa e admitindo-se que nessa operação também foram contratados encargos moratórios, para o curso de não pagamento dentro do prazo, em 31/12/2006, tem-se:

Duplicata nº	Vencimento	A Valor original	B Valor dos juros devidos até 31/12/2006	C Valor da multa (2% de A)	Total do crédito (A + B + C)
			Valor		
02-A	2/1/2006	2.500	138	50	2.688
02-B	16/2/2006	2.300	121	46	2.468
Totais		4.800	259	96	5.156

Nesse caso, como o valor total do crédito (R$ 5.156) é superior ao limite de R$ 5.000 (cinco mil reais), a parcela referente à duplicata 02-A somente poderá ser baixada depois de decorrido um ano do seu vencimento.

O mesmo se aplica à duplicata 02-B.

As operações com garantia real podem ser referentes à venda com reserva de domínio, alienação fiduciária em garantia da operação ou operações com outras garantias reais.

Não pode ser baixado como perda no recebimento de créditos com pessoa jurídica que seja controladora, controlada, coligada ou interligada, bem como pessoa física que seja acionista controlador, sócio, titular ou administrador da pessoa jurídica credora, ou parenta até terceiro grau dessas pessoas físicas, consoante o art. 340, § 6º, do RIR/99.

4.5 Da contabilização das perdas

As perdas com créditos não recebidos devem ser debitadas e o resultado, em contrapartida das seguintes contas, é:

a) da conta que registra o crédito, quando este não tiver garantia e seu valor for de até R$ 5.000 (cinco mil reais), por operação, e estiver vencido há mais de seis meses, independentemente de iniciados os procedimentos judiciais para o seu recebimento;

b) de conta redutora do crédito, nas demais hipóteses previstas no § 1º do art. 9º da Lei nº 9.430/96.[3]

---

[3] "Art. 9º As perdas no recebimento de créditos decorrentes das atividades da pessoa jurídica poderão ser deduzidas como despesas, para determinação do lucro real, observado o disposto neste artigo. § 1º Poderão ser registrados como perda os créditos: I – em relação aos quais tenha havido a declaração de insolvência do devedor, em sentença emanada do Poder Judiciário; II – sem garantia, de valor: (a) até R$ 5.000,00 (cinco mil reais), por operação, vencidos há mais de seis meses, independentemente de iniciados os procedimentos judiciais para o seu recebimento; (b) acima de R$ 5.000,00 (cinco mil

Os limites estabelecidos no art. 9º da Lei nº 9.430/96 foram alterados pela Lei nº 13.097/2015 e passaram a ser os seguintes:

II – sem garantia, de valor:

a) até R$ 15.000,00 (quinze mil reais), por operação, vencidos há mais de seis meses, independentemente de iniciados os procedimentos judiciais para o seu recebimento;

b) acima de R$ 15.000,00 (quinze mil reais) até R$ 100.000,00 (cem mil reais), por operação, vencidos há mais de um ano, independentemente de iniciados os procedimentos judiciais para o seu recebimento, mantida a cobrança administrativa; e

c) superior a R$ 100.000,00 (cem mil reais), vencidos há mais de um ano, desde que iniciados e mantidos os procedimentos judiciais para o seu recebimento;

III – com garantia, vencidos há mais de dois anos, de valor:

a) até R$ 50.000,00 (cinquenta mil reais), independentemente de iniciados os procedimentos judiciais para o seu recebimento ou o arresto das garantias; e

b) superior a R$ 50.000,00 (cinquenta mil reais), desde que iniciados e mantidos os procedimentos judiciais para o seu recebimento ou o arresto das garantias.

Importante observar a contabilização das perdas, nos exatos termos da lei, tendo em vista que a mera inadimplência não significa a não incidência de PIS e COFINS, consoante entendimento do STJ, no Recurso Especial nº 956842/RS, rel. Min. José Delgado, Primeira Turma, *DJ*, 12/12/2007, p. 408, *RDDT*, v. 150, p. 119, *REVFOR*, v. 397, p. 487, cuja ementa segue transcrita:

Ementa:

TRIBUTÁRIO. PIS/COFINS. VENDAS INADIMPLIDAS.

1. As vendas inadimplidas não podem ser equiparadas a vendas canceladas para fins de não fazer incidir o PIS e a COFINS.

---

reais) até R$ 30.000,00 (trinta mil reais), por operação, vencidos há mais de um ano, independentemente de iniciados os procedimentos judiciais para o seu recebimento, porém, mantida a cobrança administrativa; (c) superior a R$ 30.000,00 (trinta mil reais), vencidos há mais de um ano, desde que iniciados e mantidos os procedimentos judiciais para o seu recebimento; III – com garantia, vencidos há mais de dois anos, desde que iniciados e mantidos os procedimentos judiciais para o seu recebimento ou o arresto das garantias; IV – contra devedor declarado falido ou pessoa jurídica declarada concordatária, relativamente à parcela que exceder o valor que esta tenha se comprometido a pagar, observado o disposto no § 5º."

2. O inadimplemento do comprador não influi na descaracterização do fato gerador. Há receita em potencial a ser auferida pela empresa.

3. A exigência tributária não está vinculada ao êxito dos negócios privados.

4. A não incidência do PIS e da COFINS só pode ocorrer nos casos determinados em lei. Aplicação do princípio da legalidade tributária.

5. Impossível, por construção jurisprudencial, instituir situação de não incidência tributária.

6. Precedente: Resp 751.368/SC, rel. Min. Luiz Fux, Primeira Turma.

7. Recurso especial não provido.

Acórdão

Vistos, relatados e discutidos os autos em que são partes as acima indicadas, acordam os Ministros da Primeira Turma do Superior Tribunal de Justiça, por unanimidade, negar provimento ao recurso especial, nos termos do voto do Sr. Ministro Relator. Os Srs. Ministros Luiz Fux, Teori Albino Zavascki e Denise Arruda votaram com o Sr. Ministro Relator.

Ausente, justificadamente, o Sr. Ministro Francisco Falcão.

O diploma legal mencionado está regulamentado no art. 341 do Regulamento do Imposto de Renda, que tem a seguinte redação:

Art. 341. Os registros contábeis das perdas admitidas nesta Subseção serão efetuados a débito de conta de resultado e a crédito (Lei nº 9.430, de 1996, art. 10):

I – da conta que registra o crédito de que trata o § 1º, inciso II, alínea *a*, do artigo anterior;

II – de conta redutora do crédito, nas demais hipóteses.

§ 1º Ocorrendo a desistência da cobrança pela via judicial, antes de decorridos cinco anos do vencimento do crédito, a perda eventualmente registrada deverá ser estornada ou adicionada ao lucro líquido, para determinação do lucro real correspondente ao período de apuração em que se der a desistência (Lei nº 9.430, de 1996, art. 10, § 1º).

§ 2º Na hipótese do parágrafo anterior, o imposto será considerado como postergado desde o período de apuração em que tenha sido reconhecida a perda (Lei nº 9.430, de 1996, art. 10, § 2º).

§ 3º A solução da cobrança se der em virtude de acordo homologado por sentença judicial, o valor da perda a ser estornado ou adicionado ao lucro líquido para determinação do lucro real será igual à soma da quantia recebida com o saldo a receber renegociado, não sendo aplicável o disposto no parágrafo anterior (Lei nº 9.430, de 1996, art. 10, § 3º).

§ 4º Os valores registrados na conta redutora do crédito, referida no inciso II deste artigo, poderão ser baixados definitivamente em contrapartida à conta que registre o crédito, a partir do período de apuração em que se completar cinco anos do vencimento do crédito sem que o mesmo tenha sido liquidado pelo devedor (Lei nº 9.430, de 1996, art. 10, § 4º).

Nos casos em que o contribuinte reconhece a perda por haver iniciado o processo judicial de cobrança, ocorrendo a desistência do crédito antes de decorridos cinco anos, a perda eventualmente registrada deverá ser estornada ou adicionada ao lucro líquido para determinação do lucro real do período da desistência, considerando-se como postergação o imposto que deixar de ser pago desde o período de apuração em que tenha sido reconhecida a perda.

Assim, após completar cinco anos do registro da perda, a conta redutora pode ser baixada definitivamente.

Quando o contribuinte reconhece, pelo regime de competência, os juros sobre os créditos a receber, nos casos de duplicatas vencidas há mais de dois meses, esses juros podem ser excluídos do resultado contábil para fim de determinação do lucro real.

O procedimento mencionado no parágrafo anterior com relação aos créditos sem garantia até R$ 30.000 (trinta mil reais) não requer que o contribuinte tenha iniciado qualquer procedimento judicial.

Mas com relação aos demais créditos só poderá ser adotado esse procedimento após o início do procedimento judicial.

Com relação à pessoa jurídica devedora, esta deverá adicionar ao seu resultado contábil os encargos financeiros, calculados sobre os débitos vencidos e registrados como despesas, a partir da citação judicial.

O art. 342, nos §§ 3º e 4º, do RIR/99 regulamentou essa matéria com a redação seguinte:

> Art. 342. Após dois meses do vencimento do crédito, sem que tenha havido o seu recebimento, a pessoa jurídica credora poderá excluir do lucro líquido, para determinação do lucro real, o valor dos encargos financeiros incidentes sobre o crédito, contabilizado como receita, auferido a partir do prazo definido neste artigo (Lei nº 9.430, de 1996, art. 11).
>
> § 1º [...]
>
> § 2º [...]
>
> § 3º A partir da citação inicial para o pagamento do débito, a pessoa jurídica devedora deverá adicionar ao lucro líquido, para determinação do lucro real, os encargos incidentes sobre o débito vencido e não pago que tenham sido deduzidos como despesa ou custo, incorridos a partir daquela data (Lei nº 9.430, de 1996, art. 11, § 3º).

§ 4º Os valores adicionados a que se refere o parágrafo anterior poderão ser excluídos do lucro líquido, para determinação do lucro real, no período de apuração em que ocorra a quitação do débito por qualquer forma (Lei nº 9.430, de 1996, art. 11, § 4º).

Quando a pessoa jurídica recuperar qualquer título, inclusive no caso de novação da dívida ou arresto dos bens recebidos em garantia, deverá computar na determinação do lucro real do período de apuração em que se der a recuperação o montante dos créditos recuperados.

No caso de serem recebidos bens para quitação do débito, aqueles deverão ser escriturados pelo valor do crédito ou avaliados pelo valor definido na decisão judicial que tenha determinado a sua incorporação ao patrimônio do credor. Assim determina o art. 343 do RIR/99:

> Art. 343. Deverá ser computado na determinação do lucro real o montante dos créditos deduzidos que tenham sido recuperados, em qualquer época ou a qualquer título, inclusive nos casos de novação da dívida ou do arresto dos bens recebidos em garantia real (Lei nº 9.430, de 1996, art. 12).
>
> Parágrafo único. Os bens recebidos a título de quitação do débito serão escriturados pelo valor do crédito ou avaliados pelo valor definido na decisão judicial que determinando sua incorporação ao patrimônio do credor (Lei nº 9.430, de 1996, art. 12, parágrafo único).

4.6 Da provisão para o IR e para a CSLL

Para um melhor acompanhamento da evolução do patrimônio, será feita agora a provisão do IR e da CSLL sobre o lucro da empresa ABC Comércio Ltda., relativo ao aumento do patrimônio líquido, neste capítulo, no montante de R$ 69.750,00, conforme o item 4.9.

As provisões para o IR não estão sendo levadas em consideração ao adicional de 10% (dez por cento) para o Imposto de Renda, o que será feito somente no final do ano.

Demonstração do cálculo da provisão

OL = Onde localizar

DAA = Demonstração de Apuração Anterior

DAC = Demonstração Apuração neste Capítulo

DA = Demonstração Acumulada

Descrição	Valor					
	OL	DAA	OL	DAC	OL	DA
Lucro bruto	3.7	32.025	4.9	69.750	4.9	101.775
CSLL 9%	3.4	2.882	4.6	6.278	4.6	9.160
IR 15%	3.4	4.804	4.6	10.462	4.6	15.266
Lucro líquido	3.7	24.339	4.9	53.010	4.9	77.349

Os lançamentos contábeis das provisões para CSLL e IR relativos ao aumento do patrimônio líquido da sociedade neste capítulo são os seguintes:

Da CSLL, Lançamento nº 31

Débito:	4.3.1.01 Provisão P/ CSLL
Crédito:	2.1.4.02 Provisão CSLL
Histórico:	R$ 6.278

Do IRPJ, Lançamento nº 32

Débito:	4.3.2.01 Provisão IR
Crédito:	2.1.4.01 Provisão IR
Histórico:	R$ 10.462

Neste capítulo pode-se observar que alguns lançamentos são fatos administrativos permutativos, ou mistos, que não afetam o resultado da empresa **ABC Comércio Ltda.**, mas para entender melhor, perceba-se como ficou agora o livro Razão, a posição patrimonial e a demonstração de resultado até aqui.

4.7 Do Razão das contas

O Razão das contas que tiveram lançamentos neste capítulo tem as seguintes informações:

RAZÃO CONTÁBIL

Empresa ABC Comércio Ltda.   Folha – 2

Conta Contábil: 1.1.1.02.001 – Banco do Brasil

Data	Histórico	Nº Lança-mento	Débito	Crédito	Saldo	D/C
28/2/2009	Saldo Anterior				137.200	D
2/3/2009	Vr. Líquido desconto	27	96.000		233.200	D
28/3/2009	Vr. Recebido Duplicata	29	100.000		333.200	D
				Saldo final >>	333.200	D

RAZÃO CONTÁBIL

Empresa ABC Comércio Ltda.   Folha – 3

Conta Contábil: 1.1.2.01.001 – JF Comércio Ltda.

Data	Histórico	Nº Lança-mento	Débito	Crédito	Saldo	D/C
2/3/2009	Vr. a prazo	22	200.000		200.000	D
28/3/2009	Vr. Recebido Duplicata	29		100.000	100.000	D
28/3/2009	Vr. Baixa duplicata	30		100.000	0	
				Saldo final >>	0	

RAZÃO CONTÁBIL

Empresa ABC Comércio Ltda.   Folha – 3

Conta Contábil: 1.1.2.02. 001 – Banco do Brasil

Data	Histórico	Nº Lança-mento	Débito	Crédito	Saldo	D/C
2/3/2009	Vr. Líquido desconto	27		96.000	96.000	C
2/3/2009	Vr. Juros s/desconto	28		4.000	100.000	C
28/3/2009	Vr. Baixa duplicata	30	100.000		0	
				Saldo final >>	0	

RAZÃO CONTÁBIL

Empresa ABC Comércio Ltda.   Folha – 7

Conta Contábil: 1.1.3.04 – ICMS

Data	Histórico	Nº Lança-mento	Débito	Crédito	Saldo	D/C
22/1/2009	VR. Crédito sobre compra	04	34.000		34.000	D
				Saldo final >>	34.000	D

RAZÃO CONTÁBIL

Empresa ABC Comércio Ltda.   Folha – 8

Conta Contábil: 1.1.4.01 – Mercadorias para revenda

Data	Histórico	Nº Lança-mento	Débito	Crédito	Saldo	D/C
20/2/2009	Saldo Anterior				73.750	D
2/3/2009	Vr. Baixa de mercadoria vendida	24		73.750	0	
				Saldo final >>	0	

RAZÃO CONTÁBIL

Empresa ABC Comércio Ltda.   Folha – 10

Conta Contábil: 2.1.3.2.002 – PIS a Pagar

Data	Histórico	Nº Lança-mento	Débito	Crédito	Saldo	D/C
20/2/2009	Saldo Anterior				2.145	C
2/3/2009	Vr. PIS sobre vendas	25		3.300	5.445	C
				Saldo final >>	5.145	C

RAZÃO CONTÁBIL

Empresa ABC Comércio Ltda.   Folha – 11

Conta Contábil: 2.1.3.2.002 – COFINS a Pagar

Data	Histórico	Nº Lança-mento	Débito	Crédito	Saldo	D/C
20/2/2009	Saldo Anterior				9.880	C
2/3/2009	Vr. COFINS sobre vendas	26		15.200	25.080	C
				Saldo final >>	25.080	C

RAZÃO CONTÁBIL

Empresa ABC Comércio Ltda.   Folha – 12
Conta Contábil: 2.1.3.2.002 – ICMS a Pagar

Data	Histórico	Nº Lança-mento	Débito	Crédito	Saldo	D/C
20/2/2009	Saldo Anterior				22.100	C
2/3/2009	Vr. ICMS sobre vendas	23		34.000	56.100	C
				Saldo final >>	56.100	C

RAZÃO CONTÁBIL

Empresa ABC Comércio Ltda.   Folha – 13
Conta Contábil: 2.1.4.01 – Provisão IR

Data	Histórico	Nº Lança-mento	Débito	Crédito	Saldo	D/C
20/2/2009	Saldo Anterior				4.804	C
28/3/2009	Vr. Provisão	32		10.462	15.266	C
				Saldo final >>	15.266	C

RAZÃO CONTÁBIL

Empresa ABC Comércio Ltda.   Folha – 14
Conta Contábil: 2.1.4.02 – Provisão CSLL

Data	Histórico	Nº Lança-mento	Débito	Crédito	Saldo	D/C
20/2/2009	Saldo Anterior				2.882	C
28/3/2009	Vr. Provisão CSLL	31		6.278	9.160	C
				Saldo final >>	9.160	C

RAZÃO CONTÁBIL

Empresa ABC Comércio Ltda.   Folha – 18
Conta Contábil: 3.1.1.1 – Vendas de Mercadorias

Data	Histórico	Nº Lança-mento	Débito	Crédito	Saldo	D/C
20/2/2009	Saldo Anterior				130.000	C
28/3/2009	Vr. Venda a prazo	22		200.000	330.000	C
				Saldo final >>	330.000	C

RAZÃO CONTÁBIL

Empresa ABC Comércio Ltda.   Folha – 19

Conta Contábil: 3.1.1.2.03 – Imposto sobre Vendas ICMS

Data	Histórico	Nº Lança-mento	Débito	Crédito	Saldo	D/C
20/2/2009	Saldo Anterior				22.100	D
28/3/2009	Vr. ICMS sobre vendas	23	34.000		56.100	D
				Saldo final >>	56.100	D

RAZÃO CONTÁBIL

Empresa ABC Comércio Ltda.   Folha – 20

Conta Contábil: 3.1.1.2.01 – Imposto sobre vendas PIS

Data	Histórico	Nº Lança-mento	Débito	Crédito	Saldo	D/C
20/2/2009	Saldo Anterior				2.145	D
28/3/2009	Vr. PIS sobre vendas	25	3.300		5.445	D
				Saldo final >>	5.445	D

RAZÃO CONTÁBIL

Empresa ABC Comércio Ltda.   Folha – 21

Conta Contábil: 3.1.1.2.01 – Imposto sobre vendas COFINS

Data	Histórico	Nº Lança-mento	Débito	Crédito	Saldo	D/C
20/2/2009	Saldo Anterior				9.880	D
28/3/2009	Vr. ICMS sobre vendas	26	15.200		25.080	D
				Saldo final >>	25.080	D

RAZÃO CONTÁBIL

Empresa ABC Comércio Ltda.   Folha – 23

Conta Contábil: 4.1.1.01 – Custo das Mercadorias vendidas

Data	Histórico	Nº Lança-mento	Débito	Crédito	Saldo	D/C
20/2/2009	Saldo Anterior				73.750	D
28/3/2009	Vr. Baixa de mercadoria	24	73.750		147.500	D
				Saldo final >>	147.500	D

RAZÃO CONTÁBIL

Empresa ABC Comércio Ltda.   Folha – 24

Conta Contábil: 4.3.1.01 – Provisão CSLL

Data	Histórico	Nº Lança-mento	Débito	Crédito	Saldo	D/C
20/2/2009	Saldo Anterior				2.882	D
28/3/2009	Vr. Provisão CSLL	31	6.278		9.160	D
				Saldo final >>	9.160	D

RAZÃO CONTÁBIL

Empresa ABC Comércio Ltda.   Folha – 25

Conta Contábil: 4.3.1.02 – Provisão IRPJ

Data	Histórico	Nº Lança-mento	Débito	Crédito	Saldo	D/C
20/2/2009	Saldo Anterior				4.804	D
28/3/2009	Vr. Provisão IR	32	10.462		15.266	D
				Saldo final >>	15.266	D

4.8 A nova posição patrimonial

	Posição anterior em real	Variação em real	Posição atual em real
Ativo			
Circulante	266.150	122.250	388.400
Caixa	200	–	200
Bancos c/movimento	137.200	196.000	333.200
Impostos a recuperar	55.000	–	55.000
IRRF	2.500	–	2.500
PIS	3.300	–	3.300
COFINS	15.200	–	15.200
ICMS	34.000	–	34.000
Estoques	73.750	(73.750)	–
Mercadorias	73.750	(73.750)	–
Ativo não circulante	250.000	–	250.000
Imobilizado	250.000	–	250.000
Edificações	250.000	–	250.000
Total do ativo	516.150	122.250	638.400

	Posição anterior em real	Variação em real	Posição atual em real
Passivo			
Obrigações tributárias	41.811	69.240	111.051
PIS	2.145	3.300	5.445
COFINS	9.880	15.200	25.080
ICMS	22.100	34.000	56.100
Provisão CSLL	2.882	6.278	9.160
Provisão IRPJ	4.804	10.462	15.266
Passivo não circulante	250.000	–	250.000
Empréstimo de sócio	250.000	–	250.000
Patrimônio Líquido	224.339	53.010	277.349
Capital social	200.000	–	200.000
Subscrito	1.000.000	–	1.000.000
(–) A integralizar	(800.000)	–	(800.000)
Resultado do período	24.339	53.010	77.349
Total do passivo	516.150	122.250	638.400

4.9 Demonstração de resultado

Demonstração do resultado apurado até essa conta, ou seja, variação do Patrimônio Líquido, relativa aos lançamentos contábeis que podem ter incidência de tributação.

Descrição dos fatos	Valor		
	Posição anterior	Variação	Posição atual
Vendas de mercadorias	130.000	200.000	330.000
(–) ICMS	22.100	34.000	56.100
(–) PIS	2.145	3.300	5.445
(–) COFINS	9.880	15.200	25.080
Receita líquida	95.875	147.500	243.375
Custo da Mercadoria vendida	(73.750)	(73.750)	(147.500)
Lucro bruto	22.125	73.750	95.875
Despesas Financeiras	(100)	(4.000)	(4.100)
Receitas Financeiras	10.000	–	10.000
Lucro antes do IR e CSLL	32.025	69.750	101.775
CSLL (9%)	(2.882)	(6.278)	(9.160)
IRPJ (15%)	(4.804)	(10.462)	(15.266)
Lucro líquido	24.339	53.010	77.349

Os custos tributários das operações até aqui compensados com os valores dos créditos correspondentes à baixa do estoque são de R$ 15.461 (quinze mil, quatrocentos e sessenta e um reais), mas, para melhor fixar, segue o quadro abaixo demonstrado:

4.10 Demonstrativo dos custos tributários

Descrição dos fatos	Valor		
	Posição anterior	Variação	Posição atual
(A) Tributos s/vendas	**34.025**	**52.600**	**86.625**
ICMS	22.000	34.100	56.100
PIS	2.145	3.300	5.445
COFINS	9.880	15.200	25.080
(B) Tributos s/Resultado	**7.686**	**16.740**	**24.426**
CSLL	2.882	6.278	9.160
IRPJ	4.804	10.462	15.266
(C) Créditos s/vendas	**26.250**	**26.250**	**52.500**
ICMS R$ 34.000	17.000	17.000	34.000
PIS R$ 3.300	1.650	1.650	3.300
COFINS R$ 15.200	7.600	7.600	15.200
(D) Custo líquido (A + B − C)	**15.461**	**43.090**	**58.551**

4.11 Resumo e efeito dos lançamentos feitos neste grupo de contas

P) Permutativo

MA) Modificativo aumentativo

MD) Modificativo diminutivo

Nº Lanç.	Fato contábil			Valor do lançamento	
	P	MA	MD		
22		X			200.000
23			X		(34.000)
24			X		(73.750)
25			X		(3.300)
26			X		(15.200)
27	X			96.000	
28			X		(4.000)
29	X			100.000	
30	X			100.000	
31			X		(6.278)
32			X		(10.462)
Resultado dos lançamentos do disponível					53.010

5

Impostos a Recuperar

Esse grupo de conta registra os créditos tributários que a empresa pode recuperar através de compensação ou restituição.

Os tributos em que normalmente podem existir créditos a recuperar são os seguintes:

- IRRF;
- PIS e COFINS;
- CSLL;
- ICMS;
- Previdenciário.

Com efeito, qualquer tributo que a empresa tenha pagado a maior ou indevidamente pode ser recuperado, conforme previsão do art. 166 do CTN.[1] Dessa forma, deve ser contabilizado nesse grupo de contas.

---

[1] "Art. 165. O sujeito passivo tem direito, independentemente de prévio protesto, à restituição total ou parcial do tributo, seja qual for a modalidade do seu pagamento, ressalvado o disposto no § 4º do art. 162, nos seguintes casos: I – cobrança ou pagamento espontâneo de tributo indevido ou maior que o devido em face da legislação tributária aplicável, ou da natureza ou circunstâncias materiais do fato gerador efetivamente ocorrido; II – erro na edificação do sujeito passivo, na determinação da alíquota aplicável, no cálculo do montante do débito ou na elaboração ou conferência de qualquer documento relativo ao pagamento; III – reforma, anulação, revogação ou rescisão de decisão condenatória."

Cada tributo deve ser contabilizado em conta separada. Neste livro os créditos referentes às contribuições para o PIS e COFINS serão comentados juntos, tendo em vista que a legislação é a mesma.

5.1 IRRF

O Código Tributário Nacional autoriza a instituição do Imposto de Renda Retido na Fonte (IRRF),[2] ou seja, obrigando a fonte pagadora a descontar o referido imposto no ato do pagamento do rendimento e a repassá-lo para o erário.

A lógica da retenção é transferir para aquele que tem maior capacidade econômica a responsabilidade pelo recolhimento do imposto. Assim sendo, a retenção, quando prevista na legislação, é sempre referente aos pagamentos realizados por pessoas jurídicas.

A retenção do Imposto de Renda na fonte tem duas modalidades, que são a retenção exclusiva na fonte e a retenção como antecipação.

A tributação exclusiva na fonte pagadora no ato do pagamento faz a retenção, sendo que a responsabilidade pelo recolhimento é exclusiva do tomador do serviço, ou seja, ainda que ele não retenha o imposto, a responsabilidade subsiste (PN SRF nº 01/02).

Caso a fonte pagadora faça a retenção do imposto e não o recolha aos cofres públicos,[3] estará cometendo um crime contra a ordem tributária.

A Lei nº 8.137/90 define os crimes contra a ordem tributária, e entre eles a apropriação indébita de tributo, nos termos do art. 2º, II, *in verbis*:

> Art. 2º Constitui crime da mesma natureza: (Vide Lei nº 9.964, de 10/4/2000)
>
> [...]
>
> II – deixar de recolher, no prazo legal, valor de tributo ou de contribuição social, descontado ou cobrado, na qualidade de sujeito passivo de obrigação e que deveria recolher aos cofres públicos;

Referida conduta também se encontra tipificada no Código Penal, no art. 168-A, *in verbis*:

> Art. 168-A. Deixar de repassar à previdência social as contribuições recolhidas dos contribuintes, no prazo e forma legal ou convencional: (Incluído pela Lei nº 9.983, de 2000)

---

[2] "Art. 45. [...] Parágrafo único. A lei pode atribuir à fonte pagadora da renda ou dos proventos tributáveis a condição de responsável pelo imposto cuja retenção e recolhimento lhe caibam."

[3] Lei nº 8.137/90. Art. 2º Constitui crime da mesma natureza: (Vide Lei nº 9.964, de 10/4/2000). II – deixar de recolher, no prazo legal, valor de tributo ou de contribuição social, descontado ou cobrado, na qualidade de sujeito passivo de obrigação e que deveria recolher aos cofres públicos.

Pena – reclusão, de 2 (dois) a 5 (cinco) anos, e multa. (Incluído pela Lei nº 9.983, de 2000)

A jurisprudência do STJ tem o entendimento de que o crime tipificado no art. 168-A do Código Penal é classificado como crime omissivo próprio, consoante se denota do Recurso Especial nº 974459/SP, rel. Min. Arnaldo Esteves Lima, Quinta Turma, *DJe*, 25/5/2009, cuja ementa se transcreve:

> Ementa:
>
> PENAL. PROCESSUAL PENAL. RECURSO ESPECIAL. ART. 168-A DO CÓDI-GO PENAL. ALEGAÇÃO DE DENÚNCIA INEPTA. NÃO OCORRÊNCIA. IMPU-TAÇÃO DEMONSTRADA DE FORMA SUFICIENTE. NÃO CONFIGURAÇÃO DE PREJUÍZO PARA A DEFESA. DISSÍDIO JURISPRUDENCIAL. AUSÊNCIA DE SIMILITUDE FÁTICA. RECURSO NÃO CONHECIDO.
>
> 1. O tipo penal inscrito no art. 168-A do Código Penal constitui crime omissi-vo próprio, que se consuma apenas com a transgressão da norma – deixar de repassar à previdência social as contribuições recolhidas dos contribuintes, no prazo e forma legal ou convencional –, independentemente da vontade livre e consciente do agente de apropriar-se do respectivo numerário.
>
> 2. Não prospera a alegação de inépcia da denúncia quando a peça acusató-ria, embora sucinta, é clara, específica e objetiva, permitindo às denunciadas compreenderem, perfeitamente, a imputação que lhes é feita. Precedentes do STJ.
>
> 3. Dissídio jurisprudencial que não comporta conhecimento pela ausência de similitude fática entre os acórdãos colacionados como divergentes.
>
> 3. Recurso não conhecido.

Oportuno ainda ressaltar que os crimes contra a ordem tributária exigem o lançamento definitivo do crédito tributário, sob pena de inépcia da ação penal.

Nesse sentido, destaca-se o entendimento do STJ, que também expressa a classificação de referidos crimes de resultado danoso para o Erário, no *Habeas Corpus* nº 114789/SP, rel. Min. Jane Silva (Desembargadora Convocada do TJ/MG), Sexta Turma, *DJe*, 27/4/2009, cuja ementa segue transcrita:

> Ementa:
>
> *HABEAS CORPUS* – CRIMES CONTRA A ORDEM TRIBUTÁRIA – ARTIGOS 1º E 2º DA LEI 8.137/1990 – TRANCAMENTO DA AÇÃO PENAL – INSTAURA-ÇÃO ANTES DO PROCESSO TRIBUTÁRIO ADMINISTRATIVO – INEXISTÊN-CIA DE LANÇAMENTO DEFINITIVO DO TRIBUTO DEVIDO – ORIENTAÇÃO JURISPRUDENCIAL DO SUPREMO TRIBUNAL FEDERAL – TRANCAMENTO PARCIAL DA AÇÃO PENAL – POSSIBILIDADE – LAVAGEM DE DINHEIRO – EVASÃO DE DIVISAS – AUSÊNCIA DE DESCRIÇÃO DE CONDUTAS TÍPICAS – NULIDADE DO PROCESSO POR INÉPCIA DA DENÚNCIA – ORDEM PAR-CIALMENTE CONCEDIDA – TRANCAMENTO DA AÇÃO PENAL POR INÉPCIA

DA DENÚNCIA – NECESSIDADE DE ACOLHIMENTO PARCIAL DO PEDIDO – PEÇA QUE DESCREVEU DETALHADAMENTE A CONDUTA TÍPICA ATRIBUÍDA AO ACUSADO, ASSIM COMO SEU NEXO CAUSAL, NO QUE TOCA AOS CRIMES DE EFETUAR OPERAÇÃO DE CÂMBIO NÃO AUTORIZADA, COM O FIM DE PROMOVER EVASÃO DE DIVISAS DO PAÍS (ARTIGO 22, *CAPUT*, DA LEI 7.492/1986), E PROMOVER, A QUALQUER TÍTULO, SEM AUTORIZAÇÃO LEGAL, A SAÍDA DE MOEDA OU DIVISA PARA O EXTERIOR, OU NELE MANTER DEPÓSITOS NÃO DECLARADOS À REPARTIÇÃO FEDERAL COMPETENTE (ARTIGO 22, PARÁGRAFO ÚNICO, DA LEI 7.492/1986). FATOS NARRADOS EM TESE TÍPICOS – ORDEM DENEGADA.

EXTENSÃO DO JULGADO AOS CORRÉUS – APLICAÇÃO DO PRINCÍPIO DA ISONOMIA PROCESSUAL. CORRÉUS EM IDÊNTICA SITUAÇÃO FÁTICOPROCESSUAL. ORDEM CONCEDIDA DE OFÍCIO.

O trancamento de ação penal somente é viável ante a cabal e inequívoca demonstração da atipicidade do fato ou da completa inexistência de qualquer indício de autoria em relação ao recorrente ou ausência de prova da existência do crime.

Consoante orientação jurisprudencial do Supremo Tribunal Federal, seguida por esta Corte, eventual crime contra a ordem tributária depende, para sua caracterização, do lançamento definitivo do tributo devido pela autoridade administrativa.

Os artigos 1º e 2º da Lei 8.137/1990 exigem o resultado danoso contra o erário para a sua consumação.

A denúncia contaminada pela deficiente narrativa dos fatos, ou por sua inexistência, é causa de nulidade absoluta, posto que dificulta a ampla defesa e o contraditório.

Se a denúncia não contém a correta descrição dos fatos pelos quais o denunciado está sendo responsabilizado, ela é inepta e provoca a nulidade do processo desde o seu início, inclusive a partir de seu oferecimento.

A denúncia que contém a exposição dos fatos criminosos, descritos no artigo 22, *caput*, da Lei 7.492/1986, e artigo 22, parágrafo único, da Lei 7.492/1986, com todas as suas circunstâncias (CPP, art. 41), mesmo que indiretamente referidas nas provas dos autos, e com adequada indicação das condutas ilícitas imputadas ao réu, de modo a propiciar-lhe o pleno exercício do direito de defesa, uma das mais importantes franquias constitucionais, está apta a deflagrar a ação penal.

Havendo identidade de situação fático-processual entre os corréus, cabe, a teor do artigo 580 do Código de Processo Penal, deferir pedido de extensão de benefício obtido por um deles, qual seja, o trancamento da ação penal instaurada em seu desfavor.

Se a situação de corréus no processo é idêntica ao de outros, impõe-se a eles a extensão do julgado para conceder a ordem, de ofício.

Ordem parcialmente concedida para, ratificando a liminar, trancar parcialmente a ação penal nº 2007.61.81.015353-8, em trâmite perante a 6ª Vara

Federal Criminal, 1ª Subseção do Tribunal Regional Federal da 3ª Região, instaurada em desfavor do paciente Jacques Feller, no que diz respeito a possível prática de crimes contra a ordem tributária, artigos 1º e 2º da Lei 8.137/90; e para anular parcialmente a denúncia, em razão de sua parcial inépcia, e, consequentemente, anular parcialmente a ação penal que a seguiu, dando oportunidade ao seu aditamento, com a adequada exposição dos fatos quanto aos delitos do artigo 16, da Lei 7.492/1986 e artigo 1º, VI, § 1º, I e II, da Lei 9.613/1998. Mantida, por sua vez, a aptidão da denúncia para a deflagração da ação penal quanto aos demais delitos. Extensão parcial dos efeitos do julgado, quanto ao trancamento da ação penal em relação aos crimes contra a ordem tributária, a corréus que ingressaram nos autos com pedido específico neste sentido. De ofício, estenderam o mesmo benefício aos demais corréus denunciados igualmente denunciados.

A falta da retenção tem as seguintes consequências:

a) se a SRF identificar a falta antes do encerramento do período de apuração do contribuinte, a fonte pagadora é responsável pelo pagamento do principal acrescido de juros e multa de ofício;

b) se a SRF identificar a falta após o encerramento do período de apuração, a responsabilidade pelo recolhimento do principal volta para o contribuinte, cabendo ainda à fonte pagadora a penalidade com a multa de ofício.

Importante colacionar algumas perguntas e respostas que o sítio eletrônico da Receita Federal traz sobre o assunto:

RESPONSABILIDADE PELO RECOLHIMENTO – IMPOSTO NÃO RETIDO

302 – De quem é a responsabilidade pelo recolhimento do imposto não retido no caso de rendimento sujeito ao ajuste na declaração anual?

Até o término do prazo fixado para a entrega da Declaração de Ajuste Anual, a responsabilidade pelo recolhimento do imposto é da fonte pagadora e, após esse prazo, do beneficiário do rendimento.

(Parecer Normativo SRF nº 1, de 24/9/2002)

RESPONSABILIDADE PELO RECOLHIMENTO – IMPOSTO NÃO RETIDO POR DECISÃO JUDICIAL

303 – De quem é a responsabilidade pelo recolhimento do imposto quando a fonte pagadora fica impossibilitada de fazer a retenção por força de decisão judicial?

Caso a decisão final confirme como devido o imposto em litígio, este deverá ser recolhido, retroagindo os efeitos da última decisão, como se não tivesse ocorrido a concessão da medida liminar. Nesse caso, não há como retornar a responsabilidade de retenção à fonte pagadora. O pagamento do imposto, com os acréscimos legais cabíveis, deve ser efetuado pelo próprio contribuinte, tanto em relação aos rendimentos sujeitos à tributação exclusiva na fonte, quanto aos sujeitos ao ajuste na declaração anual, valendo observar os termos previstos no Parecer Normativo SRF nº 1, de 24 de setembro de 2002, em especial ao constante em seus itens 18 e 19.

(Parecer Normativo SRF nº 1, de 24 de setembro de 2002, itens 18 e 19).

ACRÉSCIMOS LEGAIS – IMPOSTO NÃO RETIDO

305 – Quais os acréscimos legais incidentes sobre o imposto não retido por força de decisão judicial, caso a decisão final confirme como devido o imposto em litígio?

A multa de mora fica interrompida desde a concessão da medida judicial até o trigésimo dia de sua cassação. No caso de pagamento após esse prazo, a contagem da multa de mora será reiniciada a partir do trigésimo primeiro dia, considerando, inclusive e se for o caso, o período entre o vencimento originário da obrigação e a data de concessão da medida judicial.

Em qualquer hipótese, serão devidos juros de mora sem qualquer interrupção desde o mês seguinte ao vencimento estabelecido na legislação do imposto.

Atenção: Apenas o depósito judicial ou administrativo tempestivo é que interrompe a multa e juros de mora.

(Lei nº 9.430, de 27/12/1996, art. 63, § 2º; Parecer Normativo SRF nº 1, de 24/9/2002, itens 19.1 a 19.3).

À retenção como antecipação aplicam-se os mesmos procedimentos expostos sobre a retenção exclusiva na fonte, tendo como única diferença que o contribuinte, na apuração do seu imposto, considera aquele valor como uma antecipação, ou seja, o deduz do total do imposto calculado.

Atualmente, toda previsão legal de retenção de Imposto de Renda das pessoas jurídicas é na modalidade de antecipação, de modo que deve ser contabilizado como a recuperar.

O lançamento contábil nº 19 da empresa ABC Comércio Ltda. é o exemplo de retenções de Imposto de Renda sobre aplicação financeira.

Ocorre que a empresa ABC Comércio Ltda. terá investimento em outras e receberá juros sobre capital. O exemplo sobre essa retenção será tratado no Capítulo 10 sobre investimento.

Ainda sobre o IRRF, nos casos dos pagamentos de juros sobre capital próprio, a legislação anterior só autorizava a compensação desse crédito com o mesmo tributo retido pela empresa no pagamento dos seus sócios.

Com o art. 40 da IN/RFB 900/08, os valores referentes ao IRRF sobre pagamento ou crédito de juros sobre capital que durante o ano de apuração não puder ser compensado, poderá, no final do período de apuração, ser compensado com IRPJ ou compor a base de cálculo negativa.

Assim termina o referido diploma legal:

> Art. 40. A pessoa jurídica optante pelo lucro real no trimestre ou ano-calendário em que lhe foram pagos ou creditados juros sobre o capital próprio com retenção de Imposto de Renda poderá, durante o trimestre ou ano-calendário da retenção, utilizar referido crédito de Imposto de Renda Retido na Fonte (IRRF) na compensação do IRRF incidente sobre o pagamento ou crédito de juros, a título de remuneração de capital próprio, a seu titular, sócios ou acionistas.
>
> § 1º A compensação de que trata o *caput* será efetuada pela pessoa jurídica na forma prevista no § 1º do art. 34.
>
> § 2º O crédito de IRRF a que se refere o *caput* que não for utilizado, durante o período de apuração em que houve a retenção, na compensação de débitos de IRRF incidente sobre o pagamento ou crédito de juros sobre o capital próprio, será deduzido do IRPJ devido pela pessoa jurídica ao final do período ou, se for o caso, comporá o saldo negativo do IRPJ do trimestre ou ano-calendário em que a retenção foi efetuada.
>
> § 3º Não é passível de restituição o crédito de IRRF mencionado no *caput*.

O crédito de IRRF ainda pode ocorrer nos casos das sociedades de profissão regulamentada, ou seja, as simples podem ter a retenção do IRRF no recebimento dos seus honorários.

O art. 647 do RIR/09 determina quais as empresas que estão sujeitas à retenção do IR no recebimento dos honorários.

Veja a relação, conforme o art. 647:

> 1. administração de bens ou negócios em geral (exceto consórcios ou fundos mútuos para aquisição de bens);
>
> 2. advocacia;
>
> 3. análise clínica laboratorial;
>
> 4. análises técnicas;
>
> 5. arquitetura;
>
> 6. assessoria e consultoria técnica (exceto o serviço de assistência técnica prestado a terceiros e concernente a ramo de indústria ou comércio explorado pelo prestador do serviço);
>
> 7. assistência social;
>
> 8. auditoria;
>
> 9. avaliação e perícia;
>
> 10. biologia e biomedicina;

11. cálculo em geral;

12. consultoria;

13. contabilidade;

14. desenho técnico;

15. economia;

16. elaboração de projetos;

17. engenharia (exceto construção de estradas, pontes, prédios e obras assemelhadas);

18. ensino e treinamento;

19. estatística;

20. fisioterapia;

21. fonoaudiologia;

22. geologia;

23. leilão;

24. medicina (exceto a prestada por ambulatório, banco de sangue, casa de saúde, casa de recuperação ou repouso sob orientação médica, hospital e pronto-socorro);

25. nutricionismo e dietética;

26. odontologia;

27. organização de feiras de amostras, congressos, seminários, simpósios e congêneres;

28. pesquisa em geral;

29. planejamento;

30. programação;

31. prótese;

32. psicologia e psicanálise;

33. química;

34. radiologia e radioterapia;

35. relações públicas;

36. serviço de despachante;

37. terapêutica ocupacional;

38. tradução ou interpretação comercial;

39. urbanismo;

40. veterinária.

O art. 649 determina que estejam sujeitas à retenção na fonte do IR as empresas de prestação de serviços de limpeza, conservação, segurança, vigilância e locação de mão de obra.

As pessoas jurídicas prestadoras dos serviços de intermediação de negócios e propaganda e publicidade também estão sujeitas à retenção do IR, consoante o art. 651 do RIR/99.

Mas, como a ABC Comércio Ltda. tem como atividade compra e venda de mercadoria, será mantido somente o lançamento nº 19, referente ao IRRF sobre aplicação financeira.

5.2 PIS e COFINS

Existem dois tipos de créditos referentes às contribuições para o PIS e COFINS, que são:

a) créditos referentes à não cumulatividade;

b) créditos referentes à retenção – Lei nº 10.833/03.

5.2.1 Dos créditos relativos à não cumulatividade

A não cumulatividade das contribuições para o PIS e COFINS tem como base as Leis nºs 10.637/02 e 10.833/03, com suas inúmeras alterações.

Como o objetivo deste livro é tratar da contabilidade tributária introdutória, não será aprofundada a não cumulatividade das referidas contribuições, ou seja, será comentado somente o básico.

Todas as pessoas jurídicas que declaram com base no lucro real[4] estão sujeitas à não cumulatividade das contribuições para o PIS e COFINS, ou seja, às alíquotas de 1,65% e 7,6%, respectivamente, e terão direito a um crédito presumido, conforme determina a legislação.

a) Dos fatos geradores dos créditos[5]

Os créditos serão calculados com relação a:

I – bens adquiridos para revenda, exceto em relação às mercadorias e aos produtos referidos:

a) as mercadorias em relação às quais a contribuição seja exigida da empresa vendedora, na condição de substituta tributária;

b) álcool para fins carburantes;

c) gasolina e suas correntes, exceto gasolina de avião;

---

[4] Art. 8º da Lei nº 10.637/02 e art. 10 da Lei nº 10.833/03.

[5] Lei nº 10.833/03, art. 3º, e Lei nº 10.637/02, art. 3º.

d) óleo diesel e suas correntes;

e) gás liquefeito de petróleo – GLP derivado de petróleo e gás natural;

f) Todos os produtos tributados na sistemática de monofásico ou substituição tributária, como também aqueles tributados com alíquota zero.

II – bens e serviços, utilizados como insumo na prestação de serviços e na produção ou fabricação de bens ou produtos destinados à venda, inclusive combustíveis e lubrificantes, exceto em relação ao pagamento das comissões que as montadoras de veículos pagam para as concessionárias entregar veículos, em que o consumidor final compra direto da fábrica;

III – energia elétrica e energia térmica, inclusive sob a forma de vapor, consumidas nos estabelecimentos da pessoa jurídica;

IV – aluguéis de prédios, máquinas e equipamentos, pagos a pessoa jurídica, utilizados nas atividades da empresa;

V – valor das contraprestações de operações de arrendamento mercantil de pessoa jurídica, exceto de optante pelo Sistema Integrado de Pagamento de Impostos e Contribuições das Microempresas e das Empresas de Pequeno Porte – SIMPLES;

VI – máquinas, equipamentos e outros bens incorporados ao ativo imobilizado, adquiridos ou fabricados para locação a terceiros, ou para utilização na produção de bens destinados à venda ou na prestação de serviços;

VII – edificações e benfeitorias em imóveis próprios ou de terceiros, utilizados nas atividades da empresa;

VIII – bens recebidos em devolução cuja receita de venda tenha integrado faturamento do mês ou de mês anterior, e tributada conforme o disposto nesta Lei;

IX – armazenagem de mercadoria e frete na operação de venda, nos casos dos incisos I e II, quando o ônus for suportado pelo vendedor;

X – vale-transporte, vale-refeição ou vale-alimentação, fardamento ou uniforme fornecidos aos empregados por pessoa jurídica que explore as atividades de prestação de serviços de limpeza, conservação e manutenção.

b) Do período de apuração e cálculo dos créditos

Sobre a base de cálculo serão aplicadas as alíquotas de 1,65% e 7,6% para o PIS[6] e COFINS,[7] respectivamente, quando ocorrer o seguinte:

I – dos itens mencionados nos incisos I e II do *caput*, adquiridos no mês;

II – dos itens mencionados nos incisos III a V e IX do *caput*, incorridos no mês;

III – dos encargos de depreciação e amortização dos bens mencionados nos incisos VI e VII do *caput*, incorridos no mês;

---

[6] Lei nº 10.637/02, art. 2º.

[7] Lei nº 10.833/03, art. 2º.

IV – dos bens mencionados no inciso VIII do *caput*, devolvidos no mês.

Nos casos dos bens mencionados no item VI, o crédito pode ser sobre o total dos bens rateado em 48 (quarenta e oito) meses. Ainda existem situações, de acordo com a classificação dos bens, em que o crédito pode ser compensado em 12 meses.

c) Não gera crédito de PIS e COFINS

Existem pagamentos que não geram créditos, conforme a seguir mencionado:

I – de mão de obra paga a pessoa física;

II – da aquisição de bens ou serviços não sujeitos ao pagamento da contribuição, ou seja, tributados com a alíquota zero;

III – da aquisição de bens ou serviços com isenção das contribuições para o PIS e COFINS em que na saída não será tributada.

No caso do inciso III, um exemplo comum é quando a compra é feita junto a um produtor rural pessoa física que é isento das contribuições, sendo que, quando o contribuinte for vender, o seu produto será tributado.

Ainda com relação ao item III, se o crédito for referente à aquisição isenta, este será mantido mesmo que na saída o produto seja tributado com alíquota zero.

O direito ao crédito aplica-se, exclusivamente, em relação:

I – aos bens e serviços adquiridos de pessoa jurídica domiciliada no País;

II – aos custos e despesas incorridos, pagos ou creditados a pessoa jurídica domiciliada no País;

III – aos bens e serviços adquiridos e aos custos e despesas incorridos a partir do mês em que se iniciar a aplicação do disposto nesta Lei.

Então, essa conta registra os créditos calculados na forma acima comentada e o saldo dessa conta, no final do mês, representa valores que não foram utilizados e poderão ser compensados nos meses seguintes.[8]

Com efeito, existem algumas receitas que não fazem parte da não cumulatividade,[9] mesmo que a pessoa jurídica esteja no lucro real, que são as seguintes:

I – as receitas decorrentes das operações:

a) sujeitas à substituição tributária da COFINS;

b) as receitas das pessoas jurídicas que tenham como objeto social, declarado em seus atos constitutivos, a compra e venda de veículos automotores;

II – as receitas decorrentes de prestação de serviços de telecomunicações;

---

[8] Lei nº 10.637/02 e Lei nº 10.833/03, art. 3º, § 4º.

[9] Lei nº 10.637/02, art. 8º, e Lei nº 10.833/03, art. 10.

III – as receitas decorrentes de venda de jornais e periódicos e de prestação de serviços das empresas jornalísticas e de radiodifusão sonora e de sons e imagens;

IV – as receitas submetidas ao regime especial de tributação previsto no art. 47 da Lei nº 10.637, de 30 de dezembro de 2002;

V – as receitas relativas a contratos firmados anteriormente a 31 de outubro de 2003:

a) com prazo superior a 1 (um) ano, de administradoras de planos de consórcios de bens móveis e imóveis, regularmente autorizadas a funcionar pelo Banco Central;

b) com prazo superior a 1 (um) ano, de construção por empreitada ou de fornecimento, a preço predeterminado, de bens ou serviços;

c) de construção por empreitada ou de fornecimento, a preço predeterminado, de bens ou serviços contratados com pessoa jurídica de direito público, empresa pública, sociedade de economia mista ou suas subsidiárias, bem como os contratos posteriormente firmados decorrentes de propostas apresentadas, em processo licitatório, até aquela data;

VI – as receitas decorrentes de prestação de serviços de transporte coletivo rodoviário, metroviário, ferroviário e aquaviário de passageiros;

VII – as receitas decorrentes de serviços:

a) prestados por hospital, pronto-socorro, clínica médica, odontológica, de fisioterapia e de fonoaudiologia, e laboratório de anatomia patológica, citológica ou de análises clínicas;

b) de diálise, raios X, radiodiagnóstico e radioterapia, quimioterapia e de banco de sangue;

VIII – as receitas decorrentes de prestação de serviços de educação infantil, ensinos fundamental e médio e educação superior;

IX – as receitas decorrentes de vendas de mercadorias em lojas na zona primária de porto ou aeroporto relativas a vendas de mercadoria nacional ou estrangeira a passageiros de viagens internacionais, na chegada ou saída do País, ou em trânsito, contra pagamento em moeda nacional ou estrangeira;

X – as receitas decorrentes de prestação de serviço de transporte coletivo de passageiros, efetuada por empresas regulares de linhas aéreas domésticas, e as decorrentes da prestação de serviço de transporte de pessoas por empresas de táxi aéreo;

XI – as receitas auferidas por pessoas jurídicas, decorrentes da edição de periódicos e de informações neles contidas, que sejam relativas aos assinantes dos serviços públicos de telefonia;

XII – as receitas decorrentes de prestação de serviços com aeronaves de uso agrícola inscritas no Registro Aeronáutico Brasileiro (RAB);

XIII – as receitas decorrentes de prestação de serviços das empresas de *call center*, *telemarketing*, telecobrança e de teleatendimento em geral;

XIV – as receitas decorrentes da execução por administração, empreitada ou subempreitada de obras de construção civil, até 31 de dezembro de 2010;

XV – as receitas auferidas por parques temáticos e as decorrentes de serviços de hotelaria e de organização de feiras e eventos, conforme definido em ato conjunto dos Ministérios da Fazenda e do Turismo;

XVI – as receitas decorrentes da prestação de serviços postais e telegráficos prestados pela Empresa Brasileira de Correios e Telégrafos;

XVII – as receitas decorrentes de prestação de serviços públicos de concessionárias operadoras de rodovias;

XVIII – as receitas decorrentes da prestação de serviços das agências de viagem e de viagem e turismo;

XIX – as receitas auferidas por empresas de serviços de informática, decorrentes das atividades de desenvolvimento de *software* e o seu licenciamento ou cessão de direito de uso, bem como de análise, programação, instalação, configuração, assessoria, consultoria, suporte técnico e manutenção ou atualização de *software*, compreendidas ainda como *softwares* as páginas eletrônicas;

XX – as receitas relativas às atividades de revenda de imóveis, desmembramento ou loteamento de terrenos, incorporação imobiliária e construção de prédio destinado à venda, quando decorrentes de contratos de longo prazo firmados antes de 31 de outubro de 2003.

É importante que o leitor aprofunde os seus estudos em material específico sobre essas contribuições, pois é um assunto complexo e extenso, que não cabe comentar em plenitude neste livro, tendo em vista que a finalidade deste capítulo é despertar a necessidade de estudo sobre a matéria.

Os exemplos de contabilização dessa conta estão nos seguintes lançamentos:

Contribuição	Nº lançamento	Valor
PIS	05	3.300
COFINS	06	15.200

5.2.2 Dos créditos relativos à retenção e ao pagamento a maior

Essa conta é bastante usada pelas sociedades de profissão regulamentada, todas relacionadas no art. 647 do RIR/99, mencionado neste capítulo, no item 5.1, e está sujeita à retenção de PIS, COFINS, CSLL, sobre todos os valores recebidos acima de R$ 5.000 (cinco mil reais).

Além das sociedades de profissão regulamentada, estão sujeitas a essa retenção as pessoas jurídicas que tenham como atividades prestação de serviços de limpeza, conservação, manutenção, segurança, vigilância, transporte de valores e locação de mão de obra, pela prestação de serviços de assessoria creditícia, mercadológica, gestão de crédito, seleção e riscos, administração de contas a pagar e a receber.

Assim determinam os arts. 30 e 31 da Lei nº 10.833/03:

> Art. 30. Os pagamentos efetuados pelas pessoas jurídicas a outras pessoas jurídicas de direito privado, pela prestação de serviços de limpeza, conservação, manutenção, segurança, vigilância, transporte de valores e locação de mão de obra, pela prestação de serviços de assessoria creditícia, mercadológica, gestão de crédito, seleção e riscos, administração de contas a pagar e a receber, bem como pela remuneração de serviços profissionais, estão sujeitos a retenção na fonte da Contribuição Social sobre o Lucro Líquido – CSLL, da COFINS e da contribuição para o PIS/PASEP.
>
> § 1º O disposto neste artigo aplica-se inclusive aos pagamentos efetuados por:
>
> I – associações, inclusive entidades sindicais, federações, confederações, centrais sindicais e serviços sociais autônomos;
>
> II – sociedades simples, inclusive sociedades cooperativas;
>
> III – fundações de direito privado; ou
>
> IV – condomínios edilícios.
>
> § 2º Não estão obrigadas a efetuar a retenção a que se refere o *caput* as pessoas jurídicas optantes pelo SIMPLES.
>
> § 3º As retenções de que trata o *caput* serão efetuadas sem prejuízo da retenção do Imposto de Renda na fonte das pessoas jurídicas sujeitas a alíquotas específicas previstas na legislação do Imposto de Renda.
>
> Art. 31. O valor da CSLL, da COFINS e da contribuição para o PIS/PASEP, de que trata o art. 30, será determinado mediante a aplicação, sobre o montante a ser pago, do percentual de 4,65% (quatro inteiros e sessenta e cinco centésimos por cento), correspondente à soma das alíquotas de 1% (um por cento), 3% (três por cento) e 0,65% (sessenta e cinco centésimos por cento), respectivamente.
>
> § 1º As alíquotas de 0,65% (sessenta e cinco centésimos por cento) e 3% (três por cento) aplicam-se inclusive na hipótese de a prestadora do serviço enquadrar-se no regime de não cumulatividade na cobrança da contribuição para o PIS/PASEP e da COFINS.
>
> § 2º No caso de pessoa jurídica beneficiária de isenção, na forma da legislação específica, de uma ou mais das contribuições de que trata este artigo, a retenção dar-se-á mediante a aplicação da alíquota específica correspondente às contribuições não alcançadas pela isenção.
>
> § 3º É dispensada a retenção para pagamentos de valor igual ou inferior a R$ 5.000,00 (cinco mil reais).
>
> § 4º Ocorrendo mais de um pagamento no mesmo mês à mesma pessoa jurídica, deverá ser efetuada a soma de todos os valores pagos no mês para efeito de cálculo do limite de retenção previsto no § 3º deste artigo, compensando-se o valor retido anteriormente.

Contudo, para efeito da dispensa de retenção, a pessoa jurídica optante pelo SIMPLES deverá apresentar, a cada pagamento, à pessoa jurídica responsável pela retenção, declaração, na forma do Anexo I da IN 381 SRF/03, modelo a seguir, em duas vias, assinadas pelo seu representante legal.

A pessoa jurídica responsável pela retenção arquivará a 1ª via da declaração, que ficará à disposição da Secretaria da Receita Federal (SRF), devendo a 2ª via ser devolvida ao beneficiário, como recibo.

Com efeito, o art. 64 da Lei nº 9.430/96 continua em pleno vigor, ou seja, o fornecimento de bens ou serviços para órgãos públicos federais está sujeito às retenções previstas no referido diploma legal.

Dessa forma, as retenções do art. 64 da Lei nº 9.430/96 não se subsumem à exclusão prevista no § 2º do art. 30 da Lei nº 10.833/03 quanto às pessoas jurídicas optantes do SIMPLES.

Nesse sentido é o entendimento do STJ, no Recurso Especial nº 939128/PE, rel. Min. José Delgado, Primeira Turma, *DJ*, 18/10/2007, p. 316, de restringir a não retenção somente aos pagamentos efetuados entre pessoas jurídicas de direito privado, conforme se vislumbra da ementa abaixo transcrita:

> Ementa:
>
> TRIBUTÁRIO. RECURSO ESPECIAL. RETENÇÃO NA FONTE DE IRPJ, CSLL, COFINS E PIS/PASEP. INTERMEDIAÇÃO DE VENDAS DE PASSAGENS. PAGAMENTOS EFETUADOS POR ENTES ESTATAIS (LEI 9.430/1996). OPÇÃO PELO SIMPLES. IRRELEVÂNCIA (LEI 10.833/2003). NÃO PREQUESTIONAMENTO DO ART. 97 DO CTN. SÚMULA 282/STF.
>
> 1. Insurge-se a empresa recorrente contra a retenção na fonte de tributos quando dos pagamentos realizados por entes estatais decorrentes da aquisição de bilhetes de viagem, sob o argumento de que é optante do Simples, o que torna não exigíveis as exações em comento (IRPJ, CSLL, Cofins e PIS).
>
> 2. O apelo não merece ser conhecido pela indicada violação do art. 97 do CTN, dado que o seu teor não foi sujeito a debate nem deliberação na Corte de origem, o que atrai o disposto na Súmula 282/STF, por ausência de prequestionamento.
>
> 3. O art. 64 da Lei 9.430/96 dispõe sobre a retenção na fonte do IRPJ, CSLL, Cofins e PIS nos pagamentos efetuados por órgãos da administração pública direta e indireta.
>
> 4. A exclusão das pessoas jurídicas optantes pelo Simples da sistemática de retenção na fonte pela Lei 10.833/03, art. 32, restringe-se aos pagamentos efetuados entre pessoas jurídicas de direito privado, conforme posto no art. 30, *caput*, dessa norma.
>
> 5. Recurso especial parcialmente conhecido e, nessa parte, não provido.

Todavia, as pessoas jurídicas optantes do Simples que se sintam lesionadas com as referidas retenções podem questionar judicialmente a legalidade do art.

64 da Lei nº 9.430/96 com base na Lei do Simples Nacional, Lei Complementar nº 123/2006, que determina a impossibilidade de compensação de créditos tributários.

Dessa forma, quando existe o recebimento com a retenção de um desses tributos será debitada essa conta e na compensação ou restituição será creditada.

Exemplo: Um escritório de contabilidade, em 20/1/2009, emitiu uma nota fiscal no valor de R$ 10.000 (dez mil reais) e em 20/2/2009 recebeu-a com um desconto de R$ 465 (quatrocentos e sessenta e cinco reais), referente às contribuições assim descriminadas:

(A) Valor da nota fiscal	R$ 10.000
(B) PIS (0,65% × A)	R$ 65
(C) COFINS (3% × A)	R$ 300
(D) CSLL (1% × A)	R$ 100
(E) Total das retenções (B + C + D)	R$ 465
(F) – Valor líquido (A – E)	R$ 9.535

Os lançamentos contábeis seriam os seguintes:

Lançamento na emissão da Nota Fiscal
Débito: Conta de Cliente
Crédito: Receita de prestação de serviço
Histórico: R$ 10.000

Lançamento do líquido recebido
Débito: Banco c/ movimento
Crédito: Conta de cliente
Histórico: R$ 9.535

Lançamento do PIS retido
Débito: Impostos a recuperar PIS
Crédito: Conta de cliente
Histórico: R$ 65

Lançamento do COFINS retido
Débito: Impostos a recuperar COFINS
Crédito: Conta de cliente
Histórico: R$ 300

Lançamento do CSLL retido

Débito: Impostos a recuperar CSLL

Crédito: Conta de cliente

Histórico: R$ 100

Esses lançamentos não foram numerados porque não serão considerados na empresa ABC Comércio Ltda., tendo em vista que sua atividade é comércio.

Ainda existe a possibilidade de pagamentos a maior ou indevidos que, nesses casos, serão registrado na respectiva conta.

5.3 ICMS

Esse é um dos tributos mais conhecidos e complexos, tendo em vista que cada unidade da federação o regulamenta através de leis próprias, no entanto, sempre observando os limites estabelecidos pela Carta Magna e Leis Complementares.

Todavia, como estamos tratando apenas de contabilidade, neste item será contemplada somente a não cumulatividade do ICMS, prevista constitucionalmente no art. 155, II, § 2º, I e II, da Carta Magna.

> Art. 155. Compete aos Estados e ao Distrito Federal instituir impostos sobre:
>
> I – [...];
>
> II – operações relativas à circulação de mercadorias e sobre prestações de serviços de transporte interestadual e intermunicipal e de comunicação, ainda que as operações e as prestações se iniciem no exterior;
>
> [...]
>
> § 2º O imposto previsto no inciso II atenderá ao seguinte:
>
> I – será não cumulativo, compensando-se o que for devido em cada operação relativa à circulação de mercadorias ou prestação de serviços com o montante cobrado nas anteriores pelo mesmo ou outro Estado ou pelo Distrito Federal;
>
> II – a isenção ou não incidência, salvo determinação em contrário da legislação:
>
> a) não implicará crédito para compensação com o montante devido nas operações ou prestações seguintes;
>
> b) acarretará a anulação do crédito relativo às operações anteriores;

Dessa forma, o ICMS é um imposto não cumulativo, ou seja, os valores pagos nas compras podem ser compensados com o ICMS devido sobre as vendas.

O crédito do ICMS é no mês da compra, independentemente do pagamento, assim como o fornecedor também paga o imposto independentemente do recebimento.

Dessa forma, o crédito pode ser contabilizado em cada compra, como já foi feito no Lançamento nº 4, mas poderá ser feito pelo total das compras no mês, pela soma no livro de apuração de ICMS.

A Constituição Federal determinou a imunidade para algumas operações, conforme inciso X do § 2º do art. 155, que tem a seguinte redação:

> Art. 155. [...]
>
> § 2º [...]
>
> X – não incidirá:
>
> a) sobre operações que destinem mercadorias para o exterior, nem sobre serviços prestados a destinatários no exterior, assegurada a manutenção e o aproveitamento do montante do imposto cobrado nas operações e prestações anteriores;
>
> b) sobre operações que destinem a outros Estados petróleo, inclusive lubrificantes, combustíveis líquidos e gasosos dele derivados, e energia elétrica;
>
> c) sobre o ouro, nas hipóteses definidas no art. 153, § 5º;[10]
>
> d) nas prestações de serviço de comunicação nas modalidades de radiodifusão sonora e de sons e imagens de recepção livre e gratuita;

Na letra *a* do referido inciso está a imunidade do ICMS sobre as receitas de exportação, em que a União deve restituir os Estados e o Distrito Federal.

Com efeito, as empresas eminentemente exportadoras acumulam saldo muito alto de ICMS, tendo em vista a não tributação na saída. A Carta Magna garante o direito de transferência desse crédito para outros contribuintes, embora ocorra que alguns Estados vedem essa transferência.

Dispõe o art. 91 do ADCT – Ato das Disposições Constitucionais Transitórias –, *in verbis*, sobre a Lei Complementar que definirá os critérios, prazos e condições para a União entregar aos Estados e Distrito Federal os créditos decorrentes da imunidade de ICMS:

> Art. 91. A União entregará aos Estados e ao Distrito Federal o montante definido em lei complementar, de acordo com critérios, prazos e condições nela determinados, podendo considerar as exportações para o exterior de produtos primários e semielaborados, a relação entre as exportações e as importações, os créditos decorrentes de aquisições destinadas ao ativo permanente e a efetiva manutenção e aproveitamento do crédito do imposto a que se refere o art. 155, § 2º, X, *a*. (Incluído pela Emenda Constitucional nº 42, de 19/12/2003)

---

[10] "Art. 153. Compete à União instituir impostos sobre: § 5º – O ouro, quando definido em lei como ativo financeiro ou instrumento cambial, sujeita-se exclusivamente à incidência do imposto de que trata o inciso V do *caput* deste artigo, devido na operação de origem; a alíquota mínima será de um por cento, assegurada a transferência do montante da arrecadação nos seguintes termos: I – trinta por cento para o Estado, o Distrito Federal ou o Território, conforme a origem; II – setenta por cento para o Município de origem."

§ 1º Do montante de recursos que cabe a cada Estado, setenta e cinco por cento pertencem ao próprio Estado, e vinte e cinco por cento, aos seus Municípios, distribuídos segundo os critérios a que se refere o art. 158, parágrafo único, da Constituição. (Incluído pela Emenda Constitucional nº 42, de 19/12/2003)

§ 2º A entrega de recursos prevista neste artigo perdurará, conforme definido em lei complementar, até que o imposto a que se refere o art. 155, II, tenha o produto de sua arrecadação destinado predominantemente, em proporção não inferior a oitenta por cento, ao Estado onde ocorrer o consumo das mercadorias, bens ou serviços. (Incluído pela Emenda Constitucional nº 42, de 19/12/2003)

§ 3º Enquanto não for editada a lei complementar de que trata o *caput*, em substituição ao sistema de entrega de recursos nele previsto, permanecerá vigente o sistema de entrega de recursos previsto no art. 31 e Anexo da Lei Complementar nº 87, de 13 de setembro de 1996, com a redação dada pela Lei Complementar nº 115, de 26/12/2002. (Incluído pela Emenda Constitucional nº 42, de 19/12/2003)

§ 4º Os Estados e o Distrito Federal deverão apresentar à União, nos termos das instruções baixadas pelo Ministério da Fazenda, as informações relativas ao imposto de que trata o art. 155, II, declaradas pelos contribuintes que realizarem operações ou prestações com destino ao exterior. (Incluído pela Emenda Constitucional nº 42, de 19/12/2003)

Em face da não edição da Lei Complementar, permanece vigente o sistema de entrega de recursos previsto no art. 31 e Anexo da Lei Complementar nº 87/96.[11]

Todavia, conforme § 4º do art. 31 da LC nº 87/96, a entrega pela União dos recursos a cada unidade federada está condicionada à existência de disponibilidades orçamentárias consignadas a essa finalidade na respectiva Lei Orçamentária Anual da União, inclusive eventuais créditos adicionais.

Assim, a cada ano é expedida uma lei que autoriza a União a transferir os recursos referentes aos créditos decorrentes da imunidade de ICMS a cada unidade federada.

Assim, em 2009, foi editada a Lei nº 12.087, que converteu a Medida Provisória nº 464/09, dispondo sobre a prestação de auxílio financeiro pela União aos Estados, ao Distrito Federal e aos Municípios, no exercício de 2009, com o objetivo de fomentar as exportações do país.

Referida lei, nos termos do art. 31 da LC nº 87/96, autorizou a União a entregar aos Estados, ao Distrito Federal e aos Municípios o montante de R$ 1.950.000.000 (um bilhão e novecentos e cinquenta milhões de reais).

---

[11] "Art. 31. Nos exercícios financeiros de 2003 a 2006, a União entregará mensalmente recursos aos Estados e seus Municípios, obedecidos os montantes, os critérios, os prazos e as demais condições fixadas no Anexo desta Lei Complementar." (Redação dada pela LCP nº 115, de 26/12/2002)

Do montante dos recursos que cabe a cada Estado, a União entregará, diretamente ao próprio Estado, 75% (setenta e cinco por cento) e, aos seus Municípios, 25% (vinte e cinco por cento).[12]

O anexo da Lei nº 12.087/09 trata dos coeficientes individuais de participação dos Estados e do Distrito Federal, consoante colação:

ANEXO

AC	0,11045%
AL	0,75059%
AM	1,31465%
AP	0,00000%
BA	4,10421%
CE	0,47968%
DF	0,00000%
ES	7,07534%
GO	5,71239%
MA	2,05941%
MT	13,61510%
MG	16,97040%
MS	1,87083%
PA	7,37171%
PB	0,30755%
PE	0,52918%
PI	0,15450%
PR	7,01980%
RJ	3,97185%
RN	0,82279%
RO	1,10417%
RR	0,04839%
RS	9,14993%
SC	4,04925%
SE	0,33047%
SP	10,36589%
TO	0,71147%
TOTAL	100,00000%

---

[12] Art. 3º da Lei nº 12.087/09.

Há de se ressaltar que a entrega do recurso a cada unidade federada somente acontece após o pagamento de dívidas de cada unidade federativa à União, conforme determina o art. 4º da Lei nº 12.087/09:

> Art. 4º Para a entrega dos recursos à unidade federada, a ser realizada por uma das formas previstas no art. 5º, serão obrigatoriamente deduzidos, até o montante total apurado no respectivo período, os valores das dívidas vencidas e não pagas da unidade federada, na seguinte ordem:
>
> I – primeiro as contraídas com a União, depois as contraídas com garantia da União, inclusive dívida externa; somente após, as contraídas com entidades da administração indireta federal;
>
> II – primeiro as da administração direta, depois as da administração indireta da unidade federada.
>
> Parágrafo único. Respeitada a ordem prevista nos incisos I e II do *caput*, ato do Poder Executivo Federal poderá autorizar:
>
> I – a quitação de parcelas vincendas, mediante acordo com o respectivo ente federado; e
>
> II – quanto às dívidas com entidades da administração federal indireta, a suspensão temporária da dedução, quando não estiverem disponíveis, no prazo devido, as necessárias informações.
>
> Art. 2º As parcelas pertencentes a cada Estado, incluídas as parcelas de seus Municípios, e ao Distrito Federal serão proporcionais aos discriminados no Anexo desta Lei.

A Portaria MF nº 363/09 define as regras da prestação de informação pelos Estados e pelo Distrito Federal sobre a efetiva manutenção e aproveitamento de créditos pelos exportadores a que se refere a alínea *a* do inciso X do § 2º do art. 155 da Constituição Federal.

Dessa forma, enquanto não for editada a Lei Complementar referida no art. 91 do ADTC, a entrega de recursos da União aos Estados e Distrito Federal ficará condicionada à edição de lei anual.

Como comentado, cada Estado legisla sobre o ICMS observando os limites estabelecidos pela Carta Magna e as leis complementares.

Todavia, são diversas as situações, tais como:

a) o Estado permite ao contribuinte uma tributação diferenciada, ou seja, pagando o imposto com uma única alíquota reduzida, mas o contribuinte renuncia a qualquer crédito. Nesses casos, não vai existir lançamento nessa conta de ICMS a recuperar;

b) os contribuintes cujos produtos foram tributados na sistemática de substituição tributária.

Os lançamentos contábeis nº 4 na conta de Impostos a Recuperar ICMS são o exemplo dos procedimentos contábeis dessa conta.

5.4 Contribuições sociais previdenciárias

Os contribuintes estão sujeitos a cometer erros nos recolhimentos dos tributos, inclusive por determinação aparentemente legal. Assim, surgem os tributos pagos a maior ou indevidos, hipótese plausível também nas contribuições sociais.

Dessa forma, os valores desses tributos, sujeitos a restituição ou compensação, devem ser registrados nessa conta.

As pessoas jurídicas, que tenham receitas referentes à prestação de serviços mediante cessão ou empreitada de mão de obra, estão sujeitas à retenção de 11% (onze por cento) sobre os valores das notas fiscais emitidas, conforme a seguir comentado.

Desde fevereiro de 1999, entrou em vigor a Lei nº 9.711/98, que introduziu a obrigatoriedade da retenção pela empresa contratante de serviço mediante cessão de mão de obra ou empreitada de 11% (onze por cento) sobre o valor total dos serviços contidos na nota fiscal, na fatura ou no recibo emitido pelo prestador.

Cessão de mão de obra: é a colocação à disposição da empresa contratante, em suas dependências ou nas de terceiros, de trabalhadores que realizem serviços contínuos, relacionados ou não com sua atividade-fim, quaisquer que sejam a natureza e a forma de contratação, inclusive por meio de trabalho temporário.

Empreitada é a execução: contratualmente estabelecida de tarefa, de obra ou de serviço, por preço ajustado, com ou sem fornecimento de material ou uso de equipamentos, que podem ou não ser utilizados, realizada nas dependências da empresa contratante, nas de terceiros ou nas da empresa contratada, tendo como objeto um resultado pretendido.

Serviços sujeitos à retenção: para fins da retenção na fonte de 11% (onze por cento) a título de INSS, enquadram-se como serviços realizados mediante cessão de mão de obra os seguintes:

I – limpeza, conservação e zeladoria;

II – vigilância e segurança;

III – construção civil;

IV – serviços rurais;

V – digitação e preparação de dados para processamento;

VI – acabamento, embalagem e acondicionamento de produtos;

VII – cobrança;

VIII – coleta e reciclagem de lixo e resíduos;

IX – copa e hotelaria;

X – corte e ligação de serviços públicos;

XI – distribuição;

XII – treinamento e ensino;

XIII – entrega de contas e documentos;

XIV – ligação e leitura de medidores;

XV – manutenção de instalações, de máquinas e de equipamentos;

XVI – montagem;

XVII – operação de máquinas, equipamentos e veículos;

XVIII – operação de pedágios e terminais de transporte;

XIX – operação de transporte de passageiros;

XX – portaria, recepção e ascensorista;

XXI – recepção, triagem e movimentação de materiais;

XXII – promoção de vendas e eventos;

XXIII – secretaria e expediente;

XXIV – saúde;

XXV – telefonia, inclusive telemarketing.

Enquadram-se como serviços realizados mediante empreitada de mão de obra:

I – limpeza, conservação e zeladoria;

II – vigilância e segurança;

III – construção civil;

IV – serviços rurais; e

V – digitação e preparação de dados para processamento.

(arts. 154 e 155 da IN INSS/DC nº 100/03)

Base de Cálculo: a base de cálculo é o valor bruto do documento emitido pela prestadora de serviços mediante empreitada ou cessão de mão de obra, que pode ser nota fiscal, fatura ou recibo, sobre o qual serão aplicados 11% (onze por cento) de retenção.

Contrato com previsão de fornecimento de material ou utilização de bens: quando, no contrato de prestação de serviço, existir previsão de fornecimento de material ou utilização de equipamento próprio ou de terceiro, para ser utilizado na execução do serviço, recebe o seguinte tratamento:

i) quando o material fornecido ou utilizado for discriminado na nota fiscal, na fatura ou no recibo de prestação de serviços, a base de cálculo da retenção será o valor dos serviços estabelecidos em contrato;

ii) quando o material fornecido ou utilizado não for discriminado na nota fiscal, fatura ou recibo, a base de cálculo da retenção corresponderá, no mínimo, a:

I – 50% (cinquenta por cento) do valor bruto da nota fiscal, da fatura ou do recibo de prestação de serviços;

II – 30% (trinta por cento) do valor bruto da nota fiscal, da fatura ou do recibo de prestação de serviços para os serviços de transporte de passageiros, *quando as despesas de combustível e de manutenção dos veículos corram por conta do prestador do serviço*;

III – 65% (sessenta e cinco por cento) quando se referir à limpeza hospitalar e 80% (oitenta por cento) quando se referir às demais limpezas, aplicados sobre o valor bruto da nota fiscal, fatura ou recibo de prestação de serviços.

Contrato quando não existir a previsão de fornecimento de material ou utilização de bens: quando a utilização de equipamento for inerente à execução dos serviços contratados, mas não estiver prevista em contrato, a base de cálculo da retenção corresponderá, no mínimo, a 50% (cinquenta por cento) do valor bruto da nota fiscal, da fatura ou do recibo de prestação de serviços.

A regra geral é de que quando não existir previsão contratual de fornecimento de material ou utilização de equipamento e o uso desse equipamento não seja inerente ao serviço, independentemente de haver ou não a discriminação de valores na nota fiscal, na fatura ou no recibo de prestação de serviços, a base de cálculo da retenção será o valor bruto.

Com efeito, quando o serviço prestado for de transporte de passageiros, independentemente de constar ou não previsão no contrato de fornecimento de material ou utilização de equipamentos, a base de cálculo da retenção será sempre de 30% (trinta por cento) do valor bruto da nota fiscal, da fatura ou do recibo de prestação de serviços quando as despesas de combustível e de manutenção dos veículos corram por conta da contratada.

Emissão da nota fiscal: na emissão da nota fiscal, da fatura ou do recibo de prestação de serviços, a contratada (prestadora de serviço) deverá destacar o valor da retenção com o título de "RETENÇÃO PARA A PREVIDÊNCIA SOCIAL".

O destaque do valor retido deverá ser identificado logo após a descrição dos serviços prestados, apenas para produzir efeito como parcela dedutível no ato da quitação da nota fiscal, da fatura ou do recibo de prestação de serviços, sem alteração do valor bruto da nota, da fatura ou do recibo de prestação de serviços.

Responsável pela retenção e pelo recolhimento: a empresa tomadora de serviço mediante empreitada ou cessão de mão de obra é a responsável, a partir da competência fevereiro de 1999, por reter e recolher o percentual de 11% (onze por cento) destinado ao INSS.

Retenção na prestação de serviços em condições especiais: a partir de 1º/4/2003, para os casos especiais, a alíquota de 11% (onze por cento) passou a ser acrescida dependendo da atividade exercida pelos empregados do contratado, ou seja, existe uma variação de acordo com o grau de risco a que se exponham os funcionários da contratada a agentes nocivos. Os acréscimos são os seguintes:

a) dois por cento, passando a alíquota para a retenção a ser de 13% (treze por cento);

b) três por cento, passando a alíquota para a retenção a ser de 14% (catorze por cento);

c) quatro por cento, passando a alíquota para a retenção a ser de 15% (quinze por cento).

Esse acréscimo é necessário para possibilitar as aposentadorias especiais, que poderão ser com 15 (quinze), 20 (vinte) ou 25 (vinte e cinco) anos de trabalho, de acordo com as condições de trabalho, ou seja, caso prejudiquem a saúde ou integridade física do empregado.

Dessa forma, essa conta tem a finalidade de registrar os valores descontados nos recebimentos sujeitos à retenção do INSS.

Importante lembrar que as empresas optantes pelo SIMPLES Nacional estão dispensadas da retenção do INSS na prestação dos serviços, mediante cessão de mão de obra, de acordo com o art. 114 da IN/RFB 971/09, que tem a seguinte redação:

> Art. 114. A empresa optante pelo SIMPLES, que prestou serviços mediante cessão de mão de obra ou empreitada, durante a vigência da Lei nº 9.317, de 5 de dezembro de 1996, está sujeita à retenção sobre o valor bruto da nota fiscal, da fatura ou do recibo de prestação de serviços emitido.
>
> Parágrafo único. O disposto no *caput* não se aplica no período de 1º de janeiro de 2000 a 31 de agosto de 2002.

Não foi demonstrada a conta de INSS porque não aconteceram eventos na empresa ABC Comércio Ltda. com retenção ou pagamento a maior de INSS.

5.5 CSLL

Essa conta registra os valores retidos de acordo com o art. 30 da Lei nº 10.833/03, já comentado no item 5.2, mas, como todas as outras contas de tributos a recuperar, registra os valores recolhidos a maior ou indevidamente.

6

Estoque de Mercadoria

A conta de estoque registra os fatos relacionados com as compras, vendas e consumo de produtos.

Para melhor entendimento sobre a conta estoque, faremos um estudo em dois grupos, quais sejam:

a) empresas que tenham como atividade compra e revenda de mercadorias (estoques comércio);

b) empresas que tenham como atividade a industrialização e venda de produtos (estoque indústria).

6.1 Estoque comércio

Com relação às empresas que têm como atividade a compra e revenda de mercadoria, a conta estoque é muito simples, porém exige muitos cuidados, tais como:

i) a conta estoque deve ter um controle extracontábil muito bom, com a principal finalidade de controlar as quantidades do estoque, pois os levantamentos dos custos das mercadorias vendidas devem ser feitos pelo estoque físico e não pelo financeiro;

ii) a contabilidade faz o controle financeiro, de modo que é necessário que a empresa tenha os dois controles.

A empresa ABC Comércio Ltda., de acordo com o Lançamento nº 03, fez uma compra no valor de R$ 200.000 (duzentos mil reais), considerando esse registro financeiro na contabilidade.

Os registros nos controles de estoques têm informações, tais como o código do produto, quantidade, preço unitário, preço total e saldo.

Data	Histórico Movimento	Nº Doc. Mov.	Entrada			Saída			Saldo		
			Qtde.	Vlr. Unit.	Vlr. Total	Qtde	Vlr. Unit.	Vlr. Total	Qtde.	Vlr. Unit.	Vlr. Total
	Saldo Anterior			–	–		–		1.200	24.0000	28.800
	entrada	NF0023	800	25.0000	20.000		–		2.000	24.0000	48.800
	saída	NF1234			–	1.200	24.4000	29.280	800	24.0000	19.520
					–		–		800	24.0000	19.520
					–		–		800	24.0000	19.520
					–		–		800	24.0000	19.520
		TOTAIS	800	25.0000	20.000	1.200	24.4000	29.280	800	24.4000	19.520

Existe a possibilidade de vários erros serem cometidos nos controles de estoques, tais como:

a) com relação aos códigos dos produtos, ser dada entrada e saída com códigos diferentes. Assim, em um levantamento pelas autoridades fiscais, será encontrada divergência no estoque;

b) também com relação a entrada ou saída não registrada.

Ao final de cada período, o contribuinte deve transcrever no Livro de Inventário o estoque naquela data, ou seja, a autoridade fiscal tem como ponto de partida o estoque inicial e a meta do saldo do inventário no final do período fiscalizado.

As diferenças no estoque podem ser consideradas pelos fiscais da RFB como omissão de receita, conforme determina o art. 286 do RIR/99:

> Art. 286. A omissão de receita poderá, também, ser determinada a partir de levantamento por espécie de quantidade de matérias-primas e produtos intermediários utilizados no processo produtivo da pessoa jurídica (Lei nº 9.430, de 1996, art. 41).
>
> § 1º Para os fins deste artigo, apurar-se-á a diferença, positiva ou negativa, entre a soma das quantidades de produtos em estoque no início do período com a quantidade de produtos fabricados com as matérias-primas e produtos intermediários utilizados e a soma das quantidades de produtos cuja venda houver sido registrada na escrituração contábil da empresa com as quantidades em estoque, no final do período de apuração, constantes do Livro de Inventário (Lei nº 9.430, de 1996, art. 41, § 1º).

§ 2º Considera-se receita omitida, nesse caso, o valor resultante da multiplicação das diferenças de quantidade de produtos ou de matérias-primas e produtos intermediários pelos respectivos preços médios de venda ou de compra, conforme o caso, em cada período de apuração abrangido pelo levantamento (Lei nº 9.430, de 1996, art. 41, § 2º).

§ 3º Os critérios de apuração de receita omitida de que trata este artigo aplicam-se, também, às empresas comerciais, relativamente às mercadorias adquiridas para revenda (Lei nº 9.430, de 1996, art. 41, § 3º).

A falta ou a irregularidade de escrituração sobre o estoque levam as autoridades fazendárias federais a autuar, conforme se depreende dos julgamentos abaixo colacionados:

Ementa:

EMBARGOS À EXECUÇÃO FISCAL. IMPOSTO DE RENDA SOBRE RECEITA OPERACIONAL OMITIDA. ESTOQUE REGISTRADO INCOMPATÍVEL COM NOTAS FISCAIS APRESENTADAS. LIQUIDEZ DA CDA.

– A escrituração contábil e fiscal deve refletir corretamente as transações realizadas pela empresa. A ausência de escrituração confiável e as eventuais falhas nesta detectadas não constituem mero descumprimento de obrigação acessória passível de punição. O que determina a autuação e cobrança de Imposto de Renda é a situação fática que se delineia a partir dos registros contábeis. O Fisco apura a receita, a movimentação apurada com base na escrituração, considerando o que consta e o que deixou de constar, mas está evidente como fato.

– Do procedimento administrativo que culminou com a inscrição da dívida retira-se que as parcelas que deveriam ser excluídas do débito inicialmente apontado efetivamente o foram, antes da inscrição.

– É legítima a incidência da Taxa Referencial no período de fevereiro a dezembro de 1991 a título de juros (Leis nºˢ 8.177 e 8.218).

(Tribunal Regional Federal da 4ª Região, Apelação Cível nº 2000.04.01. 033347-2/RS, *DJ*, 25/1/2006, p. 125, rel. Vivian Josete Pantaleão Caminha).

Decisão: A TURMA, POR UNANIMIDADE, NEGOU PROVIMENTO À APELAÇÃO E À REMESSA OFICIAL, CONSIDERADA INTERPOSTA, NOS TERMOS DO VOTO DA RELATORA.

Ementa:

IMPOSTO DE RENDA. ESCRITURAÇÃO DAS RECEITAS. IRREGULARIDADE.

1. A fórmula de cálculo pretendida pela embargante para a escrituração das receitas não é a que autoriza o artigo 171 do RIR/80.

2. Foram constatadas divergências no controle do estoque não esclarecidas pela embargante mesmo após ter sido intimada, pelo que não há que se falar em consideração de perdas e quebras, em face da ausência de controle das mercadorias.

3. Não tendo consignado em sua escrituração as notas fiscais relativas às vendas das mercadorias, resta configurada, sim, omissão de receitas por parte da embargante, a ensejar a autuação do Fisco Federal, não havendo ilegalidade na utilização de documento oriundo do Fisco Estadual para documentar a autuação.

4. Não há obrigação legal de manutenção de livros para a fixação e predeterminação de pró-labore. Todavia, verifico *in casu* que todos os lançamentos foram realizados retroativamente ao final do exercício contábil, o que contraria as normas de escrituração das receitas e despesas – que devem ser lançadas nos livros quando de sua efetiva realização, pelo que não merece acolhida a insurgência do apelante.

5. A escrituração contábil da embargante se mostrou irregular e inconsistente para a finalidade a que se destina. Como bem salientado pela sentença, "o saldo credor de caixa é uma infração que se respalda em artifícios que objetivam encobrir pagamentos efetuados sem a existência de disponibilidade contábil, utilizando recursos de receitas omitidas. Quando verifica este fato na escrituração, a lei autoriza a presunção de omissão de registro de receita.

6. A fim de ilidir a presunção de exigibilidade do crédito fiscal deve ser produzida prova inequívoca, a cargos do embargante. Mas isso não se deu no caso dos autos.

(TRF 4ª R., Apelação Cível nº 1998.04.01.065603-3/RS, *DJ*, 14/1/2004, p. 138, rel. Maria Lúcia Luz Leiria)

Em nível estadual, as autoridades fiscais podem entender as diferenças de estoques como compra ou venda sem nota fiscal e assim autuar a empresa e representá-la criminalmente.

Oportuna a colação de julgados do Tribunal de Justiça do Estado do Maranhão sobre a omissão de receitas em face de irregularidades na escrituração de compras e vendas de mercadorias:

Ementa:

Tributário. Crime. Sonegação. Omissão de informação. Escrituração de notas fiscais nos livros de entrada e saída. Ausência. Tipicidade. Configuração. ***Conduta. Continuidade delitiva. Evidência. ***Pena. Exacerbação. Reconhecimento. Redução. Possibilidade.

I – Configurada a prática delitiva tipificada no art. 1º, II, da Lei nº 8.137/90, não pela omissão de informação ou operação de qualquer natureza, mas pelo fato de que, por meio dessas condutas, suprimido o agente, o exigido tributo.

II – A esse enfoque, é que, omitindo o contribuinte, o obrigatório lançamento das notas fiscais nos livros de entrada e saída, de modo a impossibilitar o constatar da existência da obrigação tributária, face à inviabilidade gerada pela fraude no sistema da receita, indiscutível o incidir no crime de sonegação fiscal.

III – Se constatado que não restrito o agir a suprimir imposto de um único mês, mas, sim, de diversos, todos com desígnios idênticos, configurada que se ter a continuidade delitiva.

IV – A outro modo, se comprovadamente exacerbada a cominada pena, inquestionavelmente merecedora de redução.

V – Recurso parcialmente provido para que minoradas as penas, com a consequente substituição, de ofício, da privativa de liberdade por duas restritivas de direito. Unanimidade.

Dessa forma, o controle da conta de estoque deve ser muito rigoroso para evitar autuação fiscal e até representação criminal.

6.2 Estoque indústria

Os registros das entradas nos estoques da indústria são similares aos registros da empresa que tenha como atividade o comércio, ou seja, iguais aos lançamentos nos 03, 04, 05 e 06. A diferença está nas baixas do estoque.

Os procedimentos nas baixas dos estoques na indústria podem ser feitos de duas formas, que são as seguintes:

a) com custo integrado – é o sistema em que os procedimentos são:

a.i) as compras de matérias-primas, materiais secundários e embalagem são registradas como estoques;

a.ii) os estoques são baixados com as requisições para consumo;

a.iii) aquele material requisitado, que no final do período ainda está em processo de industrialização, será demonstrado como produtos em elaboração;

a.iv) os produtos acabados com estoque de produtos;

b) os custos são arbitrados, ou seja, ao final de cada período é feita a contagem dos estoques e identificadas as quantidades finais de matéria-prima, materiais secundários, embalagem e produtos acabados.

Quando a empresa não possibilitar a apuração de custo com base no sistema de contabilidade de custo integrado e coordenado com o restante da escrituração, os estoques deverão ser avaliados de acordo com os seguintes critérios:[1]

---

[1] "§ 3º Se a escrituração do contribuinte não satisfizer as condições do § 1º, os estoques deverão ser avaliados: (a) os de materiais em processamento, por uma vez e meia o maior custo das matérias-primas adquiridas no período-base, ou em 80% do valor dos produtos acabados, determinado de acordo com a alínea *b*; (b) os dos produtos acabados, em 70% do maior preço de venda no período-base."

a) os de materiais em processamento, por uma vez e meia o maior custo das matérias-primas adquiridas no período, ou em 80% (oitenta por cento) do valor dos produtos acabados, determinado de acordo com a alínea *b* a seguir;

b) os dos produtos acabados, em 70% (setenta por cento) do maior preço de venda no período de apuração.

Os lançamentos referentes à conta de estoques na indústria foram feitos nos Capítulos 3 e 4, que tratam sobre os custos.

7

Adiantamentos

Esse grupo de conta registra pagamentos por conta de futuras prestações de conta com a apresentação de notas fiscais ou descontos em folha de pagamento.

7.1 Adiantamentos de salário

Essa conta registra os valores que a empresa adianta de salário para os empregados.

Há de se ter o cuidado sobre os valores que não forem descontados na folha de pagamento no mês em que foram feitos os adiantamentos, pois o saldo pode ser entendido pelas autoridades fiscais como base de cálculo para o IR e para o INSS.

O art. 621 do RIR/99, *in verbis*, determina que os adiantamentos não tenham retenção do IR desde que os rendimentos sejam integralmente pagos no próprio mês, ou seja, no final do mês não existe saldo de adiantamento:

> Art. 621. O adiantamento de rendimentos correspondentes a determinado mês não estará sujeito à retenção, desde que os rendimentos sejam integralmente pagos no próprio mês a que se referirem momento em que serão efetuados o cálculo e a retenção do imposto sobre o total dos rendimentos pagos no mês.
>
> § 1º Se o adiantamento referir-se a rendimentos que não sejam integralmente pagos no próprio mês, o imposto será calculado de imediato sobre esse adiantamento, ressalvado o rendimento de que trata o art. 638.
>
> § 2º Para efeito de incidência do imposto, serão considerados adiantamentos quaisquer valores fornecidos ao beneficiário, pessoa física, mesmo a título

124 Contabilidade Tributária na Prática • Chaves e Muniz

de empréstimo, quando não haja previsão, cumulativa, de cobrança de encargos financeiros, forma e prazo de pagamento.

Com relação à previdência, é o mesmo entendimento, pois o inciso I do art. 22 determina que a base de cálculo da contribuição previdenciária será sobre o valor pago ou creditado a qualquer título. O inciso I do art. 22 assim determina:

> Art. 22. A contribuição a cargo da empresa, destinada à Seguridade Social, além do disposto no art. 23, é de:
>
> I – vinte por cento sobre o total das remunerações pagas, devidas ou creditadas a qualquer título, durante o mês, aos segurados empregados e trabalhadores avulsos que lhe prestem serviços, destinadas a retribuir o trabalho, qualquer que seja a sua forma, inclusive as gorjetas, os ganhos habituais sob a forma de utilidades e os adiantamentos decorrentes de reajuste salarial, quer pelos serviços efetivamente prestados, quer pelo tempo à disposição do empregador ou tomador de serviços, nos termos da lei ou do contrato ou, ainda, de convenção ou acordo coletivo de trabalho ou sentença normativa.

Vamos voltar a trabalhar com a ABC Comércio Ltda., que em 12/3/2009 fez os seguintes adiantamentos:

Nome	Valor
Francisco	2.000
Érika	10.000

Em 28/3/2009, fez o pagamento da folha com as seguintes informações:

Nome	Salário	Descontos			A pagar
		INSS[1]	IRRF	Adiant.	
Francisco	3.000	330	88	2.000	582
Érika	12.000	354[2]	3.915	5.000	2.731
Outros funcionários	20.000	1.600[3]	–	–	18.400
Total	35.000	2.284	4.003	7.000	21.713

---

[1] Os cálculos de INSS foram baseados na tabela aprovada pela Portaria nº 48, de 12/2/2009.

[2] A retenção do INSS é até limite de salário de contribuição: $3.038,99 \times 11\% = 334,29$.

[3] O valor retido foi considerando que todos os salários estão na faixa de 8% de retenção.

Demonstrativo do cálculo do IRRF:

Descrição	Francisco	Érika
A – Salário	3.000	12.000
B – INSS	330	354
C – Adiant. não descontado	0	5.000
D – Dependentes	2	0
E – Base de Cálculo (A – B + C – D)	2.382	16.646
Alíquota	15%	27,5%
IR	357	4.578
Dedução	269	663
IRRF	88	3.915

As retenções de IR foram feitas considerando que o Francisco tem dois dependentes e a Érika não tem dependente; o valor deduzido da base de cálculo como dependentes é o resultado do número de dependente multiplicado pelo valor de R$ 144,20 (cento e quarenta e quatro reais e vinte centavos).

A alíquota e dedução foram de acordo com a tabela progressiva para desconto do IR a seguir transcrita:

Base de Cálculo (R$)	Alíquota (%)	Parcela a Deduzir do IR
Até 1.434,59	0,00%	0,00
De 1.434,60 até 2.150,00	7,50%	107,59
De 2.150,01 até 2.866,70	15,00%	268,84
De 2.866,71 até 3.582,00	22,50%	483,84
Acima de 3.582,00	27,50%	662,94

A quantia a ser deduzida do Imposto de Renda por dependente será de R$ 144,20 (cento e quarenta e quatro reais e vinte centavos).

Neste capítulo serão feitos somente os lançamentos relacionados com o adiantamento.

Os lançamentos do adiantamento são os seguintes:

Do adiantamento do Francisco, Lançamento nº 33

Débito:	1.1.5.01.001 Francisco
Crédito:	1.1.1.02.001 Banco do Brasil
Histórico:	R$ 2.000

Do adiantamento da Érika, Lançamento nº 34

Débito:	1.1.5.01.002 Érika
Crédito:	1.1.1.02.001 Banco do Brasil
Histórico:	R$ 10.000

Do desconto do adiantamento do Francisco, Lançamento nº 35

Débito:	2.1.5.01 Salário a Pagar
Crédito:	1.1.5.01.001 Francisco
Histórico:	R$ 2.000

Do desconto do adiantamento da Érika, Lançamento nº 36

Débito:	2.1.5.01 Salário a Pagar
Crédito:	1.1.5.01.002 Érika
Histórico:	R$ 5.000

Tendo em vista a contabilização do adiantamento, será feita também a provisão do salário como despesas, os descontos referentes ao IRRF e INSS e o pagamento conforme a seguir:

Da Provisão do salário total, Lançamento nº 37

Débito:	4.2.2.1.01 Salário
Crédito:	2.1.5.01 Salário a Pagar
Histórico:	R$ 35.000

Do Desconto do INSS dos empregados, Lançamento nº 38

Débito:	2.1.5.01 Salário a Pagar
Crédito:	2.1.3.1.001 INSS a Pagar
Histórico:	R$ 2.284

Do Desconto do IRRF dos empregados, Lançamento n.º 39

Débito:	2.1.5.01 Salário a Pagar
Crédito:	2.1.3.2.001 IRRF a Pagar
Histórico:	R$ 4.003

Do pagamento líquido da folha de pagamento dos empregados, Lançamento n.º 40

Débito:	2.1.5.01 Salário a Pagar
Crédito:	1.1.1.02.001 Banco do Brasil
Histórico:	R$ 21.713

7.2 Adiantamentos de salários e 13º (décimo terceiro)

Os valores adiantados relativos ao 13º (décimo terceiro) salário serão deduzidos somente no pagamento da folha do 13º (décimo terceiro) salário, não podendo passar com saldo para o ano seguinte.

Caso isso venha a acontecer, será dado o mesmo tratamento do adiantamento de salário que passa para o mês seguinte, ou seja, será tributado pelo IRRF e pelo INSS.

A ABC Comércio Ltda., em 20/4/2009, fez adiantamento de 50% (cinquenta por cento) do 13º (décimo terceiro) salário, assim distribuído:

Nome	Valor
Francisco	1.500
Érika	6.000
Outros	10.000
Total	17.500

Quando a empresa tem um controle extracontábil e analítico, pode contabilizar em uma única conta: "Adiantamentos de Salários". No caso da ABC Comércio Ltda., que não tem esse controle, os lançamentos são os seguintes:

Do adiantamento 13º do Francisco, Lançamento n.º 41

Débito:	1.1.5.02.001 Francisco
Crédito:	1.1.1.02.001 Banco do Brasil
Histórico:	R$ 1.500

Do adiantamento 13º da Érika, Lançamento nº 42

Débito:	1.1.5.02.002 Érika
Crédito:	1.1.1.02.001 Banco do Brasil
Histórico:	R$ 6.000

Do adiantamento 13º dos outros, Lançamento nº 43

Débito:	1.1.5.02.003 (Será lançado em diversas contas)
Crédito:	1.1.1.02.001 Banco do Brasil
Histórico:	R$ 10.000

Os lançamentos de baixa serão feitos na contabilização da folha de pagamento do 13º (décimo terceiro) salário.

7.3 Adiantamentos a fornecedores

Esse grupo de contas registra os valores adiantados para fornecedores de mercadorias, matéria-prima, material secundário, material de embalagem, ou seja, adiantamentos referentes às compras destinadas ao estoque.

Os adiantamentos para fornecedores de bens para o imobilizado devem ser registrados no grupo imobilizado.

A empresa ABC Comércio Ltda. fez um adiantamento para o fornecedor Indústria ABC S.A. com os seguintes dados:

Descrição	
Data do adiantamento	20/4/2009
Valor do adiantamento	50.000
Data da entrega da mercadoria	30/4/2009
Valor da mercadoria	100.000
Data da liquidação da compra	4/5/2009

Como os créditos para as contribuições para o PIS e COFINS são calculados no mês da compra, independentemente do pagamento, a seguir estão demonstrados os valores dos créditos:

Contribuição	Base de cálculo	Alíquota	Valor do crédito
PIS	100.000	1,65%	1.650
COFINS	100.000	7,60%	7.600
Total		9,25%	9.250

Dos lançamentos

Do adiantamento ao Fornecedor JF Comércio Ltda., Lançamento n.º 44

```
Débito:    1.1.5.03.001  Adiant. Indústria ABC S.A.
Crédito:   1.1.1.02.001  Banco do Brasil
Histórico: R$ 50.000
```

Da compra das mercadorias, Lançamento n.º 45

```
Débito:    1.1.4.01   Mercadorias para revenda
Crédito:   2.1.1.001  Indústria ABC S.A.
Histórico: R$ 100.000
```

Do ICMS destacado na NF de compra, Lançamento n.º 46

```
Débito:    1.1.3.04  ICMS
Crédito:   1.1.4.01  Mercadorias para revenda
Histórico: R$ 17.000
```

Da baixa do adiantamento ao Fornecedor JF Comércio Ltda., Lançamento n.º 47

```
Débito:    2.1.1.001     Indústria ABC S.A.
Crédito:   1.1.5.03.001  Adiant. Indústria ABC S.A.
Histórico: R$ 50.000
```

Do crédito do PIS, Lançamento n.º 48

```
Débito:    1.1.3.02  PIS
Crédito:   1.1.4.01  Mercadorias para revenda
Histórico: R$ 1.650
```

Do crédito do COFINS, Lançamento n.º 49

Débito:	1.1.3.03 COFINS
Crédito:	1.1.4.01 Mercadorias para revenda
Histórico:	R$ 7.600

Do pagamento do saldo remanescente ao Fornecedor JF Comércio Ltda., Lançamento n.º 50

Débito:	2.1.1.001	Indústria ABC S.A.
Crédito:	1.1.1.02.001	Banco do Brasil
Histórico:	R$ 50.000	

7.4 Da provisão do IR e da CSLL

Como o patrimônio líquido foi reduzido em R$ 35.000 (trinta e cinco mil reais), conforme demonstração no item 7.7, será calculado e ajustado às provisões para IR e CSLL, somente para efeito de acompanhamentos, pois a empresa modelo fez a opção pelo lucro anual e o ajuste seria somente no final do período.

Demonstração do cálculo da provisão

OL = Onde localizar

DAA = Demonstração de apuração anterior

DAC = Demonstração apuração neste capítulo

DA = Demonstração acumulada

Descrição	Valor					
	OL	DAA	OL	DAC	OL	DA
Lucro bruto	4.9	101.775	7.7	(35.000)	7.7	66.775
CSLL 9%	4.6	9.160		(3.150)		6.010
IR 15%	4.6	15.266		(5.250)		10.016
Lucro líquido	4.9	77.349	7.7	(26.600)	7.7	50.749

Os lançamentos dos ajustes das provisões para IR e CSLL, como são uma redução, o lançamento será um estorno, ou seja, é inverso da provisão.

Da CSLL, Lançamento nº 51

Débito:	2.1.4.02 Provisão CSLL
Crédito:	4.3.1.01 Provisão p/ CSLL
Histórico:	R$ 3.150

Do IRPJ, Lançamento nº 52

Débito:	2.1.4.01 Provisão IR
Crédito:	4.3.2.01 Provisão IR
Histórico:	R$ 5.250

7.5 Do Razão das contas

O Razão das contas com lançamento neste capítulo é o seguinte:

RAZÃO CONTÁBIL

Empresa ABC Comércio Ltda.   Folha – 2

Conta Contábil: 1.1.1.02. 001 – Banco do Brasil

Data	Histórico	Nº Lança-mento	Débito	Crédito	Saldo	D/C
28/3/2009	Saldo anterior				333.200	D
12/3/2009	Vr. Adiant. salário	33		2.000	331.200	D
12/3/2009	Vr. Adiant. salário	34		10.000	321.200	D
30/4/2008	Vr. Pago salário	40		21.713	299.487	D
20/4/2009	Vr. Adiant. 13º salário	41		1.500	297.987	D
20/4/2009	Vr. Adiant. 13º salário	42		6.000	291.987	D
20/4/2009	Vr. Adiant. 13º salário	43		10.000	281.987	D
20/4/2009	Vr. Adiant. Fornecedores	44		50.000	231.987	D
4/5/2009	Vr. Pago fornecedor	50		50.000	181.987	D
				Saldo final >>	181.987	D

RAZÃO CONTÁBIL

Empresa ABC Comércio Ltda.

Folha – 5

Conta Contábil: 1.1.3.02 – PIS

Data	Histórico	Nº Lança-mento	Débito	Crédito	Saldo	D/C
22/1/2009	Saldo anterior				3.300	D
30/4/2009	Vr. Crédito PIS s/compras	48	1.650		4.950	D
				Saldo final >>	4.950	D

RAZÃO CONTÁBIL

Empresa ABC Comércio Ltda.

Folha – 6

Conta Contábil: 1.1.3.02 – COFINS

Data	Histórico	Nº Lança-mento	Débito	Crédito	Saldo	D/C
22/1/2009	Saldo anterior				15.200	D
30/4/2009	Vr. Crédito COFINS sobre compras	49	7.600		22.800	D
				Saldo final >>	22.800	D

RAZÃO CONTÁBIL

Empresa ABC Comércio Ltda.

Folha – 7

Conta Contábil: 1.1.3.04 – ICMS

Data	Histórico	Nº Lança-mento	Débito	Crédito	Saldo	D/C
22/1/2009	Saldo anterior				34.000	D
30/4/2009	Vr. Crédito sobre compra	46	17.000		51.000	D
				Saldo final >>	51.000	D

RAZÃO CONTÁBIL

Empresa ABC Comércio Ltda.
Folha – 8
Conta Contábil: 1.1.4.01 – Mercadorias para revenda

Data	Histórico	Nº Lança-mento	Débito	Crédito	Saldo	D/C
2/3/2009	Vr. Saldo anterior				0	
30/4/2009	Vr. Compra mercadoria	45	100.000		100.000	D
30/4/2009	Vr. Crédito ICMS s/compra	46		17.000	83.000	D
30/4/2009	Vr. Crédito PIS s/compra	48		1.650	81.350	D
30/4/2009	Vr. Crédito COFINS s/compra	49		7.600	73.750	D
				Saldo final >>	73.750	D

RAZÃO CONTÁBIL

Empresa ABC Comércio Ltda.
Folha – 7
Conta Contábil: 1.1.5.01 – 001 Francisco

Data	Histórico	Nº Lança-mento	Débito	Crédito	Saldo	D/C
12/3/2009	Vr. Adiant. salário	33	2.000		2.000	D
28/3/2009	Vr. Baixa adiant. salário	35		2.000	0	
				Saldo final >>	0	

RAZÃO CONTÁBIL

Empresa ABC Comércio Ltda.
Folha – 7
Conta Contábil: 1.1.5.01 – 002 Érika

Data	Histórico	Nº Lança-mento	Débito	Crédito	Saldo	D/C
12/3/2009	Vr. Adiant. salário	34	10.000		10.000	D
28/3/2009	Vr. Baixa adiant. salário	36		5.000	5.000	D
				Saldo final >>	5.000	D

RAZÃO CONTÁBIL

Empresa ABC Comércio Ltda.
Folha – 7
Conta Contábil: 1.1.5.02 – 001 Francisco

Data	Histórico	Nº Lança-mento	Débito	Crédito	Saldo	D/C
20/4/2009	Vr. Adiant. 13º salário	41	1.500		1.500	D
				Saldo final >>	1.500	D

RAZÃO CONTÁBIL

Empresa ABC Comércio Ltda.

Folha – 7

Conta Contábil: 1.1.5.02 – 002 Erika

Data	Histórico	Nº Lança-mento	Débito	Crédito	Saldo	D/C
20/4/2009	Vr. Adiant. 13º salário	42	6.000		6.000	D
				Saldo final >>	6.000	D

RAZÃO CONTÁBIL

Empresa ABC Comércio Ltda.

Folha – 7

Conta Contábil: 1.1.5.02 – 003 Diversos

Data	Histórico	Nº Lança-mento	Débito	Crédito	Saldo	D/C
20/4/2009	Vr. Adiant. 13º salário	43	10.000		10.000	D
				Saldo final >>	10.000	D

RAZÃO CONTÁBIL

Empresa ABC Comércio Ltda.

Folha – 7

Conta Contábil: 1.1.5.03. 001 – Indústria ABC S.A. Comércio Ltda.

Data	Histórico	Nº Lança-mento	Débito	Crédito	Saldo	D/C
20/4/2009	Vr. Adiant. a fornecedor	44	50.000		50.000	D
30/4/2009	Vr. Baixa adiant. fornecedor	47		50.000	0	
				Saldo final >>	0	

RAZÃO CONTÁBIL

Empresa ABC Comércio Ltda.

Folha – 10

Conta Contábil: 2.1.1.001 – Indústria ABC S.A.

Data	Histórico	Nº Lança-mento	Débito	Crédito	Saldo	D/C
30/4/2009	Vr. Compra de mercadoria	45		100.000	100.000	C
30/4/2009	Vr. Baixa adiant. a fornec.	47	50.000		50.000	C
4/5/2009	Vr. Pago a fornecedor	50	50.000		0	
				Saldo final >>	0	

Adiantamentos **135**

RAZÃO CONTÁBIL

Empresa ABC Comércio Ltda.   Folha – 11

Conta Contábil: 2.1.3.2.001 – INSS a Pagar

Data	Histórico	Nº Lança-mento	Débito	Crédito	Saldo	D/C
30/4/2009	Vr. INSS sobre salário	38		2.284	2.284	C
				Saldo final >>	2.284	C

RAZÃO CONTÁBIL

Empresa ABC Comércio Ltda.   Folha – 11

Conta Contábil: 2.1.3.2.001 – IRRF a Pagar

Data	Histórico	Nº Lança-mento	Débito	Crédito	Saldo	D/C
30/4/2009	Vr. IRRF sobre salário	39		4.003	4.003	C
				Saldo final >>	4.003	C

RAZÃO CONTÁBIL

Empresa ABC Comércio Ltda.   Folha – 13

Conta Contábil: 2.1.4.01 – Provisão IR

Data	Histórico	Nº Lança-mento	Débito	Crédito	Saldo	D/C
28/3/2009	Vr. Saldo anterior				15.266	C
30/4/2009	Vr. Reversão provisão	52	5.250		10.016	C
				Saldo final >>	10.016	C

RAZÃO CONTÁBIL

Empresa ABC Comércio Ltda.   Folha – 14

Conta Contábil: 2.1.4.02 – Provisão CSLL

Data	Histórico	Nº Lança-mento	Débito	Crédito	Saldo	D/C
28/3/2009	Vr. Saldo anterior				9.160	C
30/4/2009	Vr. Reversão de provisão	51	3.150		6.010	C
				Saldo final >>	6.010	C

RAZÃO CONTÁBIL

Empresa ABC Comércio Ltda.   Folha – 14

Conta Contábil: 2.1.5.01 – Salário a pagar

Data	Histórico	Nº Lança- mento	Débito	Crédito	Saldo	D/C
30/4/2009	Vr. Provisão salário	37		35.000	35.000	C
30/4/2009	Vr. IRRF sobre salário	39	4.003		30.997	C
30/4/2009	Vr. INSS sobre salário	38	2.284		28.713	C
30/4/2009	Vr. Desc. Adiant. salário	35	2.000		26.713	C
30/4/2009	Vr. Desc. Adiant. salário	36	5.000		21.713	C
30/4/2009	Vr. Pago salário	40	21.713		0	C
				Saldo final >>	0	C

RAZÃO CONTÁBIL

Empresa ABC Comércio Ltda.   Folha – 23

Conta Contábil: 4.2.2.1.01 – Salário

Data	Histórico	Nº Lança- mento	Débito	Crédito	Saldo	D/C
30/4/2009	Vr. Provisão salário	37	35.000		35.000	D
				Saldo final >>	35.000	D

RAZÃO CONTÁBIL

Empresa ABC Comércio Ltda.   Folha – 24

Conta Contábil: 4.3.1.01 – Provisão CSLL

Data	Histórico	Nº Lança- mento	Débito	Crédito	Saldo	D/C
28/3/2009	Vr. Saldo anterior				9.160	D
30/4/2009	Vr. Reversão de provisão	51		3.150	6.010	D
				Saldo final >>	6.010	D

RAZÃO CONTÁBIL						
Empresa ABC Comércio Ltda.				Folha – 25		
Conta Contábil: 4.3.1.02 – Provisão IRPJ						
Data	Histórico	Nº Lança-mento	Débito	Crédito	Saldo	D/C
28/3/2009	Vr. Saldo anterior				15.266	D
30/4/2009	Vr. Reversão de provisão	52		5.250	10.016	D
				Saldo final >>	10.016	D

7.6 A nova posição patrimonial

	Posição anterior em real	Variação em real	Posição atual em real
Ativo			
Circulante	388.400	(28.713)	359.687
Caixa	200	0	200
Bancos c/movimento	333.200	(151.213)	181.987
Impostos a recuperar	55.000	26.250	81.250
IRRF	2.500	0	2.500
PIS	3.300	1.650	4.950
COFINS	15.200	7.600	22.800
ICMS	34.000	17.000	51.000
Estoques	0	73.750	73.750
Mercadorias	0	73.750	73.750
Adiantamentos	0	22.500	22.500
13º Salário	0	22.500	22.500
Ativo não circulante	250.000	0	250.000
Imobilizado	250.000	0	250.000
Edificações	250.000	0	250.000
Total do ativo	638.400	(28.713)	609.687
Passivo			
Circulante	111.051	(2.113)	108.938
Obrigações sociais	0	2.284	2.284
INSS	0	2.284	2.284

	Posição anterior em real	Variação em real	Posição atual em real
Obrigações tributárias	111.051	(4.397)	106.654
IRRF	0	4.003	4.003
PIS	5.445	0	5.445
COFINS	25.080	0	25.080
ICMS	56.100	0	56.100
Provisão CSLL	9.160	(3.150)	6.010
Provisão IRPJ	15.266	(5.250)	10.016
Passivo não circulante	250.000	0	250.000
Empréstimo de sócio	250.000	0	250.000
Patrimônio Líquido	277.349	(26.600)	250.749
Capital social	200.000	0	200.000
Subscrito	1.000.000	0	1.000.000
(–) A integralizar	(800.000)	0	(800.000)
Resultado do período	77.349	(26.600)	50.749
Total do passivo	638.400	(28.713)	609.687

7.7 Demonstração de resultado

Demonstração do resultado apurado até essa conta, ou seja, variação do Patrimônio Líquido, relativa a lançamentos contábeis que podem ter incidência de tributação.

Descrição dos fatos	Posição anterior	Variação	Posição atual
Vendas de mercadorias	330.000	0	330.000
(–) ICMS	(56.100)	0	(56.100)
(–) PIS	(5.445)	0	(5.445)
(–) COFINS	(25.080)	0	(25.080)
Receita líquida	243.375	0	243.375
Custo da Mercadoria vendida	(147.500)	0	(147.500)
Lucro bruto	95.875	0	95.875
Despesas de salário	0	(35.000)	(35.000)
Despesas Financeiras	(4.100)	0	(4.100)
Receitas Financeiras	10.000	0	10.000
Lucro antes do IR e CSLL	101.775	(35.000)	66.775
CSLL (9%)	(9.160)	3.150	(6.010)
IRPJ (15%)	(15.266)	5.250	(10.016)
Lucro líquido	77.349	(26.600)	50.749

7.8 Demonstrativo dos custos tributários

Os custos tributários da operação até aqui compensados com os valores dos créditos correspondentes à baixa do estoque são de R$ 50.151 (cinquenta mil, cento e cinquenta e um reais), demonstrados, para uma melhor visualização:

Descrição dos fatos	Valor		
	Posição anterior	Variação	Posição atual
(A) Tributos s/vendas	86.625	–	86.625
ICMS	56.100	–	56.100
PIS	5.445	–	5.445
COFINS	25.080	–	25.080
(B) Tributos s/Resultado	24.426	(8.400)	16.026
CSLL	9.160	(3.150)	6.010
IRPJ	15.266	(5.250)	10.016
(C) Créditos s/vendas	52.500	–	52.500
ICMS R$ 34.000	34.000	–	34.000
PIS R$ 3.300	3.300	–	3.300
COFINS R$ 15.200	15.200	–	15.200
(D) Custo líquido (A + B – C)	58.551	(8.400)	50.151

7.9 Resumo e efeito dos lançamentos com relação às contas de adiantamento

(P)   Permutativo

(MA) Modificativo aumentativo

(MD) Modificativo diminutivo

Nº Lanç.	Fato contábil			Valor do lançamento	
	P	MA	MD		
33	X			2.000	
34	X			10.000	
35	X			2.000	
36	X			5.000	
37			X		(35.000)
38	X			3.250	
39	X			3.737,46	

Nº Lanç.	Fato contábil			Valor do lançamento	
	P	MA	MD		
40	X			21.012,54	
41	X			1.500	
42	X			6.000	
43	X			10.000	
44	X			50.000	
45	X			100.000	
46	X			17.000	
47	X			50.000	
48	X			1.650	
49	X			7.600	
50	X			50.000	
51		X			3.150
52		X			5.250
Resultado dos lançamentos do disponível					(26.600)

8

Despesas de Exercícios Seguintes

Os contribuintes que declaram com base no lucro real devem observar o princípio da competência, ou seja, reconhecer as receitas e as despesas no mês da ocorrência.

Ocorre que existem despesas que são contratadas para diversos períodos, tais como: (a) seguros; (b) juros referentes à operação financeira em que o valor creditado é o líquido, ou seja, o juro é pago antecipado (descontos de duplicatas); (c) outras despesas pagas que contribuíram para os resultados de diversos períodos.

Neste livro serão tomados como exemplos os seguros, sendo que as demais despesas pagas referentes a mais de um período de apuração do Imposto de Renda e Contribuição Social sobre o Lucro terão o mesmo tratamento.

8.1 Seguro

8.1.1 Comentários gerais

A empresa ABC Comércio Ltda. contratou um seguro em 5/5/2009 com as seguintes informações:

a) Valor do prêmio: R$ 1.200

b) Forma de pagamento: 2 parcelas de R$ 600 (uma entrada e outra parcela em 30 dias)

c) Vigência: 5/5/2009 a 5/5/2010

O primeiro procedimento é fazer a planilha do rateio da despesa, conforme a seguir:

Despesa por mês = R$ 1.200/12 = R$ 100

Mês	Valor	Mês	Valor
5/2009	100	11/2009	100
6/2009	100	12/2009	100
7/2009	100	1/2010	100
8/2009	100	2/2010	100
9/2009	100	3/2010	100
10/2009	100	4/2010	100

Mensalmente, é feito o lançamento das despesas no valor de R$ 100,00, mas, nesse caso, será um único lançamento referente à soma dos valores de 2009, para não ficar cansativo.

8.2 Dos lançamentos

Os lançamentos dessas operações são os seguintes:

Da contratação do seguro, Lançamento nº 53

Débito:	1.1.6.01 Seguro
Crédito:	2.1.7.01 Seguradora JB
Histórico:	R$ 1.200

Do pagamento da entrada, Lançamento nº 54

Débito:	2.1.7.01 Seguradora JB
Crédito:	1.1.1.02.001 Banco do Brasil
Histórico:	R$ 600

Do pagamento da segunda parcela, Lançamento nº 55

Débito:	2.1.7.01 Seguradora JB
Crédito:	1.1.1.02.001 Banco do Brasil
Histórico:	R$ 600

Da apropriação da despesa de seguro, Lançamento nº 56

Débito:	4.2.2.06 Despesa de Seguro
Crédito:	1.1.6.01 Seguro
Histórico:	R$ (8 × 100) 800

8.3 Da Provisão do IR e da CSLL

Como o patrimônio líquido foi reduzido em R$ 800 (oitocentos reais), conforme demonstração no item 8.6, serão calculadas e ajustadas as provisões para o IR e para a CSLL, somente para efeito de acompanhamento, pois a empresa modelo fez a opção pelo lucro anual e o ajuste seria somente no final do período.

Demonstração do cálculo da provisão

OL = Onde localizar

DAA = Demonstração de apuração anterior

DAC = Demonstração de apuração neste capítulo

DA = Demonstração acumulada

Descrição	Valor					
	OL	DAA	OL	DAC	OL	DA
Lucro bruto	7.7	66.775	4.7	(800)	8.5	65.975
CSLL 9%		6.010		(72)		5.938
IR 15%		10.016		(120)		9.896
Lucro líquido	7.7	50.749		(608)	8.5	50.141

Os lançamentos dos ajustes das provisões para IR e CSLL, como é uma redução dos tributos já provisionados, o lançamento é um estorno, ou seja, é inverso da provisão.

Da CSLL, Lançamento nº 57

Débito:	2.1.4.02 Provisão CSLL
Crédito:	4.3.1.01 Provisão p/ CSLL)
Histórico:	R$ 72

Do IRPJ, Lançamento nº 58

Débito:	2.1.4.01 Provisão IR
Crédito:	4.3.2.01 Provisão IR
Histórico:	R$ 120

8.4 Do Razão dos lançamentos contábeis neste capítulo

O Razão dos lançamentos deste capítulo tem as seguintes informações:

RAZÃO CONTÁBIL

Empresa ABC Comércio Ltda.   Folha – 2

Conta Contábil: 1.1.1.02. 001 – Banco do Brasil

Data	Histórico	Nº Lança-mento	Débito	Crédito	Saldo	D/C
4/5/2009	Saldo anterior				181.987	D
5/5/2009	Vr. Pago entrada seguro	54		600	181.387	D
5/6/2009	Vr. Pago seguro	55		600	180.787	D
				Saldo final >>	180.787	D

RAZÃO CONTÁBIL

Empresa ABC Comércio Ltda.   Folha – 7

Conta Contábil: 1.1.6.01 – Despesas de seguro

Data	Histórico	Nº Lança-mento	Débito	Crédito	Saldo	D/C
5/5/2009	Vr. Contrato seguro	53	1.200		1.200	D
5/5/2009	Vr. Apropriação da despesa	56		800	400	D
				Saldo final >>	400	D

Despesas de Exercícios Seguintes **145**

RAZÃO CONTÁBIL

Empresa ABC Comércio Ltda.   Folha – 13

Conta Contábil: 2.1.4.01 – Provisão IR

Data	Histórico	Nº Lança-mento	Débito	Crédito	Saldo	D/C
30/4/2009	Saldo anterior				10.016	C
5/5/2009	Vr. Reversão provisão	58	120		9.896	C
				Saldo final >>	9.896	C

RAZÃO CONTÁBIL

Empresa ABC Comércio Ltda.   Folha – 14

Conta Contábil: 2.1.4.02 – Provisão CSLL

Data	Histórico	Nº Lança-mento	Débito	Crédito	Saldo	D/C
30/04/2009	Vr. Saldo anterior				6.010	C
05/05/2009	Vr. Reversão de provisão	57	72		5.938	C
				Saldo final >>	5.938	C

RAZÃO CONTÁBIL

Empresa ABC Comércio Ltda.   Folha – 7

Conta Contábil: 2.1.7.01 – Seguradora JB

Data	Histórico	Nº Lança-mento	Débito	Crédito	Saldo	D/C
5/5/2009	Vr. Contrato de seguro	53		1.200	1.200	C
5/5/2009	Vr. Pago entrada seguro	54	600		600	C
5/6/2009	Vr. Pago parcela seguro	55	600		0	
				Saldo final >>	0	

RAZÃO CONTÁBIL

Empresa ABC Comércio Ltda.   Folha – 23

Conta Contábil: 4.2.2.06 – Despesa de seguro

Data	Histórico	Nº Lança-mento	Débito	Crédito	Saldo	D/C
5/5/2009	Vr. Apropriação da despesa	56	800		800	D
				Saldo final >>	800	D

RAZÃO CONTÁBIL

Empresa ABC Comércio Ltda.   Folha – 24

Conta Contábil: 4.3.1.01 Provisão CSLL

Data	Histórico	Nº Lança-mento	Débito	Crédito	Saldo	D/C
30/4/2009	Saldo anterior				6.010	C
5/5/2009	Vr. Reversão de provisão	57		72	5.938	C
				Saldo final >>	5.938	C

RAZÃO CONTÁBIL

Empresa ABC Comércio Ltda.   Folha – 25

Conta Contábil: 4.3.1.02 – Provisão IRPJ

Data	Histórico	Nº Lança-mento	Débito	Crédito	Saldo	D/C
30/4/2009	Saldo anterior				10.016	C
5/5/2009	Vr. Reversão provisão	58		120	9.896	C
				Saldo final >>	9.896	C

8.5 Posição patrimonial

	Posição anterior em real	Variação em real	Posição atual em real
Ativo			
Circulante	359.687	(800)	358.887
Caixa	200	0	200
Bancos c/movimento	181.987	(1.200)	180.787
Impostos a recuperar	81.250	0	81.250
IRRF	2.500	0	2.500
PIS	4.950	0	4.950
COFINS	22.800	0	22.800
ICMS	51.000	0	51.000
Estoques	73.750	0	73.750
Mercadorias	73.750	0	73.750

	Posição anterior em real	Variação em real	Posição atual em real
Adiantamentos	22.500	0	22.500
13º Salário	22.500	0	22.500
Despesas do Exercício Seguinte	0		400
Seguros	0		400
Ativo não circulante	250.000	0	250.000
Imobilizado	250.000	0	250.000
Edificações	250.000	0	250.000
Total do ativo	609.687	(800)	608.887
Passivo			
Circulante	108.938	(192)	108.746
Obrigações sociais	2.284	0	2.284
INSS	2.284	0	2.284
Obrigações tributárias	106.654	(192)	106.462
IRRF	4.003	0	4.003
PIS	5.445	0	5.445
COFINS	25.080	0	25.080
ICMS	56.100	0	56.100
Provisão CSLL	6.010	(72)	5.938
Provisão IRPJ	10.016	(120)	9.896
Passivo não circulante	250.000	0	250.000
Empréstimo de sócio	250.000	0	250.000
Patrimônio Líquido	250.749	(608)	250.141
Capital social	200.000	0	200.000
Subscrito	1.000.000	0	1.000.000
(–) A integralizar	(800.000)	0	(800.000)
Resultado do período	50.749	(608)	50.141
Total do passivo	609.687	(800)	608.887

8.6 Demonstração do resultado

Demonstração do resultado apurado até essa conta, ou seja, variação do Patrimônio Líquido, relativa a lançamentos contábeis que podem ter incidência de tributação.

Descrição dos fatos	Valor		
	Posição anterior	Variação	Posição atual
Vendas de mercadorias	330.000	0	330.000
(–) ICMS	(56.100)	0	(56.100)
(–) PIS	(5.445)	0	(5.445)
(–) COFINS	(25.080)	0	(25.080)
Receita líquida	243.375	0	243.375
Custo da Mercadoria vendida	(147.500)	0	(147.500)
Lucro bruto	95.875	0	95.875
Despesas de salário	(35.000)	0	(35.000)
Despesas de seguro	0	(800)	(800)
Despesas Financeiras	(4.100)	0	(4.100)
Receitas Financeiras	10.000	0	10.000
Lucro antes do IR e CSLL	66.775	(800)	65.975
CSLL (9%)	(6.010)	72	(5.938)
IRPJ (15%)	(10.016)	120	(9.896)
Lucro líquido	50.749	(608)	50.141

Demonstrativo dos Custos Tributários

Os custos tributários da operação até aqui compensados com os valores dos créditos correspondentes à baixa do estoque são de R$ 49.959,00 (quarenta e nove mil novecentos e cinquenta e nove reais), mas, para melhor fixar, serão a seguir demonstrados:

Descrição dos fatos	Valor		
	Posição anterior	Variação	Posição atual
(A) Tributos s/vendas	86.625	–	86.625
ICMS	56.100	–	56.100
PIS	5.445	–	5.445
COFINS	25.080	–	25.080
(B) Tributos s/Resultado	16.026	(192)	15.834
CSLL	6.010	(72)	5.938
IRPJ	10.016	(120)	9.896
(C) Créditos s/vendas	52.500	–	52.500
ICMS R$ 34.000	34.000	–	34.000
PIS R$ 3.300	3.300	–	3.300
COFINS R$ 15.200	15.200	–	15.200
(D) Custo líquido (A + B – C)	50.151	(192)	49.959

8.7 Resumo e efeito dos lançamentos com relação às despesas de exercícios seguintes

P) Permutativo

MA) Modificativo aumentativo

MD) Modificativo diminutivo

Nº Lanç.	Fato contábil			Valor do lançamento	
	P	MA	MD		
53	X			1.200	
54	X			600	
55	X			600	
56			X		(800)
57		X			72
58		x			120
Resultado dos lançamentos de despesas de exercício seguinte					(608)

9

Empréstimos a Coligadas

9.1 Comentários gerais

Neste capítulo serão tratados os contratos de mútuo entre pessoas ligadas, de modo que os comentários não serão relacionados à conta do ativo, como também não serão relacionados à conta do passivo.

Esse grupo de conta específico de empréstimos concedidos a pessoas ligadas através de contrato de mútuo, independentemente do prazo, deve ser registrado como não circulante.

Nas operações de contrato de mútuo, há incidência de IOF e poderá haver IRRF, conforme comentários a seguir.

9.2 Do IOF

Os empréstimos entre pessoas jurídicas ou jurídicas e físicas estão sujeitos ao IOF, sendo que a responsabilidade pelo recolhimento é da pessoa jurídica que concedeu o crédito e o vencimento é no terceiro dia útil da semana subsequente à ocorrência do fato gerador.

Essa exação fiscal foi instituída pela Lei nº 9.779/99, art. 13, transcrito a seguir de forma literal:

> Art. 13. As operações de crédito correspondentes a mútuo de recursos financeiros entre pessoas jurídicas ou entre pessoa jurídica e pessoa física sujeitam-se à incidência do IOF segundo as mesmas normas aplicáveis às operações de financiamento e empréstimos praticadas pelas instituições financeiras.

§ 1º Considera-se ocorrido o fato gerador do IOF, na hipótese deste artigo, na data da concessão do crédito.

§ 2º Responsável pela cobrança e recolhimento do IOF de que trata este artigo é a pessoa jurídica que conceder o crédito.

§ 3º O imposto cobrado na hipótese deste artigo deverá ser recolhido até o terceiro dia útil da semana subsequente à da ocorrência do fato gerador.

O cálculo do IOF depende de várias situações, tais como:

a) o valor total do crédito é conhecido;

b) o valor total não é ainda conhecido;

c) forma de pagamento, ou seja, é em uma ou mais parcelas;

d) prazo;

e) a alíquota será de 0,00137% ao dia quando o crédito for liberado para Pessoas Jurídicas optantes pelo Simples Nacional, em operações iguais ou inferiores a R$ 30.000,00, e 0,0041% ao dia para as demais situações, em todas as situações respeitado o limite máximo de 1,5% sobre o total da operação.

Quando o valor total do empréstimo é conhecido e for pago em uma única parcela, a base de cálculo será o valor liberado.

Quando o valor total do empréstimo for conhecido e for pago em mais de uma parcela, será calculado sobre o principal correspondente a cada uma das parcelas.

Exemplo de cálculo:

Descrição		
A – Valor do crédito	100.000	100.000
B – Nº de pagamento	1	2
C – Valor de cada parcela	100.000	50.000
D – Nº de dias 1ª parcela	280	280
E – Nº de dias 2ª parcela	–	560
F – Taxa diária	0,0041%	0,0041%
G – Taxa total 1ª parcela (D × F)	1,148%	1,148%
H – Taxa total 2ª parcela (E × F)[1]	–	1,50%
I – IOF 1ª parcela (C × G)	1.148	574
J – IOF 2ª parcela (C × H)	–	750
K – IOF total (I + J)	1.148	1.324

---

[1] A taxa de IOF de acordo com prazo seria (560 × 0,0041), ou seja 2,296%, mas foi calculado somente 1,5% em respeito ao limite máximo.

As alíquotas e condições aplicadas nesse caso estão de acordo com o Decreto nº 6.306/07, art. 7º, que tem a seguinte redação:

> Art. 7º A base de cálculo e respectiva alíquota reduzida do IOF são (Lei nº 8.894, de 1994, art. 1º, parágrafo único, e Lei nº 5.172, de 1966, art. 64, inciso I):
>
> I – na operação de empréstimo, sob qualquer modalidade, inclusive abertura de crédito:
>
> a) quando não ficar definido o valor do principal a ser utilizado pelo mutuário, inclusive por estar contratualmente prevista a reutilização do crédito, até o termo final da operação, a base de cálculo é o somatório dos saldos devedores diários apurado no último dia de cada mês, inclusive na prorrogação ou renovação:
>
> 1. mutuário pessoa jurídica: 0,0041%;
>
> 2. mutuário pessoa física: 0,0041%;
>
> b) quando ficar definido o valor do principal a ser utilizado pelo mutuário, à base de cálculo é o principal entregue ou colocado à sua disposição, ou quando previsto mais de um pagamento, o valor do principal de cada uma das parcelas:
>
> 1. mutuário pessoa jurídica: 0,0041% ao dia;
>
> 2. mutuário pessoa física: 0,0041% ao dia;
>
> II – na operação de desconto, inclusive na de alienação a empresas de *factoring* de direitos creditórios resultantes de vendas a prazo, a base de cálculo é o valor líquido obtido:
>
> a) mutuário pessoa jurídica: 0,0041% ao dia;
>
> b) mutuário pessoa física: 0,0041% ao dia;
>
> III – no adiantamento a depositante, a base de cálculo é o somatório dos saldos devedores diários, apurado no último dia de cada mês:
>
> a) mutuário pessoa jurídica: 0,0041%;
>
> b) mutuário pessoa física: 0,0041%;
>
> IV – nos empréstimos, inclusive sob a forma de financiamento, sujeitos à liberação de recursos em parcelas, ainda que o pagamento seja parcelado, a base de cálculo é o valor do principal de cada liberação:
>
> a) mutuário pessoa jurídica: 0,0041% ao dia.

Ainda sobre o IOF, a pessoa jurídica cedente do crédito, além da responsabilidade pelo cumprimento da obrigação principal e de cumprir algumas obrigações acessórias de retenção do IOF, fica obrigada à manutenção de informações sobre a operação. Assim determinam os arts. 41 e 42 do Decreto nº 6.306/07:

> Art. 41. As pessoas jurídicas que efetuarem operações sujeitas à incidência do IOF devem manter à disposição da fiscalização, pelo prazo prescricional, as seguintes informações:

I – relação diária das operações tributadas, com elementos identificadores da operação (beneficiário, espécie, valor e prazo) e o somatório diário do tributo;

II – relação diária das operações isentas ou tributadas à alíquota zero, com elementos identificadores da operação (beneficiário, espécie, valor e prazo);

III – relação mensal dos empréstimos em conta, inclusive excessos de limite, de prazo de até trezentos e sessenta e quatro dias, tributados com base no somatório dos saldos devedores diários, apurado no último dia de cada mês, contendo nome do beneficiário, somatório e valor do IOF cobrado;

IV – relação mensal dos adiantamentos a depositantes, contendo nome do devedor, valor e data de cada parcela tributada e valor do IOF cobrado;

V – relação mensal dos excessos de limite, relativos aos contratos com prazo igual ou superior a trezentos e sessenta e cinco dias ou com prazo indeterminado, contendo nome do mutuário, limite, valor dos excessos tributados e datas das ocorrências.

Parágrafo único. Além das exigências previstas nos incisos I e II, as seguradoras deverão manter arquivadas as informações que instruírem a cobrança bancária.

Art. 42. Serão efetuados de forma centralizada pelo estabelecimento-matriz da pessoa jurídica os recolhimentos do imposto, ressalvado o disposto nos §§ 2º e 3º do art. 40.

Parágrafo único. O estabelecimento-matriz deverá manter registros que segreguem as operações de cada estabelecimento cobrador e que permitam demonstrar, com clareza, cada recolhimento efetuado.

Além dos controles acima mencionados, a pessoa jurídica deve fazer os registros contábeis das retenções e recolhimentos do IOF.

A pessoa jurídica que realizar operações de mútuo e não cumprir com as obrigações acessórias estará sujeita a multa de acordo com o art. 53 do Decreto nº 6.306/07, que tem a seguinte redação:

Art. 53. O descumprimento das obrigações acessórias exigidas nos termos do art. 16 da Lei nº 9.779, de 1999, acarretará a aplicação das seguintes penalidades (Medida Provisória nº 2.158-35, de 2001, art. 57):

I – R$ 5.000,00 (cinco mil reais) por mês-calendário, relativamente às pessoas jurídicas que deixarem de fornecer, nos prazos estabelecidos, as informações ou esclarecimentos solicitados;

II – cinco por cento, não inferior a R$ 100,00 (cem reais), do valor das transações comerciais ou das operações financeiras, próprias da pessoa jurídica ou de terceiros em relação aos quais seja responsável tributário, no caso de informação omitida, inexata ou incompleta.

O dispositivo legal não faz diferença entre os tipos de operações de crédito com relação à aplicação das multas por descumprimento ou falha nas informações.

9.3 Dos encargos financeiros

Com o advento do art. 4º da Lei nº 9.249/95, deixou de existir a obrigatoriedade da incidência de encargos financeiros nos contratos de mútuo entre empresas coligadas.

O RIR/99 não contempla mais como hipótese de distribuição disfarçada de lucro o empréstimo em dinheiro, dessa forma, a ausência de encargos financeiros nos contratos de mútuo entre pessoas ligadas não gera qualquer contingência fiscal.

Com efeito, os contratos de mútuo entre pessoas ligadas, com a ausência de obrigação fiscal, normalmente não têm encargos financeiros, só que devem existir alguns cuidados, tais como:

a) repasse de empréstimos contraídos junto às instituições financeiras;

b) taxa máxima permitida pela legislação vigente.

É comum empresas de um determinado grupo fazerem empréstimo junto a instituições financeiras e repassarem parte ou o total dos recursos para outra(s) empresa(s) do grupo.

Quando ocorrer de uma empresa captar recursos junto à instituição financeira, os encargos financeiros a serem pactuados no contrato de mútuo têm que ser a taxa pelo menos igual à taxa de captação no mercado financeiro.

Caso a empresa que tenha captado recurso no mercado financeiro o repasse para outra empresa do grupo sem o ressarcimento total dos encargos financeiros, as despesas financeiras relativas a esse empréstimo serão indedutíveis da base de cálculo do IR e CSLL.

O termo *repassar* não significa que seja especificamente o mesmo recurso, ou seja, a empresa captou recursos no mercado e depois emprestou dinheiro para a outra sociedade ligada. A RFB entende que a tomadora do empréstimo junto à instituição financeira gerou uma despesa financeira sem necessidade.

A indedutibilidade das despesas financeiras é com base no art. 299:

> Art. 299. São operacionais as despesas não computadas nos custos, necessárias à atividade da empresa e à manutenção da respectiva fonte produtora (Lei nº 4.506, de 1964, art. 47).
>
> § 1º São necessárias as despesas pagas ou incorridas para a realização das transações ou operações exigidas pela atividade da empresa (Lei nº 4.506, de 1964, art. 47, § 1º).
>
> § 2º As despesas operacionais admitidas são as usuais ou normais no tipo de transações, operações ou atividades da empresa (Lei nº 4.506, de 1964, art. 47, § 2º).

§ 3º O disposto neste artigo aplica-se também às gratificações pagas aos empregados, seja qual for a designação que tiverem.

Analisando o dispositivo legal mencionado, a condição indispensável para que a despesa seja dedutível é que seja necessária à atividade operacional da empresa.

Assim, se a empresa faz um empréstimo gerando despesa e repassa o recurso para outra sociedade, é porque não estava necessitando do recurso. Dessa forma, gerou uma despesa não necessária à atividade operacional.

Nesse sentido manifestou-se o 1º Conselho de Contribuintes (Acórdão nº 103-9.507/89):

> *ENCARGOS FINANCEIROS DE EMPRÉSTIMO REPASSADO – Não são dedutíveis do lucro da repassadora os encargos financeiros atinentes às parcelas de empréstimos repassados, se a repassadora não exigir das recebedoras dos repasses o ressarcimento dos ônus na proporção dos capitais repartidos.*
>
> Dessa forma, a limitação imposta pelo artigo 406 do NCC deve ser observada em conjunto com os demais direitos e obrigações da pessoa jurídica. Em se tratando de um mútuo passivo, assim entendido como aquele em que a pessoa jurídica recebeu dinheiro e, consequentemente, assumiu a obrigação de restituí-lo ao credor, há que se observar as taxas de juros que a pessoa jurídica impõe em seus contratos ativos.
>
> Sendo ativo o mútuo, ou seja, se a pessoa jurídica emprestou dinheiro, tendo o direito de vê-lo restituído pelo devedor, devem ser observadas as taxas a que a pessoa jurídica encontra-se obrigada em seus contratos passivos.

Dessa forma, a pessoa jurídica que empresta recursos para pessoas ligadas sem ônus financeiros e tenha despesas financeiras fica com uma contingência sujeita a autuação fiscal.

Para um melhor entendimento, veja o quadro a seguir:

S1 = Situação 1

S2 = Situação 2

S3 = Situação 3

REC = Recurso emprestado a coligada

PRR = Percentual do recurso repassado

DFE = Despesa financeira com empréstimo

TDFC = Total da despesa financeira contabilizada

DFR = Despesa financeira repassada para coligada

RDC = Repasse de despesa correto

DI = Despesa indedutível da base do IR e CSLL

Descrição	S1 R$	S2 R$	S3 R$
A – Empréstimo captado	1.000.000	–	–
B – REC	800.000	1.000.000	500.000
C – PRR (B/A)	80%		
D – DFE	180.000	–	–
E – TDFC	200.000	–	20.000
F – DFR	100.000	–	–
G – RDC (C × D)	144.000	–	20.000
H – I (F – G)	44.000	–	20.000

Com a análise desse quadro, chega-se às seguintes conclusões:

a) o contrato de mútuo entre empresas coligadas, em que exista repasse de recurso captado no mercado, deve prever encargos financeiros pelo menos iguais aos juros pagos à instituição;

b) quando a empresa não tiver despesas financeiras, não existe qualquer penalidade, pelo fato de não existir no contrato de mútuo entre coligadas a cobrança de encargos financeiros;

c) quando a empresa empresta o dinheiro, mesmo que não tenha captação direta de empréstimo, mas tenha despesa financeira, deve repassar essa despesa.

Com efeito, os contratos de mútuo com cláusula de encargo financeiro, em que não seja repasse de empréstimo, devem observar os limites estabelecidos nos arts. 591 e 406 do Código Civil, que têm a seguinte redação:

> Art. 591. Destinando-se o mútuo a fins econômicos, presumem-se devidos juros, os quais, sob pena de redução, não poderão exceder a taxa a que se refere o art. 406, permitida a capitalização anual.

> Art. 406. Quando os juros moratórios não forem convencionados, ou o forem sem taxa estipulada, ou quando provierem de determinação da lei, serão fixados segundo a taxa que estiver em vigor para a mora do pagamento de impostos devidos à Fazenda Nacional.

Atualmente, a taxa em vigor para atualização dos tributos devidos à Fazenda Nacional pagos em atraso é a SELIC. Dessa forma, se não é repasse de encargos financeiros, o limite para a cobrança dos juros nos contratos de mútuo é a variação da SELIC.

A dedutibilidade das despesas financeiras relacionadas a contrato de mútuo entre pessoas ligadas é necessária para a existência de contrato devidamente assinado e registrado em cartório.

O registro em cartório pode ser substituído por outros atos legais, dentre os quais os lançamentos contábeis, de acordo com os preceitos legais.

> O item 5 do PN nº 10, de 13/9/85, da Receita Federal esclarece que somente na hipótese de existir, por ocasião do mútuo, contrato escrito devidamente comprovado, estipulado compensação financeira como ônus da tomadora, admitir-se-á seu reconhecimento na escrituração comercial da contratante.
>
> O Parecer diz, ainda, que o contrato poderá ser comprovado mediante sua inscrição no Registro de Título e Documentos; outrossim, os lançamentos contábeis da pessoa jurídica, efetuados de acordo com os preceitos legais e com discriminação das condições contratuais, também, constituem meios idôneos para comprovar o mútuo oneroso.[2]

A pessoa jurídica que empresta dinheiro a outra empresa, cobrando encargos financeiros, deve saber que essa remuneração é uma receita financeira, portanto, está sujeita à retenção de IR.

A retenção de IR nos pagamentos de rendimentos financeiros está regulamentada no art. 730 do RIR/99, que tem a seguinte redação:

> Art. 730. O disposto no artigo anterior aplica-se também (Lei nº 8.981, de 1995, art. 65, § 4º, e Lei nº 9.069, de 1995, art. 54):
>
> [...]
>
> III – aos rendimentos auferidos pela entrega de recursos a pessoa jurídica, sob qualquer forma e a qualquer título, independentemente de ser ou não a fonte pagadora instituição autorizada a funcionar pelo Banco Central do Brasil e em operações de empréstimos em ações;
>
> [...]

A base de cálculo do imposto é a diferença positiva entre o valor emprestado e o valor da liquidação.

9.4 Do IRRF

Os rendimentos de contrato de mútuo estão sujeitos à retenção do IR, de acordo com o inciso III do art. 730 do RIR/99, que tem a seguinte redação:

> Art. 730. O disposto no artigo anterior aplica-se também (Lei nº 8.981, de 1995, art. 65, § 4º, e Lei nº 9.069, de 1995, art. 54):
>
> I – [...]

---

[2] HIGUCHI, Hiromi; HIGUCHI, Fábio Hiroshi; HIGUCHI, Celso Hiroyuki. *Imposto de Renda das empresas*. 34. ed. São Paulo: IR Publicações, 2009. p. 591.

III – aos rendimentos auferidos pela entrega de recursos a pessoa jurídica, sob qualquer forma e a qualquer título, independentemente de ser ou não a fonte pagadora instituição autorizada a funcionar pelo Banco Central do Brasil e em operações de empréstimos em ações;

[...]

O dispositivo legal determina a tributação dos rendimentos de recurso entregue a pessoas jurídicas. Assim pode-se concluir que existe a retenção nas seguintes operações:

a) contrato de mútuo entre pessoas jurídicas;

b) contrato de mútuo entre pessoa jurídica e física, sendo que, nessa situação, somente quando o mutuário for a pessoa jurídica.

Dessa forma, os rendimentos de recursos entregues a pessoa jurídica, a qualquer título, têm a retenção do IR, nas mesmas condições e alíquotas das aplicações financeiras.

9.5 Prática

1. em 30/4/2009, a empresa ABC Comércio Ltda. recebeu R$ 800.000 de seus sócios, referentes à integralização de capital social.

2. em 2/5/2009, a empresa ABC Comércio Ltda. emprestou, em dinheiro, R$ 800.000 para a sociedade JB Indústria Ltda., cujos sócios são os mesmos da ABC, nas seguinte condições:

   i) valor do contrato de mútuo: R$ 800.000;

   ii) encargos financeiros: variação da SELIC;

   iii) vencimento: 1º/6/2009.

Com base nas informações acima, o cálculo do IOF é da seguinte forma:

Descrição	Valor
A – Valor liberado	800.000
B – Alíquota diária	0,0041%
C – Número de dia	30
D – IOF (A × B × C)	984
E – Vr. líquido liberado	799.016

3. Em 1º/6/2009, recebeu o valor emprestado, sendo que a variação da SELIC no período foi de 0,5%. Dessa forma, o juro será de acordo com o cálculo a seguir:

Descrição	Valor
A – Valor liberado	800.000
B – Variação da SELIC no período	0,5%
C – Juros (A × B)	4.000
D – Vr. atualizado (A + C)	804.000
E – IRRF (C × 22,5%)	900
F – Vr. líquido	803.100

Da contabilização

Do Recebimento da integralização de capital social, Lançamento nº 59

Débito: 1.1.1.02.001 Banco Brasil
Crédito: 2.3.1.02 Capital social a integralizar
Histórico: R$ 800.000

Da Liberação do contrato de mútuo, Lançamento nº 60

Débito: 1.2.1.01 JB Indústria Ltda.
Crédito: 1.1.1.02.001 Banco Brasil
Histórico: R$ 795.976

Do IOF retido, Lançamento nº 61

Débito: 1.2.1.01 JB Indústria Ltda.
Crédito: 2.1.3.2.005 IOF a pagar
Histórico: R$ 4.024

Do recolhimento do IOF retido, Lançamento nº 62

Débito: 2.1.3.2.005 IOF a pagar
Crédito: 1.1.1.02.001 Banco Brasil
Histórico: R$ 4.024

Da Liquidação do contrato de mútuo, Lançamento nº 63

Débito:	1.1.1.02.001 Banco Brasil
Crédito:	1.2.1.01 JB Indústria Ltda.
Histórico:	R$ 803.100

Dos rendimentos sobre o contrato de mútuo, Lançamento nº 64

Débito:	1.2.1.01 JB Indústria Ltda.
Crédito:	3.1.2.2.02 Juros
Histórico:	R$ 4.000

Dos rendimentos sobre o contrato de mútuo, Lançamento nº 65

Débito:	1.1.3.01 IRRF
Crédito:	1.2.1.01 JB Indústria Ltda.
Histórico:	R$ 900

9.6 Da provisão do IR e da CSLL

Como o patrimônio líquido aumentou em R$ 4.000 (quatro mil reais), conforme demonstração no item 9.7, serão calculadas e ajustadas as provisões para o IR e para a CSLL, somente para efeito de acompanhamento, pois a empresa modelo fez a opção pelo lucro anual e o ajuste seria somente no final do período.

Demonstração do cálculo da provisão

OL = Onde localizar

DAA = Demonstração de apuração anterior

DAC = Demonstração de apuração neste capítulo

DA = Demonstração acumulada

Descrição	Valor					
	OL	**DAA**	**OL**	**DAC**	**OL**	**DA**
Lucro bruto	**8.5**	65.975	**9.7**	4.000	**9.6**	69.975
CSLL 9%		5.938		360		6.298
IR 15%		9.896		600		10.496
Lucro líquido	**8.5**	50.141		3.040	**9.6**	53.181

Dos lançamentos dos ajustes das provisões para o IR e CSLL, como se trata de uma redução, o lançamento será um estorno, ou seja, será invertido da provisão.

Da CSLL, Lançamento nº 66

Débito:	4.3.1.01 Provisão P/ CSLL
Crédito:	2.1.4.02 Provisão CSLL
Histórico:	R$ 360

Do IRPJ, Lançamento nº 67

Débito:	4.3.2.01 Provisão IR
Crédito:	2.1.4.01 Provisão IR
Histórico:	R$ 600

9.7 Do Razão

Os lançamentos contábeis realizados neste capítulo estão demonstrados no Razão a seguir:

RAZÃO CONTÁBIL						
Empresa ABC Comércio Ltda.					Folha – 2	
Conta Contábil: 1.1.1.02. 001 – Banco do Brasil						
Data	Histórico	Nº Lança-mento	Débito	Crédito	Saldo	D/C
5/6/2009	Saldo anterior				180.787	D
30/4/2009	Vr. Integralização de capital	59	800.000		980.787	D
2/5/2009	Vr. Liberação mútuo	60		795.976	184.811	D
2/5/2009	Vr. Pago IOF	62		4.024	180.787	D
1º/6/2009	Vr. Liquidação mútuo	63	803.100		983.887	D
				Saldo final >>	983.887	D

RAZÃO CONTÁBIL

Empresa ABC Comércio Ltda.   Folha – 4

Conta Contábil: 1.1.3.01 – IRRF

Data	Histórico	Nº Lança-mento	Débito	Crédito	Saldo	D/C
28/1/2009	Saldo anterior				2.500	D
1º/6/2009	Vr. IRRF mútuo	65	900		3.400	D
				Saldo final >>	3.400	D

RAZÃO CONTÁBIL

Empresa ABC Comércio Ltda.   Folha – 7

Conta Contábil: 1.2.1.01 – JB Indústria Ltda.

Data	Histórico	Nº Lança-mento	Débito	Crédito	Saldo	D/C
2/5/2009	Vr. Liberação mútuo	60	799.016		799.016	D
2/5/2009	Vr. IOF retido	61	984		800.000	D
1º/6/2009	Vr. Liquidação mútuo	63		803.100	(3.100)	C
1º/6/2009	Vr. Rendimento mútuo	64	4.000		900	D
1º/6/2009	Vr. IRRF	65		900	0	
				Saldo final >>	0	

RAZÃO CONTÁBIL

Empresa ABC Comércio Ltda.   Folha – 12

Conta Contábil: 2.1.3.2.005 – IOF

Data	Histórico	Nº Lança-mento	Débito	Crédito	Saldo	D/C
1º/5/2009	Vr. IOF retido	61		4.024	4.024	C
1º/5/2009	Vr. Pago IOF	62	4.024		0	
				Saldo final >>	0	

Empréstimos a Coligadas **163**

RAZÃO CONTÁBIL

Empresa ABC Comércio Ltda. Folha – 13

Conta Contábil: 2.1.4.01 – Provisão IR

Data	Histórico	Nº Lança-mento	Débito	Crédito	Saldo	D/C
5/5/2009	Saldo anterior				9.896	C
1º/6/2009	Vr. Provisão IR	67		600	10.496	C
				Saldo final >>	10.496	C

RAZÃO CONTÁBIL

Empresa ABC Comércio Ltda. Folha – 14

Conta Contábil: 2.1.4.02 – Provisão CSLL

Data	Histórico	Nº Lança-mento	Débito	Crédito	Saldo	D/C
5/5/2009	Saldo anterior				5.938	C
1º/6/2009	Vr. Provisão CSLL	66		360	6.298	C
				Saldo final >>	6.298	C

RAZÃO CONTÁBIL

Empresa ABC Comércio Ltda. Folha – 17

Conta Contábil: 2.3.1.02 – Capital Social a integralizar

Data	Histórico	Nº Lança-mento	Débito	Crédito	Saldo	D/C
20/1/2009	Vr. Subscrição de capital	01	1.000.000		1.000.000	C
20/1/2009	Vr. Integralização de capital	02		200.000	800.000	C
30/4/2009	Vr. Integralização de capital	59		800.000	0	
				Saldo final >>	0	

RAZÃO CONTÁBIL

Empresa ABC Comércio Ltda. Folha – 22

Conta Contábil: 3.1.2.2.02 – Juros

Data	Histórico	Nº Lança-mento	Débito	Crédito	Saldo	D/C
1º/6/2009	Vr. Rendimentos mútuo	64		4.000	4.000	C
				Saldo final >>	4.000	C

RAZÃO CONTÁBIL						
Empresa ABC Comércio Ltda.					Folha – 24	
Conta Contábil: 4.3.1.01 – Provisão CSLL						
Data	Histórico	Nº Lança- mento	Débito	Crédito	Saldo	D/C
5/5/2009	Saldo anterior				5.938	D
1º/6/2009	Vr. Provisão CSLL	66	360		6.298	D
				Saldo final >>	6.298	D

RAZÃO CONTÁBIL						
Empresa ABC Comércio Ltda.					Folha – 25	
Conta Contábil: 4.3.1.02 – Provisão IRPJ						
Data	Histórico	Nº Lança- mento	Débito	Crédito	Saldo	D/C
5/5/2009	Saldo anterior				9.896	C
1º/6/2009	Vr. Provisão IR	67	600		10.496	C
				Saldo final >>	10.496	C

9.8 Posição patrimonial

	Posição anterior em real	Variação em real	Posição atual em real
Ativo			
Circulante	358.887	804.000	1.162.887
Caixa	200	0	200
Bancos c/movimento	180.787	803.100	983.887
Impostos a recuperar	81.250	900	82.150
IRRF	2.500	900	3.400
PIS	4.950	0	4.950
COFINS	22.800	0	22.800
ICMS	51.000	0	51.000
Estoques	73.750	0	73.750
Mercadorias	73.750	0	73.750

	Posição anterior em real	Variação em real	Posição atual em real
Adiantamentos	22.500	0	22.500
13º Salário	22.500	0	22.500
Despesas do Exercício Seguinte	400		400
Seguros	400		400
Ativo não circulante	250.000	0	250.000
Imobilizado	250.000	0	250.000
Edificações	250.000	0	250.000
Total do ativo	608.887	804.000	1.412.887
Passivo			
Circulante	108.746	960	109.706
Obrigações sociais	2.284	0	2.284
INSS	2.284	0	2.284
Obrigações tributárias	106.462	960	107.422
IRRF	4.003	0	4.003
PIS	5.445	0	5.445
COFINS	25.080	0	25.080
ICMS	56.100	0	56.100
Provisão CSLL	5.938	360	6.298
Provisão IRPJ	9.896	600	10.496
Passivo não circulante	250.000	0	250.000
Empréstimo de sócio	250.000	0	250.000
Patrimônio Líquido	250.141	803.040	1.053.181
Capital social	200.000	800.000	1.000.000
Subscrito	1.000.000	0	1.000.000
(–) A integralizar	(800.000)	800.000	0
Resultado do período	50.141	3.040	53.181
Total do passivo	608.887	804.000	1.412.887

9.9 Demonstração do resultado

Demonstração do resultado apurado até essa conta, ou seja, variação do Patrimônio Líquido, relativa a lançamentos contábeis que podem ter incidência de tributação.

		Valor	
Descrição dos fatos	Posição anterior	Variação	Posição atual
Vendas de mercadorias	330.000	0	330.000
(–) ICMS	(56.100)	0	(56.100)
(–) PIS	(5.445)	0	(5.445)
(–) COFINS	(25.080)	0	(25.080)
Receita líquida	243.375	0	243.375
Custo da Mercadoria vendida	(147.500)	0	(147.500)
Lucro bruto	95.875	0	95.875
Despesas de salário	(35.000)	0	(35.000)
Despesas de seguro	(800)	0	(800)
Despesas Financeiras	(4.100)	0	(4.100)
Receitas Financeiras	10.000	4.000	14.000
Lucro antes do IR e CSLL	65.975	4.000	69.975
CSLL (9%)	(5.938)	(360)	(6.298)
IRPJ (15%)	(9.896)	(600)	(10.496)
Lucro líquido	50.141	3.040	53.181

9.10 Demonstrativo dos custos tributários

Os custos tributários da operação até aqui compensados com os valores dos créditos correspondentes à baixa do estoque são de R$ 50.919,00 (cinquenta mil, novecentos e dezenove reais), mas, para melhor fixação, segue quadro demonstrativo:

Descrição dos fatos	Valor		
	Posição anterior	Variação	Posição atual
(A) Tributos s/vendas	**86.625**	–	**86.625**
ICMS	56.100	–	56.100
PIS	5.445	–	5.445
COFINS	25.080	–	25.080
(B) Tributos s/Resultado	**16.026**	960	**16.986**
CSLL	5.938	360	6.298
IRPJ	9.896	600	10.496
(C) Créditos s/vendas	**52.500**	–	**52.500**
ICMS R$ 34.000	34.000	–	34.000
PIS R$ 3.300	3.300	–	3.300
COFINS R$ 15.200	15.200	–	15.200
(D) Custo líquido (A + B – C)	**49.959**	960	**50.919**

9.11 Resumo e efeito dos lançamentos com relação aos empréstimos a coligadas

(P)   Permutativo
(MA) Modificativo aumentativo
(MD) Modificativo diminutivo

Nº Lanç.	Fato contábil			Valor do lançamento	
	P	MA	MD		
59	X			800.000	
60	X			799.016	
61	X			984	
62	X			984	
63	X			803.100	
64		x			4.000
65	X			900	
66			X		(360)
67			X		(600)
Resultado dos lançamentos de despesas de exercício seguinte					3.040

10

Investimentos

10.1 Comentários gerais

Esse grupo de contas registra as aplicações de natureza permanente, que podem ser em participação societária ou em qualquer outro tipo de investimento que não esteja ligado à operacionalização da sociedade, ainda podendo ser voluntária, incentivada.

Os investimentos podem ser avaliados pelo custo de aquisição e pelo método de equivalência patrimonial.

10.2 Investimentos avaliados pelo método de custo

O método de custo para avaliação dos investimentos é a contabilização pelo custo de aquisição dos investimentos em outras companhias, o que é feito quando a legislação não obriga ao método da equivalência patrimonial.

São avaliados pelo custo de aquisição todos os investimentos que não sejam em participação societária, como também aquele em ações ou quotas em empresas não coligadas.

Assim determinam os incisos III e IV do art. 183 da Lei nº 6.404/76:

> Art. 183. No balanço, os elementos do ativo serão avaliados segundo os seguintes critérios:
>
> I – [...]

III – os investimentos em participação no capital social de outras sociedades, ressalvado o disposto nos artigos 248 a 250, pelo custo de aquisição, deduzido de provisão para perdas prováveis na realização do seu valor, quando essa perda estiver comprovada como permanente, e que não será modificado em razão do recebimento, sem custo para a companhia, de ações ou quotas bonificadas;

IV – os demais investimentos, pelo custo de aquisição, deduzido de provisão para atender às perdas prováveis na realização do seu valor, ou para redução do custo de aquisição ao valor de mercado, quando este for inferior.

10.2.1 Dos dividendos

Neste item deve ser lembrado que os dividendos recebidos referentes a investimentos avaliados pelo método de custo de aquisição devem ser reconhecidos como receita.

As receitas de dividendos não serão tributadas pelo IR e CSLL; dessa forma, podem ser excluídas do resultado na apuração do lucro real e base de cálculo da CSLL.

Os dividendos recebidos em decorrência de participação societária até seis meses depois da aquisição do investimento avaliado pelo método do custo de aquisição serão considerados redução do custo de aquisição. Veja redação dos arts. 379 e 380 do RIR/99:

> Art. 379. Ressalvado o disposto no art. 380 e no § 1º do art. 388, os lucros e dividendos recebidos de outra pessoa jurídica integrarão o lucro operacional (Decreto-lei nº 1.598, de 1977, arts. 11 e 19, inciso II).
>
> § 1º Os rendimentos de que trata este artigo serão excluídos do lucro líquido, para efeito de determinar o lucro real, quando estiverem sujeitos à tributação nas firmas ou sociedades que os distribuíram (Decreto-lei nº 5.844, de 1943, art. 43, § 2º, alínea c, e Lei nº 3.470, de 1958, art. 70).
>
> § 2º O disposto no parágrafo anterior não se aplica aos lucros ou dividendos auferidos após a alienação ou liquidação de investimento avaliado pelo valor de patrimônio líquido, quando não tenham sido computados na determinação do ganho ou perda de capital.
>
> Art. 380. Os lucros ou dividendos recebidos pela pessoa jurídica, em decorrência de participação societária avaliada pelo custo de aquisição, adquirida até seis meses antes da data da respectiva percepção, serão registrados pelo contribuinte como diminuição do valor do custo e não influenciarão as contas de resultado (Decreto-lei nº 2.072, de 1983, art. 2º).

A empresa ABC Comércio Ltda. fez um investimento no Banco do Brasil com o seguinte histórico:

Data do investimento: 5/5/2009

Valor do investimento: R$ 2.000

Tipo do investimento: em ações do Banco do Brasil

Dividendos: em 20/9/2009 recebeu R$ 200

Em 30/12/2009 recebeu R$ 300

10.2.2 Dos lançamentos

Da aquisição das ações, Lançamento nº 68

Débito:	1.2.2.1.01.001 Banco do Brasil
Crédito:	1.1.1.02.001 Banco do Brasil
Histórico:	R$ 2.000

Dos dividendos recebidos no prazo inferior a seis meses após a aquisição das ações, Lançamento nº 69

Débito:	1.1.1.02.001 Banco do Brasil
Crédito:	1.2.2.1.01.001 Banco do Brasil
Histórico:	R$ 200

Dos dividendos recebidos após seis meses da aquisição das ações, Lançamento nº 70

Débito:	1.1.1.02.001 Banco do Brasil
Crédito:	3.1.2.3 Dividendos
Histórico:	R$ 300

10.3 Investimentos avaliados pelo método de equivalência patrimonial

O art. 248 da Lei nº 6.404/76 determinava que estavam sujeitos ao método da equivalência patrimonial os investimentos relevantes com relação ao patrimônio líquido da investidora, como também o art. 384.[1]

---

[1] "Art. 384. Serão avaliados pelo valor de patrimônio líquido os investimentos relevantes da pessoa jurídica (Lei nº 6.404, de 1976, art. 248, e Decreto-lei nº 1.598, de 1977, art. 67, inciso XI): I – em sociedades controladas; e II – em sociedades coligadas sobre cuja administração tenha in-

Com efeito, esse dispositivo legal foi alterado pela Lei nº 11.638/07, que passou a ter a seguinte redação:

> Art. 248. *No balanço patrimonial da companhia, os investimentos em coligadas sobre cuja administração tenha influência significativa, ou de que participe com 20% (vinte por cento) ou mais do capital votante, em controladas e em outras sociedades que façam parte de um mesmo grupo ou estejam sob controle comum serão avaliados pelo método da equivalência patrimonial, de acordo com as seguintes normas:*
>
> I – o valor do patrimônio líquido da coligada ou da controlada será determinado com base em balanço patrimonial ou balancete de verificação levantado, com observância das normas desta Lei, na mesma data, ou até 60 (sessenta) dias, no máximo, antes da data do balanço da companhia; no valor de patrimônio líquido não serão computados os resultados não realizados decorrentes de negócios com a companhia, ou com outras sociedades coligadas à companhia, ou por ela controladas;
>
> II – o valor do investimento será determinado mediante a aplicação, sobre o valor de patrimônio líquido referido no número anterior, da porcentagem de participação no capital da coligada ou controlada;
>
> III – a diferença entre o valor do investimento, de acordo com o número II, e o custo de aquisição corrigido monetariamente; somente será registrada como resultado do exercício:
>
> a) se decorrer de lucro ou prejuízo apurado na coligada ou controlada;
>
> b) se corresponder, comprovadamente, a ganhos ou perdas efetivos;
>
> c) no caso de companhia aberta, com observância das normas expedidas pela Comissão de Valores Mobiliários.
>
> § 1º Para efeito de determinar a relevância do investimento, nos casos deste artigo, serão computados como parte do custo de aquisição os saldos de créditos da companhia contra as coligadas e controladas.
>
> § 2º A sociedade coligada, sempre que solicitada pela companhia, deverá elaborar e fornecer o balanço ou balancete de verificação previsto no número I.

---

fluência, ou de que participe com vinte por cento ou mais do capital social. § 1º São coligadas as sociedades quando uma participa, com dez por cento ou mais, do capital da outra, sem controlá-la (Lei nº 6.404, de 1976, art. 243, § 1º). § 2º Considera-se controlada a sociedade na qual a controladora, diretamente ou através de outras controladas, é titular de direitos de sócio que lhe assegurem, de modo permanente, preponderância nas deliberações sociais e o poder de eleger a maioria dos administradores (Lei nº 6.404, de 1976, art. 243, § 2º). § 3º Considera-se relevante o investimento (Lei nº 6.404, de 1976, art. 247, parágrafo único): I – em cada sociedade coligada ou controlada, se o valor contábil é igual ou superior a dez por cento do valor do patrimônio líquido da pessoa jurídica investidora; II – no conjunto das sociedades coligadas e controladas, se o valor contábil é igual ou superior a quinze por cento do valor do patrimônio líquido da pessoa jurídica investidora."

A redação do *caput* do art. 248 é clara quando determina que estão sujeitas à avaliação pelo método de equivalência patrimonial as pessoas jurídicas que participem com 20% do capital votante de outra sociedade, independentemente de ser relevante o investimento.

A CVM já vinha determinando que estavam sujeitas aos critérios definidos no parágrafo anterior todas as empresas de capital aberto, ou seja, não sendo uma das condições a relevância para a obrigatoriedade de avaliação dos investimentos pelo método de equivalência patrimonial, sendo necessária apenas a participação em 20% do capital votante.

Mas agora as empresas de capital fechados estão obrigadas a avaliar seus investimentos permanentes pelo método de equivalência patrimonial, bastando apenas serem detentoras de 20% do capital votante ou que tenham influência significativa na administração.

Outra condição que obriga a avaliação dos investimentos pelo método de equivalência patrimonial é que as sociedades sejam coligadas. Como a lei não alterou o conceito de coligada, continua sendo a participação em pelo menos 10% do capital da investida desta.

Ocorre que a Lei nº 11.638/07 determinou a obrigatoriedade do método de equivalência patrimonial, mesmo que o percentual seja inferior a 10%, quando o controle for comum entre as empresas.

Assim, nos casos em que o controle acionário das empresas, tanto da investida como investidora, for comum, independentemente do percentual, como também não é necessário que a participação seja no capital votante, o método da equivalência patrimonial é obrigatório.

Dessa forma, o ponto de partida para saber se o investimento é obrigado a ser avaliado pelo método de equivalência patrimonial é verificar se é coligada, se participa com 20% do capital votante ou se o controle acionário é comum; caso contrário, não se deve seguir sequer com a análise dos outros quesitos.

Quadro resumo:

S1 = Situação 1

S2 = Situação 2

S3 = Situação 3

Atenção: O capital para fins de cálculo do percentual de participação deve ser com base na quantidade de quotas ou ações da sociedade e não sobre o valor do capital.

Descrição	S1	S2	S3
Capital da investida			
A – Votante	500	800	500
B – Não votante	500	200	500
C – Total (A + B)	1.000	1.000	1.000
Participação			
D – Votante	100	–	
E – Não votante	–	80	80
F – Total	100	80	80
Percentual da participação			
G – No capital votante	20%	–	–
H – No capital não votante	–	8%	8%
I – Total (G + H)	10%	8%	8%
Perguntas			
Controle das sociedades é comum?	NÃO	SIM	NÃO
São coligadas?	SIM	NÃO	NÃO
Obrigada a fazer equivalência?	SIM	SIM	NÃO

As respostas são as seguintes:

Resposta S1: Sim, porque é coligada e participa com 20% do capital votante.

Resposta S2: Sim, porque o controle acionário é comum.

Resposta S3: Não, pelos seguintes motivos:

- não são coligadas, ou seja, a participação no capital da investida é inferior a 10%;
- a participação no capital votante é inferior a 20% (não existe participação no capital votante);
- o controle da sociedade não é comum.

Existe outra condição em que a equivalência patrimonial é obrigatória, qual seja, a existência de influência significativa na administração.

A influência significativa está relacionada à dependência financeira, tecnológica, administrativa e a poderes para eleger os administradores.[2]

---

[2] IUDÍCIBUS, Sergio de; MARTINS, Eliseu; GELBCKE, Ernesto Rubens. *Manual de contabilidade das sociedades por ação*. Suplemento. São Paulo: Atlas, 2008. p. 13.

O valor do patrimônio líquido para fins de cálculo da equivalência patrimonial, de acordo com o inciso I do art. 248, será com base em balanço ou balancete da sociedade investida na data ou no máximo até 60 dias antes.

A equivalência patrimonial será calculada no balanço da investidora e o ajuste do investimento ao patrimônio líquido será registrado como aumento ou redução do investimento, portanto.

A contrapartida dos ajustes na conta de investimento será como receita ou despesa, mas não afetará a base de cálculo do IR e CSLL, pois na apuração do lucro real a receita será excluída e a despesa, adicionada.

Quando a empresa investidora que avalia o investimento pelo método da equivalência patrimonial recebe dividendos, estes não serão mais contabilizados como receita e sim como redução da conta de investimento. Assim determina o art. 388 do RIR/99:

> Art. 388. O valor do investimento na data do balanço (art. 387, I), deverá ser ajustado ao valor de patrimônio líquido determinado de acordo com o disposto no artigo anterior, mediante lançamento da diferença a débito ou a crédito da conta de investimento (Decreto-lei n° 1.598, de 1977, art. 22).
>
> § 1° Os lucros ou dividendos distribuídos pela coligada ou controlada deverão ser registrados pelo contribuinte como diminuição do valor de patrimônio líquido do investimento, e não influenciarão as contas de resultado (Decreto-lei n° 1.598, de 1977, art. 22, parágrafo único).
>
> § 2° Quando os rendimentos referidos no parágrafo anterior forem apurados em balanço da coligada ou controlada levantado em data posterior à da última avaliação a que se refere o artigo anterior, deverão ser creditados à conta de resultados da investidora e, ressalvado o disposto no § 2° do art. 379, não serão computados na determinação do lucro real.
>
> § 3° No caso do parágrafo anterior, se a avaliação subsequente for baseada em balanço ou balancete de data anterior à da distribuição, deverá o patrimônio líquido da coligada ou controlada ser ajustado, com a exclusão do valor total distribuído.

Conforme o § 1° do art. 388, os dividendos recebidos referentes aos investimentos avaliados pelo método de equivalência patrimonial não serão contabilizados como receita, e sim como redução da conta de investimento.

Ocorre que quando o dividendo pago for referente a lucros apurados em balanço levantado na investida, posterior à última avaliação na investidora, esse valor deve ser contabilizado como receita, mas será excluído ou adicionado da base de cálculo do IR e CSLL.

Excluído quando o lançamento for receita e adicionado quando for despesa.

10.3.1 Desmembramento

Quando a pessoa jurídica compra quotas ou ações de sociedade já existente e trata-se de investimento sujeito a avaliação pelo método da equivalência patrimonial, é necessário fazer a equivalência patrimonial inicial, com a finalidade de ajustar o investimento ao patrimônio líquido da investida na data da aplicação.

Na equivalência patrimonial inicial será apurado ganho (deságio) ou perda (ágio) na operação de compras das quotas ou ações. Os valores apurados não serão contabilizados como receitas na data da aquisição. Assim determina o art. 385 do RIR/99.

> Art. 385. O contribuinte que avaliar investimento em sociedade coligada ou controlada pelo valor de patrimônio líquido deverá, por ocasião da aquisição da participação, desdobrar o custo de aquisição em (Decreto-lei nº 1.598, de 1977, art. 20):
>
> I – valor de patrimônio líquido na época da aquisição, determinado de acordo com o disposto no artigo seguinte; e
>
> II – ágio ou deságio na aquisição, que será a diferença entre o custo de aquisição do investimento e o valor de que trata o inciso anterior.
>
> § 1º O valor de patrimônio líquido e o ágio ou deságio serão registrados em subcontas distintas do custo de aquisição do investimento (Decreto-lei nº 1.598, de 1977, art. 20, § 1º).
>
> § 2º O lançamento do ágio ou deságio deverá indicar, dentre os seguintes, seu fundamento econômico (Decreto-lei nº 1.598, de 1977, art. 20, § 2º):
>
> I – valor de mercado de bens do ativo da coligada ou controlada superior ou inferior ao custo registrado na sua contabilidade;
>
> II – valor de rentabilidade da coligada ou controlada, com base em previsão dos resultados nos exercícios futuros;
>
> III – fundo de comércio, intangíveis e outras razões econômicas.
>
> § 3º O lançamento com os fundamentos de que tratam os incisos I e II do parágrafo anterior deverá ser baseado em demonstração que o contribuinte arquivará como comprovante da escrituração (Decreto-lei nº 1.598, de 1977, art. 20, § 3º).

Assim, o deságio ou ágio apurado na equivalência patrimonial inicial será contabilizado no grupo de contas de investimento, conforme a seguir demonstrado:

No deságio

D – Investimento pela equivalência patrimonial deságio
C – Investimento pela equivalência patrimonial

No ágio

D – Investimento pela equivalência patrimonial C – Investimento pela equivalência patrimonial ágio

Dessa forma, o ágio ou deságio será contabilizado em subcontas distintas do custo de aquisição do investimento.

O patrimônio líquido para cálculo da equivalência patrimonial inicial será de acordo com o inciso I do art. 248 da Lei nº 6.404/76.

A amortização do ágio ou deságio será contabilizada como resultado da investidora, mas será excluída ou adicionada na apuração da base de cálculo do IR e CSLL.

Na prática

A empresa ABC Comércio Ltda., em 20/6/2009, fez os seguintes investimentos.

Comprou 200.000 ações da JB Indústria S.A. pelo valor de R$ 300.000, com as seguintes informações:

(QA) Quantidade de ações: 200.000

(VC) Valor da compra das ações: R$ 300.000

Informações da empresa investida: JB Indústria S.A.

(CI) Capital da investida: R$ 1.000.000

(TAC) Total de ações do capital: 1.000.000

(VPL) Valor do PL na data da compra das ações: R$ 2.000.000, assim demonstrado:

Capital social R$ 1.000.000

Reserva de lucros R$ 1.000.000

Total do PL R$ 2.000.000

Como a pessoa jurídica ABC está comprando ações de uma sociedade já existente, é necessário fazer a equivalência patrimonial inicial.

PRIMEIRO PASSO: Identificar o percentual de participação da investidora no capital da investida:

Percentual = (QA)/(TAC)

Percentual = 200.000/1.000.000

Percentual = 0,20 × 100 = 20%

SEGUNDO PASSO: Fazer o cálculo da equivalência inicial do investimento com relação ao patrimônio líquido da investida e percentual de participação:

Equivalência = (VPL) × PERCENTUAL

Equivalência = 2.000.000 × 20%

Equivalência = 400.000

TERCEIRO PASSO: Calcular o valor do ajuste:

Valor do ajuste = Equivalência − (VC)

Valor do ajuste = 400.000 − 300.000

Valor do ajuste deságio = 100.000

Como se pode observar, o valor pago pelas ações foi inferior à avaliação, de acordo com o patrimônio líquido da investida. Dessa forma, a operação foi com deságio.

Contabilização do evento da compra

Da aquisição das ações, Lançamento n.º 71

Débito:	1.2.2.1.02.001 JB Indústria S.A.
Crédito:	1.1.1.02.001 Banco do Brasil
Histórico:	Valor pago pelas ações R$ 300.000

Do dividendo recebido no prazo inferior a seis meses após a aquisição das ações, Lançamento n.º 72

Débito:	1.2.2.1.02.001 JB Indústria S.A.
Crédito:	1.2.2.1.02.002 Deságio investimento JB Indústria Ltda.
Histórico:	R$ 100.000

Dando continuidade ao exemplo, em 31/12/2009, a empresa ABC, no encerramento do balanço, solicitou as informações do patrimônio da JB Indústria S.A., que são as seguintes:

Informações da empresa investida: JB Indústria S.A.

(CI) Capital da investida: R$ 1.000.000

(TAC) Total de ações do capital: 1.000.000

(VPL) Valor do PL na data da compra das ações: R$ 2.500.000, assim demonstrado:

Capital social	R$ 1.000.000
Reserva de lucros	R$ 1.000.000
Lucro do período	R$ 500.000
Total do PL	**R$ 2.000.000**

Com essa informação, pode-se concluir que, após a compra das ações, o patrimônio líquido da investida aumentou em R$ 500.000, referente a lucro. Dessa forma, o (VPL) ficou em R$ 2.500.000.

Assim sendo, no encerramento do balanço, a equivalência patrimonial será calculada e contabilizada da seguinte forma:

PRIMEIRO PASSO: Identificar o percentual de participação da investidora no capital da investida:

Percentual = (QA)/(TAC)

Percentual = 200.000/1.000.000

Percentual = 0,20 × 100 = 20%

SEGUNDO PASSO: Fazer o cálculo da equivalência do investimento com relação ao patrimônio líquido da investida e percentual de participação:

Equivalência = (VPL) × PERCENTUAL

Equivalência = 2.500.000 × 20%

Equivalência = 500.000

TERCEIRO PASSO: Calcular o valor do ajuste:

Valor do ajuste = Equivalência – Valor investido

Valor do ajuste = 500.000 – 400.000

Valor do ajuste = 100.000

Contabilização do evento do ajuste

Do ajuste do investimento ao valor do patrimônio líquido da investida, em 31/12/2009, Lançamento nº 73

Débito:	1.2.2.1.02.001 JB Indústria S.A.
Crédito:	3.1.2.4 Ajuste de equivalência patrimonial
Histórico:	R$ 100.000

Ocorre que existem os ajustes referentes a aumento ou redução na participação do capital da sociedade investida, que antes da vigência da Lei nº 11.638/07, era contabilizado como receitas ou despesas, mas agora é considerado outras receitas operacionais.

Exemplo de perda no percentual de participação.

A empresa A tem 200.000 ações da empresa B, cujo capital total é de 1.000.000 de ações, que seria demonstrado assim:

Descrição	Quantidade	Valor
A – Capital da empresa B	1.000.000	1.000.000
B – Participação da empresa A	200.000	200.000
C – Percentual (B/A)	20%	
D – PL da investida		2.000.000
E – Investimento (D × C)		400.000

Após essa situação, um dos sócios da empresa B resolveu sair da sociedade por meio de uma redução de capital de 200.000 ações pelo valor de R$ 200.000, passando a ter a seguinte situação:

Descrição	Quantidade	Valor
A – Capital da empresa B	800.000	800.000
B – Participação da empresa A	200.000	200.000
C – Percentual (B/A)	25%	
D – PL da investida		1.800.000
E – Investimento (D × C)		450.000
F – Ajuste com a variação do percentual (450.000 – 400.000)		50.000

Como demonstrado, o percentual de 20% passou para 25%, e assim o valor do investimento aumentou em R$ 50.000.

Quando o resultado do ajuste da equivalência patrimonial for negativo, deve ser contabilizado somente até o valor do saldo na conta de investimento, ou seja, no caso de a empresa investida estar com o patrimônio negativo, apenas zera a conta de investimento.

O art. 16 da Instrução CVM 247, de 27 de março de 1996, com redação da Lei nº 11.638/07, continua no mesmo sentido, conforme a seguir:

Art. 16. [...]

Parágrafo único. Não obstante o disposto no art. 12, o resultado negativo de equivalência patrimonial terá como limite o valor contábil do investimento, que compreende o custo de aquisição mais a equivalência patrimonial, o ágio e o deságio não amortizados e a provisão para perdas. (NR)

Nos casos em que a pessoa jurídica absorve o patrimônio de outra sociedade na qual detenha participação adquirida com ágio ou deságio apurado através da equivalência patrimonial inicial, na incorporadora será contabilizado da seguinte forma:

I – deverá registrar o valor do ágio ou deságio, cujo fundamento é de que os bens da coligada ou controlada estavam registrados por valor inferior ao de mercado, será em contrapartida à conta que registre o bem ou direito que lhe deu causa.

Exemplo: Em 20/6/2009, a empresa A comprou 800.000 ações da empresa B, que tem a seguinte situação:

(QA) Quantidade de ações: 800.000

(VC) Valor da compra das ações: R$ 2.000.000

Informações da empresa investida: Empresa B

(CI) Capital da investida: R$ 1.000.000

(TAC) Total de ações do capital: 1.000.000

(VPL) Valor do PL na data da compra das ações: R$ 2.000.000, assim demonstrado:

Capital social R$ 1.000.000

Reserva de lucros R$ 1.000.000

Total do PL R$ 2.000.000

PRIMEIRO PASSO: Identificar o percentual de participação da investidora no capital da investida:

Percentual = (QA)/(TAC)

Percentual = 800.000/1.000.000

Percentual = 0,80 × 100 = 80%

SEGUNDO PASSO: Fazer o cálculo da equivalência inicial do investimento com relação ao patrimônio líquido da investida e percentual de participação:

Equivalência = (VPL) × PERCENTUAL

Equivalência = 2.000.000 × 80%

Equivalência = 1.600.000

TERCEIRO PASSO: Calcular o valor do ajuste:

Valor do ajuste = Equivalência – (VC)

Valor do ajuste = 1.600.000 – 2.000.000

Valor do ajuste deságio = 400.000

Como se pode observar, o valor pago pelas ações foi superior à avaliação, de acordo com o patrimônio líquido da investida. Dessa forma, a operação foi com ágio, e esse valor foi justificado em função de um imóvel que a empresa investida tinha, o qual, na contabilidade, estava inferior ao preço de mercado.

Com efeito, depois a empresa A incorporou a sociedade B, ou seja, absorveu seu patrimônio. Então, nesse caso, o valor do ágio será contabilizado incorporando-o ao valor do imóvel.

O leitor deve está questionando: E os outros acionistas que participavam com 20% na sociedade B, como ficam? A resposta é simples: eles passaram a participar da empresa A com a participação no patrimônio líquido da empresa incorporada.

A participação dos sócios detentores de 20% da sociedade B na empresa A será definida com base no acervo líquido apurado na sociedade incorporada, conforme demonstrado a seguir:

Descrição	
Acervo líquido apurado na empresa B	2.000.000
Percentual de participação	20%
Acervo líquido pertencente aos minoritários	400.000

O acervo líquido do minoritário será considerado aumento de capital na incorporadora, que passou a ter uma composição de capital diferente, conforme a seguir demonstrado:

Descrição	
Capital social anterior à incorporação	3.000.000
Aumento de capital com a incorporação	200.000
Capital social atual	3.200.000
Percentual de participação dos minoritários, agora na empresa A (200.000/3.200.000)	6,25%

A seguir serão demonstrados os lançamentos do exemplo citado da incorporação, considerando a seguinte composição do acervo líquido:

Descrição	
Bens e direitos	3.000.000
Obrigações	1.000.000
Acervo líquido da sociedade B	2.000.000
Menos: participação de A em B	(1.600.000)
Acervo líquido dos minoritários	400.000

Esses lançamentos não serão considerados na evolução do patrimônio da empresa ABC Comércio Ltda.

1. **Lançamentos da compra**

   1.1 **Valor pago**

   Débito: Investimento empresa B

   Crédito: Banco c/movimento

   Histórico: 2.000.000

   1.2 **Do ágio pago na aquisição do investimento**

   Débito: Ágio investimento empresa B

   Crédito: Investimento empresa B

   Histórico: 400.000

2. **Lançamento na incorporação**

   2.1 **Pelo patrimônio recebido correspondente ao investimento**

   Da baixa do investimento

   Débito: Conta transitória de incorporação

   Crédito: Investimento empresa B

   Histórico: 1.600.000

   Débito: Conta transitória de incorporação

   Crédito: Ágio investimento empresa B

   Histórico: 400.000

   Da entrada do acervo líquido na empresa A

   Débito: Conta transitória de incorporação

   Crédito: Obrigações assumidas (fazer o crédito em cada uma das contas de obrigações existentes na sociedade B)

   Histórico: 1.000.000

Débito: Conta transitória de incorporação

Crédito: Obrigações assumidas (fazer o crédito em cada uma das contas de obrigações existentes na sociedade B)

Histórico: 1.000.000

Do aumento de capital dos minoritários

Débito: Conta transitória de incorporação

Crédito: Capital social

Histórico: 400.000

Da incorporação do ágio ao imóvel que motivou o pagamento do mesmo

Débito: Ativo imobilizado

Crédito: Conta transitória de incorporação

Histórico: 400.000

Ainda com relação ao valor do ágio incorporado ao valor do bem pelos motivos comentados neste item, será considerado como custo dedutível do ganho de capital na alienação do referido bem, como também base de cálculo de depreciação, amortização e exaustão, conforme o caso.

II – deverá registrar o valor do ágio, cujo fundamento seja em função do fundo de comércio, intangível e outras razões econômicas. A contrapartida da conta será no ativo permanente, não sujeita à amortização;

III – Quando o ágio tenha sido motivado pelo valor da rentabilidade da coligada ou controlada, com base em previsão dos resultados nos exercícios futuros, a critério do contribuinte, poderá ser amortizado nos balanços correspondentes à apuração de lucro real, levantados posteriormente à incorporação, fusão ou cisão, à razão de um sessenta avos, no máximo, para cada mês do período de apuração;

IV – Com relação ao deságio, quando o deságio for motivado pelos motivos descritos no item III, o contribuinte é obrigado a amortizar o valor nos balanços correspondentes à apuração do lucro real, levantados durante os cinco anos-calendário subsequentes à incorporação, fusão ou cisão, à razão de um sessenta avos, no mínimo, para cada mês do período de apuração.

Quando ocorre de o bem não ser transferido para a incorporadora através da incorporação, cisão e fusão, será dado o mesmo tratamento descrito nos itens III e IV.

Nos casos de ágio motivado pelo fundo de comércio, poderá ser dado o seguinte tratamento:

I – o ágio em conta de ativo diferido para amortização à razão de um sessenta avos, no máximo, para cada mês do período de apuração;

II – o deságio em conta de receita diferida para amortização à razão de um sessenta avos, no mínimo, para cada mês do período de apuração;

III – será considerado custo de aquisição, para efeito de apuração de ganho ou perda de capital na alienação do direito que lhe deu causa ou na sua transferência para sócio ou acionista, na hipótese de devolução de capital;

IV – poderá ser deduzido como perda, no encerramento das atividades da empresa, se comprovada, nessa data, a inexistência do fundo de comércio ou do intangível que lhe deu causa.

Com efeito, nas hipóteses em que o contribuinte considerou o ágio pago pelo fundo de comércio como custo na apuração do ganho ou perda da alienação da participação, e posteriormente voltou a utilizá-lo economicamente no fundo de comércio, sujeitará a pessoa física ou jurídica usuária ao pagamento dos tributos ou contribuições que deixaram de ser pagos, acrescidos de juros de mora e multa, calculados de conformidade com a legislação vigente. Assim é o que determina o art. 386 do RIR/99:

Art. 386. A pessoa jurídica que absorver patrimônio de outra, em virtude de incorporação, fusão ou cisão, na qual detenha participação societária adquirida com ágio ou deságio, apurado segundo o disposto no artigo anterior (Lei nº 9.532, de 1997, art. 7º, e Lei nº 9.718, de 1998, art. 10):

I – deverá registrar o valor do ágio ou deságio cujo fundamento seja o de que trata o inciso I do § 2º do artigo anterior, em contrapartida à conta que registre o bem ou direito que lhe deu causa;

II – deverá registrar o valor do ágio cujo fundamento seja o de que trata o inciso III do § 2º do artigo anterior, em contrapartida a conta de ativo permanente, não sujeita a amortização;

III – poderá amortizar o valor do ágio cujo fundamento seja o de que trata o inciso II do § 2º do artigo anterior, nos balanços correspondentes à apuração de lucro real, levantados posteriormente à incorporação, fusão ou cisão, à razão de um sessenta avos, no máximo, para cada mês do período de apuração;

IV – deverá amortizar o valor do deságio cujo fundamento seja o de que trata o inciso II do § 2º do artigo anterior, nos balanços correspondentes à apuração do lucro real, levantados durante os cinco anos-calendário subsequentes à incorporação, fusão ou cisão, à razão de um sessenta avos, no mínimo, para cada mês do período de apuração.

§ 1º O valor registrado na forma do inciso I integrará o custo do bem ou direito para efeito de apuração de ganho ou perda de capital e de depreciação, amortização ou exaustão (Lei nº 9.532, de 1997, art. 7º, § 1º).

§ 2º Se o bem que deu causa ao ágio ou deságio não houver sido transferido, na hipótese de cisão, para o patrimônio da sucessora, esta deverá registrar (Lei nº 9.532, de 1997, art. 7º, § 2º):

I – o ágio em conta de ativo diferido, para amortização na forma prevista no inciso III;

Investimentos **185**

II – o deságio em conta de receita diferida, para amortização na forma prevista no inciso IV.

§ 3º O valor registrado na forma do inciso II (Lei nº 9.532, de 1997, art. 7º, § 3º):

I – será considerado custo de aquisição, para efeito de apuração de ganho ou perda de capital na alienação do direito que lhe deu causa ou na sua transferência para sócio ou acionista, na hipótese de devolução de capital;

II – poderá ser deduzido como perda, no encerramento das atividades da empresa, se comprovada, nessa data, a inexistência do fundo de comércio ou do intangível que lhe deu causa.

§ 4º Na hipótese do inciso II do parágrafo anterior, a posterior utilização econômica do fundo de comércio ou intangível sujeitará a pessoa física ou jurídica usuária ao pagamento dos tributos ou contribuições que deixaram de ser pagos, acrescidos de juros de mora e multa, calculados de conformidade com a legislação vigente (Lei nº 9.532, de 1997, art. 7º, § 4º).

§ 5º O valor que servir de base de cálculo dos tributos e contribuições a que se refere o parágrafo anterior poderá ser registrado em conta do ativo, como custo do direito (Lei nº 9.532, de 1997, art. 7º § 5º).

§ 6º O disposto neste artigo aplica-se, inclusive, quando (Lei nº 9.532, de 1997, art. 8º):

I – o investimento não for, obrigatoriamente, avaliado pelo valor do patrimônio líquido;

II – a empresa incorporada, fusionada ou cindida for aquela que detinha a propriedade da participação societária.

§ 7º Sem prejuízo do disposto nos incisos III e IV, a pessoa jurídica sucessora poderá classificar, no patrimônio líquido, alternativamente ao disposto no § 2º deste artigo, a conta que registrar o ágio ou deságio nele mencionado (Lei nº 9.718, de 1998, art. 11).

Voltando à história da empresa ABC Comércio Ltda., em 30/6/2009, constituiu sociedade Ceará S.A., com as seguintes informações:

Descrição	Quantidade	Valor
Composição do capital da sociedade constituída		
Outros	800.000	800.000
ABC Comércio Ltda.	200.000	200.000
Total	1.000.000	1.000.000

Como não foi uma aquisição de quotas ou ações de uma sociedade já existente, então não se pode falar em equivalência patrimonial inicial.

Em 31/12/2009, no encerramento do balanço, a empresa ABC Comércio Ltda. solicitou da administração da Ceará S.A. a posição do PL para fazer a equivalência patrimonial.

Informações da empresa investida: Ceará S.A.

Descrição	Valores
Capital social	1.000.000
Prejuízo do período	(200.000)
Total do PL	800.000

A composição do capital social da Ceará S.A. continua a mesma da constituição.

PRIMEIRO PASSO: Identificar o percentual de participação da investidora no capital da investida:

Percentual = 200.000/1.000.000

Percentual = 0,20 × 100 = 20%

SEGUNDO PASSO: Fazer o cálculo da equivalência do investimento com relação ao patrimônio líquido da investida e percentual de participação:

Equivalência = (VPL) × PERCENTUAL

Equivalência = 800.000 × 20%

Equivalência = 160.000

TERCEIRO PASSO: Calcular o valor do ajuste:

Valor do ajuste = Equivalência – Valor investido

Valor do ajuste = 160.000 – 200.000

Valor do ajuste = – 40.000

Contabilização dos eventos

Contabilização da compra

Da aquisição das ações, Lançamento nº 74

Débito:	1.2.2.1.02.003 Ceará S.A.
Crédito:	1.1.1.02.001 Banco do Brasil
Histórico:	Valor da integralização das ações R$ 200.000

Do ajuste do investimento ao valor do patrimônio líquido da investida, em 31/12/2009, Lançamento nº 75

Débito:	3.1.2.4 Ajuste de equivalência patrimonial
Crédito:	1.2.2.1.02.003 Ceará S.A.
Histórico:	R$ 40.000

10.3.2 Ajuste de equivalência patrimonial

Os lançamentos de ajuste nas contas de investimento referentes à equivalência patrimonial, seja ágio, deságio ou ajuste do investimento ao patrimônio líquido da investida, não têm incidência de Imposto de Renda nem de Contribuição Social sobre o Lucro Líquido.

A não influência da equivalência patrimonial na base de cálculo do IR e CSLL é fundamentada com base no art. 389 do RIR/99, que tem a seguinte redação:

> Art. 389. A contrapartida do ajuste de que trata o art. 388, por aumento ou redução no valor de patrimônio líquido do investimento, não será computada na determinação do lucro real (Decreto-lei nº 1.598, de 1977, art. 23, e Decreto-lei nº 1.648, de 1978, art. 1º, inciso IV).
>
> § 1º Não serão computadas na determinação do lucro real as contrapartidas de ajuste do valor do investimento ou da amortização do ágio ou deságio na aquisição de investimentos em sociedades estrangeiras coligadas ou controladas que não funcionem no País (Decreto-lei nº 1.598, de 1977, art. 23, parágrafo único, e Decreto-lei nº 1.648, de 1978, art. 1º, inciso IV).
>
> § 2º Os resultados da avaliação dos investimentos no exterior pelo método da equivalência patrimonial continuarão a ter o tratamento previsto nesta Subseção, sem prejuízo do disposto no art. 394 (Lei nº 9.249, de 1995, art. 25, § 6º).

Dessa forma, pode-se concluir que não tem reflexo fiscal?

A resposta é NÃO, com base nos argumentos a seguir.

Tem reflexo sim quando da alienação do investimento, pois o custo, para fins de cálculo do ganho ou perda de capital, é a soma algébrica do valor avaliado pelo patrimônio da investida menos o deságio mais ágio.

Para um melhor entendimento, veja o exemplo a seguir.

Exemplo: Uma pessoa jurídica comprou 200.000 quotas de outra sociedade pelo valor de R$ 200.000,00. Tempos depois, alienou o investimento por R$ 1.000.000. À época, as informações poderiam ser dadas conforme as seguintes situações:

S1 = Situação 1, com ajuste de equivalência patrimonial e ágio.

S2 = Situação 2, com ajuste de equivalência e deságio.

S3 = Situação 3, sem qualquer ajuste de equivalência.

Descrição	S1	S2	S3
Valor do investimento	1.000.000	1.000.000	200.000
Deságio	–	200.000	–
Ágio	100.000	–	–
Total dos custos para fins de ganho ou perda de capital	1.100.000	800.000	200.000
Valor da venda	1.000.000	1.000.000	1.000.000
Ganho ou perda	(100.000)	200.000	800.000

Nas situações 1 e 2 está sendo considerado que da data da aquisição do investimento até a alienação houve um acréscimo no patrimônio da investida, por essa razão, o investimento aumentou na mesma proporção.

Conforme sobejamente comentado, mesmo a pessoa jurídica não estando obrigada, é importante fazer a equivalência patrimonial.

Os lucros ou dividendos distribuídos pelas coligadas ou controladas não devem ser contabilizados como receita, e sim como redução do valor do investimento, conforme § 1º do art. 388 do RIR/99, que tem a seguinte redação:

> § 1º Os lucros ou dividendos distribuídos pela coligada ou controlada deverão ser registrados pelo contribuinte como diminuição do valor de patrimônio líquido do investimento, e não influenciarão as contas de resultado (Decreto-lei nº 1.598, de 1977, art. 22, parágrafo único).

Ocorre que quando os lucros ou dividendos distribuídos forem com base em balanço da coligada, posterior à última avaliação do investimento, deverão ser contabilizados como receitas. Veja o § 2º do art. 388 do RIR/99:

> § 2º Quando os rendimentos referidos no parágrafo anterior forem apurados em balanço da coligada ou controlada levantado em data posterior à da última avaliação a que se refere o artigo anterior, deverão ser creditados à conta de resultados da investidora e, ressalvado o disposto no § 2º do art. 379, não serão computados na determinação do lucro real.

Ainda sobre a distribuição de lucros ou dividendos, quando acontecer com base em balanço ou balancete da investida levantado em data posterior à última avaliação do investimento, deve ser contabilizado como receita, e na próxima avaliação dos investimentos, após os recebimentos desses rendimentos, deve ser ajustado o patrimônio líquido da coligada. Assim dispõe o § 3º do art. 388 do RIR/99:

§ 3º No caso do parágrafo anterior, se a avaliação subsequente for baseada em balanço ou balancete de data anterior à da distribuição, deverá o patrimônio líquido da coligada ou controlada ser ajustado, com a exclusão do valor total distribuído.

10.3.3 Provisão para perda

As provisões para perda em investimentos avaliados pelo método do custo de aquisição são mais comuns, tendo em vista que não vêm sendo ajustadas de acordo com o patrimônio líquido da investida.

Com relação aos investimentos avaliados pelo método de equivalência patrimonial, podem ocorrer por algum fato que influencie negativamente a situação patrimonial da sociedade investida e não estão contabilizados.

Consoante o inciso I da Lei nº 9.249/95, a partir de 1º/1/1997, qualquer provisão será adicionada ao resultado do exercício para fins de apuração do lucro real ou base de cálculo da CSLL, ou seja, será indedutível.

Para um melhor entendimento, observem-se o *caput* e o inciso I da Lei nº 9.249/95.

> Art. 13. Para efeito de apuração do lucro real e da base de cálculo da contribuição social sobre o lucro líquido, são vedadas as seguintes deduções, independentemente do disposto no art. 47 da Lei nº 4.506, de 30 de novembro de 1964:
>
> I – de qualquer provisão, exceto as constituídas para o pagamento de férias de empregados e de décimo-terceiro salário, a de que trata o art. 43 da Lei nº 8.981, de 20 de janeiro de 1995, com as alterações da Lei nº 9.065, de 20 de junho de 1995, e as provisões técnicas das companhias de seguro e de capitalização, bem como das entidades de previdência privada, cuja constituição é exigida pela legislação especial a elas aplicável; (Vide Lei 9.430, de 1996)
>
> II – das contraprestações de arrendamento mercantil e do aluguel de bens móveis ou imóveis, exceto quando relacionados intrinsecamente com a produção ou comercialização dos bens e serviços;
>
> III – de despesas de depreciação, amortização, manutenção, reparo, conservação, impostos, taxas, seguros e quaisquer outros gastos com bens móveis ou imóveis, exceto se intrinsecamente relacionados com a produção ou comercialização dos bens e serviços;
>
> IV – das despesas com alimentação de sócios, acionistas e administradores;
>
> V – das contribuições não compulsórias, exceto as destinadas a custear seguros e planos de saúde, e benefícios complementares assemelhados aos da previdência social, instituídos em favor dos empregados e dirigentes da pessoa jurídica;
>
> VI – das doações, exceto as referidas no § 2º;

VII – das despesas com brindes.

§ 1º Admitir-se-ão como dedutíveis as despesas com alimentação fornecida pela pessoa jurídica, indistintamente, a todos os seus empregados.

10.3.4 Da provisão para o IR e para a CSLL

Neste capítulo não será feita provisão para o IR e CSLL, apesar do aumento no patrimônio líquido no montante de R$ 60.300, mas essa receita não é tributada na pessoa jurídica investidora, pois os dividendos recebidos e os ajustes de equivalência patrimonial são referentes a lucros que já foram tributados na investida.

10.3.5 Do Razão

A seguir, os lançamentos no Razão realizados neste capítulo.

RAZÃO CONTÁBIL						
Empresa ABC Comércio Ltda.					Folha – 2	
Conta Contábil: 1.1.1.02. 001 – Banco do Brasil						
Data	Histórico	Nº Lança-mento	Débito	Crédito	Saldo	D/C
1º/6/2009	Vr. Saldo anterior				983.887	D
5/5/2009	Vr. Pago compra ações	68		2.000	981.887	D
20/9/2009	Vr. Recebido dividendos	69	200		982.087	D
30/12/2009	Vr. Recebido dividendos	70	300		982.387	D
20/6/2009	Vr. Pago compra ações	71		300.000	682.387	D
30/6/2009	Vr. Pago integralização	74		200.000	482.387	D
				Saldo final >>	482.387	D

RAZÃO CONTÁBIL						
Empresa ABC Comércio Ltda.					Folha – 9	
Conta Contábil: 1.2.2.1.01. 001 – Banco do Brasil						
Data	Histórico	Nº Lança-mento	Débito	Crédito	Saldo	D/C
5/5/2009	Vr. Pago compra de ações	68	2.000		2.000	D
20/9/2009	Vr. Recebido dividendos	69		200	1.800	D
				Saldo final >>	1.800	D

RAZÃO CONTÁBIL

Empresa ABC Comércio Ltda. — Folha – 9

Conta Contábil: 1.2.2.1.02. 001 – JB Indústria S.A.

Data	Histórico	Nº Lança-mento	Débito	Crédito	Saldo	D/C
30/6/2009	Vr. Pago compra de ações	71	300.000		300.000	D
30/6/2009	Vr. Deságio na compra	72	100.000		400.000	D
31/12/2009	Vr. Ajuste equivalência	73	100.000		500.000	D
				Saldo final >>	500.000	D

RAZÃO CONTÁBIL

Empresa ABC Comércio Ltda. — Folha – 9

Conta Contábil: 1.2.2.1.02. 002 – Deságio Investimento JB Indústria S.A.

Data	Histórico	Nº Lança-mento	Débito	Crédito	Saldo	D/C
30/6/2009	Vr. Deságio na compra	72		100.000	100.000	C
				Saldo final >>	100.000	C

RAZÃO CONTÁBIL

Empresa ABC Comércio Ltda. — Folha – 9

Conta Contábil: 1.2.2.1.02. 003 – Ceará S.A.

Data	Histórico	Nº Lança-mento	Débito	Crédito	Saldo	D/C
30/6/2009	Vr. Pago integralização	74	200.000		200.000	D
31/12/2009	Vr. Ajuste de equivalência	75		40.000	160.000	D
				Saldo final >>	160.000	D

RAZÃO CONTÁBIL

Empresa ABC Comércio Ltda. — Folha – 22

Conta Contábil: 3.1.2.3 – Receita de dividendos

Data	Histórico	Nº Lança-mento	Débito	Crédito	Saldo	D/C
30/12/2009	Vr. Recebido dividendos	70		300	300	C
				Saldo final >>	300	C

RAZÃO CONTÁBIL					
Empresa ABC Comércio Ltda.				Folha – 22	
Conta Contábil: 3.1.2.4 – Ajuste equivalência patrimonial					

Data	Histórico	Nº Lança-mento	Débito	Crédito	Saldo	D/C
31/12/2009	Vr. Ajuste equivalência	73		100.000	100.000	C
31/12/2009	Vr. Ajuste equivalência	75	40.000		60.000	C
				Saldo final >>	60.000	C

10.3.6 Posição patrimonial

	Posição anterior em real	Variação em real	Posição atual em real
Ativo			
Circulante	1.162.887	(501.500)	661.387
Caixa	200	0	200
Bancos c/movimento	983.887	(501.500)	482.387
Impostos a recuperar	82.150	0	82.150
IRRF	3.400	0	3.400
PIS	4.950	0	4.950
COFINS	22.800	0	22.800
ICMS	51.000	0	51.000
Estoques	73.750	0	73.750
Mercadorias	73.750	0	73.750
Adiantamentos	22.500	0	22.500
13º Salário	22.500	0	22.500
Despesas do Exercício Seguinte	400	0	400
Seguros	400	0	400
Ativo não circulante	250.000	561.800	811.800
Investimentos	0	561.800	561.800
Banco do Brasil	0	1.800	1.800
JB Industrial S/A	0	500.000	500.000
(–) Deságio		(100.000)	(100.000)
Ceará S.A.		160.000	160.000
Imobilizado	250.000	0	250.000
Edificações	250.000	0	250.000
Total do ativo	1.412.887	60.300	1.473.187

	Posição anterior em real	Variação em real	Posição atual em real
Passivo			
Circulante	109.706	0	109.706
Obrigações sociais	2.284	0	2.284
INSS	2.284	0	2.284
Obrigações tributárias	107.422	0	107.422
IRRF	4.003	0	4.003
PIS	5.445	0	5.445
COFINS	25.080	0	25.080
ICMS	56.100	0	56.100
Provisão CSLL	6.298	0	6.298
Provisão IRPJ	10.496	0	10.496
Passivo não circulante	250.000	0	250.000
Empréstimo de sócio	250.000	0	250.000
Patrimônio Líquido	1.053.181	60.300	1.113.481
Capital social	1.000.000	0	1.000.000
Subscrito	1.000.000	0	1.000.000
(–) A integralizar	0	0	0
Resultado do período	53.181	60.300	113.481
Total do passivo	1.412.887	60.300	1.473.187

10.3.7 Demonstração do resultado

Demonstração do resultado apurado até essa conta, ou seja, variação do Patrimônio Líquido, relativa a lançamentos contábeis que podem ter incidência de tributação.

Descrição dos fatos	Posição anterior	Valor Variação	Posição atual
Vendas de mercadorias	330.000	0	330.000
(–) ICMS	(56.100)	0	(56.100)
(–) PIS	(5.445)	0	(5.445)
(–) COFINS	(25.080)	0	(25.080)
Receita líquida	243.375	0	243.375
Custo da Mercadoria vendida	(147.500)	0	(147.500)
Lucro bruto	95.875	0	95.875
Despesas de salário	(35.000)	0	(35.000)
Despesas de seguro	(800)	0	(800)
Despesas Financeiras	(4.100)	0	(4.100)
Receitas Financeiras	14.000	0	14.000
Receitas de Dividendos	0	300	300
Ajuste de Equivalência	0	60.000	60.000
Lucro antes do IR e CSLL	69.975	60.300	130.275
CSLL (9%)	(6.298)	0	(6.298)
IRPJ (15%)	(10.496)	0	(10.496)
Lucro líquido	53.181	60.300	113.481

10.3.8 Demonstrativo dos custos tributários

Os custos tributários da operação até aqui compensados com os valores dos créditos correspondentes à baixa do estoque são de R$ 50.919 (cinquenta mil, novecentos e dezenove reais) mas, para melhor fixar, estão a seguir demonstrados:

Descrição dos fatos	Valor		
	Posição anterior	Variação	Posição atual
(A) Tributos s/vendas	**86.625**	–	**86.625**
ICMS	56.100	–	56.100
PIS	5.445	–	5.445
COFINS	25.080	–	25.080
(B) Tributos s/resultado	**16.794**	–	**16.794**
CSLL	6.298	–	6.298
IRPJ	10.496	–	10.496
(C) Créditos s/vendas	**52.500**	–	**52.500**
ICMS R$ 34.000	34.000	–	34.000
PIS R$ 3.300	3.300	–	3.300
COFINS R$ 15.200	15.200	–	15.200
(D) Custo líquido (A + B – C)	**50.919**	–	**50.919**

10.3.9 Resumo e efeito dos lançamentos com relação às Contas de Investimentos

(P) Permutativo

(MA) Modificativo aumentativo

(MD) Modificativo diminutivo

Nº Lanç.	Fato contábil			Valor do lançamento	
	P	MA	MD		
68	X			2.000	
69	X			200	
70		X			300
71	X			300.000	
72	X			100.000	
73		X			100.000
74	X			200.000	
75		X			(40.000)
Resultado dos lançamentos de despesas de exercício seguinte					60.300

11

Imobilizado

11.1 Comentários gerais

Esse grupo de contas registra o custo de aquisição ou construção de bens e direitos necessários à manutenção das atividades, os quais são caracterizados como bens tangíveis.

É considerado como custo de aquisição de bens e direitos do imobilizado o preço da nota fiscal emitida pelo fornecedor, acrescido de todos os custos necessários para os bens ficarem em pleno funcionamento, tais como: frete, seguro, todos os impostos pagos para desembaraço aduaneiro, gasto com montagem nos casos em que o bem precisa ser montado, despesas com transferência, ou seja, todos os gastos necessários para a posse definitiva e o bem em funcionamento.

O conceito de imobilizado, com relação à legislação do IR e CSLL, é custo de aquisição ou construção dos bens de natureza permanente, necessários à atividade operacional da pessoa jurídica, cujo valor seja superior a R$ 326,60 e cuja vida útil ultrapasse um ano, que não podem ser deduzidos como custos e despesas da base de cálculo dos referidos tributos. Veja o art. 301 do RIR/99:

> Art. 301. O custo de aquisição de bens do ativo permanente não poderá ser deduzido como despesa operacional, salvo se o bem adquirido tiver valor unitário não superior a trezentos e vinte e seis reais e sessenta e um centavos, ou prazo de vida útil que não ultrapasse um ano (Decreto-lei nº 1.598, de 1977, art. 15, Lei nº 8.218, de 1991, art. 20, Lei nº 8.383, de 1991, art. 3º, inciso II, e Lei nº 9.249, de 1995, art. 30).

§ 1º Nas aquisições de bens, cujo valor unitário esteja dentro do limite a que se refere este artigo, a exceção contida no mesmo não contempla a hipótese onde a atividade exercida exija utilização de um conjunto desses bens.

§ 2º Salvo disposições especiais, o custo dos bens adquiridos ou das melhorias realizadas, cuja vida útil ultrapasse o período de um ano, deverá ser ativado para ser depreciado ou amortizado (Lei nº 4.506, de 1964, art. 45, § 1º).

Como podemos observar no § 1º do referido Diploma Legal, não pode ser contabilizado diretamente como custos ou despesas quando a atividade exercida exija a utilização de um conjunto de bens em que a somatória dos custos de aquisição desses bens ultrapasse o limite.

Ocorre que os custos de aquisição ou construção de bens de natureza permanente poderão ser considerados como custos e despesas dedutíveis da base de cálculo do IR e CSLL, com os desgastes que serão reconhecidos através da depreciação, amortização ou exaustão, o que será tratado com mais detalhes no tópico seguinte.

As despesas de depreciação, amortização ou qualquer outro tipo de despesas com bens do imobilizado que não estejam intrinsecamente relacionados com a produção ou comercialização de bens e serviços não serão dedutíveis da base de cálculo do IR e CSLL. Assim determina o inciso III do art. 13 da Lei nº 9.249/95:

> Art. 13. Para efeito de apuração do lucro real e da base de cálculo da contribuição social sobre o lucro líquido, são vedadas as seguintes deduções, independentemente do disposto no art. 47 da Lei nº 4.506, de 30 de novembro de 1964:
>
> I – [...]
>
> III – de despesas de depreciação, amortização, manutenção, reparo, conservação, impostos, taxas, seguros e quaisquer outros gastos com bens móveis ou imóveis, exceto se intrinsecamente relacionados com a produção ou comercialização dos bens e serviços.

Quando os beneficiários forem seus administradores, diretores, gerentes ou terceiros, mas que sejam identificados, serão considerados como rendimentos indiretos, assim sujeitos a tributação pelo IRRF e INSS. Assim determina o inciso I do art. 622 do RIR/99:

> Art. 622. Integrarão a remuneração dos beneficiários (Lei nº 8.383, de 1991, art. 74):
>
> I – a contraprestação de arrendamento mercantil ou o aluguel ou, quando for o caso, os respectivos encargos de depreciação:
>
> a) de veículo utilizado no transporte de administradores, diretores, gerentes e seus assessores ou de terceiros em relação à pessoa jurídica;
>
> b) de imóvel cedido para uso de qualquer pessoa dentre as referidas na alínea precedente.

Dessa forma, quando o beneficiário é identificado e individualizado, essa despesa será dedutível da base de cálculo do IR e CSLL, conforme o § 3º do art. 358 do RIR/99. Veja a redação do art. 358:

> Art. 358. Integrarão a remuneração dos beneficiários (Lei nº 8.383, de 1991, art. 74):
>
> I – a contraprestação de arrendamento mercantil ou o aluguel ou, quando for o caso, os respectivos encargos de depreciação:
>
> a) de veículo utilizado no transporte de administradores, diretores, gerentes e seus assessores ou de terceiros em relação à pessoa jurídica;
>
> b) de imóvel cedido para uso de qualquer pessoa dentre as referidas na alínea precedente;
>
> [...]
>
> § 3º Os dispêndios de que trata este artigo terão o seguinte tratamento tributário na pessoa jurídica:
>
> I – quando pagos a beneficiários identificados e individualizados, poderão ser dedutíveis na apuração do lucro real;
>
> II – quando pagos a beneficiários não identificados ou beneficiários identificados e não individualizados (art. 304), são indedutíveis na apuração do lucro real, inclusive o imposto incidente na fonte de que trata o parágrafo anterior.

Dessa forma, existem tratamentos fiscais diferenciados para a contraprestação de arrendamento mercantil ou o aluguel ou, quando for o caso, os respectivos encargos de depreciação em que os beneficiários são identificados, passando assim a ser dedutível da base de cálculo do IR e CSLL.

Assim sendo, pode-se demonstrar o efeito na carga tributária da empresa nas duas situações, como também definir a linha de defesa em uma autuação fiscal. Veja o quadro comparativo:

Descrição		
A = Lucro da empresa antes da despesa	500.000	500.000
B = Depreciação de veículos utilizados pelos sócios	(100.000)	
C = Base cálculo do IR e CSLL	400.000	500.000
D = CSLL (D × 9%)	36.000	45.000
E = IR (D × 15%)	60.000	75.000
F = Adicional do IR (D – 240.000 × 10%)	16.000	26.000
G = INSS (C × 20%)	20.000	–
H = IRRF dos sócios (C × 27,5%)	27.500	–
I = Total dos tributos (E + F + G + H)	159.500	146.000
Diferença		13.500

Como demonstrado, para o contribuinte é menos oneroso considerar as despesas de contraprestação na utilização de bens da sociedade como não dedutíveis, ou seja, não identificar o beneficiário.

As principais contas do imobilizado são:

Terrenos: essa conta registra os custos de aquisição dos terrenos onde funciona a matriz, fábrica, filiais, escritórios, os quais devem estar sendo utilizados pela pessoa jurídica; caso contrário, será investimento.

Edificações: essa conta registra os custos de aquisição ou construção de prédios utilizados pela pessoa jurídica, tais como o terreno.

Instalações: essa conta registra os custos de aquisição e construção de equipamentos, materiais e custos de implantação, relativos a instalações hidráulicas, e quaisquer outros tipos de instalações que fazem parte dos prédios onde funcionam as unidades da pessoa jurídica. Embora estejam agregados à edificação, têm um prazo de vida útil inferior ao da edificação, de modo que devem ser contabilizados em conta específica de instalação, para fins de depreciação.

Máquinas e equipamentos: essa conta registra os custos de aquisição e construção do parque industrial, que é composto de máquinas, aparelhos e equipamentos utilizados diretamente no processo de produção de bens ou serviços.

Equipamentos de processamento de dados: essa conta registra os custos de aquisição com equipamentos de processamento de dados e periféricos.

Móveis e utensílios: essa conta registra os custos com aquisição dos móveis e utensílios que tenham vida útil superior a um ano.

Veículos: essa conta registra os custos de aquisição de todos os veículos da pessoa jurídica.

Ferramentas e peças de reposição: essa conta registra os custos de aquisição de ferramenta de uso da pessoa jurídica com vida útil inferior a um ano.

11.2 Manutenção

As compras de peças, máquinas e equipamentos de reposição de bens do ativo imobilizado, que tenham como finalidade manter o parque industrial em funcionamento, e que representem um aumento na vida útil do bem superior a um ano, devem ser classificadas no imobilizado, assim serão agregadas ao valor do bem. Assim determina o art. 346 do RIR/99:

Art. 346. Serão admitidas, como custo ou despesa operacional, as despesas com reparos e conservação de bens e instalações destinadas a mantê-los em condições eficientes de operação (Lei nº 4.506, de 1964, art. 48).

§ 1º Se dos reparos, da conservação ou da substituição de partes e peças resultar aumento da vida útil prevista no ato de aquisição do respectivo bem, as despesas correspondentes, quando aquele aumento for superior a um ano, deverão ser capitalizadas, a fim de servirem de base a depreciações futuras (Lei nº 4.506, de 1964, art. 48, parágrafo único).

§ 2º Os gastos incorridos com reparos, conservação ou substituição de partes e peças de bens do ativo imobilizado, de que resulte aumento da vida útil superior a um ano, deverão ser incorporados ao valor do bem, para fins de depreciação do novo valor contábil, no novo prazo de vida útil previsto para o bem recuperado, ou, alternativamente, a pessoa jurídica poderá:

I – aplicar o percentual de depreciação correspondente à parte não depreciada do bem sobre os custos de substituição das partes ou peças;

II – apurar a diferença entre o total dos custos de substituição e o valor determinado no inciso anterior;

III – escriturar o valor apurado no inciso I a débito das contas de resultado;

IV – escriturar o valor apurado no inciso II a débito da conta do ativo imobilizado que registra o bem, o qual terá seu novo valor contábil depreciado no novo prazo de vida útil previsto.

§ 3º Somente serão permitidas despesas com reparos e conservação de bens móveis e imóveis se intrinsecamente relacionados com a produção ou comercialização dos bens e serviços (Lei nº 9.249, de 1995, art. 13, inciso III).

Consoante o § 2º do art. 346, que regulamenta a depreciação do custo adicionado ao bem do imobilizado cuja vida útil foi aumentada, veja a seguir exemplo sobre depreciação de valores adicionados a bens que aumentaram a vida útil de bens do imobilizado.

Exemplo:

Histórico	Valor do bem	Depreciação acumulada
Bem adquirido em 1º/1/2000	100.000	
Custo das partes e peças substituídas em julho de 2006, com aumento de vida útil estimado em 2 anos	40.000	
Depreciação registrada até 30/6/2006 = 78 meses, à taxa de 10% a.a.	65%	65.000
Prazo restante para depreciação do bem na data da reforma – 42 meses, à taxa de 10% a.a.	35%	

Com a transferência do valor da depreciação acumulada para a conta do valor original do bem:

Novo valor contábil do bem = Valor residual + custo da reforma (35.000 + 40.000)	75.000
Novo prazo de vida útil (42 meses + 24 meses)	66 meses
Nova taxa de depreciação: (100%: 66 meses)	18,1818% ao ano ou 1,51515% ao mês

Sem a transferência do valor da depreciação acumulada para a conta do valor original do bem:

Novo valor do bem = Custo de aquisição anterior + custo da reforma (100.000 + 40.000)	140.000
Novo prazo de vida útil (42 meses + 24 meses)	66 meses
Nova taxa de depreciação: (75.000/140.000) × (100%/66 meses) Outra forma de cálculo: 75.000,00/66 meses = 1.136,36 (1.136,36/140.000) × 100 = 1,51515% ao mês	8,1169% ao ano ou 1,51515% ao mês, sobre o valor total, no caso, 140.000

11.3 Depreciação

A sociedade, ao final de cada período, apura o resultado contábil e fiscal. A depreciação é a despesa com relação ao desgaste dos bens do imobilizado, os quais devem ser reconhecidos de acordo com a vida útil de cada grupo de bens. Assim, as máquinas devem ser depreciadas em dez anos, portanto, a taxa de depreciação anual será de 10%. Assim, já existe definição das taxas para cada grupo.

O contribuinte tem que estar atento à depreciação para fins fiscais, pois existem muitos benefícios através da aceleração da depreciação. Atualmente, são vários, conforme a seguir comentado.

11.3.1 Das taxas

Quando se trata de depreciação com relação ao Imposto de Renda, é muito importante verificar as taxas autorizadas pela Receita Federal do Brasil, pois existem casos com taxas bem diferentes.

Para efeito de demonstrações contábeis, a Lei nº 11.638/07 introduziu a novidade de que periodicamente a sociedade deve fazer uma avaliação de se a taxa aplicada representa o real desgaste do bem, mas determina que essas alterações não terão efeitos fiscais.

Com efeito, os reflexos no cálculo dos tributos com as mudanças contábeis serão eliminados na elaboração do FCONT, declaração opcional para os anos de 2008 e 2009, embora, para os anos seguintes, seja obrigatória.

Dessa forma, como este trabalho é voltado para os aspectos tributários e fiscais, não serão tratadas as alterações feitas pela Lei nº 11.638/07.

Assim sendo, a aplicação da taxa de depreciação, conforme autorização, às vezes, faz diferença. Para tanto, a seguir foram extraídas do sítio da Receita Federal do Brasil algumas taxas, de acordo com a Instrução Normativa nº 162/98. Os casos a seguir mencionados são aqueles que chamam mais a atenção. Caso o leitor tenha interesse em saber de outros bens, deve consultar a Instrução Normativa mencionada.

Os prazos de vida útil admissíveis para fins de depreciação dos seguintes veículos automotores, adquiridos novos, foram fixados pela IN SRF nº 162, de 1998:

	Taxa anual	Anos de vida útil
Edifícios	4%	25
Máquinas e equipamentos	10%	10
Instalações	10%	10
Móveis e utensílios	10%	10
Veículos	20%	5
Computadores e periféricos	20%	5

A IN SRF nº 130/99 alterou a IN nº 162/98 para incluir um anexo específico referente aos bens, conforme a referência na NCM, fixando-lhes o prazo de vida útil e a taxa anual de depreciação, conforme a seguir:

Referência NCM	Bens	Prazo de vida útil (anos)	Taxa anual de depreciação
Capítulo 59	TECIDOS IMPREGNADOS, REVESTIDOS, RECOBERTOS OU ESTRATIFICADOS; ARTIGOS PARA USOS TÉCNICOS DE MATÉRIAS TÊXTEIS		
5910.00	CORREIAS TRANSPORTADORAS OU DE TRANSMISSÃO, DE MATÉRIAS TÊXTEIS, MESMO IMPREGNADAS, REVESTIDAS OU RECOBERTAS, DE PLÁSTICO, OU ESTRATIFICADAS COM PLÁSTICO OU REFORÇADAS COM METAL OU COM OUTRAS MATÉRIAS	2	50%

Referência NCM	Bens	Prazo de vida útil (anos)	Taxa anual de depreciação
8207	FERRAMENTAS INTERCAMBIÁVEIS PARA FERRAMENTAS MANUAIS, MESMO MECÂNICAS, OU PARA MÁQUINAS-FERRAMENTAS (POR EXEMPLO: DE EMBUTIR, ESTAMPAR, PUNCIONAR, ROSCAR, FURAR, MANDRILAR, BROCHAR, FRESAR, TORNEAR, APARAFUSAR), INCLUÍDAS AS FIEIRAS DE ESTIRAGEM OU DE EXTRUSÃO, PARA METAIS, E AS FERRAMENTAS DE PERFURAÇÃO OU DE SONDAGEM		
8207.30	FERRAMENTAS DE EMBUTIR, DE ESTAMPAR OU DE PUNCIONAR	5	20%
8483	ÁRVORES (VEIOS) DE TRANSMISSÃO INCLUÍDAS AS ÁRVORES DE EXCÊNTRICOS (CAMES) E VIRABREQUINS (CAMBOTAS) E MANIVELAS; MANCAIS (CHUMACEIRAS) E "BRONZES"; ENGRENAGENS E RODAS DE FRICÇÃO; EIXOS DE ESFERAS OU DE ROLETES; REDUTORES, MULTIPLICADORES, CAIXAS DE TRANSMISSÃO E VARIADORES DE VELOCIDADE, INCLUÍDOS OS CONVERSORES DE TORQUE (BINÁRIOS); VOLANTES E POLIAS, INCLUÍDAS AS POLIAS PARA CADERNAIS; EMBREAGENS E DISPOSITIVOS DE ACOPLAMENTO, INCLUÍDAS AS JUNTAS DE ARTICULAÇÃO		
8483.40	Caixas de transmissão, redutores, multiplicadores e variadores de velocidade, incluídos os conversores de torque (binários)	10	10%
8531	APARELHOS ELÉTRICOS DE SINALIZAÇÃO ACÚSTICA OU VISUAL (POR EXEMPLO: CAMPAINHAS, SIRENAS, QUADROS INDICADORES, APARELHOS DE ALARME PARA PROTEÇÃO CONTRA ROUBO OU INCÊNDIO), EXCETO OS DAS POSIÇÕES 8512 OU 8530		
8531.20	Painéis indicadores com dispositivos de cristais líquidos (LCD) ou de diodos emissores de luz (LED), próprios para anúncios publicitários	5	20%
9014	BÚSSOLAS, INCLUÍDAS AS AGULHAS DE MAREAR, OUTROS INSTRUMENTOS E APARELHOS DE NAVEGAÇÃO	10	10%

A depreciação que representa o desgaste do bem por uso ou absolescência é dedutível da base de cálculo do Imposto de Renda e da Contribuição Social sobre o Lucro do contribuinte que suporta o encargo econômico, como proprietário, posse ou uso do bem, conforme determina o art. 305, § 1º, do RIR/99:

> Art. 305. Poderá ser computado como custos ou encargos, em cada período de apuração, a importância correspondente à diminuição do valor dos bens do ativo resultante do desgaste pelo uso, ação da natureza e obsolescência normal (Lei 4.506, de 1964, art. 57).
>
> § 1º A depreciação será deduzida pelo contribuinte que suportar o encargo econômico do desgaste ou obsolescência de acordo com as condições de propriedade, posse ou uso do bem (Lei 4.506, de 1964, art. 57, § 7º).

Assim, a despesa de depreciação é dedutível da base do Imposto de Renda do contribuinte que utiliza o bem em sua produção e suporta esse encargo.

As quotas de depreciação serão dedutíveis a partir do momento em que o bem é instalado, sem que o saldo de depreciação acumulado ultrapasse o valor do bem.

É condição necessária para que a depreciação seja dedutível da base de cálculo do Imposto de Renda que o bem esteja intrinsecamente relacionado com a produção ou comercialização dos bens. Assim, no caso dos bens utilizados pelos sócios da sociedade, a depreciação não é dedutível. Referida matéria está regulamentada no § 5º do art. 305 do RIR/99, com a seguinte redação: "§ 5º Somente será permitida a depreciação de bens móveis e imóveis intrinsecamente relacionados com a produção ou serviços (Lei 9.249, de 1995, art. 13, inciso III)."

Além da aplicação das taxas corretas, o contribuinte deve observar os benefícios fiscais com relação à depreciação acelerada independentemente do desgaste dos bens.

11.3.2 Depreciação acelerada

Além da possibilidade da depreciação com as taxas normais, existe a possibilidade de o contribuinte fazer a depreciação acelerada, que pode ser de duas espécies, quais sejam:

a) a reconhecida e registrada contabilmente, relativa à diminuição acelerada do valor dos bens móveis, resultante do desgaste pelo uso em regime de operação superior ao normal, calculada com base no número de horas diárias de operação, e para a qual a legislação fiscal, igualmente, acata a sua dedutibilidade (RIR/99, art. 312);

b) a relativa à depreciação acelerada incentivada, considerada como benefício fiscal e reconhecida, apenas, pela legislação tributária para fins de apuração do lucro real, sendo registrada no LALUR, sem qualquer lançamento contábil (RIR/99, art. 313).

Consoante o art. 312 do RIR/99, a depreciação acelerada não incentivada será de acordo com as horas trabalhadas. Assim, seguem as taxas abaixo definidas:

a) 1,0 – para um turno de 8 horas de operação;

b) 1,5 – para dois turnos de 8 horas de operação;

c) 2,0 – para três turnos de 8 horas de operação.

Diante do exposto, pode-se concluir que, de acordo com a letra (c), o bem que é depreciado com uma taxa de 10% ao ano passa a ser depreciado em 20% ao ano.

É vedada a aplicação das duas espécies de depreciação acelerada conjuntamente sobre bens do ativo imobilizado.

Lembra-se ainda que a depreciação acumulada em qualquer caso não pode ultrapassar o custo de aquisição do bem registrado contabilmente.

O contribuinte que adotar a depreciação acelerada pode, a qualquer tempo, ser solicitado pela Receita Federal do Brasil a comprovar que realmente o bem esteve em operação, o que pode ser provado com base em folha de pagamento, operadores diários para um mesmo equipamento, produção com relação à capacidade produtiva etc.

Quanto à depreciação acelerada, em função de incentivo fiscal, será de acordo com os limites e condições estabelecidos na lei que instituiu o benefício. Assim, pode-se comentar.

11.3.3 Atividade rural

Os bens do ativo permanente imobilizado, exceto a terra nua, adquiridos por pessoa jurídica que explore a atividade rural, para uso nessa atividade, poderão ser depreciados integralmente no próprio ano da aquisição (MP nº 2.159-70, de 2001, art. 6º; e RIR/99, art. 314).

11.3.4 Dos procedimentos com as depreciações incentivadas

É comum existirem despesas para as quais o Fisco autoriza a antecipação da dedução do lucro real. Toma-se como exemplo a depreciação acelerada dos bens adquiridos pelas empresas que desenvolvem atividade rural, exceto a terra nua.

Nos casos em que existe a antecipação fiscal da despesa, mas comercial ou societariamente deve ser reconhecida pelo regime de competência, devem ser adotados os seguintes procedimentos:

a) quando da exclusão da despesa do lucro líquido para determinação do real (base de cálculo do Imposto de Renda), a exclusão é evidentemente na parte A do LALUR e registrada também na parte B do LALUR;

b) quando da contabilização da despesa de depreciação nos anos seguintes, deve ser adicionada ao lucro líquido para excluir o efeito da contabilização da depreciação como despesa e baixada na parte B do LALUR.

Exemplo: Uma empresa que explora a atividade rural comprou, em dezembro de 1999, um trator pelo preço de R$ 100.000. Naquele ano, após todas as exclusões, apresentou um lucro de R$ 500.000 e, no mesmo ano, não foi contabilizada despesa de depreciação referente ao bem. Considerando as informações seguintes, pode-se demonstrar como ficará o LALUR:

a) em 2000, o lucro contábil de R$ 100.000, já deduzido da depreciação contábil, no valor de R$ 25.000. Ocorre que fiscalmente esta despesa não pode ser mais deduzida na base de cálculo do IR e CSLL, tendo em vista que foi utilizada totalmente em 1999;

b) em 2001, apresentou prejuízo contábil de R$ 10.000, no valor de R$ 25.000, já deduzido da depreciação do bem, que já havia sido totalmente depreciado fiscalmente em 1999;

c) em 2002, apresentou prejuízo contábil de R$ 30.000, já deduzido da depreciação do bem, no valor de R$ 25.000, que foi totalmente depreciado fiscalmente.

LALUR

PARTE A – REGISTRO DOS AJUSTES DO LUCRO LÍQUIDO DO EXERCÍCIO

Data	Histórico		Adições	Exclusões
31/12/1999	Lucro líquido do exercício	500.000		
31/12/1999	Depreciação incentivada			100.000
31/12/1999	**Lucro real**	**400.000**		
31/12/2000	Lucro líquido do exercício	100.000		
31/12/2000	Depreciação incentivada		25.000	
31/12/2000	**Lucro real**	**125.000**		
31/12/2001	Prejuízo do exercício	(10.000)		
31/12/2001	Depreciação incentivada		25.000	
31/12/2001	**Lucro real**	**15.000**		
31/12/2002	Prejuízo do exercício	(30.000)		
31/2/2002	Depreciação incentivada		25.000	
31/2/2002	**Prejuízo fiscal**	**5.000**		

PARTE B – CONTROLE DE VALORES QUE CONSTITUIRÃO O AJUSTE DO LUCRO LÍQUIDO DE EXERCÍCIOS FUTUROS

CONTA:								
DATA DO LANÇAMENTO (1)	HISTÓRICO (2)	Para efeito de correção monetária			Controle de valores			
		Mês de referência (3)	Valor a corrigir (4)	Coef. (5)	Débitos (6)	Crédito (7)	Saldo	
							R$ (8)	D/C (9)
31/12/1999	Depreciação Incentivada	12/1999			100.000		100.000	D
31/12/2000	Despesa deprec. incent.	12/2000				25.000	75.000	D
31/12/2001	Despesa deprec. incent.	12/2001				25.000	50.000	D
31/12/2002	Despesa deprec. incent.	12/2002				25.000	25.000	D

11.3.5 Dos incentivos à inovação tecnológica

Como incentivo para o aumento da competitividade dos produtos brasileiros através da melhoria da qualidade e aumento de produção, o art. 17 da Lei nº 11.196/05 instituiu o benefício fiscal da depreciação acelerada dos bens novos adquiridos para utilização nas atividades de pesquisa tecnológica e desenvolvimento de inovação tecnológica.

Além da depreciação acelerada, o contribuinte pode considerar como despesa operacional no próprio exercício de dispêndio o que seria classificado no ativo permanente.

Para um melhor entendimento e análise do leitor, a seguir estão transcritos de forma literal os incisos III e IV do referido Diploma Legal:

> III – depreciação acelerada, calculada pela aplicação da taxa de depreciação usualmente admitida, multiplicada por 2 (dois), sem prejuízo da depreciação normal das máquinas, equipamentos, aparelhos e instrumentos, novos, destinados à utilização nas atividades de pesquisa tecnológica e desenvolvimento de inovação tecnológica, para efeito de apuração do IRPJ;
>
> [...]
>
> IV – amortização acelerada, mediante dedução como custo ou despesa operacional, no período de apuração em que forem efetuados, dos dispêndios relativos à aquisição de bens intangíveis, vinculados exclusivamente às atividades de pesquisa tecnológica e desenvolvimento de inovação tecnológica, classificáveis no ativo diferido do beneficiário, para efeito de apuração do IRPJ.

Para efeito do dispositivo legal, será considerada inovação tecnológica a concepção de novo produto ou processo de fabricação, bem como a agregação de novas funcionalidades ou características ao produto ou processo que implique melhorias incrementadoras e efetivo ganho de qualidade ou produtividade, resultando em maior competitividade no mercado.

11.3.6 *Dos incentivos às microrregiões nas áreas de atuação das extintas Sudene e Sudam*

Consoante o art. 31 da Lei nº 11.196/05, as pessoas jurídicas com sede na região beneficiada pelos incentivos fiscais para desenvolvimento da região de atuação das extintas Sudene e Sudam que adquirirem bens a partir do ano-calendário de 2006 até 31/12/2013, que tenham projeto aprovado para instalação, ampliação, modernização ou diversificação enquadrado em setores da economia considerados prioritários para o desenvolvimento regional, terão direito:

> I – a depreciação acelerada incentivada, que consiste na depreciação integral, no próprio ano da aquisição para efeito de cálculo do imposto sobre a renda;
>
> II – a desconto, no prazo de 12 (doze) meses contado da aquisição dos créditos da Contribuição para o PIS/Pasep e da Cofins, de que tratam na hipótese de aquisição de máquinas, aparelhos, instrumentos e equipamentos novos, relacionados em regulamento, destinados à incorporação ao seu ativo imobilizado.

Importante lembrar que essa mesma lei, através do art. 35, instituiu um benefício fiscal com relação à Contribuição Social sobre o Lucro, ou seja, a pessoa jurídica tributada com base no lucro real poderá utilizar crédito relativo à referida contribuição à razão de 25% sobre a depreciação contábil de máquinas e aparelhos, instrumentos e equipamentos novos, relacionados em regulamento, adquiridos entre 1º/10/2004 e 31/12/2006, destinados ao ativo imobilizado e empregados em processo industrial do adquirente.

Os procedimentos com relação à depreciação incentivada, de acordo com o art. 313 do RIR/99, são os seguintes:

a) na escrituração comercial será registrado o encargo de depreciação normal, calculado pela aplicação da taxa usualmente admitida;

b) a quota de depreciação acelerada incentivada, correspondente ao benefício fiscal, constituirá exclusão do lucro líquido na apuração do lucro real, devendo ser escriturada diretamente, como exclusão, na parte A, e controle, na parte B, no LALUR;

c) o total da depreciação acumulada, incluindo a normal e a acelerada, não poderá ultrapassar o custo de aquisição do bem registrado contabilmente;

d) a partir do período de apuração em que a soma da depreciação contábil mais a depreciação acelerada incentivada atingir a importância total do bem registrado contabilmente, item (c) anterior, o valor da depreciação normal, registrado na escrituração comercial, que continuar a ser reconhecido contabilmente, deverá ser adicionado ao lucro líquido para efeito de determinação do lucro real, com a concomitante baixa desse valor na conta de controle da parte B do LALUR.

11.4 *Leasing*

Os valores referentes a contraprestações de *leasings* financeiros, de acordo com a legislação fiscal e societária vigente até 31/12/2007, eram contabilizados como despesas operacionais e dedutíveis da base de cálculo do IR e CSLL. A Lei nº 11.638/87 alterou a redação do inciso IV do art. 179 da Lei nº 6.404/76, que passou a ter a seguinte redação:

> IV – no ativo imobilizado: os direitos que tenham por objeto bens corpóreos destinados à manutenção das atividades da companhia ou da empresa ou exercidos com essa finalidade, inclusive os decorrentes de operações que transfiram à companhia os benefícios, riscos e controle desses bens.

A lei determina que devem ser imobilizados os direitos sobre bens, inclusive os decorrentes de operações que transfiram à companhia os benefícios, riscos e controle desses bens. Com essa redação não resta dúvida de que os *leasings* financeiros devem ser imobilizados.

Existem algumas dificuldades por parte dos profissionais, que é definir quando ocorre *leasing* financeiro ou operacional.

O *leasing* é a operação em que uma instituição financeira adquire um bem móvel ou imóvel e o arrenda para outra pessoa física ou jurídica com prazo devidamente definido mediante pagamento de prestações mensais, em que, ao final do contrato, o arrendatário possa fazer a opção de: (a) devolver o bem; (b) renovar a locação; e (c) adquirir o bem pelo preço residual fixado na assinatura do contrato, sendo que pode ser operacional ou financeiro.

O *leasing* financeiro é a operação em que o arrendatário tem a opção de adquirir a propriedade no final do prazo do arrendamento por valor inferior ao de mercado, como também pode ser definido como aquele contrato em que o arrendatário utiliza os benefícios e corre os riscos inerentes ao bem arrendado.

Então, de acordo com a Lei nº 11.638/07, esse tipo de *leasing* deve ser imobilizado pela pessoa jurídica pelo valor do bem e os encargos financeiros devem ser reconhecidos como despesas financeiras ao longo do prazo do contrato.

O valor do bem será reconhecido como custo ou despesas somente com o desgaste através da depreciação, de acordo com a recuperação do investimento, pois esse bem poderá contribuir com o resultado de períodos diversos.

Exemplo: Uma empresa, em janeiro de 2010, assinou um contrato de *leasing* financeiro referente a um caminhão nas seguintes condições:

Descrição	
Valor do bem	200.000
Encargos financeiros	40.000
Total do contrato	240.000
Nº de parcelas	24
Valor da parcela	10.000
Valor pago durante o ano de 2010	120.000
Depreciação (200.000 × 20%)	40.000

Considerando as informações acima, os lançamentos seriam os seguintes:

Lançamento pela compra do veículo

Débito:	Imobilizado (veículos)
Crédito:	Passivo *leasing* a pagar
Histórico:	R$ 200.000

Lançamento do total dos juros sobre a operação

Débito:	Despesas de exercícios seguintes
Crédito:	Passivo *leasing* a pagar
Histórico:	R$ 40.000

Lançamentos dos pagamentos das parcelas de 2010

Débito:	Passivo *leasing* a pagar
Crédito:	Bancos c/ movimento
Histórico:	R$ 120.000

Lançamentos da apropriação das despesas financeiras *pro rata*

Débito:	Despesas financeiras
Crédito:	Despesas de exercícios seguintes
Histórico:	Despesas financeiras referentes a 12 meses (40.000/24 × 12) R$ 20.000

Lançamentos da depreciação de 12 meses referentes a 2010

Débito:	Despesas de depreciação
Crédito:	Depreciação acumulada (veículos)
Histórico:	R$ 40.000

As despesas contabilizadas acima somam R$ 60.000, ou seja, R$ 20.000 de despesas financeiras e R$ 40.000 de despesas de depreciação.

Na sistemática anterior, na vigência da Lei nº 11.638/07, seriam contabilizados como despesas os valores pagos como prestação do *leasing* que somam no ano de 2010 R$ 120.000. Assim a despesa passa a ser contabilizada a menor em R$ 60.000, conforme demonstrado:

Despesas contabilizadas	R$
A – Juros	20.000
B – Depreciação	40.000
C – Subtotal (A + B)	60.000
Despesas na sistemática anterior	
D – Pagamento das prestações	120.000
Aumento na BC* do IR e CSLL (C – D)	**60.000**

*BC = Base de cálculo

Ocorre que as mudanças nos procedimentos e critérios de avaliação dos ativos e passivos introduzidos pela Lei nº 11.638/07 foram com a finalidade de harmonizar as normas contábeis com as internacionais.

O art. 16 da Lei nº 11.941/09 determina que as modificações por ela introduzidas e pela Lei nº 11.638/07 não terão efeitos tributários. Veja a redação do art. 16:

> Art. 16. As alterações introduzidas pela Lei nº 11.638, de 28 de dezembro de 2007, e pelos arts. 37 e 38 desta lei que modifiquem o critério de reconhecimento de receitas, custos e despesas computadas na apuração do lucro líquido do exercício definido no art. 191 da Lei nº 6.404, de 15 de dezembro de 1976, não terão efeitos para fins de apuração do lucro real da pessoa jurídica sujeita ao RTT, devendo ser considerados, para fins tributários, os métodos e critérios contábeis vigentes em 31 de dezembro de 2007.

Dessa forma, as mudanças de critérios de reconhecimento das receitas, enquanto não houver leis fiscais regulamentando essa matéria, não justificam a necessidade de aprofundamento neste livro, haja vista que a finalidade aqui é tratar da parte tributária e fiscal.

Mas cabe salientar que a contabilidade deve ser feita de acordo com as novas regras, sendo que os efeitos serão eliminados com o FCONT, que foi instituído para as pessoas jurídicas que declaram com base no lucro real no artigo mencionado acima.

Para as pessoas jurídicas que declaram com base do lucro presumido, também os efeitos serão eliminados com a opção pelo RTT para os anos de 2008 e 2009. Para os anos-base seguintes será obrigatório o Regime Tributário de Transição para todas as pessoas jurídicas apurarem o Imposto de Renda com base nos lucros real, presumido e arbitrado.

11.5 Ganhos e perdas de capital na alienação de bens do ativo imobilizado

O ganho na alienação de bens do imobilizado é a diferença positiva entre o valor da venda e o valor residual (valor de aquisição menos depreciação acumulada até a data da alienação) e a perda é a diferença negativa da equação entre parêntese.

Os contribuintes pessoas jurídicas optantes pelo lucro real devem computar na base de cálculo do IR e CSLL tanto o ganho quanto a perda, sendo que os optantes pelo lucro presumido devem somente adicionar o ganho à base de cálculo desses tributos. Com relação ao lucro real, veja a redação do art. 418 do RIR/99:

> Art. 418. Serão classificados como ganhos ou perdas de capital, e computados na determinação do lucro real, os resultados na alienação, na desapropriação, na baixa por perecimento, extinção, desgaste, obsolescência ou exaustão, ou na liquidação de bens do ativo permanente (Decreto-lei nº 1.598, de 1977, art. 31).
>
> § 1º Ressalvadas as disposições especiais, a determinação do ganho ou perda de capital terá por base o valor contábil do bem, assim entendido o que estiver registrado na escrituração do contribuinte e diminuído, se for o caso, da depreciação, amortização ou exaustão acumulada (Decreto-lei nº 1.598, de 1977, art. 31, § 1º).
>
> § 2º O saldo das quotas de depreciação acelerada incentivada, registradas no LALUR, será adicionado ao lucro líquido do período de apuração em que ocorrer a baixa.

O art. 521 do RIR/99 determina que os contribuintes pessoas jurídicas optantes pelo lucro presumido devem acrescer ao lucro presumido o ganho de capital calculado de acordo com o art. 519 do RIR/99. Assim determina o art. 521:

> Art. 521. Os ganhos de capital, os rendimentos e ganhos líquidos auferidos em aplicações financeiras, as demais receitas e os resultados positivos decorrentes de receitas não abrangidas pelo art. 519, serão acrescidos à base

de cálculo de que trata este Subtítulo, para efeito de incidência do imposto e do adicional, observado o disposto nos arts. 239 e 240 e no § 3º do art. 243, quando for o caso (Lei nº 9.430, de 1996, art. 25, inciso II).

§ 1º O ganho de capital nas alienações de bens do ativo permanente e de aplicações em ouro não tributadas como renda variável corresponderá à diferença positiva verificada entre o valor da alienação e o respectivo valor contábil.

Com a leitura do diploma legal acima mencionado, não resta qualquer dúvida de que nos casos dos contribuintes optantes pelo lucro presumido somente o ganho de capital tem reflexo na base de cálculo do IR e CSLL.

11.6 Créditos das contribuições para o PIS e COFINS

A IN 457/2004 da SRF regulamentou o direito ao crédito das contribuições para o PIS e COFINS sobre os bens incorporados ao imobilizado das pessoas jurídicas utilizados na produção de bens ou serviços destinados à venda ou à prestação de serviço.

Consoante a referida Instrução Normativa, podem ser calculados créditos sobre os encargos de depreciação dos bens adquiridos no país ou exterior, a partir de 1º/5/2004, até mesmo das edificações e benfeitorias em imóveis próprios ou de terceiros utilizados pela empresa.

A depreciação deve ser calculada com as taxas anuais determinadas pela Receita Federal do Brasil em função da vida útil do bem.

O contribuinte pode opcionalmente calcular os créditos da seguinte forma:

I – 4 (quatro) anos, no caso de máquinas e equipamentos destinados ao ativo imobilizado; ou

II – 2 (dois) anos, no caso de máquinas, aparelhos, instrumentos e equipamentos novos, relacionados nos Decretos nº 4.955, de 15 de janeiro de 2004, e nº 5.173, de 6 de agosto de 2004, conforme disposição constante do Decreto nº 5.222, de 30 de setembro de 2004, adquiridos a partir de 1º de outubro de 2004, destinados ao ativo imobilizado e empregados em processo industrial do adquirente.

É vedado calcular e utilizar crédito para o PIS e COFINS sobre a depreciação incentivada, como também para bens adquiridos já usados.

O crédito é calculado com as alíquotas de 1,65% e 7,6% para o PIS e COFINS, respectivamente, sobre a base de cálculo definida pelo contribuinte, de acordo com o exposto anteriormente.

Os valores referentes à reavaliação acrescidos aos bens do imobilizado não podem fazer parte da base de cálculo dos créditos para o PIS e COFINS, apesar de não ser mais permitido fazer reavaliação dos bens do imobilizado desde 2008, mas opcionalmente existem empresas que não fizeram a reversão dessa reserva.

A depreciação com as taxas determinadas pela Receita Federal do Brasil dos vasilhames de vidros retornáveis, adquiridos e incorporados ao imobilizado a partir de 1º/5/2004, também é base de cálculo de crédito de PIS e COFINS, com as alíquotas de 1,65% e 7,6%, respectivamente.

Quando os vasilhames de vidro retornáveis forem classificados no código 7010.90.21 da Tabela de Incidência do Imposto sobre Produtos Industrializados (TIPI), destinados ao envasamento de refrigerantes ou cervejas classificados nos códigos 22.02 e 22.03 da TIPI, opcionalmente o contribuinte pode calcular no prazo de 12 (doze) meses.

Dessa forma, o cálculo do crédito do PIS e COFINS será de 1,65% e 7,6%:

> I – Sobre os encargos de depreciação incorridos em cada mês;
>
> II – Sobre 1/12 avos do valor de aquisição dos vasilhames classificados no código 7010.90.21 da TIPI destinados a envasamento de refrigerantes e cervejas classificados no código 22.02 e 22.03 da TIPI.

O contribuinte poderá fazer a opção pelo cálculo do crédito das contribuições para o PIS e COFINS de acordo com o item II, com o valor do bem parcialmente já depreciado. Nesses casos, o valor a ser dividido por 12 é o residual (valor do bem menos a depreciação).

Os contribuintes optantes pelo regime especial de tributação previsto no art. 52 da Lei nº 10.833 também podem calcular créditos para o PIS e COFINS com relação aos vasilhames, adotando os mesmos critérios definidos anteriormente sobre vasilhames.

11.7 Das despesas financeiras incorporadas aos bens

As normas brasileiras de contabilidade determinam que, nos casos de empréstimos vinculados à produção de bens, os encargos financeiros incorridos devem ser registrados no ativo como custo deste.

Ocorre que a legislação fiscal disciplina o direito de o contribuinte reconhecer como despesa dedutível da base de cálculo do Imposto de Renda e Contribuição Social sobre o Lucro Líquido os juros incorridos, ainda que vinculados à produção de bens.

As regras para deduzir os encargos financeiros de empréstimos da base de cálculo do Imposto de Renda e Contribuição Social são as seguintes:

> a) as despesas financeiras pagas antecipadas devem ser reconhecidas pró- -rata tempore (exemplo: juros de antecipação de recebíveis);

b) os encargos financeiros contraídos para financiamento de obras e produção de bens devem ser ativados de acordo com a destinação deste, tais como:

   i. caso seja destinado à venda registra no estoque;

   ii. bens destinados ao operacional da pessoa jurídica devem ser contabilizados no imobilizado;

   iii. bens destinados a investimento devem ser classificados como tal.

Quando o contribuinte faz a opção para adicionar ao valor do bem os encargos de financiamentos obtidos para a produção ou construção deste, na apuração do Imposto de Renda e Contribuição Social, poderá excluir este quando estes incorridos.[1]

Nos casos em que o contribuinte registrar contabilmente os encargos de financiamento no ativo não circulante, este poderá na apuração do real adicionar, conforme parágrafo anterior, mas deverá manter controle na parte B do LALUR, para evitar a exclusão em duplicidade.

Além de evitar a exclusão em duplicidade, o controle na parte B do LALUR é uma determinação legal.

Exemplo: A empresa contratou um empréstimo para realizar a construção de um galpão.

De acordo com as regras da contabilidade societária, os encargos financeiros referentes ao empréstimo para construção de ativo, enquanto a obra não for concluída, devem ser registrados no ativo imobilizado.

O art. 2º da Lei 12.973/2014 determina que o contribuinte pode registrar ou não no ativo, assim agregando ao valor do bem os encargos financeiros incidentes dos empréstimos destinados à construção destes.

Dessa forma, ainda que as normas brasileiras de contabilidade determinem que, nos casos de empréstimos destinados à construção de bens do ativo, os encargos financeiros incorridos antes da conclusão do referido bem devem ser registrados como acréscimo do imobilizado, o fisco permite a exclusão da base de cálculo do Imposto de Renda e Contribuição Social sobre o Lucro Líquido.

Assim, os registros contábeis devem ser escriturados observando as novas regras contábeis, pois as exclusões e adições são a partir dessa contabilidade.

Nas atividades de incorporação imobiliária, os encargos financeiros incorridos durante a construção, assim como os que incidem sobre empréstimos vincu-

---

[1] "§ 3º Alternativamente, nas hipóteses a que se refere à alínea 'b' do § 1º, os juros e outros encargos poderão ser excluídos na apuração do lucro real quando incorridos, devendo ser adicionados quando o respectivo ativo for realizado, inclusive mediante depreciação, amortização, exaustão, alienação ou baixa." (NR)

lados à obra, inclusive compra do terreno, devem ser capitalizados como estoque de imóveis a comercializar, atendendo aos seguintes critérios:

a) os encargos financeiros elegíveis para serem registrados devem ser determinados com base na aplicação de uma taxa de capitalização aos custos efetivamente incorridos com o imóvel. Essa determinação deve levar em consideração a taxa efetivamente contratada, no caso dos empréstimos diretamente vinculados, ou a taxa média ponderada dos encargos financeiros aplicáveis aos financiamentos;

b) os encargos financeiros são registrados nos estoques de imóveis a comercializar, quando provavelmente resultarem em benefícios econômicos futuros e poderem ser de forma razoável estimados, assim, serão recuperáveis por meio do preço de venda do correspondente imóvel;

c) deve ser capitalizada, como parte do custo do imóvel em construção, a parcela de variação cambial considerada ajuste ao custo financeiro, como no caso de financiamentos em moeda estrangeira com juros. A capitalização dos encargos financeiros (juros mais variação cambial) é limitada ao valor do encargo de empréstimos locais, para prazo e condições similares;

d) a data para início da capitalização dos encargos financeiros nos estoques de imóveis a comercializar deve ser aquela na qual forem atingidas as seguintes condições:

i. os custos com a aquisição dos terrenos ou que as construções dos imóveis estejam sendo incorridos;

ii. os custos com empréstimos que estejam sendo incorridos; e

iii. as atividades necessárias para preparar o imóvel para comercialização estejam em progresso;

e) os encargos financeiros devem ser registrados nos estoques de imóveis a comercializar, até o momento em que a construção física estiver concluída.

f) os encargos financeiros capitalizados como parte do custo dos estoques de imóveis a comercializar devem ser apropriados ao resultado, proporcionalmente ao percentual das unidades vendidas, como parte do custo dos imóveis vendidos.

g) os valores dos encargos financeiros capitalizados nos estoques de imóveis a comercializar não deverão impactar o cálculo da evolução da obra para fins de reconhecimento da receita de incorporação imobiliária.

Para melhor entendimento, a seguir será tratado de forma prática o caso do empréstimo para construção de galpão para ampliação do depósito da empresa com as seguintes informações:

Descrição	Informação
Data da operação	30/06/2015
Valor da operação	2.000.000,00
Taxa de juros	2% a.m.
Vencimento final	30/06/2016
Término da obra	30/11/2015

Antes de fazer os lançamentos, será demonstrado a seguir o juro de cada mês até dezembro de 2015.

Mês	Cálculo dos juros			Valor da prestação
	BC[2]	Índice	Atualização	
jun./15				2.000.000,00
jul./15	2.000.000,00	0,02	40.000,00	2.040.000,00
ago./15	2.040.000,00	0,02	40.800,00	2.080.800,00
set./15	2.080.800,00	0,02	41.616,00	2.122.416,00
out./15	2.122.416,00	0,02	42.448,32	2.164.864,32
nov./15	2.164.864,32	0,02	43.297,29	2.208.161,61
Subtotal			**208.161,61**	
dez./15	2.208.161,61	0,02	44.163,23	2.252.324,84
Total				2.252.324,84

Considerando as informações acima, e que a empresa já usou o galpão no mês de dezembro de 2015, e, ainda, que a taxa de depreciação, de acordo com as normas brasileiras de contabilidade, será de 4% ao ano, ou seja, igual à determinada pela legislação fiscal.

As normas brasileiras de contabilidade determinam que a taxa de depreciação seja de acordo com o prazo estimado para utilização, e a base de cálculo será o valor aplicado deduzido do valor provável de recuperação.

O valor provável de recuperação será aquele estimado para venda dos bens, quando este não for maior que o valor de caixa a ser gerado por este, para a empresa.

No caso em estudo, a depreciação será tratada com taxa única para facilitar o entendimento; em outra parte deste livro será comentada em caso prático com taxas de depreciação diferentes.

---

[2] Base de cálculo.

A seguir serão demonstrados os cálculos da depreciação referentes ao mês de dezembro de 2015, período em que o galpão já está sendo utilizado pela empresa.

Os cálculos da depreciação devem ser feitos em separado com relação aos custos com mão de obra, materiais e outros insumos da construção, assim como os encargos financeiros, pois a contabilização deve ser feita em contas analíticas e separadas.

| Mês | Depreciação de Edificações | | |
	BC[3]	Índice	Depreciação
dez./15	2.000.000,00	0,0033[4]	6.600,00
Total			6.600,00

| Mês | Depreciação dos Juros | | |
	BC[5]	Índice	Depreciação
dez./15	208.161,61[6]	0,0033[7]	686,93
Total			686,93

Com base nas informações, os fatos contábeis referentes a esta operação podem ser resumidos da seguinte forma:

a) liberação do contrato na conta-corrente;

b) aplicação do dinheiro na obra. De acordo com a informação, a obra terminou em novembro; portanto, foi aplicado até essa data o montante de R$ 2.000.000,00;

c) a contabilização dos juros mensalmente, no ativo, até 30 de novembro de 2015;

d) a contabilização dos juros incorridos em dezembro depois do término da obra;

e) contabilização da depreciação de dezembro.

---

[3] Base de cálculo.

[4] Taxa de 4% transformada em índice dividido por 12 para definir a taxa mensal.

[5] Base de cálculo.

[6] Juros contabilizados como ativo até a conclusão da obra.

[7] Taxa de 4% transformada em índice dividido por 12 para definir a taxa mensal.

Do Lançamento da liberação do empréstimo

Débito: Ativo circulante

        Disponível

           Banco do Brasil

Crédito: Passivo Circulante

        Empréstimos

           Banco do Brasil

               Principal

Histórico: Vr. Referente à liberação de empréstimos R$ 2.000.000,00

Do Lançamento dos custos da obra

Débito: Ativo não circulante

        Imobilizado

           Edificações

               Gastos com mão de obra e outros

Crédito: Ativo circulante

        Disponível

           Banco do Brasil

Histórico: Vr. Referente aos custos da obra do galpão R$ 2.000.000,00

Do Lançamento dos juros até a conclusão da obra

Débito: Ativo não circulante

        Imobilizado

           Edificações

               Juros incorridos

Crédito: Passivo Circulante

        Empréstimos

           Banco do Brasil

               Juros a pagar

Histórico: Vr. Referente a juros incorridos durante o período de execução da obra nos seguintes meses:

Data do lançamento	Valor
31/07/2015	40.000,00
31/08/2015	40.800,00
30/09/2015	41.616,00
31/10/2015	42.448,32
30/11/2015	43.297,29
Total	208.161,61

Este valor pode ser excluído da base de cálculo do Imposto de Renda e Contribuição Social pelas empresas que declaram com base no lucro real no período base de 2015 a critério do contribuinte.

Do Lançamento dos juros após a conclusão da obra

Débito: Despesas operacionais

Despesas financeiras

Juros

Crédito: Passivo Circulante

Empréstimos

Banco do Brasil

Juros a pagar

Histórico: Vr. Referente a juros incorridos no mês de dezembro de 2015 R$ 44.163,23

Do Lançamento da depreciação dos custos com a edificação

Débito: Despesas operacionais

Depreciação

Bens utilizados na operação

Crédito: Ativo não circulante

Imobilizado

Depreciação acumulada

Edificações

Gastos com mão de obra e outros

Histórico: Vr. Referente à depreciação de dezembro de 2015 R$ 6.600,00

Esta despesa será dedutível da base de cálculo do Imposto de Renda e Contribuição Social das empresas que declaram com base no lucro real.

Do Lançamento da depreciação dos encargos financeiros ativados como custo da obra

Débito: Despesas operacionais

Depreciação

Encargos financeiros ativados

Crédito: Ativo não circulante

Imobilizado

Depreciação acumulada

Edificações

Encargos financeiros ativados

Histórico: Vr. Referente à depreciação de dezembro R$ 686,93

Esta despesa será adicionada na base de cálculo do Imposto de Renda e Contribuição Social das empresas que declaram com base no lucro real, pois este valor já foi deduzido do lucro contábil na apuração do lucro real.

11.8 Prática

A empresa ABC Comércio Ltda. fez as seguintes operações:

a) em 10/6/2009, comprou a vista um veículo para fazer as entregas, no valor de R$ 40.000;

b) em 10/6/2009, comprou a vista um veículo para uso do sócio-gerente, no valor de 150.000;

c) em 28/8/2009, comprou a vista um computador por R$ 4.000, para controlar os estoques;

d) em 28/6/2009, comprou a vista uma câmara frigorífica para instalar incorporada ao edifício da sede da empresa, por R$ 40.000.

Dos lançamentos contábeis

Lançamento n° 76

Da compra a vista de um veículo para fazer as entregas, no valor de R$ 40.000.

Débito:	1.2.2.2.003 Veículos
Crédito:	1.1.1.02.001 Bancos conta movimento
Histórico:	R$ 40.000

Lançamento nº 77

Da compra a vista de um veículo para uso do sócio-gerente, no valor de 150.000:

Débito:	1.2.2.2.003 Veículos
Crédito:	1.1.1.02.001 Bancos conta movimento
Histórico:	R$ 150.000

Lançamento nº 78

Da compra a vista de um computador para controlar os estoques:

Débito:	1.2.2.2.004 Computadores e periféricos
Crédito:	1.1.1.02.001 Bancos conta movimento
Histórico:	R$ 4.000

Lançamento nº 79

Da compra a vista de uma câmara frigorífica para instalar incorporada ao edifício da sede da empresa, por R$ 40.000:

Débito:	1.2.2.2.005 Instalações
Crédito:	1.1.1.02.001 Bancos conta movimento
Histórico:	R$ 40.000

Do cálculo da depreciação

A seguir será demonstrado o cálculo da depreciação para cada bem. Os cálculos e contabilização devem ser mensais, mas, nesses exemplos, será calculado e contabilizado o período da data da aquisição até o final do ano, para não ficar repetitivo.

PRIMEIRO PASSO: Divide a taxa por 12 e encontra a taxa mensal, conforme a seguir:

a) veículos: 20%/12 = 1,67% ao mês;

b) instalações: 10%/12 = 0,83% ao mês;

c) computadores: 20%/12 = 1,67% ao mês.

SEGUNDO PASSO: Multiplicar a taxa pelo número de mês. Como os dois veículos foram comprados na primeira quinzena de junho, conta também o mês de julho, ou seja, para os veículos são sete meses e para os outros bens, somente seis meses.

Nº do bem: 1	Nome do bem: uma Kombi de placa HBJ 1036			
Data de aquisição: 10/6/2009		Valor do bem: 40.000		
Taxa de depreciação anual: 20% a. a.		Depreciação acumulada: 4.676		
Mês/ano	**Base de cálculo**	**Taxa mensal**	**Depreciação**	
			Mês	**Acumulada**
6/2009	40.000	1,67%	668	668
7/2009	40.000	1,67%	668	1.336
8/2009	40.000	1,67%	668	2.004
9/2009	40.000	1,67%	668	2.672
10/2009	40.000	1,67%	668	3.340
11/2009	40.000	1,67%	668	4.008
12/2009	40.000	1,67%	668	4.676

Nº do bem: 2	Nome do bem: um automóvel de placa HLM 1203			
Data de aquisição: 10/6/ 2009		Valor do bem: 150.000		
Taxa de depreciação anual: 20% a. a.		Depreciação acumulada: 17.535		
Mês/ano	Base de cálculo	Taxa mensal	Depreciação	
			Mês	Acumulada
6/2009	150.000	1,67%	2.505	2.505
7/2009	150.000	1,67%	2.505	5.010
8/2009	150.000	1,67%	2.505	7.515
9/2009	150.000	1,67%	2.505	10.020
10/2009	150.000	1,67%	2.505	12.525
11/2009	150.000	1,67%	2.505	15.030
12/2009	150.000	1,67%	2.505	17.535

Nº do bem: 3	Nome do bem: Um computador Ref. ...			
Data de aquisição: 28/6/2009		Valor do bem: 4.000		
Taxa de depreciação anual: 20% a. a.		Depreciação acumulada: 400,80		
Mês/ano	Base de cálculo	Taxa mensal	Depreciação	
			Mês	Acumulada
7/2009	4.000	1,67%	67	67
8/2009	4.000	1,67%	67	134
9/2009	4.000	1,67%	67	201
10/2009	4.000	1,67%	67	268
11/2009	4.000	1,67%	67	335
12/2009	4.000	1,67%	66	401

Nº do bem: 4	Nome do bem: Câmara Frigorífica			
Data de aquisição: 28/6/2009		Valor do bem: 40.000		
Taxa de depreciação anual: 10% a. a.		Depreciação acumulada: 1.992		
Mês/ano	Base de cálculo	Taxa mensal	Depreciação	
			Mês	Acumulada
7/2009	40.000	0,83%	332	332
8/2009	40.000	0,83%	332	664
9/2009	40.000	0,83%	332	996
10/2009	40.000	0,83%	332	1.328
11/2009	40.000	0,83%	332	1.660
12/2009	40.000	0,83%	332	1.992

Dos lançamentos da depreciação

Lançamento nº 80

A depreciação do bem utilizado pela empresa no valor de R$ 4.676 + R$ 17.535.

Débito:	4.2.2.2.02 Despesa de depreciação
Crédito:	1.2.2.4.001 Depreciação acumulada veículos
Histórico:	Vr. depreciação veículos usados pela empresa R$ 4.676

Lançamento nº 81

A depreciação do bem utilizado pelo sócio da empresa: R$ 17.535.

Débito:	4.2.2.2.02 Despesa de depreciação
Crédito:	1.2.2.4.001 Depreciação acumulada veículos
Histórico:	Vr. depreciação veículos usados pelo sócio R$ 17.535

Lançamento nº 82

A depreciação do computador

Débito:	4.2.2.2.02 Despesa de depreciação
Crédito:	1.2.2.4.002 Depreciação acumulada computador
Histórico:	R$ 401

Lançamento nº 83

A depreciação das instalações

Débito:	4.2.2.2.02 Despesa de depreciação
Crédito:	1.2.2.4.003 Depreciação acumulada instalações
Histórico:	R$ 1.992

Conforme comentado, a depreciação do veículo utilizado pelo sócio deve ser considerada como rendimentos indiretos do sócio. Desta forma, está sujeita à tributação pela previdência, conforme a seguir demonstrado:

Descrição	
A – Depreciação	17.535
B – Alíquota	20%
C – Previdência	3.507,00

Não existe IRRF porque não houve pagamento, mas o sócio deve incluí-lo como rendimento sujeito à tributação com base na tabela progressiva.

Do lançamento da previdência

Lançamento nº 84

Débito:	4.2.2.1.02 INSS
Crédito:	2.1.3.1.001 INSS a pagar
Histórico:	Vr. depreciação veículos usados pela empresa R$ 3.507

Resta ainda comentar um exemplo de ganho ou perda de capital. Assim, a empresa ABC Comércio Ltda., em 30/12/2009, vendeu a vista o veículo que era utilizado pelo sócio pelo valor de R$ 150.000.

Demonstrativo da apuração de resultado na alienação de bem do imobilizado.

Descrição	Valor
A – Valor da venda	150.000
B – Valor de aquisição	150.000
C – Depreciação acumulada	(17.535)
D – Valor residual (B – C)	132.465
E – Ganho de capital	17.535

Dos lançamentos da baixa do bem vendido

Lançamento nº 85

Da baixa da depreciação do veículo vendido.

Débito:	1.2.2.4.001 Depreciação acumulada veículos
Crédito:	1.2.2.2.003 Veículos
Histórico:	Vr. depreciação do veículo vendido R$ 17.535

Lançamento nº 86

Da baixa do custo do veículo vendido.

Débito:	4.3.1.02 Custos na alienação de bens do imobilizado. Depreciação acumulada Veículos
Crédito:	1.2.2.2.003 Veículos
Histórico:	Vr. do custo do veículo vendido R$ 132.465

Lançamento nº 87

Da receita da venda do veículo vendido.

Débito:	1.1.1.02.001 Bancos conta movimento
Crédito:	4.3.1.01 Receita da alienação de bens do imobilizado
Histórico:	Vr. da venda do veículo vendido R$ 150.000

É importante salientar que a Lei nº 11.638/07 extinguiu, na demonstração de resultados, aqueles não operacionais, mas a contabilidade deve fazer os lançamentos dando destaques às contas de ganhos e perdas de capital como não operacionais, pois, com relação à legislação do Imposto de Renda, continuam existindo.

Essa receita não é tributada pelas contribuições sociais para o PIS e COFINS, conforme o inciso II do § 3º do art. 1º da Lei 10.833/03, que tem a seguinte redação:

> § 3º Não integram a base de cálculo a que se refere este artigo as receitas:
>
> I – isentas ou não alcançadas pela incidência da contribuição ou sujeitas à alíquota 0 (zero);
>
> II – não operacionais, decorrentes da venda de ativo permanente;
>
> [...]

Como será comentado no item 11.6, a IN/SRF regulamentou o crédito sobre a depreciação de bens do imobilizado utilizados pela pessoa jurídica no processo de industrialização ou prestação de serviço.

Como a atividade da ABC Comércio Ltda. não se enquadra nas características mencionadas no parágrafo anterior, então não tem direito a crédito sobre as depreciações, mesmo do veículo utilizado para a entrega.

Quando a pessoa jurídica paga frete a terceiros para a entrega das mercadorias vendidas, essa despesa é base de cálculo de crédito para as contribuições para o PIS e COFINS, mas as despesas com frota própria não geram crédito. Assim é o resultado de algumas consultas:

SOLUÇÃO DE CONSULTA nº 144, de 24 de agosto de 2005

ASSUNTO: Contribuição para o PIS/Pasep

EMENTA:

PIS NÃO CUMULATIVO. CRÉDITO. Os gastos com combustíveis e lubrificantes relacionados à distribuição de bens, em veículos próprios ou locados, e ao transporte de pessoal da área comercial não podem compor o somatório dos créditos a serem descontados do PIS, pois não são consumidos ou aplicados diretamente na produção ou fabricação de seus produtos industrializados nem tampouco estão vinculados a fretes realizados por terceiros. Tal definição independe de os referidos dispêndios serem considerados custos ou despesas necessários à atividade da empresa.

11.9 Da provisão do IR e da CSLL

Como patrimônio líquido reduzido em R$ 10.575,80, conforme demonstração no item 11.10, serão calculadas e ajustadas as provisões para o IR e CSLL, somente para efeito de acompanhamento, pois a empresa modelo fez a opção pelo lucro anual e o ajuste seria somente no final do período.

Demonstração do cálculo da provisão

OL = Onde localizar

DAA = Demonstração de apuração anterior

DAC = Demonstração de apuração neste capítulo

DA = Demonstração acumulada

Descrição	Valor					
	OL	DAA	OL	DAC	OL	DA
Lucro bruto	10.3.7	130.275	11.10	(10.576)	11.10	119.699
CSLL 9%		6.298		(1.586)		4.712
IR 15%		10.496		(952)		9.544
Lucro líquido	9.7	113.481		(8.038)	11.10	105.443

Dos lançamentos dos ajustes das provisões para o IR e CSLL: como é uma redução, o lançamento é um estorno, ou seja, é invertido da provisão.

Da CSLL, Lançamento nº 88

Débito:	2.1.4.02 Provisão CSLL
Crédito:	4.3.1.01 Provisão p/ CSLL
Histórico:	R$ 1.586

Do IRPJ, Lançamento nº 89

Débito:	2.1.4.01 Provisão IR
Crédito:	4.3.2.01 Provisão IR
Histórico:	R$ 952

11.10 Do Razão

O Razão das contas movimentadas tem as seguintes informações:

RAZÃO CONTÁBIL

Empresa ABC Comércio Ltda.   Folha – 2

Conta Contábil: 1.1.1.02. 001 – Banco do Brasil

Data	Histórico	Nº Lança-mento	Débito	Crédito	Saldo	D/C
30/6/2009	Saldo anterior				482.387	D
10/6/2009	Vr. Pago veículo	76		40.000	442.387	D
10/6/2009	Vr. Pago veículo	77		150.000	292.387	D
28/6/2009	Vr. Pago computador	78		4.000	288.387	D
28/6/2009	Vr. Pago Câmara	79		40.000	248.387	D
30/12/2009	Vr. Venda veículo	87	150.000		398.387	D
				Saldo final >>	398.387	D

RAZÃO CONTÁBIL

Empresa ABC Comércio Ltda.
Conta Contábil: 1.2.2.2. 003 – Veículos

Folha – 9

Data	Histórico	Nº Lança-mento	Débito	Crédito	Saldo	D/C
10/6/2009	Vr. Compra veículo	76	40.000		40.000	D
10/6/2009	Vr. Compra veículo	77	150.000		190.000	D
30/12/2009	Vr. Baixa depreciação	85		17.535	172.465	D
30/12/2009	Vr. Baixa custo veículo	86		132.465	40.000	D
				Saldo final >>	40.000	D

RAZÃO CONTÁBIL

Empresa ABC Comércio Ltda.
Conta Contábil: 1.2.2.2. 004 – Computadores e periféricos

Folha – 9

Data	Histórico	Nº Lança-mento	Débito	Crédito	Saldo	D/C
28/6/2009	Vr. Compra de computador	78	4.000		4.000	D
				Saldo final >>	4.000	D

RAZÃO CONTÁBIL

Empresa ABC Comércio Ltda.
Conta Contábil: 1.2.2.2. 005 – Instalações

Folha – 9

Data	Histórico	Nº Lança-mento	Débito	Crédito	Saldo	D/C
28/6/2009	Vr. Compra da Câmara	79	40.000		40.000	D
				Saldo final >>	40.000	D

RAZÃO CONTÁBIL

Empresa ABC Comércio Ltda.
Conta Contábil: 1.2.2.4. 001 – Veículos

Folha – 9

Data	Histórico	Nº Lança-mento	Débito	Crédito	Saldo	D/C
30/12/2009	Vr. Depreciação	80		4.676	4.676	C
30/12/2009	Vr. Depreciação	81		17.535	22.211	C
30/12/2009	Vr. Baixa depreciação	85	17.535		4.676	C
				Saldo final >>	4.676	C

Imobilizado **231**

RAZÃO CONTÁBIL

Empresa ABC Comércio Ltda.
Conta Contábil: 1.2.2.4. 002 – Computadores e periféricos

Folha – 9

Data	Histórico	Nº Lança-mento	Débito	Crédito	Saldo	D/C
22/2/2009	Vr. Depreciação	82		401	401	C
				Saldo final >>	401	C

RAZÃO CONTÁBIL

Empresa ABC Comércio Ltda.
Conta Contábil: 1.2.2.2. 002 – Instalações

Folha – 9

Data	Histórico	Nº Lança-mento	Débito	Crédito	Saldo	D/C
22/2/2009	Vr. Depreciação	83		1.992	1.992	C
				Saldo final >>	1.992	C

RAZÃO CONTÁBIL

Empresa ABC Comércio Ltda.
Conta Contábil: 2.1.3.2.001 – INSS a Pagar

Folha – 11

Data	Histórico	Nº Lança-mento	Débito	Crédito	Saldo	D/C
30/4/2009	Saldo Anterior				2.284	C
30/12/2009	Vr. INSS sobre rendimentos	84		3.507	5.791	C
				Saldo final >>	5.791	C

RAZÃO CONTÁBIL

Empresa ABC Comércio Ltda.
Conta Contábil: 2.1.4.01 – Provisão IR

Folha – 13

Data	Histórico	Nº Lança-mento	Débito	Crédito	Saldo	D/C
1º/6/2009	Saldo anterior				10.496	C
30/12/2009	Vr. Reversão provisão	88	1.586		8.910	C
				Saldo final >>	8.910	C

RAZÃO CONTÁBIL

Empresa ABC Comércio Ltda.
Conta Contábil: 2.1.4.02 – Provisão CSLL

Folha – 14

Data	Histórico	Nº Lança-mento	Débito	Crédito	Saldo	D/C
1º/6/2009	Vr. Reversão provisão				6.298	C
30/12/2009	Vr. Provisão CSLL	89	952		5.346	C
				Saldo final >>	5.346	C

RAZÃO CONTÁBIL

Empresa ABC Comércio Ltda.
Conta Contábil: 4.2.2.2.02 – Despesa de Depreciação

Folha – 23

Data	Histórico	Nº Lança-mento	Débito	Crédito	Saldo	D/C
30/12/2009	Vr. Depreciação	80	4.676		4.676	D
30/12/2009	Vr. Depreciação	81	17.535		22.211	D
30/12/2009	Vr. Depreciação	82	401		22.612	D
30/12/2009	Vr. Depreciação	83	1.992		24.604	D
				Saldo final >>	24.604	D

RAZÃO CONTÁBIL

Empresa ABC Comércio Ltda.
Conta Contábil: 4.3.1.02 – Receita na alienação de bens do permanente

Folha – 23

Data	Histórico	Nº Lança-mento	Débito	Crédito	Saldo	D/C
30/12/2009	Vr. Receita alienação de bens	87		150.000	150.000	D
				Saldo final >>	150.000	D

RAZÃO CONTÁBIL

Empresa ABC Comércio Ltda.
Conta Contábil: 4.3.1.02 – Custo de bens do permanente alienados

Folha – 23

Data	Histórico	Nº Lança-mento	Débito	Crédito	Saldo	D/C
30/12/2009	Vr. Custo alienação de bens	86	132.465		132.465	D
				Saldo final >>	132.465	D

RAZÃO CONTÁBIL

Empresa ABC Comércio Ltda.
Folha – 24
Conta Contábil: 4.4.1.01 – Provisão CSLL

Data	Histórico	Nº Lança-mento	Débito	Crédito	Saldo	D/C
1º/6/2009	Saldo anterior				6.298	D
30/12/2009	Vr. Reversão de provisão	89		952	5.346	D
				Saldo final >>	5.346	D

RAZÃO CONTÁBIL

Empresa ABC Comércio Ltda.
Folha – 25
Conta Contábil: 4.4.1.02 – Provisão IRPJ

Data	Histórico	Nº Lança-mento	Débito	Crédito	Saldo	D/C
1º/6/2009	Saldo anterior				10.496	D
30/12/2009	Vr. Reversão de provisão	88		1.586	8.910	D
				Saldo final >>	8.910	D

11.11 Posição patrimonial

	Posição anterior em real	Variação em real	Posição atual em real
Ativo			
Circulante	661.387	(84.000)	577.387
Caixa	200	0	200
Bancos c/movimento	482.387	(84.000)	398.387
Impostos a recuperar	82.150	0	82.150
IRRF	3.400	0	3.400
PIS	4.950	0	4.950
COFINS	22.800	0	22.800
ICMS	51.000	0	51.000
Estoques	73.750	0	73.750
Mercadorias	73.750	0	73.750
Adiantamentos	22.500	0	22.500
13º Salário	22.500	0	22.500

	Posição anterior em real	Variação em real	Posição atual em real
Despesas do Exercício Seguinte	400	0	400
Seguros	400	0	400
Ativo não circulante	811.800	76.931	888.731
Investimentos	561.800	0	561.800
Banco do Brasil	1.800	0	1.800
JB Industrial S.A.	500.000	0	500.000
(–) Deságio	(100.000)	0	(100.000)
Ceará S.A.	160.000	0	160.000
Imobilizado	250.000	76.931	326.931
Edificações	250.000	0	250.000
Veículos	0	40.000	40.000
Computadores	0	4.000	4.000
Instalações	0	40.000	40.000
Depreciação Acumulada	0	(7.069)	(7.069)
Veículos	0	(4.676)	(4.676)
Computadores	0	(401)	(401)
Instalações	0	(1.992)	(1.992)
Total do ativo	1.473.187	(7.069)	1.466.118
Passivo			
Circulante	109.706	969	110.675
Obrigações sociais	2.284	3.507	5.791
INSS	2.284	3.507	5.791
Obrigações tributárias	107.422	(2.538)	104.884
IRRF	4.003	0	4.003
PIS	5.445	0	5.445
COFINS	25.080	0	25.080
ICMS	56.100	0	56.100
Provisão CSLL	6.298	(952)	5.346
Provisão IRPJ	10.496	(1.586)	8.910
Passivo não circulante	250.000	0	250.000
Empréstimo de sócio	250.000	0	250.000
Patrimônio Líquido	1.113.481	(8.038)	1.105.443
Capital social	1.000.000	0	1.000.000
Subscrito	1.000.000	0	1.000.000
(–) A integralizar	0	0	0
Resultado do período	113.481	(8.038)	105.443
Total do passivo	1.473.187	(7.068)	1.466.118

11.12 Demonstração do resultado

Demonstração do resultado apurado até essa conta, ou seja, variação do Patrimônio Líquido relativa a lançamentos contábeis que podem ter incidência de tributação.

Descrição dos fatos	Valor		
	Posição anterior	Variação	Posição atual
Vendas de mercadorias	330.000	0	330.000
(–) ICMS	(56.100)	0	(56.100)
(–) PIS	(5.445)	0	(5.445)
(–) COFINS	(25.080)	0	(25.080)
Receita líquida	243.375	0	243.375
Custo da Mercadoria vendida	(147.500)	0	(147.500)
Lucro bruto	95.875	0	95.875
Despesas de salário	(35.000)	0	(35.000)
INSS	0	(3.507)	(3.507)
Despesa de seguro	(800)	0	(800)
Despesa de Depreciação	0	(24.604)	(24.604)
Despesas Financeiras	(4.100)	0	(4.100)
Receitas Financeiras	14.000	0	14.000
Receitas de Dividendos	300	0	300
Ajuste de Equivalência	60.000	0	60.000
Receita Não Operacional	0	150.000	150.000
Despesas Não Operacionais	0	(132.465)	(132.465)
Lucro antes do IR e CSLL	130.275	(10.576)	119.699
CSLL (9%)	(6.298)	952	(5.346)
IRPJ (15%)	(10.496)	1.586	(8.910)
Lucro líquido	113.481	(8.038)	105.443

11.13 Demonstrativo dos custos tributários

Os custos tributários da operação até aqui compensados com os valores dos créditos correspondentes à baixa do estoque são de R$ 48.381 (quarenta e oito mil, trezentos e oitenta e um reais), mas, para melhor fixar, serão a seguir demonstrados:

Descrição dos fatos	Valor		
	Posição anterior	Variação	Posição atual
(A) Tributos s/vendas	86.625	–	86.625
ICMS	56.100	–	56.100
PIS	5.445	–	5.445
COFINS	25.080	–	25.080
(B) Tributos s/Resultado	16.794	(2.538)	14.256
CSLL	6.298	(952)	5.346
IRPJ	10.496	(1.586)	8.910
(C) Créditos s/vendas	52.500	–	52.500
ICMS R$ 34.000	34.000	–	34.000
PIS R$ 3.300	3.300	–	3.300
COFINS R$ 15.200	15.200	–	15.200
(D) Custo líquido (A + B − C)	50.919	(2.538)	48.381

11.14 Resumo e efeito dos lançamentos com relação às contas do imobilizado

(P) Permutativo

(MA) Modificativo aumentativo

(MD) Modificativo diminutivo

Nº Lanç.	Fato contábil			Valor do lançamento	
	P	MA	MD		
76	X			40.000	
77	X			150.000	
78	X			4.000	
79	X			40.000	
80			X		(4.676)
81			X		(17.535)
82			X		(401)
83			X		(1.992)
84			X		(3.507)
85	X			17.535	
86			X		(132.465)
87		X			150.000
88		X			952
89		X			1.586
Resultado dos lançamentos de despesas de exercício seguinte					8.038

11.15 Bens Intangíveis

Uma das novidades da Lei nº 11.638/07 foi o desmembramento do imobilizado em dois grupos de contas, que são: (a) o imobilizado para registrar os bens corpóreos; e (b) os bens intangíveis para registrar os bens incorpóreos.

Exemplos de bens incorpóreos: marcas de patente, *softwares*, fundo de comércio e outros.

Os bens intangíveis devem ser avaliados pelo custo deduzido do saldo de amortização, feito em função do prazo legal ou contratual de uso dos direitos ou em razão da sua vida útil econômica, deles o que for menor.

12

Fornecedores

12.1 Comentários gerais

Esse grupo de contas registra as obrigações da empresa com seus fornecedores, que podem ser pessoas jurídicas ou físicas, referentes às compras a prazo.

Normalmente, esse grupo é dividido em dois subgrupos, que são: Fornecedores Nacionais e Fornecedores Estrangeiros.

Ressalta-se que todos os registros contábeis devem ser feitos em moeda oficial do país, portanto, em Real.

No entanto, é importante a segregação dos fornecedores nacionais, pois os contratos podem ser firmados em moeda estrangeira e terem variação cambial.

Referida segregação tem como finalidade facilitar a elaboração das notas explicativas das demonstrações contábeis para as sociedades que estão sujeitas a essa obrigação.

Esse grupo de contas deve ser tratado como contas a receber e na contabilidade deve haver uma conta para cada fornecedor.

Todavia, a empresa que tem controle extracontábil, que informa a composição analítica do saldo das contas de fornecedores, o valor, no vencimento de cada duplicata, pode fazer os lançamentos contábeis em uma única conta sintética para todos os fornecedores.

Quais os principais registros nessas contas?

Compra de mercadoria a prazo
Pagamento de duplicatas
Descontos obtidos
Variação cambial

Todas as contas têm sua importância; entretanto, ressalta-se a conta de fornecedores pelo fato de que muitos autos de infração estão relacionados com esse grupo de contas, como a presunção de omissão de receita, prevista nos incisos II e III do art. 281 do RIR/99, a falta de escrituração de pagamentos efetuados, como também a manutenção no passivo de obrigações já pagas. Veja redação do art. 281 do RIR/99:

> Art. 281. Caracteriza-se como omissão no registro de receita, ressalvada ao contribuinte a prova da improcedência da presunção, a ocorrência das seguintes hipóteses (Decreto-lei nº 1.598, de 1977, art. 12, § 2º, e Lei nº 9.430, de 1996, art. 40):
>
> I – a indicação na escrituração de saldo credor de caixa;
>
> II – a falta de escrituração de pagamentos efetuados;
>
> III – a manutenção no passivo de obrigações já pagas ou cuja exigibilidade não seja comprovada.

Sobre a omissão de receita, o STJ tem firmado o entendimento de que o princípio da verdade real se sobrepõe à presunção legal, consoante o Recurso Especial nº 901311/RJ, rel. Min. Teori Albino Zavascki, rel. p/ Acórdão Min. LUIZ FUX, *DJe*, 6/3/2008, cuja ementa segue transcrita:

> Ementa:
>
> PROCESSUAL CIVIL. RECURSO ESPECIAL. TRIBUTÁRIO. ESCRITURAÇÃO IRREGULAR. SALDO CREDOR EM CAIXA. PRESUNÇÃO DE OMISSÃO DE RECEITA. FACULDADE DO CONTRIBUINTE PRODUZIR PROVA CONTRÁRIA. PRINCÍPIO DA VERDADE MATERIAL. SUCUMBÊNCIA. PRINCÍPIO DA CAUSALIDADE.
>
> 1. A presunção *juris tantum* de omissão de receita pode ser infirmada em Juízo por força de norma específica, mercê do princípio da inafastabilidade da jurisdição (art. 5º, XXXV, da CF/1988) coadjuvado pela máxima *utile per inutile nom vitiatur.*
>
> 2. O princípio da verdade real se sobrepõe à presuntio legis, nos termos do § 2º, do art. 12 do DL 1.598/77 (art. 281 RIR/99 – Decreto 3.000/99), ao estabelecer ao contribuinte a faculdade de demonstrar, inclusive em processo judicial, a improcedência da presunção de omissão de receita, considerada no auto de infração lavrado em face da irregularidade dos registros contábeis, indicando a existência de saldo credor em caixa. Aplicação do princípio da verdade material.

3. Outrossim, ainda neste segmento, concluiu a perícia judicial pela inexistência de prejuízo ao Fisco.

4. Deveras, procedido ao lançamento com base nos autos de infração, infirmados por perícia judicial conclusiva, constituiu-se o crédito tributário principal, mercê de o mesmo ter sido oferecido à tributação, por isso que inequívoco que o resultado judicial gerará *bis in idem* quanto à exação in foco.

5. Lavrados os autos de infração por erro formal de escrita reconhecido pelos recorrentes, não obstante materialmente exatos os valores oferecidos à tributação, impõe-se reconhecer que a parte que ora se irresigna foi a responsável pela demanda.

6. Regulada a sucumbência pelo princípio da causalidade, ressoa inacolhível imputá-la ao Fisco, independente de prover-se o recurso para que não haja retorno dos autos à instância a *quo*, porquanto o aresto recorrido reconheceu a higidez conclusiva da prova mas desprezou-a.

7. A responsabilidade pela demanda implica imputar-se a sucumbência ao recorrente, não obstante acolhida a sua postulação quanto ao crédito tributário em si. (Precedente: REsp 284926/MG, rel. Min. Nancy Andrighi, Terceira Turma, julgado em 5/4/2001, *DJ*, 25/6/2001, p. 173).

8. Recurso Especial provido, imputando-se a sucumbência ao recorrente.

É muito comum a fiscalização encontrar na contabilidade saldo a pagar a fornecedores, embora a dívida não exista, por já ter sido paga.

Com efeito, é fundamental entender que se trata de presunção, portanto, a autoridade fiscal deve fazer uma investigação e comprovar que realmente houve a omissão, de modo que deixa de ser presunção e passa a ser realidade.

Para melhor entendimento do leitor, veja a explicação sobre o porquê de o saldo da conta poder ser uma omissão de receita.

PRIMEIRO PASSO: Uma empresa que comprou R$ 100.000 (cem mil reais) de mercadorias, para pagar com 30 (trinta) dias, fez os seguintes registros:

Mercadorias	Fornecedor
100.000	100.000

SEGUNDO PASSO: Antes do vencimento da duplicata, a mercadoria foi vendida a vista por R$ 150.000 (cento e cinquenta mil reais); porém, a administração da empresa esqueceu de emitir a nota fiscal de venda, de forma que foi enviada para a contabilidade somente a nota fiscal do pagamento da duplicata.

A contabilidade não fez o registro do pagamento porque não tinha saldo de dinheiro do caixa, em função de não ter registrado a receita da venda.

Nesse caso, realmente, houve a omissão de receita, mas é necessário que a autoridade fiscal faça uma investigação, a fim de obter provas suficientes para a autuação.

Outro exemplo é o saldo na conta de fornecedor não baixado quando se trata de erro, conforme a situação seguinte.

Partindo do exemplo citado, no segundo passo ocorreu o seguinte:

SEGUNDO PASSO: Antes do vencimento da duplicata, a mercadoria foi vendida a vista por R$ 150.000 (cento e cinquenta mil reais), tendo sido emitida a nota fiscal e paga a duplicata do fornecedor. Entretanto, a administração da empresa enviou para a contabilidade somente a nota fiscal da venda.

A contabilidade procedeu aos seguintes lançamentos:

1. Na compra

Mercadorias		Fornecedor	
100.000			100.000

2. Na venda

2.1 Do valor da venda

Caixa		Receita de venda	
150.000			150.000
150.000			150.000

2.2 Dos custos da mercadoria vendida

Mercadorias		CMV	
100.000	100.000	100.000	
Saldo zero			

Analisando os fatos acima, verifica-se que não foi realizado o lançamento da baixa da obrigação com o fornecedor, mas não houve a omissão de receita, ou seja, foi contabilizada a receita de R$ 150.000 (cento e cinquenta mil reais), cujos valores ficaram como saldo de caixa, embora, na verdade, o saldo correto da conta caixa seja somente de R$ 50.000 (cinquenta mil reais).

242 Contabilidade Tributária na Prática • Chaves e Muniz

Dessa forma, o saldo contábil de obrigações já pago é apenas um indício de que existe a omissão de receita. Assim, a fiscalização deve fazer uma investigação mais aprofundada em busca da verdade real.

12.2 Dos valores referentes a ajuste a valor presente

Nas aquisições de bens ou serviços com prazo para pagamentos a partir de 12 meses deve ser calculado o valor presente e registrar o ajuste correspondente.

Os critérios são os mesmos já comentados no capítulo sobre contas a receber.

12.2.1 Tributação do ajuste a valor presente

Com a finalidade de reconhecer na contabilidade fiscal os mesmos procedimentos adotados para fins societários e eliminar os efeitos fiscais, o art. 4º da Lei nº 12.973 determina que os valores referentes aos ajustes a valor presente só terão efeitos fiscais na data da tributação da receita, assim elimina-se qualquer efeito.[1]

Na mesma linha de raciocínio do parágrafo anterior, o art. 5º vem dando tratamento fiscal semelhante aos ajustes a valores presentes dos passivos, assim determinando os efeitos somente quando:

I – o bem for revendido, no caso de aquisição a prazo de bem para revenda;

II – o bem for utilizado como insumo na produção de bens ou serviços, no caso de aquisição a prazo de bem a ser utilizado como insumo na produção de bens ou serviços;

III – o ativo for realizado, inclusive mediante depreciação, amortização, exaustão, alienação ou baixa, no caso de aquisição a prazo de ativo não classificável nos incisos I e II do *caput*;

IV – A despesa for incorrida, no caso de aquisição a prazo de bem ou serviço contabilizado diretamente como despesa; e

V – O custo for incorrido, no caso de aquisição a prazo de bem ou serviço contabilizado diretamente como custo de produção de bens ou serviços.

Nos casos das hipóteses previstas nos incisos I, II e III do *caput*, os valores decorrentes do ajuste a valor presente deverão ser evidenciados contabilmente em subconta vinculada ao ativo.

Com relação aos valores decorrentes de ajuste a valor presente, não poderão ser considerados na determinação do lucro real:

---

[1] "Art. 4º Os valores decorrentes do ajuste a valor presente, de que trata o inciso VIII do *caput* do art. 183 da Lei nº 6.404, de 15 de dezembro de 1976, relativos a cada operação, somente serão considerados na determinação do lucro real no mesmo período de apuração em que a receita ou resultado da operação deva ser oferecido à tributação."

I – na hipótese prevista no inciso III do *caput*, caso o valor realizado, inclusive mediante depreciação, amortização, exaustão, alienação ou baixa não seja dedutível;

II – na hipótese prevista no inciso IV do *caput*, caso a despesa não seja dedutível; e

III – nas hipóteses previstas nos incisos I, II e III do *caput*, caso os valores decorrentes do ajuste a valor presente não tenham sido evidenciados conforme disposto no § 1º.[2]

O contribuinte pode fazer a opção para tributar as receitas somente na realização, sendo que, nos casos de adoção do deferimento da tributação, a empresa deve observar o seguinte:

a) para eliminar o efeito dos ajustes a valor presente na tributação, estes valores devem ser contabilizados em conta separada e destacada;

b) os mesmos critérios adotados para as receitas devem ser para as despesas.

Ora, como observado nas hipóteses de tributação dos ajustes a valor presente, pode-se concluir que será eliminado todo e qualquer efeito dos referidos ajustes, conforme a seguir comentados todos os itens mencionados acima.

Neste capítulo não será tratado sobre o cálculo do ajuste a valor presente, tendo em vista que já foram comentados no capítulo sobre novo conceito de receita bruta e líquida; desta forma, os números a seguir serão apenas hipotéticos.

12.2.2 Reconhecimento das despesas financeiras referente ao ajuste a valor presente com a revenda da mercadoria

Para um melhor entendimento, será considerada uma compra de mercadoria para revenda no valor de R$ 100.000,00, sendo que o ajuste a valor presente será de R$ 10.000,00.

Os lançamentos antes depois das novas regras contábeis.

ANTES

Débito: Estoque

Mercadoria para revenda

Crédito: Passivo não circulante

Fornecedores

Empresa JK

Histórico 100.000,00

---

[2] Art. 5º, § 2º, da Lei nº 12.973.

Neste lançamento, para facilitar o entendimento, não há consideração sobre os créditos de tributos na compra, tais como: ICMS, PIS e COFINS.

Depois, esta mercadoria foi vendida por R$ 150.000,00, que teve o seguinte lançamento:

Lançamento da receita

Débito: Ativo circulante

Disponível

Bancos conta movimento

Banco do Brasil

Crédito: Receitas operacionais

Receita de venda

Receita de revenda de mercadorias

Histórico 150.000,00

Lançamento dos custos da mercadoria vendida

Débito: Custos

Custo mercadoria vendida

Crédito: Estoque

Mercadoria para revenda

Histórico 100.000,00

Lucro bruto na operação R$ 50.000,00, conforme a seguir demonstrado:

Descrição	Valor
A – Receita venda de mercadoria	150.000,00
B – Custo da mercadoria vendida	100.000,00
C – Lucro bruto (A – B)	50.000,00

DEPOIS

Débito: Estoque

Mercadoria para revenda

Custos de aquisição

Crédito: Passivo não circulante

Fornecedores

Empresa JK

Histórico 90.000,00

Débito: Estoque

       Mercadoria para revenda

       Ajuste a valor presente

Crédito: Passivo não circulante

       Fornecedores

       Empresa JK

Histórico 10.000,00

O valor do ajuste a valor presente, de acordo com as normas brasileiras de contabilidade, deve ser registrado como despesas financeiras *pro rata tempore*, sendo o mesmo critério adotado o rateio de receita financeira.

Assim, o valor de R$ 10.000,00 será contabilizado como estoque, segregado, e mensalmente será transferido para despesas financeiras.

Vamos supor que a compra tenha sido realizada para ser paga em 20 meses, e seria apropriado R$ 500,00 por mês, conforme a seguir demonstrado:

Mês	Valor	Mês	valor
1	500,00	11	500,00
2	500,00	12	500,00
3	500,00	13	500,00
4	500,00	14	500,00
5	500,00	15	500,00
6	500,00	16	500,00
7	500,00	17	500,00
8	500,00	18	500,00
9	500,00	19	500,00
10	500,00	20	500,00
Subtotal	5.000,00		5.000,00
Total			**10.000,00**

Mensalmente será feito o lançamento da apropriação da despesa.

Débito: Despesas operacionais

       Despesas financeiras

       Ajuste a valor presente

Crédito: Estoque

Mercadoria para revenda

Ajuste a valor presente

Histórico 500,00

Como o valor só será dedutível da base de cálculo do Imposto de Renda e da Contribuição Social sobre o Lucro na data da revenda da mercadoria, então deve ser excluído do resultado na apuração do lucro real.

Considerando que no primeiro período não ocorreu a revenda da mercadoria, e a empresa teve um lucro depois da contabilização do ajuste no montante de R$ 500.000,00, a apuração do lucro real nas partes A e B do LALUR ficaria da seguinte forma:

LALUR

PARTE A – REGISTRO DOS AJUSTES DO LUCRO LÍQUIDO DO EXERCÍCIO

DATA	HISTÓRICO		ADIÇÕES	EXCLUSÕES
31.01.15	Lucro líquido do mês	500.000,00		
31.01.15	Ajuste a valor presente		500,00	
31.01.15	Lucro real	500.500,00		
28.02.15	Prejuízo mês	(1.000,00)		
28.02.15	Ajuste a valor presente		500,00	
28.02.15	Prejuízo fiscal do mês	(500,00)		

PARTE B – CONTROLE DE VALORES QUE CONSTITUIRÃO AJUSTE DO LUCRO LÍQUIDO DE EXERCÍCIOS FUTUROS

CONTA:					
DATA DO LANÇAMENTO (1)	HISTÓRICO (2)	Controle de valores			
		Débitos (3)	Crédito (4)	Saldo	
				R$ (5)	D/C (6)
31.01.15	Ajuste a valor presente		500,00	500,00	C
28.02.15	Ajuste a valor presente		500,00	1.000,00	C

Ocorre que a mercadoria foi vendida no segundo mês após a aquisição, então os lançamentos seriam os seguintes:

Lançamento da receita

Débito: Ativo circulante

      Disponível

         Bancos conta movimento

         Banco do Brasil

Crédito: Receitas operacionais

      Receita de venda

         Receita de revenda de mercadorias

Histórico 150.000,00

Lançamento dos custos da mercadoria vendida

Débito: Custos

      Custo mercadoria vendida

Crédito: Estoque

      Mercadoria para revenda

      Custo de aquisição

Histórico........................ 90.000,00

Lançamento da despesa financeira do segundo mês

Débito: Despesas operacionais

      Despesas financeiras

         Ajuste a valor presente

Crédito: Estoque

      Mercadoria para revenda

      Ajuste a valor presente

Histórico 500,00

Desta forma, já foi contabilizado como despesas financeiras, referentes ao ajuste a valor presente, R$ 1.000,00, portanto o resultado contábil da operação será de R$ 59.000,00, conforme demonstrado a seguir:

Descrição	Valor
A – Receita venda de mercadoria	150.000,00
B – Custo da mercadoria vendida	90.000,00
C – Lucro bruto (A – B)	50.000,00
D – Despesas financeiras	1.000,00
E – Lucro da operação (C – D)	59.000,00

Ocorre que o lucro real será excluído dos valores de despesas financeiras que ainda não foram excluídas da base de cálculo do Imposto de Renda e Contribuição Social; desta forma, o lucro fiscal será conforme a seguir demonstrado:

Descrição	Valor
A – Receita venda de mercadoria	150.000,00
B – Custo da mercadoria vendida	90.000,00
C – Lucro bruto (A – B)	50.000,00
D – Despesas financeiras	1.000,00
E – Lucro da operação (C – D)	59.000,00
F – Despesas financeiras	9.000,00
G – Lucro real	50.000,00

Assim, pode-se concluir que, nos casos em que o contribuinte observa a legislação, o reflexo do ajuste a valor presente é zero, ou seja, deve registrar na contabilidade estes valores no estoque, mas em conta separada.

Ainda, para dirimir qualquer dúvida, a seguir está um quadro comparativo.

Descrição	Resultado fiscal	
	Antes	Depois
A – Receita venda de mercadoria	150.000,00	150.000,00
B – Custo da mercadoria vendida	100.000,00	90.000,00
C – Lucro bruto (A – B)	50.000,00	50.000,00
D – Despesas financeiras		1.000,00
E – Lucro da operação (C – D)		59.000,00
F – Despesas financeiras		9.000,00
G – Lucro real	50.000,00	50.000,00

Considerando que no período anterior o resultado contábil tenha sido de R$ 500.000,00, o livro de apuração do lucro real ficaria da seguinte forma:

DATA	HISTÓRICO		ADIÇÕES	EXCLUSÕES
31.01.15	Lucro líquido do mês	500.000,00[3]		
31.01.15	Ajuste a valor presente		500,00	
31.01.15	Lucro real	500.500,00		
28.02.15	Lucro do mês	59.000,00		
28.02.15	Ajuste a valor presente		500,00	
28.02.15	Ajuste a valor presente			9.000,00
28.02.15	Prejuízo fiscal do mês	50.000,00		

PARTE B – CONTROLE DE VALORES QUE CONSTITUIRÃO AJUSTE DO LUCRO LÍQUIDO DE EXERCÍCIOS FUTUROS

CONTA:					
DATA DO LANÇAMENTO (1)	HISTÓRICO (2)	Controle de valores			
		Débitos (3)	Crédito (4)	Saldo	
				R$ (5)	D/C (6)
31.01.15	Ajuste a valor presente		500,00	500,00	C
28.02.15	Ajuste a valor presente		500,00	1.000,00	C
28.02.15	Ajuste a valor presente	10.000,00		9.000,00	D

O saldo de R$ 9.000,00 que ficou na parte B do LALUR será contabilizado no período seguinte como despesas financeiras, desta forma deve ser adicionado ao resultado contábil para fins de apuração do lucro real.

Então, a parte B do LALUR é para o contribuinte fazer o controle dos valores adicionais ou excluídos na apuração do lucro real, de lançamentos contábeis que não têm efeito fiscal no momento, mas no futuro serão considerados na determinação do lucro real.

---

[3] Este resultado não parte dos exemplos deste; é apenas para dar continuidade ao raciocínio.

Desta forma, quando existe a exclusão porque no período de apuração o lançamento contábil não tem efeito fiscal será registrado na parte B do LALUR, mas no futuro quando este passar para a condição de dedutível será baixado do controle.

É muito importante que este controle seja acompanhado de forma rigorosa, pois é provável que muitos contribuintes tenham dificuldades no futuro junto à Receita Federal do Brasil em função da falta dos ajustes ao resultado contábil.

Na aquisição a prazo de bem que for utilizado como insumo na produção de bens ou serviços, a diferença entre o valor da operação caso fosse realizada a vista será registrada no ato da operação como ajuste a valor presente e futuramente reconhecida como despesa financeira.

Com efeito, o contribuinte, com relação aos efeitos fiscais, segue as mesmas regras anteriores; ocorre que terá registro contábil de despesas financeiras de acordo com a apropriação, conforme comentado no parágrafo anterior.

Quando o valor de aquisição do bem contabilmente vai ser divido em dois – o valor da compra e o ajuste a valor presente – a depreciação será menor, sendo que o contribuinte continua com o direito de deduzir da base de cálculo do Imposto de Renda estas despesas nas regras anteriores.

Assim, o resultado contábil deve ser excluído das despesas que não foram registradas ainda na contabilidade e adicionado quando ocorrer o registro contábil, desta forma é necessário o controle na parte B do LALUR.

Com relação às despesas financeiras referentes à aquisição para pagamento em prazo superior a 365 dias, de bens utilizados como insumo na produção de bens ou serviços, serão os mesmos já tratados no item anterior, portanto não será feito comentário, pois ficaria cansativo.

Desta forma, passo a detalhar os casos de bens destinados ao ativo não circulante.

Os bens adquiridos que não são destinados à revenda ou insumos são classificados no ativo não circulante, pois se tratam de investimento ou imobilizado.

Os bens registrados nos grupos investimento ou imobilizados são realizados, ou seja, transferidos para resultado nas seguintes situações:

a) Depreciação

b) Amortização

c) Exaustão

d) Alienação ou baixa

As aquisições de bens destinados ao ativo não circulante com prazo de pagamento superior a 365 dias devem ter valores desmembrados em custo de aquisição e despesas financeiras.

O contribuinte deve registrar no mesmo grupo, mas em contas diferentes referentes a cada valor, custo de aquisição e despesa financeira.

A princípio, os valores referentes a ajuste a valor presente serão contabilizados como conta retificadora da conta de fornecedor, e transferidos para resultado como despesas financeiras de acordo com o prazo para pagamento da dívida.

Neste caso, pode-se dar como exemplo a aquisição de uma máquina para imobilizado da empresa com as seguintes informações:

a) Valor de aquisição da máquina: R$ 500.000,00

b) Prazo para pagamento: 15 meses

c) Valor do ajuste a valor presente: R$ 40.000,00

d) Valor residual do bem: R$ 50.000,00

e) Vida útil do bem: oito anos

f) Vida útil de acordo com legislação fiscal: 10 anos

g) Data de aquisição: janeiro de 2015

Considerando que os procedimentos com relação ao reconhecimento de despesas sejam diferentes, será demonstrado a seguir o passo a passo dos valores a serem registrados na contabilidade, e depois o aspecto fiscal.

Valores a serem registrados como despesas de depreciação e financeira na contabilidade

PRIMEIRO PASSO

O primeiro passo para o cálculo da depreciação é definir a taxa de depreciação com base no prazo determinado para utilização do bem.

Taxa = (100 ÷ (nº de anos × 12)),

Taxa = (100 ÷ 96)

Taxa = 1,042%

Agora, o quadro resumo fica da seguinte forma:

Descrição	Valor
A – Valor de aquisição do bem	500.000,00
B – Ajuste a valor presente	40.000,00
C – Valor do imobilizado (A – B)	460.000,00
D – Valor residual	50.000,00
E – Valor a ser depreciado (C – D)	410.000,00
F – Taxa mensal (100 ÷ (8 × 12))	1,042%

SEGUNDO PASSO

Cálculo da depreciação mensal do valor de aquisição e ajuste do valor presente para registro na contabilidade societária.

	Aquisição
A – Valor	410.000,00
B – Taxa de depreciação mensal	1,042%
C – Depreciação mensal (A × B)	4.272,20
D – Depreciação anual (C × 12)	51.266,40

Resta demonstrar os valores a serem apropriados em cada período como despesas financeiras referentes ao ajuste a valor presente (AVP).

Considera-se que o ajuste deve ser transferido para despesas financeiras no prazo previsto para a liquidação da dívida e o vencimento.

TERCEIRO PASSO

O cálculo do valor a ser reconhecido como despesa financeira referente ao ajuste a valor presente é a aplicação da taxa de juros compostos sobre o AVP.

A seguir está demonstrado o valor a ser reconhecido como despesa financeira mensalmente, mas, para facilitar, neste exemplo será rateado pela taxa linear, conforme a seguir:

Descrição	Valor
A – AVP	40.000,00
B – Nº de meses	14
C – Despesas financeiras do mês (A ÷ B)	2.857,14
D – Despesas financeiras do ano (C × 12)	34.285,68

Valores a serem reconhecidos como despesas de depreciação para fins fiscais

QUARTO PASSO

Para fins fiscais, a depreciação continua sendo sobre o valor total da aquisição do bem, com as mesmas regras vigentes anteriores às alterações nos registros contábeis.

Desta forma, a depreciação referente ao ajuste a valor presente deve ser excluída no LALUR.

Assim, para o quarto passo é realizado o cálculo da depreciação mensal da aquisição do bem nas regras anteriores, considerando o prazo de 10 anos e valor total da aquisição do bem de acordo com a nota fiscal de compra.

Taxa mensal = 100 ÷ (10 × 12) = 0,8333

Descrição	Valor	
	Imobilizado	AVP
A – Valor do bem	460.000,00	40.000,00
B – Taxa mensal	0,8333%	0,8333%
C – Depreciação mensal (A × B)	3.833,34	333,32
D – Depreciação anual (C × 12)	46.000,08	3.999,84

QUINTO PASSO

Fazer resumo das despesas anuais de acordo com a Escrituração Contábil Digital e Escrituração Contábil Fiscal.

Demonstração de resultado anual

Descrição	ECD	ECF	Ajuste
Depreciação anual	51.266,40	46.008,00	(5.258,40)
Despesas financeiras anuais	34.285,68	3.999,84	(30.285,84)
Resultado anual	**85.552,08**	**49.999,84**	**(35.544,24)**

Desta forma, no primeiro ano será adicionada ao resultado contábil para fins de apuração do lucro real a importância de R$ 35.544,24.

Nos períodos seguintes, a despesa financeira será adicionada ao resultado contábil até o momento em que o ajuste passa a ser de exclusão, conforme demonstrado a seguir.

DEPRECIAÇÃO

Período	Valores		
	ECD	ECF	AJUSTE
1º ano	51.266,40	46.008,00	(5.258,40)
2º ano	51.266,40	46.008,00	(5.258,40)
3º ano	51.266,40	46.008,00	(5.258,40)
4º ano	51.266,40	46.008,00	(5.258,40)
5º ano	51.266,40	46.008,00	(5.258,40)
6º ano	51.266,40	46.008,00	(5.258,40)
7º ano	51.266,40	46.008,00	(5.258,40)
8º ano	51.135,20	46.008,00	(5.127,20)
9º ano		46.008,00	46.008,00
10º ano		45.928,00	45.928,00
Total	410.000,00	460.000,00	50.000,00

Assim o valor a ser contabilizado mensalmente como depreciação é de R$ 4.272,20, e como despesa financeira R$ 2.857,14, que será contabilizado da seguinte forma:

Da aquisição da máquina

Do valor presente

> Débito: Ativo não circulante
> > Imobilizado
> > > Custo de aquisição
> > > Máquinas
>
> Crédito: Passivo não circulante
> > Fornecedores
> > JK Máquinas
>
> Histórico: 460.000,00

Do ajuste a valor presente

> Débito: Passivo não circulante
> > Fornecedores
> > JK Máquinas
> > > Ajuste valor presente

Crédito: Passivo não circulante

    Fornecedores

      JK Máquinas

Histórico: 40.000,00

Da depreciação do custo de aquisição da máquina

Débito: Despesas operacionais

    Despesas de depreciação

Crédito: Ativo não circulante

    Imobilizado

    Depreciação acumulada

    Máquinas

    Do custo de aquisição

Histórico: 4.272,20

Do reconhecimento da despesa financeira referente ao ajuste a valor presente

Débito: Despesas operacionais

    Despesas financeiras

    Ajuste a valor presente

Crédito: Passivo não circulante

    Fornecedores

    Nome do Fornecedor

    Conta redutora AVP

Histórico: 2.857,14

Desta forma, nos primeiros meses, o ajuste no LALUR será adição ao resultado contábil no montante de R$ 2.962,68 na apuração do lucro real, conforme a seguir demonstrado:

Descrição	Valor
A – Valor depreciação fiscal	[4]4.166,50
B – Valor depreciação societária	4.272,20
C – Valor despesa financeira (AVP)	2.857,14
D – Adição ou exclusão (A – B – C)	2.962,68

Conforme demonstrado, o valor de depreciação contabilizado foi maior do que a autorizada pela legislação fiscal, portanto deve ser adicionado.

Importante lembrar que a depreciação do AVP somente será dedutível da base de cálculo do Imposto de Renda e Contribuição Social sobre o Lucro quando estes valores forem registrados na contabilidade segregados do valor de aquisição.

Através da escrituração contábil digital – ECD, que será transportado para escrituração contábil fiscal digital – EFD, os valores registrados como despesas financeiras em contrapartida de depreciação de ajuste a valor presente serão ajustados para despesas de depreciação.

Desta forma, a demonstração dessas despesas seria o seguinte:

Descrição	ECD	ECF
Despesas de depreciação	(4.272,20)	(4.166,50)
Despesas financeiras	(2.857,14)	
Resultado	(7.129,34)	(4.166,50)
Adição ao lucro real	2.962,68	
Lucro real	(4.166,66)	(4.166,50)

O valor de R$ 2.962,68 adicionado ao resultado para definição do resultado fiscal será excluído no futuro, conforme a seguir demonstrado.

---

[4] Somatória de 3.833,34 e 333,32.

Descrição	Valor do bem	Despesas (depreciação e financeira)		
		Societário	Fiscal	Ajuste
1º ano	500.000,00	85.552,12	50.000,00	– 6.250,00
2º ano		56.980,68	50.000,00	– 6.250,00
3º ano		51.266,40	50.000,00	– 6.250,00
4º ano		51.266,40	50.000,00	– 6.250,00
5º ano		51.266,40	50.000,00	– 6.250,00
6º ano		51.266,40	50.000,00	– 6.250,00
7º ano		51.266,40	50.000,00	– 6.250,00
8º ano		51.135,20	50.000,00	– 6.250,00
9º ano		0,00	50.000,00	50.000,00
10º ano		0,00	50.000,00	50.000,00
		[5]450.000,00	500.000,00	–

Como demonstrado, em um determinado período será adicionada ao resultado contábil a diferença entre as duas depreciações, e no final será excluída.

Esta ordem de primeiro a adição não é obrigatória, pois poderá ser o inverso quando a legislação fiscal determina o prazo menor para a depreciação.

Ainda pode ocorrer dos prazos para depreciação serem iguais tanto para societária como para fiscal.

Do reconhecimento da despesa financeira sobre as despesas e custos incorridos

Os ajustes a valor presente na contratação de valores referentes a despesas e custos incorridos devem ter o AVP reconhecido na mesma data do registro contábil da despesa.

Exemplo: Foi contratado um serviço de propaganda e publicidade no mês de janeiro de 2015; ocorre que ficou acertado que o pagamento seria somente com 14 meses após a realização do trabalho.

Os valores referentes aos serviços de propaganda e publicidade têm as seguintes informações:

---

[5] Refere-se às despesas de depreciação de acordo com as normas contábeis e às despesas financeiras relativas ao ajuste a valor presente.

Descrição	Informação
Mês da realização	Janeiro/15
Prazo para pagamento	14 meses
Valor da Nota Fiscal	200.000,00
Ajuste a valor presente	30.000,00
Valor presente	170.000,00

Lançamentos contábeis

Lançamento valor presente

Débito: Despesas operacionais
      Despesas com vendas
        Propaganda e publicidade

Crédito: Passivo não circulante
      Fornecedores
        JK Máquinas
          Valor da aquisição
Histórico: 170.000,00

Lançamento valor presente

Débito: Passivo não circulante
      Fornecedores
        JK Máquinas
          Ajuste valor presente
Crédito: Passivo não circulante
      Fornecedores
        JK Máquinas
          Valor da aquisição
Histórico: 30.000,00

Ocorre que quando o contribuinte contabiliza o ajuste a valor presente segregado, este poderá já excluir da base de cálculo do Imposto de Renda e Contribuição Social quando a despesa incorrer.

No exemplo acima mencionado, foi contabilizado o ajuste separado do valor da despesa de propaganda, assim a demonstração de resultado ficaria da seguinte forma:

Descrição	ECD	ECF
Despesas de Propaganda	(170.000,00)	(170.000,00)
Exclusão no LALUR AVP		(30.000,00)
Resultado	(170.000,00)	(200.000,00)

Nos períodos seguintes o contribuinte deve contabilizar o ajuste a valor presente como despesa financeira, sendo que estes valores serão adicionados à base de cálculo do Imposto de Renda, pois não poderão ser excluídos duas vezes do resultado fiscal.

12.3 Das variações cambiais

Os contratos com fornecedores estrangeiros com variação monetária em função de taxa de câmbio podem ser positivos ou negativos, ou seja, o aumento da taxa gera uma despesa para o comprador, e o inverso, uma receita.

Abaixo segue quadro com a descrição da compra com a importação de um equipamento para o imobilizado, no qual se destacam duas situações:

Descrição	Situação 1	Situação 2
A – Importação de um equipamento para o imobilizado em 20/1/2009		
B – Valor em dólar	100.000	100.000
C – Cotação do dólar em 20/1/2009	1,50	1,50
D – Valor em real em 20/1/2009 (B × C)	150.000	150.000
Pagamento em 20/2/2009		
E – Cotação do dólar	2,00	1,00
F – Valor a ser pago (B × E)	200.000	100.000
G – Variação cambial (D – F)	50.000	(50.000)

Analisando as situações acima, verifica-se que na primeira situação a empresa teve uma despesa de variação cambial, ou seja, pagou um valor superior ao apurado na data do desembaraço da mercadoria. No entanto, na segunda situação, ocorreu o inverso, assim, trata-se de receita.

Os arts. 375 e 377 do RIR/99, *in verbis*, regulamentam o tratamento fiscal referente à variação cambial, com relação ao regime de reconhecimento das receitas e despesas, e autorizam a dedução como despesas operacionais, deduzindo da base de cálculo do IR e da CSLL.

> Art. 375. Na determinação do lucro operacional deverão ser incluídas, de acordo com o regime de competência, as contrapartidas das variações monetárias, em função da taxa de câmbio ou de índices ou coeficientes aplicáveis, por disposição legal ou contratual, dos direitos de crédito do contribuinte, assim como os ganhos cambiais e monetários realizados no pagamento de obrigações (Decreto-lei nº 1.598, de 1977, art. 18, Lei nº 9.249, de 1995, art. 8º).
>
> Parágrafo único. As variações monetárias de que trata este artigo serão consideradas, para efeito da legislação do imposto, como receitas ou despesas financeiras, conforme o caso (Lei nº 9.718, de 1998, art. 9º).
>
> Art. 377. Na determinação do lucro operacional poderão ser deduzidas as contrapartidas de variações monetárias de obrigações e perdas cambiais e monetárias na realização de créditos, observado o disposto no parágrafo único do art. 375 (Decreto-lei nº 1.598, de 1977, art. 18, parágrafo único, Lei nº 9.249, de 1995, art. 8º).

Os contribuintes podem fazer a opção de reconhecer as receitas e despesas de variações cambiais pelo regime de caixa, ou seja, pela realização.

A opção mencionada no parágrafo anterior deve ser uniforme. Quando o contribuinte faz a opção pelo regime de caixa, esse procedimento deve ser adotado tanto para as receitas como para as despesas.

É de suma importância uma prévia avaliação dos efeitos antes de se fazer a opção.

Lembra-se, ainda, que a opção tem que ser uniforme também com os períodos de apuração dos tributos.

Os lançamentos contábeis das situações mencionadas são os seguintes:

Situação 1

Pela compra
Débito: Máquinas e equipamentos
Crédito: Fornecedores estrangeiros
Histórico: 150.000

Pelo valor pago
Débito: Fornecedores estrangeiros
Crédito:Banco c/ movimento
Histórico: 200.000

Pela variação cambial
Débito: Despesas financeiras variação cambial
Crédito: Fornecedores estrangeiros
Histórico: 50.000

Situação 2
Pela compra
Débito: Máquinas e equipamentos
Crédito: Fornecedores estrangeiros
Histórico: 150.000

Pelo valor pago
Débito: Fornecedores estrangeiros
Crédito:Banco c/ movimento
Histórico: 100.000

Pela variação cambial
Débito: Fornecedores estrangeiros
Crédito: Receita financeira variação cambial
Histórico: 50.000

Acrescente-se ainda o entendimento do STJ quanto à tributação de PIS e COFINS, em relação à receita oriunda da variação cambial positiva, que em face do art. 149, § 2º, I, da CF/88, é imune, conforme ementa do Agravo Regimental no Recurso Especial nº 1104269/RS, rel. Min. Benedito Gonçalves, Primeira Turma, com data de publicação no *DJe* em 17/3/2010 e Processo Recurso Especial nº 1064722/SC, rel. Min. Denise Arruda, Primeira Turma, com data da publicação no *DJe* de 6/5/2009:

Ementa:

TRIBUTÁRIO. PIS. COFINS. AGRAVO REGIMENTAL NO RECURSO ESPE-CIAL. AÇÃO DECLARATÓRIA. RECEITAS DECORRENTES DE EXPORTAÇÃO. VARIAÇÃO CAMBIAL POSITIVA. NÃO INCIDÊNCIA DE TRIBUTAÇÃO. VIO-LAÇÃO DO PRINCÍPIO DE RESERVA DE PLENÁRIO. NÃO OCORRÊNCIA. MATÉRIA CONSTITUCIONAL. COMPETÊNCIA DO STF. PRECEDENTES. DECISÃO RECORRIDA EM HARMONIA COM A JURISPRUDÊNCIA DO STJ.

1. Hipótese que se restringe ao recolhimento de contribuições sociais incidentes sobre receitas financeiras oriundas de variações cambiais positivas ocasionadas pela desvalorização da moeda nacional diante de moedas estrangeiras.

2. As Turmas que compõem a Primeira Seção do STJ já manifestaram entendimento de que não incide tributação de PIS e COFINS sobre variações cambiais positivas, decorrentes das receitas de exportação de mercadorias, em face de a hipótese estar também atingida pela imunidade do artigo 149, § 2º, I, da CF/88, consistindo, da mesma forma, em incentivo às exportações.

3. Não se justifica a suposta violação do princípio de reserva de plenário (artigo 97, CF/88), *verbis*: "Somente pelo voto da maioria absoluta de seus membros ou dos membros do respectivo órgão especial poderão os tribunais declarar a inconstitucionalidade de lei ou ato normativo do Poder Público", porquanto inexistiu declaração de inconstitucionalidade de lei a ensejar a aplicação do referido dispositivo constitucional.

4. Não compete ao STJ analisar em sede especial, ainda que para fins pre-questionamento, eventual violação de preceito constitucional, função da alçada do Supremo Tribunal Federal. Precedente: AgRg nos EAg 1069198/PR, rel. Min. João Otávio de Noronha, Corte Especial, *DJe* 18/2/2010; EDcl no AgRg no Ag 1073337/SP, rel. Min. Benedito Gonçalves, Primeira Turma, *DJe* 14/12/2009.

5. Agravo regimental não provido.

Acórdão

Vistos, relatados e discutidos os autos em que são partes as acima indicadas, acordam os Ministros da Primeira Turma do Superior Tribunal de Justiça, por unanimidade, negar provimento ao agravo regimental, nos termos do voto do Sr. Ministro Relator. Os Srs. Ministros Luiz Fux e Teori Albino Zavascki votaram com o Sr. Ministro Relator. Ausente, justificadamente, a Sra. Ministra Denise Arruda. Licenciado o Sr. Ministro Hamilton Carvalhido.

Ementa:

TRIBUTÁRIO. PIS. COFINS. RECEITAS DECORRENTES DE EXPORTAÇÃO. VARIAÇÃO CAMBIAL POSITIVA. NORMAS DE ISENÇÃO E IMUNIDADE. IN-CIDÊNCIA.

1. No contrato de câmbio, com variação cambial positiva, não pode haver tributação na forma do art. 9º da Lei 9.718/98.

2. A regra de imunidade prevista no art. 149, § 2º, I, da Constituição Federal estimula a exportação e deve ser interpretada extensivamente.

3. A Segunda Turma do Superior Tribunal de Justiça, em um caso análogo, decidiu que: "Ainda que se possa conferir interpretação restritiva à regra de isenção prevista no art. 14 da Lei nº 10.637/2002, deve ser afastada a incidência de PIS e Cofins sobre as receitas decorrentes de variações cambiais positivas em face da regra de imunidade do art. 149, § 2º, I, da CF/88, estimuladora da atividade de exportação, norma que deve ser interpretada extensivamente" (REsp 1.059.041/RS, 2ª Turma, rel. Min. Castro Meira, *DJe* de 4/9/2008).

4. Recurso especial desprovido.

Acórdão

Vistos, relatados e discutidos estes autos, acordam os Ministros da Primeira Turma do Superior Tribunal de Justiça: A Turma, por unanimidade, negou provimento ao recurso especial, nos termos do voto da Sra. Ministra Relatora. Os Srs. Ministros Benedito Gonçalves, Francisco Falcão, Luiz Fux e Teori Albino Zavascki votaram com a Sra. Ministra Relatora.

Veja: STJ – RESP 1059041-RS, RESP 761644-RS

Sucessivos: REsp 973150/PR, Decisão:15/12/2009, *DJe*: DATA: 2/2/2010.

Por fim, registre-se o entendimento ainda do STJ sobre a incidência de Imposto de Renda somente no balanço patrimonial e não no resgate pela totalidade, e sim somente desde o balanço até o resgate, sob pena de subsunção em *bis in idem*, conforme Recurso Especial nº 204159/RJ, cuja Relatoria coube ao Ministro Garcia Vieira, Primeira Turma, com DATA DA PUBLICAÇÃO no *DJ*, 21/6/1999, p. 96:

> Ementa:
>
> TRIBUTÁRIO – BALANÇO – VARIAÇÃO CAMBIAL – RETENÇÃO NA FONTE – BIS IN IDEM.
>
> Estabelece o artigo 1º do Decreto-lei nº 2.014/83 que o valor cambial das ORTN's, com cláusula de opção de resgate pela correção cambial, que exceder à variação da correção monetária do título a partir do valor cambial em 17/02/83, fica sujeito ao desconto do Imposto de Renda pela fonte pagadora, exigível no seu resgate.
>
> O Decreto-lei nº 2.029/83 estatuiu que a variação do valor destas ORTN's será computada na determinação do lucro real na data de encerramento de cada período base.
>
> A interpretação destes dispositivos legais só pode conduzir à conclusão de que deve ser afastada a lei tributária *bis in idem*, ficando assegurada a tributação em cada balanço encerrado sobre a variação cambial do exercício e, no reajuste, observado o regime de retenção na fonte sobre as variações ocorridas no período desde o balanço até o reajuste.
>
> Recurso improvido.
>
> Acórdão
>
> Vistos, relatados e discutidos estes autos, acordam os Exmos. Srs. Ministros da Primeira Turma do Superior Tribunal de Justiça, na conformidade dos votos e das notas taquigráficas a seguir, por unanimidade, negar provimento ao recurso. Votaram com o Relator os Exmos. Srs. Ministros Demócrito Reinaldo, Humberto Gomes de Barros, Milton Luiz Pereira e José Delgado.

12.4 Dos descontos

Existem dois tipos de descontos, que são:

a) descontos incondicionais; e

b) descontos condicionais.

Os descontos incondicionais são aqueles que são dados na nota fiscal sem quaisquer condições, que são conhecidos também como comerciais.

Esse desconto é contabilizado no ato da compra e não transita pela conta de fornecedores. Os efeitos no resultado da empresa decorrem da redução dos custos das mercadorias vendidas.

Exemplo: A pessoa jurídica comprou R$ 100.000 (cem mil reais) de mercadorias para revenda com um desconto de R$ 5.000 (cinco mil reais). A nota fiscal foi emitida com as seguintes informações:

Descrição	Quantidade	Preço unit.	Total
Castanha de caju	100.000	1,00	100.000
Descontos 5%			(5.000)
Valor total			95.000

Lançamentos

Pela compra

Débito: Estoques de mercadorias

Crédito: Fornecedores

Histórico: 95.000

No lançamento não é feita qualquer menção ao desconto, porque o custo da mercadoria foi de R$ 95.000 (noventa e cinco mil reais).

Registre-se que o desconto incondicional não integra o valor para fins de tributação do IPI. Neste sentido é a jurisprudência do STJ, cuja ementa segue colacionada, no julgado do Recurso Especial nº 809677/PR, rel. Min. Luiz Fux, Primeira Turma, com data de publicação no *DJ* de 8/10/2007, p. 217:

> Ementa:
>
> TRIBUTÁRIO. IPI. DESCONTOS INCONDICIONAIS. REPETIÇÃO DO INDÉBITO. CONCESSIONÁRIA DE VEÍCULOS. LEGITIMIDADE ATIVA *AD CAUSAM*.
>
> 1. O direito à repetição ou compensação constituem o *meritum causae* das ações correspectivas.
>
> 2. Desta sorte, a jurisprudência da Corte quando analisa se o contribuinte de direito ou de fato tem o direito de repetir por força da repercussão e conclui positiva ou negativamente, profere resolução de mérito.
>
> 3. Nesse contexto, o legitimado ativo (titular da pretensão) para requerer a repetição do tributo pago indevidamente é o concessionário, contribuinte de fato do IPI, restando facultado ao fabricante, a teor do art. 166 do CTN, requerê-lo, desde que por aquele expressamente autorizado (Precedente: 435.575, rel. Min. Eliana Calmon, *DJ* de 4/4/2005).

4. Deveras, estabelecendo a lei complementar os contornos relativos à base de cálculo do IPI (art. 47, do CTN), consoante o disposto na Constituição Federal, não pode o legislador ordinário, a pretexto de explicitar o conceito veiculado no diploma complementar, inserir elemento estranho à definição fornecida pela lei maior.

5. Infere-se deste contexto que a base de cálculo da citada exação é o valor da operação, que se define no momento em que a mesma se concretiza. Desta sorte, revela-se inequívoco que, havendo descontos incondicionais, estes não podem integrar o valor da operação para fins de tributação do IPI, porquanto o importe a eles referentes são deduzidos do montante da operação, antes de realizada a saída da mercadoria, fato gerador deste imposto. (Precedentes: REsp 477525/GO, 1ª T., rel. Min. Luiz Fux, *DJ* de 23/6/2003; REsp 318639/RJ, 2ª Turma, Min. Peçanha Martins, *DJ* de 21/11/2005 e AgRg no Ag 703431/SP, 1ª T., Min. José Delgado, *DJ* de 20/2/2006.)

6. Recurso especial provido.

Acórdão

Vistos, relatados e discutidos estes autos, os Ministros da PRIMEIRA TURMA do Superior Tribunal de Justiça acordam, na conformidade dos votos e das notas taquigráficas a seguir, por unanimidade, dar provimento ao recurso especial, nos termos do voto do Sr. Ministro Relator. Os Srs. Ministros Teori Albino Zavascki, Denise Arruda e Francisco Falcão votaram com o Sr. Ministro Relator. Ausente, ocasionalmente, o Sr. Ministro José Delgado.

Com relação ao desconto condicional, a nota fiscal é emitida com o valor total da mercadoria com uma determinada condição necessária para o comprador ganhar o desconto, sendo o exemplo mais clássico o pagamento em um prazo estabelecido.

Exemplo: A pessoa jurídica comprou R$ 100.000 (cem mil reais) de mercadoria para revenda, com a condição de que se for paga a duplicata no vencimento, será dado um desconto de R$ 5.000 (cinco mil reais). A nota fiscal foi emitida com as seguintes informações:

Descrição	Quantidade	Preço unit.	Total
Castanha de caju	100.000	1,00	100.000
Valor total			100.000

Lançamentos

Pela compra

Débito: Estoques de mercadorias

Crédito: Fornecedores

Histórico: 100.000

Pelo pagamento da duplicata no vencimento

Débito: Fornecedores

Crédito: Banco conta movimento

Histórico: 95.000

Pelo desconto obtido

Débito: Fornecedores

Crédito: Receitas financeiras descontos obtidos

Histórico: 5.000

Já o tratamento jurisprudencial quanto aos descontos condicionados é bastante diferente dos descontos incondicionados, já que os primeiros não geram redução do tributo, consoante o julgado do Agravo Regimental no Recurso Especial nº 671054/PR, sob a relatoria do Ministro Humberto Martins, Segunda Turma, com data de publicação no *DJe* de 14/4/2009, cuja ementa segue transcrita:

Ementa:

TRIBUTÁRIO – IPI – DESCONTOS INCONDICIONAIS – EXCLUSÃO DA BASE DE CÁLCULO – POSSIBILIDADE – PRECEDENTES.

1. "O valor dos descontos incondicionais oferecidos nas operações mercantis deve ser excluído da base de cálculo do IPI, ao passo que os descontos concedidos de maneira condicionada não geram a redução do tributo" (REsp 908.411/RN, rel. Min. Castro Meira, *DJ*, 11/9/2008).

2. Ao não permitir a dedução dos descontos incondicionais, a Lei nº 7.798/89 alterou a base de cálculo do IPI, alargando o conceito de "valor da operação", disciplinado no art. 47 do CTN (Lei Complementar). Agravo regimental improvido.

Acórdão

Vistos, relatados e discutidos os autos em que são partes as acima indicadas, acordam os Ministros da Segunda Turma do Superior Tribunal de Justiça: "A Turma, por unanimidade, negou provimento ao agravo regimental, nos termos do voto do(a) Sr(a). Ministro(a)-Relator(a)." Os Srs. Ministros Herman Benjamin, Mauro Campbell Marques, Eliana Calmon e Castro Meira votaram com o Sr. Ministro Relator.

12.5 Das importações

Nas importações, além do valor da mercadoria, o importador tem que pagar o frete, seguros internacionais e os tributos, que são os seguintes:

a) Imposto sobre Produtos Industrializados (IPI), calculado com as alíquotas de acordo com a TIPI (Tabela de IPI);

b) Imposto de Importação (II), cuja base de cálculo e valor aduaneiro, como é um tributo seletivo, têm as alíquotas calculadas de acordo com o produto;

c) Imposto sobre Circulação de Mercadorias e Serviços (ICMS), cuja alíquota é calculada de acordo com a legislação de cada Estado;

d) PIS e COFINS calculados sobre o valor aduaneiro com as alíquotas de 1,65% (um vírgula sessenta e cinco por cento) e 7,6% (sete vírgula seis por cento), respectivamente, para os produtos tributados no regime normal, embora existam outras alíquotas para os casos de tributação diferenciada;

e) ainda existe, nos casos de importação de serviços, o ISS, de acordo com a Lei Complementar nº 116/03.

Todos os tributos pagos no desembaraço da importação de bens para o imobilizado devem ser incorporados ao valor do bem, no entanto, as contribuições para o PIS e COFINS devem ser contabilizadas como impostos a recuperar.

A hipótese de incidência das contribuições para o PIS e COFINS nas importações de bens ou serviços está prevista na Lei nº 10.865/04.

A base de cálculo das contribuições para o PIS e COFINS nas importações é a base de cálculo do Imposto de Importação acrescida do ICMS, conforme inciso I do art. 7º da Lei nº 10.865/04, que tem a seguinte redação:

> Art. 7º A base de cálculo será:
>
> I – o valor aduaneiro, assim entendido, para os efeitos desta Lei, o valor que servir ou que serviria de base para o cálculo do imposto de importação, acrescido do valor do Imposto sobre Operações Relativas à Circulação de Mercadorias e sobre Prestação de Serviços de Transporte Interestadual e Intermunicipal e de Comunicação – ICMS incidente no desembaraço aduaneiro e do valor das próprias contribuições, na hipótese do inciso I do *caput* do art. 3º desta Lei; ou
>
> [...]

O dispositivo legal determina que a base de cálculo das contribuições para o PIS e COFINS nas importações é o valor aduaneiro já definido no diploma legal acrescido do ICMS e das próprias contribuições.

Para facilitar o entendimento sobre os tributos incidentes nas importações, veja quadro de fórmulas a seguir:

FÓRMULAS
CIF: Valor do produto + Frete
I.I.: É igual a: CIF * I.I.
I.P.I.: É igual a: (CIF + I.I.) * % I.P.I.
I.C.M.S.: É igual a: (CIF + Tx de Utilização + I.I. + I.P.I. + COFINS + PIS)/(1 – % I.C.M.S.) * I.C.M.S.
COFINS: É igual a: 0,076 * ((CIF * (1 + % ICMS * (% II + % IPI * (1 + % II))))/ (1 – 0,0165 – 0,076) * (1 – % ICMS))))
PIS: É igual a: 0,0165 * ((CIF * (1 + % ICMS * (% II + % IPI * (1 + % II))))/ ((1 – 0,0165 – 0,076) * (1 – % ICMS))))

A fórmula é a ideal para a aplicação no programa Excel, mas pode ser resumida da seguinte forma:

II = Valor aduaneiro × a alíquota do II, que varia de acordo com o produto;

IPI = Valor aduaneiro acrescido do II × a alíquota do IPI, que também varia de acordo com o produto;

ICMS = Valor aduaneiro acrescido do II, IPI, PIS, COFINS, taxa de utilização e do próprio ICMS.

Como se pode observar, o ICMS é cálculo dele mesmo. Assim, para incluir o ICMS na base de cálculo utiliza-se a seguinte fórmula: valor da base de cálculo dividido pela alíquota do ICMS, a ser cobrado, menos 100.

PIS e COFINS = Valor aduaneiro acrescido do ICMS e das próprias contribuições para o PIS e COFINS.

O art. 13 da Instrução Normativa nº 680/06 regulamentou o pagamento da taxa de utilização do Siscomex, que será devida pelo importador no desembaraço da mercadoria, calculada da seguinte forma:

I – R$ 30,00 (trinta reais) por DI (Declaração de Importação);

II – R$ 10,00 (dez reais) para cada adição de mercadoria à DI (Declaração de Importação), observados os seguintes limites:

a) até a 2ª (segunda) adição – R$ 10,00 (dez reais);

b) da 3ª (terceira) à 5ª (quinta) adição – R$ 8,00 (oito reais);

c) da 6ª (sexta) à 10ª (décima) adição – R$ 6,00 (seis reais);

d) da 11ª (décima-primeira) à 20ª (vigésima) adição – R$ 4,00 (quatro reais);

e) da 21ª (vigésima-primeira) à 50ª (quinquagésima) adição – R$ 2,00 (dois reais); e

f) a partir da 51ª (quinquagésima primeira) adição – R$ 1,00 (hum real).

A demonstração a seguir resume de forma explicativa o cálculo dos tributos nas importações. Veja legenda a ser aplicada na demonstração:

II – Imposto de Importação

IPI – Imposto sobre Produtos Industrializados

ICMS – Imposto sobre Circulação de Mercadorias e Serviços

PIS – Contribuição para Programa de Integração Social

COFINS – Contribuição para Financiamento da Seguridade Social

VA – Valor Aduaneiro

Descrição	II	IPI	ICMS	PIS	COFINS
VA em U$$	100.000	100.000	100.000	100.000	100.000
Cotação em U$$	1,8753	1,8753	1,8753	1,8753	1,8753
VA em real	187.530	187.530	187.530	187.530	187.530
Tx. de utilização	–	–	40		
II	–	37.506	37.506		
IPI	–	–	18.003		
ICMS	–	–		54.741	54.741
PIS	–	–	4.315	4.315	4.315
COFINS	–	–	19.874	19.874	19.874
Subtotal	187.530	255.036	267.268	266.460	266.460
Base de cálculo	187.530	255.036	322.009[1]	261.497[2]	261.497[3]
Alíquota	20%	8%	17%	1,65%	7,60%
Tributo	37.506	18.003	54.741	4.315	19.874

Essa tabela tem a finalidade de apresentar para o leitor como são realizados os cálculos dos tributos nas importações, mas é prática a aplicação das fórmulas apresentadas no programa Excel.

Oportuno informar que o sítio eletrônico da RFB: (<www4.receita.fazenda. gov.br/simulador/>) traz o cálculo do valor e dos tributos aduaneiros, bastando apenas informar o produto, a classificação fiscal e a alíquota do ICMS.

---

[6] BC = 267.268/0,83. Essa fórmula tem a finalidade de incluir o ICMS na própria base de cálculo.

[7] BC = ((CIF * (1 + % ICMS * (% II + % IPI * (1 + % II)))/((1 – 0,0165 – 0,076) * (1 – % ICMS))))).

[8] BC = COFINS: É igual a: 0,076 * ((CIF * (1 + % ICMS * (% II + % IPI * (1 + % II)))/((1 – 0,0165 – 0,076) * (1 – % ICMS))))).

Importante destacar a ementa da decisão na Medida Cautelar na Ação Declaratória de Constitucionalidade, 18 MC/DF, da Relatoria do Ministro Menezes Direito, julgada pelo STF, publicada em 24/10/2008, no *DJe*-202, na qual firmou o entendimento de que o ICMS não deve integrar a base de cálculo do PIS e da COFINS, conforme colação abaixo:

EMENTA:

Medida cautelar. Ação declaratória de constitucionalidade. Art. 3º, § 2º, inciso I, da Lei nº 9.718/98. COFINS e PIS/PASEP. Base de cálculo. Faturamento (art. 195, inciso I, alínea *b*, da CF). Exclusão do valor relativo ao ICMS. 1. O controle direto de constitucionalidade precede o controle difuso, não obstando o ajuizamento da ação direta o curso do julgamento do recurso extraordinário. 2. Comprovada a divergência jurisprudencial entre Juízes e Tribunais pátrios relativamente à possibilidade de incluir o valor do ICMS na base de cálculo da COFINS e do PIS/PASEP, cabe deferir a medida cautelar para suspender o julgamento das demandas que envolvam a aplicação do art. 3º, § 2º, inciso I, da Lei nº 9.718/98. 3. Medida cautelar deferida, excluídos desta os processos em andamentos no Supremo Tribunal Federal.

Decisão: Resolvendo questão de ordem suscitada no sentido de dar prosseguimento ao julgamento do RE nº 240.785-2/MG, diante do disposto no artigo 138 do RISTF, o Tribunal, por maioria, deliberou pela precedência do controle concentrado em relação ao controle difuso, vencidos os Senhores Ministros Marco Aurélio (suscitante), Ricardo Lewandowski e Cezar Peluso. Em seguida, após o voto do Senhor Ministro Menezes Direito (relator) que rejeitava a preliminar de não conhecimento, por não se verificar alteração substancial do parâmetro de controle de constitucionalidade, no que foi acompanhado pelos Senhores Ministros Cármen Lúcia, Ricardo Lewandowski, Eros Grau, Joaquim Barbosa, Carlos Britto, Cezar Peluso e Ellen Gracie, pediu vista dos autos o Senhor Ministro Marco Aurélio. Falaram, pela Advocacia-Geral da União, o Ministro José Antônio Dias Toffoli e, pelos *amici curiae*, Confederação Nacional da Indústria, Confederação Nacional do Comércio, Federação das Indústrias no Estado de Mato Grosso – FIEMT e Confederação Nacional do Transporte, respectivamente, o Dr. Cássio Augusto Muniz Borges, o Dr. Bruno Murat do Pillar, o Dr. Victor Maizman e o Dr. Marco André Dunley Gomes. Presidência do Senhor Ministro Gilmar Mendes. Plenário, 14/5/2008. Decisão: Prosseguindo no julgamento, o Tribunal, por unanimidade, rejeitou as preliminares suscitadas. No mérito, por maioria, vencido o Senhor Ministro Marco Aurélio, deferiu a medida cautelar, nos termos do voto do relator. Votou o Presidente, Ministro Gilmar Mendes. Plenário, 13/8/2008.

Decisão: Retificada a decisão proferida na assentada de 13 de agosto de 2008 para constar que, no mérito, ficaram vencidos os Senhores Ministros Marco Aurélio e Celso de Mello, que indeferiam a medida cautelar. Ausente, justificadamente, a Senhora Ministra Ellen Gracie. Presidência do Senhor Ministro Gilmar Mendes. Plenário, 17/9/2008.

12.6 Na prática

A empresa ABC Comércio Ltda. fez as seguintes operações:

1. Em 20/6/2009, fez importação de uma máquina para fabricação de pães, conforme dados a seguir:

   a) valor da mercadoria em US$ 20.000 (vinte mil dólares);

   b) valor do frete mais seguro internacional US$ 2.000 (dois mil dólares);

   c) taxa de utilização: R$ 40 (quarenta reais);

   d) alíquota do II = 14% (catorze por cento);

   e) classificação fiscal = 8514.30.90;

   f) cotação do dólar = 1,8483;

   g) alíquota IPI = 0 (zero).

Com base nas informações acima e nas fórmulas apresentadas, os custos da importação realizada pela empresa ABC Comércio Ltda. podem ser resumidos da seguinte forma:

Descrição	Valor
Valor da mercadoria (20.000 × 1,8483)	36.966
Frete e seguros (2000 × 1,8483)	3.697
Valor aduaneiro	40.663
Impostos de importação	5.693
ICMS	10.550
Taxa de utilização	40
PIS	912
COFINS	4.200
TOTAL	62.058

2. Em 20/7/2009, a empresa pagou ao fornecedor, no exterior, e os dólares foram comprados a R$ 1,50 (um real e cinquenta centavos);

3. Em 30/6/2009, a empresa comprou do fornecedor Indústrias Reunidas S.A. a quantia de R$ 100.000,00 (cem mil reais) em mercadorias para revenda, com pagamento em 30/7/2009. Caso pague no vencimento terá um desconto de R$ 10.000,00 (dez mil reais);

4. Em 30/7/2009, pagou a duplicata com o desconto.

Com relação à compra de mercadorias para revenda, é necessário identificar os créditos de tributos nas referidas compras, tais como:

Valor da mercadoria: R$ 100.000

ICMS destacado na NF 17%: R$ 17.000

Considerando que a empresa declara o Imposto de Renda com base no lucro real, então existe crédito para as contribuições para o PIS e COFINS, nas seguintes condições:

Contribuição	Base de Cálculo	Alíquota	Valor do crédito
PIS	100.000	1,65%	1.650
COFINS	100.000	7,60%	7.600
Total		9,25%	9.250

Dos lançamentos

Da compra de mercadorias, Lançamento nº 90

Débito:	1.1.4.01 Estoque de mercadorias para revenda
Crédito:	2.1.1.1.002 Fornecedor: Indústrias Reunidas S.A.
Histórico:	R$ 100.000

Do crédito do ICMS, Lançamento nº 91

Débito:	1.1.3.04 Impostos a recuperar ICMS
Crédito:	1.1.4.01 Estoque de mercadorias para revenda
Histórico:	R$ 17.000

Do crédito do PIS, Lançamento nº 92

Débito:	1.1.3.02 Impostos a recuperar PIS
Crédito:	1.1.4.01 Estoque de mercadorias para revenda
Histórico:	R$ 1.650

Fornecedores **273**

Do crédito da COFINS, Lançamento nº 93

Débito: 1.1.3.03 Impostos a recuperar COFINS
Crédito: 1.1.4.01 Estoque de mercadorias para revenda
Histórico: R$ 7.600

Do valor pago, Lançamento nº 94

Débito: 2.1.1.1.002 Fornecedor Indústrias Reunidas S.A.
Crédito: 1.1.1.02.001 Banco do Brasil
Histórico: R$ 95.000

Do desconto obtido, Lançamento nº 95

Débito: 1.1.1.1.002 Fornecedor Indústrias Reunidas S.A.
Crédito: 3.1.2.2.03 Receita Financeira descontos obtidos
Histórico: R$ 5.000

Da importação, Lançamento nº 96

Débito: 1.2.2.2.005 Instalações
Crédito: 2.1.1.2.001 ABC
Histórico: (22.000 × 1,8483) R$ 40.663

Dos Impostos e taxas incorporados ao valor do bem, Lançamento nº 97

Débito: 1.2.2.2.005 Instalações
Crédito: 2.1.1.2.001 ABC
Histórico: (II + ICMS + Taxa de utilização) R$ 16.283

Do PIS na importação, Lançamento nº 98

Débito: 1.1.3.02 PIS
Crédito: 1.1.1.2.001 Banco do Brasil
Histórico: R$ 912

Dos Impostos e taxas incorporados ao valor do bem, Lançamento n.º 99

Débito:	1.1.3.03 COFINS
Crédito:	1.1.1.2.001 Banco do Brasil
Histórico:	R$ 4.200

Do pagamento da importação, Lançamento n.º 100

Débito:	2.1.1.2.001 ABC
Crédito:	1.1.1.2.001 Banco do Brasil
Histórico:	(22.000 × 1,50) R$ 33.000

Da variação cambial, Lançamento n.º 101

Débito:	2.1.1.2.001 ABC
Crédito:	3.1.2.2.04 Variação cambial
Histórico:	(33.000 – 40.663) R$ 7.663

12.7 Da provisão do IR e da CSLL

Como patrimônio líquido reduzido em R$ 15.000 (quinze mil reais), conforme demonstração no item 12.7, serão calculadas e ajustadas as provisões para o IR e para a CSLL, somente para efeito de acompanhamento, pois a empresa modelo fez a opção pelo lucro anual e o ajuste seria somente no final do período.

Demonstração do cálculo da provisão

OL = Onde Localizar

DAA = Demonstração de Apuração Anterior

DAC = Demonstração de Apuração neste Capítulo

DA = Demonstração Acumulada

Descrição	Valor					
	OL	DAA	OL	DAC	OL	DA
Lucro bruto	**11.10**	119.699	**12.8**	12.663	**12.8**	132.362
CSLL 9%		5.346		1.140		6.486
IR 15%		8.910		1.900		10.810
Lucro líquido	**11.10**	105.443	**12.8**	9.623	**12.8**	115.066

Dos lançamentos dos ajustes das provisões para IR e CSLL, como é uma redução, o lançamento é um estorno, ou seja, é invertido da provisão.

Da CSLL, Lançamento nº 102

Débito:	4.3.1.01 Provisão P/ CSLL
Crédito:	2.1.4.02 Provisão CSLL
Histórico:	R$ 1.140

Do IRPJ, Lançamento nº 103

Débito:	4.3.2.01 Provisão IR
Crédito:	2.1.4.01 Provisão IR
Histórico:	R$ 1.900

12.8 Do Razão

O Razão das contas movimentadas neste capítulo é o seguinte:

RAZÃO CONTÁBIL

Empresa ABC Comércio Ltda.   Folha – 2

Conta Contábil: 1.1.1.02.001 – Banco do Brasil

Data	Histórico	Nº Lança-mento	Débito	Crédito	Saldo	D/C
30/12/2009	Saldo anterior				398.387	D
20/7/2009	Vr. pago fornecedor	94		95.000	303.387	D
20/6/2009	Vr. pgtº tributos importação	97		16.283	287.104	D
20/6/2009	Vr. pgtº PIS importação	98		912	286.192	D
20/6/2009	Vr. pgtº COFINS importação	99		4.200	281.992	D
20/7/2009	Vr. pago fornecedor	100		33.000	248.992	D
				Saldo final >>	248.992	D

RAZÃO CONTÁBIL

Empresa ABC Comércio Ltda.
Conta Contábil: 1.1.3.02 – PIS

Folha – 5

Data	Histórico	Nº Lança-mento	Débito	Crédito	Saldo	D/C
30/6/2009	Saldo anterior				6,600	D
20/6/2009	Vr. pgtº PIS importação	98	912		7.512	D
				Saldo final >>	7.512	D

RAZÃO CONTÁBIL

Empresa ABC Comércio Ltda.
Conta Contábil: 1.1.3.03 – COFINS

Folha – 6

Data	Histórico	Nº Lança-mento	Débito	Crédito	Saldo	D/C
30/6/2009	Saldo anterior				30.400	D
20/6/2009	Vr. pgtº COFINS importação	99	4.200		34.600	D
				Saldo final >>	34.600	D

RAZÃO CONTÁBIL

Empresa ABC Comércio Ltda.
Conta Contábil: 1.1.3.04 – ICMS

Folha – 7

Data	Histórico	Nº Lança-mento	Débito	Crédito	Saldo	D/C
30/4/2009	Saldo anterior				51.000	D
30/6/2009	Vr. crédito sobre compra	91	17.000		68.000	D
				Saldo final >>	68.000	D

Fornecedores **277**

RAZÃO CONTÁBIL

Empresa ABC Comércio Ltda.   Folha – 8

Conta Contábil: 1.1.4.01 – Mercadorias para revenda

Data	Histórico	Nº Lança-mento	Débito	Crédito	Saldo	D/C
30/4/2009	Saldo anterior				73.750	D
30/6/2009	Vr. compra mercadoria	90	100.000		173.750	D
30/6/2009	Vr. crédito ICMS s/compra	91		17.000	156.750	D
30/6/2009	Vr. crédito PIS s/compra	92		1.650	155.100	D
30/6/2009	Vr. crédito COFINS s/compra	93		7.600	147.500	D
				Saldo final >>	147.500	D

RAZÃO CONTÁBIL

Empresa ABC Comércio Ltda.   Folha – 9

Conta Contábil: 1.2.2.2.005 – Instalações

Data	Histórico	Nº Lança-mento	Débito	Crédito	Saldo	D/C
28/6/2009	Saldo anterior				40.000	D
30/6/2009	Vr. compra de instalações	96	40.663		80.663	D
30/6/2009	Vr. pgtº tributos importação	97	16.283		96.946	D
				Saldo final >>	96.946	D

RAZÃO CONTÁBIL

Empresa ABC Comércio Ltda.   Folha – 10

Conta Contábil: 2.1.1.2.001 – ABC

Data	Histórico	Nº Lança-mento	Débito	Crédito	Saldo	D/C
20/6/2009	Vr. compra de instalações	96		40.663	40.663	C
20/7/2009	Vr. pago fornecedor	100	33.000		7.663	C
20/7/2009	Vr. variação cambial	101	7.663			
				Saldo final >>	–	

RAZÃO CONTÁBIL

Empresa ABC Comércio Ltda.   Folha – 13

Conta Contábil: 2.1.4.01 – Provisão IR

Data	Histórico	Nº Lança-mento	Débito	Crédito	Saldo	D/C
30/12/2009	Saldo anterior				8.910	C
30/6/2009	Vr. provisão IR	103		1.900	10.810	C
				Saldo final >>	10.810	C

RAZÃO CONTÁBIL

Empresa ABC Comércio Ltda.   Folha – 14

Conta Contábil: 2.1.4.02 – Provisão CSLL

Data	Histórico	Nº Lança-mento	Débito	Crédito	Saldo	D/C
30/12/2009	Saldo anterior				5.346	C
30/6/2009	Vr. provisão da CSLL	102		1.140	6.486	C
				Saldo final >>	6.486	C

RAZÃO CONTÁBIL

Empresa ABC Comércio Ltda.   Folha – 22

Conta Contábil: 3.1.2.2.03 – Descontos obtidos

Data	Histórico	Nº Lança-mento	Débito	Crédito	Saldo	D/C
20/7/2009	Vr. descontos obtidos	95		5.000	5.000	C
				Saldo final >>	5.000	C

RAZÃO CONTÁBIL

Empresa ABC Comércio Ltda.   Folha – 22

Conta Contábil: 3.1.2.2.04 – Variação cambial

Data	Histórico	Nº Lança-mento	Débito	Crédito	Saldo	D/C
20/7/2009	Vr. variação cambial	101		7.663	7.663	C
				Saldo final >>	7.663	C

RAZÃO CONTÁBIL

Empresa ABC Comércio Ltda.   Folha – 24

Conta Contábil: 4.4.1.01 – Provisão CSLL

Data	Histórico	Nº Lança-mento	Débito	Crédito	Saldo	D/C
30/12/2009	Saldo anterior				5.346	D
30/6/2009	Vr. provisão CSLL	102	1.140		6.486	D
				Saldo final >>	6.486	D

RAZÃO CONTÁBIL

Empresa ABC Comércio Ltda.   Folha – 25

Conta Contábil: 4.4.1.02 – Provisão IRPJ

Data	Histórico	Nº Lança-mento	Débito	Crédito	Saldo	D/C
30/12/2009	Saldo anterior				8.910	D
30/6/2009	Vr. provisão IR	103	1.900		10.810	D
				Saldo final >>	10.810	D

12.9 Da posição patrimonial

	Posição anterior em real	Variação em real	Posição atual em real
Ativo			
Circulante	577.387	(44.283)	533.104
Caixa	200		200
Bancos c/movimento	398.387	(149.395)	248.992
Impostos a recuperar	82.150	31.362	113.512
IRRF	3.400	2.562	3.400
PIS	4.950	11.800	7.512
COFINS	22.800	17.000	34.600
ICMS	51.000		68.000
Estoques	73.750	73.750	147.500
Mercadorias	73.750	73.750	147.500
Adiantamentos	22.500		22.500
13º salário	22.500		22.500
Despesa de exercício seguinte			
Seguros	400		400
Ativo não circulante	888.731	56.946	945.677
Investimentos	561.800		561.800
Banco do Brasil	1.800		1.800
JB Indústria S.A.	500.000		500.000
(–) Deságio	(100.000)		(100.000)
Ceará S.A.	160.000		160.000
Imobilizado	326.931	56.946	383.877
Custo de aquisição	334.000		390.946
Edificações	250.000		250.000
Veículos	40.000		40.000
Computadores	4.000		4.000
Instalações	40.000	56.946	96.946
Depreciação acumulada	(7.069)		(7.069)
Veículos	(4.676)		(4.676)
Computadores	(401)		(401)
Instalações	(1.992)		(1.992)
Total do ativo	1.466.118	12.663	1.478.781

	Posição anterior em real	Variação em real	Posição atual em real
Passivo			
Circulante	110.675	3.040	113.715
Obrigações sociais	5.791		5.791
INSS	5.791		5.791
Obrigações tributárias	104.884	3.040	107.924
IRRF	4.003		4.003
PIS	5.445		5.445
COFINS	25.080		25.080
ICMS	56.100		56.100
Provisão CSLL	5.346	1.140	6.486
Provisão IRPJ	8.910	1.900	10.810
Passivo não circulante	250.000	–	250.000
Empréstimo de sócio	250.000	–	250.000
Patrimônio líquido	1.105.443	9.623	1.115.066
Capital social	1.000.000	–	1.000.000
Subscrito	1.000.000	–	1.000.000
Resultado do período	105.443	9.623	115.066
Total do passivo	1.466.118	12.663	1.478.781

12.10 Demonstração do resultado

Demonstração do resultado apurado até essa conta, ou seja, variação do Patrimônio Líquido, relativa aos lançamentos contábeis que podem ter incidência de tributação.

Descrição dos fatos	Valor		
	Posição anterior	Variação	Posição atual
Vendas de mercadorias	330.000		330.000
(–) ICMS	56.100		56.100
(–) PIS	5.445		5.445
(–) COFINS	25.080		25.080
Receita líquida	243.375		243.375
Custo da mercadoria vendida	(147.500)		(147.500)
Lucro bruto	95.875		95.875
Despesas de salário	(35.000)		(35.000)
INSS	(3.507)		(3.507)

Descrição dos fatos	Valor		
	Posição anterior	Variação	Posição atual
Despesa de seguro	(800)		(800)
Despesas de depreciação	(24.604)		(24.604)
Despesas financeiras	(4.100)		(4.100)
Receitas financeiras	14.000	12.663	39.326
Receita de dividendo	300		300
Ajuste de equivalência	60.000		60.000
Receitas não operacionais	150.000		150.000
Depesas não operacionais	(132.465)		(132.465)
Lucro antes do IR e CSLL	119.699	12.663	132.362
CSLL (9%)	(5.346)	(1.140)	(6.486)
IRPJ (15%)	(8.910)	(1.900)	(10.810)
Lucro líquido	105.443	9.623	115.066

12.11 Demonstrativo dos custos tributários

Os custos tributários da operação até aqui compensados com os valores dos créditos correspondentes à baixa do estoque são de R$ 51.421,00 (cinquenta e um mil, quatrocentos e vinte e um reais). Para melhor fixação, segue quadro demonstrativo:

Descrição dos fatos	Valor		
	Posição anterior	Variação	Posição atual
(A) Tributos s/ vendas	**86.625**	**–**	**86.625**
ICMS	56.100	–	56.100
PIS	5.445	–	5.445
COFINS	25.080	–	25.080
(B) Tributos s/ resultado	**14.256**	**3.040**	**17.296**
CSLL	5.346	1.140	6.486
IRPJ	8.910	1.900	10.810
(C) Créditos s/ vendas	**52.500**		**52.500**
ICMS R$ 34.000	34.000		34.000
PIS R$ 3.300	3.300		3.300
COFINS R$ 15.200	15.200		15.200
(D) Custo líquido (A + B – C)	**48.381**	**3.040**	**51.421**

12.12 Resumo e efeito dos lançamentos com relação às contas de fornecedores

(P) Permutativo

(MA) Modificativo aumentativo

(MD) Modificativo diminutivo

Nº Lanç.	Fato contábil			Valor do lançamento	
	P	MA	MD		
90	X			100.000	
91	X			17.000	
92	X			1.650	
93	X			7.600	
94	X			95.000	
95		X			5.000
96	X			40.663	
97	X			16.283	
98	X			912	
99	X			4.200	
100	X			33.000	
101		X			7.663
102			X		(1.140)
103			X		(1.900)
Resultado dos lançamentos de despesas de exercício seguinte				9.623	

13

Empréstimos e Financiamentos

13.1 Comentários gerais

Os empréstimos referem-se a recursos captados junto às instituições financeiras para o giro dos negócios, enquanto os financiamentos estão relacionados à compra de bens financiados.

A movimentação dessa conta é pela captação ou compra de um bem financiado, pelos pagamentos das parcelas e provisão dos encargos financeiros.

Consoante o art. 17 do Decreto-lei nº 1.598/77, os contribuintes que declaram da base no lucro real podem deduzir da base de cálculo da CSLL e IR as despesas para as pessoas jurídicas optantes pelo lucro real:

> Art. 17. Os juros, o desconto, a correção monetária prefixada, o lucro na operação de reporte e o prêmio de resgate de títulos ou debêntures, ganhos pelo contribuinte, serão incluídos no lucro operacional e, quando derivados de operações ou títulos com vencimento posterior ao encerramento do exercício social, poderão ser rateados pelos períodos a que competirem.
>
> Parágrafo único. Os juros pagos ou incorridos pelo contribuinte são dedutíveis como custos ou despesa operacional, observadas as seguintes normas:
>
> a) os juros pagos antecipadamente, os descontos de títulos de crédito, a correção monetária prefixada e o deságio concedido na colocação de debêntures ou títulos de crédito deverão ser apropriados, *pro rata tempore*, nos exercícios sociais a que competirem;
>
> b) os juros de empréstimos contraídos para financiar a aquisição ou construção de bens do ativo permanente, incorridos durante as fases de construção e pré-operacional, podem ser registrados no ativo diferido, para serem amortizados.

Existem duas formas de cobrança de juros sobre operações financeiras, que são:

a) juros que são pagos antecipados, de acordo com a letra *a* do parágrafo único do artigo citado. Esses tipos de despesas financeiras devem ser dedutíveis da base de cálculo do CSLL e IR *pro rata tempore*.

Exemplo: Uma pessoa jurídica, em 2/1/2009, fez um desconto de duplicata, com vencimento em 30/4/2009, cujo valor era de R$ 100.000 (cem mil reais) e o valor líquido recebido, de R$ 96.000 (noventa e seis mil reais), de modo que as despesas financeiras da operação foram de R$ 4.000 (quatro mil reais). Como o prazo é de 4 (quatro) meses, os juros deverão ser rateados nesse prazo.

b) o parágrafo único regulamenta os juros pagos ou incorridos. Com relação aos juros pagos, já foi comentado na letra *a*. Quanto aos **incorridos**, são aqueles cujos encargos financeiros são pagos posteriormente à liberação do recurso.

Exemplo: Uma pessoa jurídica fez a captação de recursos para capital de giro em 1º/1/2009. O valor do contrato liberado foi de R$ 100.000 (cem mil reais), com vencimento em 30/4/2009. Consequentemente, o valor a pagar será de R$ 104.000 (cento e quatro mil reais).

Dessa forma, a despesa financeira será dedutível desde que reconhecida mensalmente ou somente no final, com o pagamento.

Há de se ressaltar que o reconhecimento somente no final não é recomendável em função dos princípios contábeis e para evitar a antecipação de pagamento de tributos.

As operações de empréstimos e financiamentos que tenham valores a pagar com prazo superior a 12 (doze) meses, considerando que essas parcelas serão acrescidas dos encargos, se for o caso, devem ser classificadas no passivo não circulante.

Dessa forma, somente os valores com vencimentos até 12 (doze) meses devem ser classificados como circulante. Assim, a cada período encerrado, é feita uma análise dos empréstimos registrados no circulante e não circulante, além dos devidos ajustes nos grupos.

Portanto, como no grupo da conta de fornecedores, existe a possibilidade de empréstimo em moeda estrangeira. Dessa forma, para efeito de controle, é importante que a contabilidade separe os empréstimos em moeda nacional e em moeda estrangeira.

Vários outros aspectos contábeis devem ser analisados, mas como o objetivo desta obra abrange somente os fatos que têm reflexo fiscal, não serão comentados tais aspectos.

13.2 Na prática

A empresa ABC Comércio Ltda. fez captação de recursos nas seguintes condições:

Em moeda estrangeira

Descrição	
A – Data da liberação	30.6.2009
B – Valor da liberação em US$	100.000
C – Cotação do dólar na liberação	1,50
D – Valor da liberação em real	150.000
E – Nº de amortização	1
F – Data do vencimento	30.06.2010
G – Taxa de juros	1% ao mês
H – Cotação do dólar no final do exercício	1,60

Com base nos dados acima apresentados, e considerando que os juros serão capitalizados somente no vencimento do contrato, demonstram-se a seguir os cálculos dos encargos financeiros.

Mês	Histórico	Valor em US$		Cotação do US$	Valor em R$	
		Principal	Juros		Principal	Juros
30/6/2009	Liberação	100.000	–	1,50	150.000	
31/7/2009	Juros		1.033[1]	1.50		1.549
31/8/2009	Juros		1.033	1,50		1.549
30/9/2009	Juros		1.000[2]	1,60		1.600
30/9/2009	Variação				10.000[3]	207[4]
31/10/2009	Juros		1.033	1,60		1.600
30/11/2009	Juros		1.000	1.60		1.600
31/12/2009	Juros		1.033	2,00		2.000
31/12/2009	Variação				40.000	2.159
31/12/2009	Saldo	100.000	6.132	2,00	200.000	12.264

---

[1] US$ 100.000 * 1%/30 * 31.

[2] US$ 100.00 * 1%/30 * 30.

[3] US$ 100.000 * 1,60 – 150.000.

[4] (1.033 + 1.033 + 1.000) * 1,60 – (1.549 + 1.549 + 1.600).

Os encargos financeiros devem ser calculados e contabilizados mensalmente, enquanto na variação cambial a pessoa jurídica poderá optar por reconhecê-los somente na liquidação, devendo ser observado que a opção obriga o mesmo tratamento para os valores a receber sujeitos a variação cambial.

Neste livro, os cálculos foram realizados mensalmente, mas a contabilização, de uma única vez, em 30/12/2009, para não tornar a leitura cansativa.

Dos lançamentos do empréstimo em moeda estrangeira

Da liberação, Lançamento nº 104

Débito: 1.1.1.02.001 Banco do Brasil
Crédito: 2.1.2.2.01 Banco do Brasil
Histórico: R$ 150.000

Dos juros, Lançamento nº 105

Débito: 4.2.4.01 Juros
Crédito: 2.1.2.2.01 Banco do Brasil
Histórico: R$ 9.898

Da variação cambial, Lançamento nº 106

Débito: 4.2.4.02 Variação cambial
Crédito: 2.1.2.2.01 Banco do Brasil
Histórico: R$ 52.366

Em moeda nacional

Descrição	
A – Data da liberação	30.06.2009
D – Valor da liberação em real	500.000
E – Nº de amortização	1
F – Data do vencimento	30.06.2010
G – Taxa de juros	1% ao mês

Com base nas informações acima, serão demonstrados os cálculos dos juros mensais, considerando que a contabilização será da mesma forma dos empréstimos em moedas estrangeiras.

Mês	Histórico	Valor em US$	
		Principal	juros
30/6/2009	Liberação	500.000	–
31/7/2009	Juros		5.166[5]
31/8/2009	Juros		5.166
30/9/2009	Juros		5.000[6]
31/10/2009	Juros		5.166
30/11/2009	Juros		5.000
31/12/2009	Juros		5.166
31/12/2009	Saldo	500.000	30.664

Dos lançamentos do empréstimo em moeda nacional

Da liberação, Lançamento nº 107

Débito:	1.1.1.02.001 Banco do Brasil
Crédito:	2.1.2.1.01 Banco do Brasil
Histórico:	R$ 500.000

Dos juros, Lançamento nº 108

Débito:	4.2.4.01 Juros
Crédito:	2.1.2.1.01 Banco do Brasil
Histórico:	R$ 30.664

A empresa ABC Comércio Ltda. fez essa captação de recurso para comprar um armazém. Assim, em 10/7/2009, realizou a compra de um armazém a vista no valor de R$ 850.000 (oitocentos e cinquenta mil reais).

Da compra do armazém, Lançamento nº 109

Débito:	1.2.2.2.002 Edificações
Crédito:	1.1.1.02.001 Banco do Brasil
Histórico:	R$ 850.000

---

[5] R$ 500.000 * 1% /30 * 31.

[6] R$ 100.000 * 1%/30 * 30.

13.3 Da provisão do IR e da CSLL

Com o patrimônio líquido reduzido em R$ 15.000 (quinze mil reais), conforme demonstração no item 12.7, serão calculadas e ajustadas as provisões para IR e CSLL, somente para efeito de acompanhamentos, pois a empresa modelo fez a opção pelo lucro anual e o ajuste seria somente no final do período.

Demonstração do cálculo da provisão

OL = Onde localizar

DAA = Demonstração de apuração anterior

DAC = Demonstração de apuração neste capítulo

DA = Demonstração acumulada

Descrição	Valor					
	OL	DAA	OL	DAC	OL	DA
Lucro bruto	**12.8**	132.362	**13.6**	(92.928)	**13.6**	39.434
CSLL 9%		6.486		6.486		–
IR 15%		10.810		10.810		–
Lucro líquido	**12.8**	115.066		(75.632)	**13.6**	39.434

Os lançamentos dos ajustes das provisões para IR e CSLL, como é uma redução, serão somente até o montante já provisionado.

Da CSLL, Lançamento nº 110

Débito:	2.1.4.02 Provisão CSLL
Crédito:	4.3.1.01 Provisão p/ CSLL
Histórico:	R$ 6.486

Do IRPJ, Lançamento nº 111

Débito:	2.1.4.01 Provisão IR
Crédito:	4.3.2.01 Provisão IR
Histórico:	R$ 10.810

13.4 Do Razão das contas

O Razão das contas movimentadas neste capítulo é o seguinte:

RAZÃO CONTÁBIL

Empresa ABC Comércio Ltda. Folha – 2

Conta contábil: 1.1.1.02.001 – Banco do Brasil

Data	Histórico	Nº Lança-mento	Débito	Crédito	Saldo	D/C
20/7/2009	Saldo anterior				248.992	D
30/6/2009	Vr. liberação empréstimo	104	150.000		398.992	D
30/6/2009	Vr. liberação empréstimo	107	500.000		898.992	D
10/7/2009	Vr. compra armazém	109		850.000	48.992	D
				Saldo final >>	48.992	D

RAZÃO CONTÁBIL

Empresa ABC Comércio Ltda. Folha –9

Conta contábil: 1.2.2.2.002 – Edificações

Data	Histórico	Nº Lança-mento	Débito	Crédito	Saldo	D/C
22/2/2009	Saldo anterior				250.000	D
10/7/2009	Vr. compra armazém	109	850.000		1.100.000	D
				Saldo final >>	1.100.000	D

RAZÃO CONTÁBIL

Empresa ABC Comércio Ltda. Folha – 10

Conta contábil: 2.1.2.1.1.01 – Banco do Brasil

Data	Histórico	Nº Lança-mento	Débito	Crédito	Saldo	D/C
30/6/2009	Vr. liberação empréstimo	107		500.000	500.000	C
31/12/2009	Vr. juros incorridos	108		30.664	530.664	C
				Saldo final >>	530.664	C

Empréstimos e Financiamentos **291**

RAZÃO CONTÁBIL

Empresa ABC Comércio Ltda. Folha – 10

Conta contábil: 2.1.2.1.2.01 – Banco do Brasil

Data	Histórico	Nº Lança-mento	Débito	Crédito	Saldo	D/C
30/6/2009	Vr. liberação empréstimo	104		150.000	150.000	C
31/12/2009	Vr. juros incorridos	105		9.898	159.898	C
31/12/2009	Vr. variação cambial	106		52.366	212.264	C
				Saldo final >>	212.264	C

RAZÃO CONTÁBIL

Empresa ABC Comércio Ltda. Folha – 13

Conta contábil: 2.1.4.01 – Provisão IR

Data	Histórico	Nº Lança-mento	Débito	Crédito	Saldo	D/C
30/6/2009	Saldo anterior				10.810	C
31/12/2009	Vr. reversão provisão	110	10.810		-	C
				Saldo final >>	-	

RAZÃO CONTÁBIL

Empresa ABC Comércio Ltda. Folha – 14

Conta contábil: 2.1.4.02 – Provisão CSLL

Data	Histórico	Nº Lança-mento	Débito	Crédito	Saldo	D/C
30/6/2009	Saldo anterior				6.486	C
31/12/2009	Vr. reversão provisão	111	6.486		–	
				Saldo final >>	–	

RAZÃO CONTÁBIL

Empresa ABC Comércio Ltda.
Folha – 26
Conta contábil: 4.2.4.01 – Juros

Data	Histórico	Nº Lança-mento	Débito	Crédito	Saldo	D/C
31/12/2009	Vr. juros incorridos	105	9.898		9.898	D
31/12/2009	Vr. juros incorridos	108	30.664		40.562	D
				Saldo final >>	40.562	D

RAZÃO CONTÁBIL

Empresa ABC Comércio Ltda.
Folha – 26
Conta contábil: 4.2.4.02 – Variação cambial

Data	Histórico	Nº Lança-mento	Débito	Crédito	Saldo	D/C
31/12/2009	Vr. variação cambial	106	52.366		52.366	D
				Saldo final >>	52.366	D

RAZÃO CONTÁBIL

Empresa ABC Comércio Ltda.
Folha – 24
Conta contábil: 4.4.1.01 Provisão CSLL

Data	Histórico	Nº Lança-mento	Débito	Crédito	Saldo	D/C
30/6/2009	Saldo anterior				6.486	D
31/12/2009	Vr. reversão provisão	111	6.486		–	D
				Saldo final >>	–	

RAZÃO CONTÁBIL

Empresa ABC Comércio Ltda.
Folha – 25
Conta contábil: 4.4.1.02 – Provisão IRPJ

Data	Histórico	Nº Lança-mento	Débito	Crédito	Saldo	D/C
30/6/2009	Saldo anterior	103	1.900		10.810	D
31/12/2009	Vr. reversão provisão	110		10.810	–	
				Saldo final >>	–	

13.5 Posição patrimonial

	Posição anterior em real	Variação em real	Posição atual em real
Ativo			
Circulante	533.104	(200.000)	333.104
Caixa	200		200
Bancos c/movimento	248.992	(200.000)	48.992
Impostos a recuperar	113.512		113.512
IRRF	3.400		3.400
PIS	7.512		7.512
COFINS	34.600		34.600
ICMS	68.000		68.000
Estoques	147.500		147.500
mercadorias	147.500		147.500
Adiantamentos	22.500		22.500
13º salário	22.500		22.500
Despesa de exercício seguinte			
Seguros	400		400
Ativo não circulante	945.677	850.000	1.795.677
Investimentos	561.800		561.800
Banco do Brasil	1.800		1.800
JB Indústria S.A.	500.000		500.000
(–) Deságio	(100.000)		(100.000)
Ceará S.A.	160.000		160.000
Imobilizado	383.877	850.000	1.233.877
Custo de aquisição	390.946	850.000	1.240.946
Edificações	250.000	850.000	1.100.000
Veículos	40.000		40.000
Computadores	4.000		4.000
Instalações	96.946		96.946
Depreciação acumulada	(7.069)		(7.069)
Veículos	(4.676)		(4.676)
Computadores	(401)		(401)
Instalações	(1.992)		(1.992)
Total do ativo	1.478.782	650.000	2.128.781

	Posição anterior em real	Variação em real	Posição atual em real
Passivo			
Circulante	113.715	725.632	839.347
Empréstimos		742.928	742.928
Moeda nacional	–	530.664	530.664
Moeda estrangeira	–	212.264	212.264
Obrigações sociais	5.791		5.791
INSS	5.791		5.791
Obrigações tributárias	107.924	(17.296)	90.628
IRRF	4.003	(6.486)	4.003
PIS	5.445	(10.810)	5.445
COFINS	25.080		25.080
ICMS	56.100		56.100
Provisão CSLL	6.486		–
Provisão IRPJ	10.810		–
Passivo não circulante	250.000	–	250.000
Empréstimo de sócio	250.000	–	250.000
Patrimônio líquido	1.115.066	(75.632)	1.039.434
Capital social	1.000.000	–	1.000.000
Subscrito	1.000.000	–	1.000.000
Resultado do período	115.066	(75.632)	39.434
Total do passivo	1.478.781	650.000	2.128.781

13.6 Demonstração do resultado

Demonstração do resultado apurado até essa conta, ou seja, variação do Patrimônio Líquido, relativa aos lançamentos contábeis que podem ter incidência de tributação.

Descrição dos fatos	Valor		
	Posição anterior	Variação	Posição atual
Venda de mercadorias	330.000		330.000
(–) ICMS	56.100		56.100
(–) PIS	5.445		5.445
(–) COFINS	25.080		25.080
Receita líquida	243.375		243.375
Custo da mercadoria vendida	(147.500)		(147.500)
Lucro bruto	95.875		95.875
Despesas de salário	(35.000)		(35.000)
INSS	(3.507)		(3.507)
Despesa de seguro	(800)		(800)
Despesas de depreciação	(24.604)		(24.604)
Despesas financeiras	(4.100)	(92.928)	(97.028)
Receitas financeiras	26.663		26.663
Receita de dividendo	300		300
Ajuste de equivalência	60.000		60.000
Receitas não operacionais	150.000		150.000
Despesas não operacionais	(132.465)		(132.465)
Lucro antes do IR e CSLL	132.362	(92.928)	39.434
CSLL (9%)	(6.486)	6.486	–
IRPJ (15%)	(10.810)	10.810	–
Lucro líquido	115.066	(75.632)	39.434

13.7 Demonstrativo dos custos tributários

Os custos tributários da operação até aqui compensados com os valores dos créditos correspondentes à baixa do estoque são de R$ 34.125 (trinta e quatro mil, cento e vinte e cinco reais), mas, para melhor fixar, seguem demonstrados da seguinte forma:

Descrição dos fatos	Valor		
	Posição anterior	Variação	Posição atual
(A) Tributos s/vendas	**86.625**	**–**	**86.625**
ICMS	56.100	–	56.100
PIS	5.445	–	5.445
COFINS	25.080	–	25.080
(B) Tributos s/ resultado	**17.296**	**(17.296)**	**–**
CSLL	6.486	(6.486)	–
IRPJ	10.810	(10.810)	–
(C) Créditos s/ vendas	**52.500**		**52.500**
ICMS R$ 34.000	34.000		34.000
PIS R$ 3.300	3.300		3.300
COFINS R$ 15.200	15.200		15.200
(D) Custo líquido (A + B – C)	**51.421**	**(17.296)**	**34.125**

13.8 Resumo e efeito dos lançamentos com relação às contas de empréstimos e financiamentos

(P) Permutativo

(MA) Modificativo aumentativo

(MD) Modificativo diminutivo

Nº Lanç.	Fato contábil			Valor do lançamento	
	P	MA	MD		
104	X			150.000	
105			X		(9.898)
106			X		(52.366)
107	X			500.000	
108			X		(30.664)
109	X			850.000	
110		X			6.486
111		X			10.810
Resultado dos lançamentos de despesas de exercício seguinte					(75.632)

14

Das Obrigações Sociais e Tributárias

14.1 Comentários gerais

Esse grupo de conta registra as obrigações da pessoa jurídica com relação aos tributos, ou seja, impostos ou contribuições sociais, sendo que deve existir uma conta para cada espécie de tributo.

Sobre os valores registrados nessas contas, existem algumas discussões, dentre as quais estão:

a) a contabilização dos tributos sem os pagamentos é dedutível da base de cálculo da CSLL e do IR;

b) as despesas de atualização das dívidas tributárias ainda não pagas serão dedutíveis da base de cálculo da CSLL e do IR para as pessoas jurídicas que declaram com base no lucro real;

c) as pessoas jurídicas que estão com débitos tributários não podem distribuir lucro.

Existem ainda alguns profissionais que fazem confusão entre despesas incorridas e provisões, embora sejam coisas absolutamente diferentes.

O Decreto-lei nº 1.598/77 determina que as pessoas jurídicas que declaram pelo regime de lucro real devem reconhecer suas despesas pelo regime de competência, ou seja, o tributo é referente a fato gerador ocorrido em um determinado mês, portanto, deve ser contabilizado naquele mês, independentemente de ter sido pago ou não.

Assim, quando ainda não realizada a obrigação tributária, esta deve ser registrada no passivo especificamente nesse grupo.

A confusão existe porque a legislação determina que somente sejam dedutíveis da base de cálculo da CSLL e IR as provisões para férias e 13º (décimo-terceiro) salário.

Todavia, nos casos dos tributos não se trata de provisões, e sim de despesas incorridas e reconhecidas pelo regime de competência. Dessa forma, essa despesa é dedutível independentemente do pagamento.

Com relação às despesas de atualização das dívidas ainda não pagas, tanto com relação às multas e aos juros, existe dúvida sobre a dedutibilidade dos valores referentes aos juros e multa sobre tributos ainda não recolhidos.

Para dirimir essa questão, segue transcrito o entendimento do 1º Conselho de Contribuinte:

> O 1º C.C. decidiu que a multa de mora é dedutível na apuração do lucro real do exercício em que foi incorrida, mesmo paga no exercício subsequente (Ac. nº 103-18. 787/97 no *DOU* de 20/10/1997).
>
> Os incidentes sobre tributos não recolhidos no prazo legal são dedutíveis no período em que foram incorridos e não no período de seu efetivo pagamento, porquanto prevalece o regime de competência (Ac. nº 103-20. 263/00, *DOU* de 20/6/2000).

Essa posição do antigo Conselho de Contribuinte reconhece o regime de competência, conforme determinação legal. Como exemplos de multas punitivas, podem-se citar:

a) as multas de lançamento de ofício aplicadas sobre a totalidade ou diferença do imposto devido, nos casos de falta de declaração, declaração inexata ou de evidente intuito de fraude (RIR/1999, art. 957);

b) a multa aplicada sobre a totalidade ou diferença de imposto, resultante da reunião de duas ou mais declarações, quando a pessoa jurídica não apresentar uma só declaração para cada período-base de incidência (RIR/1999, art. 964, II, *b*);

c) a multa aplicada quando for apurado, mediante revisão posterior, que a indicação da receita bruta ou do lucro tributável, feita pela pessoa jurídica em sua declaração, o foi com inobservância às disposições legais (RIR/1999, art. 957);

d) a multa aplicada quando a fonte pagadora deixar de descontar o Imposto de Renda na fonte sobre rendimentos do trabalho assalariado (RIR/1999, art. 957, com as alterações da Lei nº 9.430, de 1996, art. 44);

e) a multa aplicada à fonte pagadora obrigada a reter tributo ou contribuição, no caso de falta de retenção ou recolhimento, ou recolhimento após o prazo fixado, sem o acréscimo de multa moratória (Lei nº 10.426, de 2002, art. 9º).

Quanto à distribuição de lucro de pessoas jurídicas com débitos tributários sem a garantia, o art. 32 da Lei nº 4.357 é muito claro quando veda a distribuição de lucro das empresas com dívidas junto à União ou à Previdência Social, conforme redação do referido diploma legal:

> Art 32. As pessoas jurídicas, enquanto estiverem em débito, não garantido, para com a União e suas autarquias de Previdência e Assistência Social, por falta de recolhimento de imposto, taxa ou contribuição, no prazo legal, não poderão:
>
> a) distribuir [...] (VETADO) [...] quaisquer bonificações a seus acionistas;
>
> b) dar ou atribuir participação de lucros a seus sócios ou quotistas, bem como a seus diretores e demais membros de órgãos dirigentes, fiscais ou consultivos;
>
> c) (VETADO).
>
> § 1º A inobservância do disposto neste artigo importa em multa que será imposta:
>
> I – às pessoas jurídicas que distribuírem ou pagarem bonificações ou remunerações, em montante igual a 50% (cinquenta por cento) das quantias distribuídas ou pagas indevidamente; e
>
> II – aos diretores e demais membros da administração superior que receberem as importâncias indevidas, em montante igual a 50% (cinquenta por cento) dessas importâncias.
>
> § 2º A multa referida nos incisos I e II do § 1º deste artigo fica limitada, respectivamente, a 50% (cinquenta por cento) do valor total do débito não garantido da pessoa jurídica.

Esse diploma encontra-se regulamentado pelo Decreto nº 3.000/99 e pela Lei nº 8.212/91. Dessa forma, é importante o contribuinte ficar atento a essa vedação.

A título de informação, o TRF da 4ª Região tem julgado que há multa pelo descumprimento do art. 32 do Decreto-lei nº 4.357/1964, reafirmado pelo art. 52 da Lei nº 8.212/1991, conforme noticia o Recurso Especial nº 676663, da Relatoria da Ministra Denise Arruda, com data de publicação em 11/4/2007, cuja decisão segue colacionada:

Decisão:

RECURSO ESPECIAL Nº 676.663 – PR (2004/0.111.952-8)

RELATORA: MINISTRA DENISE ARRUDA

RECORRENTE: SIGMA PERITOS E CONSULTORES S/C LTDA.

ADVOGADO: EDUARDO MUNHOZ DA CUNHA E OUTRO.

RECORRIDO: INSTITUTO NACIONAL DO SEGURO SOCIAL – INSS.

PROCURADOR: LUCAS TROMBETTA BRANDÃO E OUTROS.

DECISÃO:

RECURSO ESPECIAL. PROCESSUAL CIVIL. TRIBUTÁRIO. CONSTITUCIO-NALIDADE DO ART. 52 DA LEI 8.212/91. MATÉRIA DE ÍNDOLE CONSTITU-CIONAL. INVIABILIDADE DE ANÁLISE EM SEDE DE RECURSO ESPECIAL. SEGUIMENTO NEGADO.

1. É inviável o exame em sede de recurso especial de acórdão fundamen-tado em matéria de índole eminentemente constitucional, por esbarrar na competência traçada pelo art. 105, III, da Constituição Federal, ao Superior Tribunal de Justiça.

2. Recurso especial a que se nega seguimento.

1. Trata-se de recurso especial interposto por SIGMA PERITOS E CONSUL-TORES S/C LTDA. com fundamento no art. 105, III, *a* e *c*, da Constituição Federal, contra acórdão, proferido pelo TRF da 4ª Região, assim ementado:

"ARTIGO 52 DA LEI Nº 8.212/91. INCONSTITUCIONALIDADE. NÃO HÁ. DISTRIBUIÇÃO DE LUCROS. EMPRESA COM DÉBITOS FISCAIS. MULTA PUNITIVA.

1. À empresa em débito para com a Seguridade Social é proibido distribuir bonificação ou dividendo a acionista, bem como dar ou atribuir cota ou participação nos lucros a sócio-cotista, diretor ou outro membro de órgão di-rigente, fiscal ou consultivo, ainda que a título de adiantamento, sujeitando-se à multa, em caso de descumprimento.

2. Não há ofensa ao princípio da livre iniciativa disposto na Constituição Federal, nem imposição de gravame superior à proibição de não contratação com o Poder Público, uma vez que se trata de situações distintas. A um, porque a proibição de contratação com o Poder Público de que trata o artigo 195 da Constituição Federal objetiva evitar que devedor de tributo aufira lu-cro a partir de contrato com ente público, na prestação de serviço público. A dois, porque a multa aplicada *in casu* constitui penalidade decorrente não do não pagamento das contribuições previdenciárias devidas, mas do fato do não pagamento do tributo cumulado com a distribuição de lucro aos sócios nessa circunstância.

3. O escopo do dispositivo é punir, senão coibir, a sonegação de tributo – no caso, contribuição previdenciária – quando houver meios para o pagamento e o devedor optar por não fazê-lo, preferindo distribuir lucros, beneficiando seus sócios.

Das Obrigações Sociais e Tributárias **301**

4. Não se pode interpretar a lei de forma a pactuar com o entendimento de que é lícito não pagar o tributo devido ao Estado, permitindo a distribuição de lucro aos sócios. Os valores assim confiados a particulares são subtraídos dos cofres públicos, cuja destinação é de interesse público e da coletividade.

5. Não há *bis in idem* na fixação da multa, tendo em vista que não é possível confundir multa de caráter indenizatório e de caráter punitivo/educativo. A primeira decorre de mora, do pagamento em destempo. A segunda diz respeito a infração administrativa – esse é o caso dos autos.

6. Infringida a regra legal, incide a multa. Seu percentual decorre de lei, tendo por escopo justamente coibir não apenas a sonegação fiscal, mas punir a sonegação agravada pelo fato de que se beneficiaram os sócios dos valores não pagos ao Estado, não podendo o juiz, por critério subjetivo, alterar seu valor.

7. Honorários advocatícios fixados em 10% do valor atualizado da execução, em consonância com o disposto no art. 20 § 3º do CPC e com os parâmetros desta Turma" (fl. 211) Os embargos declaratórios opostos foram acolhidos para fins de prequestionamento. No presente recurso especial, a empresa recorrente aponta, além de divergência jurisprudencial, violação dos arts.: (a) 165, 458, II, e 535, I e II, do CPC, alegando, em síntese, que o Tribunal *a quo* omitiu-se na análise de questões de fato essenciais ao deslinde da controvérsia, mormente em relação à inexistência de crédito tributário regularmente constituído; (b) 52 da Lei nº 8.212/91 e 142 do CTN, afirmando a impossibilidade de incidência de multa, porquanto "a recorrente efetuou distribuição de lucros em época em que não havia sido lavrado o necessário ato de lançamento tributário visando à constituição de crédito, de modo que não era considerada devedora da Seguridade Social" (fl. 238).

Transcorreu *in albis* o prazo para apresentação das contrarrazões.

Admitido o recurso na origem, subiram os autos.

É o relatório.

2. O recurso não merece transpor sequer o óbice de admissibilidade. Em primeiro lugar, no que tange à ofensa aos arts. 165, 458, II, e 535, I e II, do CPC, a jurisprudência dessa Corte é pacífica no sentido de que não viola tais dispositivos, tampouco nega prestação jurisdicional, o acórdão que, mesmo sem ter examinado individualmente cada um dos argumentos trazidos pelo vencido, adotou, entretanto, fundamentação suficiente para decidir de modo integral a controvérsia, conforme ocorreu no acórdão em exame, não se podendo cogitar de sua nulidade. Nesse sentido, os seguintes julgados: AgRg no Ag 571.533/RJ, 1ª Turma, Rel. Min. Teori Albino Zavascki, *DJ* de 21/6/2004; AgRg no Ag 552.513/SP, 6ª Turma, Rel. Min. Paulo Gallotti, *DJ* de 17/5/2004; EDcl no AgRg no REsp 504.348/RS, 2ª Turma, rel. Min. Franciulli Netto, *DJ* de 8/3/2004; REsp 469.334/SP, 4ª Turma, rel. Min. Aldir Passarinho Junior, *DJ* de 5/5/2003; AgRg no Ag 420.383/PR, 1ª Turma, Rel. Min. José Delgado, *DJ* de 29/4/2002.

Ademais, verifica-se nos autos que o Tribunal de origem decidiu a demanda em sua integralidade, embora de maneira contrária à pretensão da recorrente, o que, por si só, não configura falta de prestação jurisdicional ou qualquer outro vício no julgado. Nesse sentido, esse Tribunal Superior tem entendido que decisão contrária ao interesse da parte não pode ser confundida com ausência de prestação jurisdicional (Acórdãos: AgRg no Ag 498.899/ GO, 6ª Turma, rel. Min. Paulo Gallotti, *DJ* de 7/3/2005; AgRg no REsp 591.453/DF, 6ª Turma, rel. Min. Hamilton Carvalhido, *DJ* de 17/12/2004. Decisões monocráticas: REsp 728.279/SC, rel. Min. Arnaldo Esteves Lima, *DJ* de 30/3/2005; REsp 616.571/MG, rel. Min. Luiz Fux, *DJ* de 11/5/2004; Ag 566.195/MS, rel. Min. João Otávio de Noronha, *DJ* de 7/3/2005).

Em segundo lugar, o Tribunal de origem decidiu a controvérsia com base em normas e princípios constitucionais, entendendo pela constitucionalidade do disposto no art. 52 da Lei nº 8.212/91.

Consignou, na ocasião, que "não há no dispositivo qualquer ofensa ao princípio da livre iniciativa disposto na Constituição Federal.

Sequer há imposição de gravame superior à proibição de não contratação com o Poder Público, também prevista na Constituição Federal, uma vez que se trata de situações distintas. A um, porque a proibição de contratação com o Poder Público de que trata o artigo 195 da Constituição Federal objetiva evitar que devedor de tributo aufira lucro a partir de contrato com ente público, na prestação de serviço público. A dois, porque a multa aplicada *in casu* constitui penalidade decorrente não do não pagamento das contribuições previdenciárias devidas, mas do fato do não pagamento de tributo cumulado com a distribuição de lucro aos sócios nessa circunstância" (fls. 208/209).

Todavia, o exame de acórdão baseado em normas e princípios de índole constitucional é vedado em sede de recurso especial, por esbarrar na competência traçada pelo art. 105, III, da Constituição Federal, ao Superior Tribunal de Justiça. Isso porque o exame de suposta violação de dispositivos constitucionais é de competência exclusiva do Supremo Tribunal Federal, conforme dispõe o art. 102, III, da Carta Federal, pela via do recurso extraordinário, sendo vedado a essa Corte Superior realizá-lo, ainda que para fins de prequestionamento.

Sob esse prisma, podem ser mencionados os seguintes acórdãos: "PROCESSUAL CIVIL. TRIBUTÁRIO. EXCLUSÃO DO REFIS. OFENSA AO PRINCÍPIO CONSTITUCIONAL DO DEVIDO PROCESSO LEGAL. MATÉRIA DE ÍNDOLE CONSTITUCIONAL. ART. 102 DA CONSTITUIÇÃO FEDERAL.

1. Não cabe ao Superior Tribunal de Justiça apreciar matéria de índole constitucional, somente passível de impugnação pela via do recurso extraordinário, de competência exclusiva da Suprema Corte, nos termos do artigo 102 da Constituição Federal.

2. Recurso especial não conhecido." (REsp 819.830/CE, 2ª Turma, rel. Min. Castro Meira, *DJ* de 5/4/2006)

"RECURSO ESPECIAL. TRIBUTÁRIO. ICMS. IMPORTAÇÃO DE BEM PARA COMPOR O ATIVO FIXO. ACÓRDÃO RECORRIDO FUNDADO EM INTERPRETAÇÃO DE MATÉRIA DE NATUREZA CONSTITUCIONAL. IMPROPRIEDADE DA VIA ELEITA.

Das Obrigações Sociais e Tributárias **303**

1. Fundando-se o acórdão recorrido em interpretação de matéria eminentemente constitucional, descabe a esta Corte examinar a questão, porquanto reverter o julgado significaria usurpar competência que, por expressa determinação da Carta Maior, pertence ao Colendo STF, e a competência traçada para o STJ, no julgamento de recurso especial, restringe-se unicamente à uniformização da legislação infraconstitucional.

2. Ausência de argumentos capazes de infirmar o entendimento adotado na decisão agravada.

3. Agravo regimental a que se nega provimento." (AgRg no REsp 637.724/RS, 1ª Turma, rel. Min. Luiz Fux, *DJ* de 28/3/2005)

"TRIBUTÁRIO. CONTRIBUIÇÃO PREVIDENCIÁRIA. INCIDÊNCIA SOBRE GRATIFICAÇÃO. CARGO DE DIREÇÃO, CHEFIA OU ASSESSORAMENTO. LEI Nº 9.783/99. LEGITIMIDADE PASSIVA. LEI Nº 9.494/97. CONCESSÃO DE TUTELA ANTECIPADA CONTRA A FAZENDA PÚBLICA. INADEQUADA DEMONSTRAÇÃO DO DISSÍDIO JURISPRUDENCIAL. MATÉRIA CONSTITUCIONAL. FALTA DE PREQUESTIONAMENTO. NÃO CONHECIMENTO DO RECURSO ESPECIAL.

[...]

2. Insuscetível de reexame em sede de recurso especial controvérsia decidida com base em fundamentos constitucionais.

3. Inviável a análise, em recurso especial, de dispositivos sobre os quais não houve emissão de juízo pelo acórdão recorrido.

4. Recurso especial não conhecido." (REsp 396.543/RS, 1ª Turma, rel. Min. Teori Albino Zavasck, *DJ* de 10/11/2003)

3. Diante do exposto, com fundamento no art. 557, *caput*, do Código de Processo Civil, nego seguimento ao recurso especial.

Publique-se. Intimem-se.

Brasília (DF), 26 de março de 2007.

Ministra Denise Arruda

Relatora

14.2 Previdência social

Essa conta registra as obrigações a pagar da pessoa jurídica relacionadas à previdência, que tanto pode ser da empresa, dos empregados, como do trabalhador avulso, ou seja, toda remuneração paga será base de cálculo da contribuição para a Previdência Social, que deve ser recolhida até o dia 20 (vinte) do mês subsequente ao fato gerador. Caso essa data seja um feriado bancário, deve ser o pagamento antecipado.

a) Das contribuições dos empregados

A empresa desconta, na folha de pagamento, os valores referentes à contribuição para a previdência social de cada empregado, que terá como base de cálculo a remuneração e a alíquota de acordo com a faixa de salário, que varia de 8% (oito por cento) a 11% (onze por cento).

Então, quando a empresa faz a retenção, assume uma obrigação de pagar essa contribuição. Dessa forma, registra no passivo especificamente nessa conta.

b) Das contribuições da pessoa jurídica

Consoante o art. 22 da Lei nº 8.212/91,[1] são devidos pela pessoa jurídica 20% (vinte por cento) sobre toda remuneração paga ou creditada a qualquer título. Estão incluídos nessa remuneração os salários, o pró-labore e os serviços prestados avulsos.

Ainda com relação à remuneração paga ou creditada aos empregados e trabalhadores avulsos, essa contribuição ocorre em função do seguro por acidente de trabalho (SAT),[2] com as seguintes alíquotas:

- a) 1% (um por cento) para as empresas em cuja atividade preponderante o risco de acidentes do trabalho seja considerado leve;
- b) 2% (dois por cento) para as empresas em cuja atividade preponderante esse risco seja considerado médio;
- c) 3% (três por cento) para as empresas em cuja atividade preponderante esse risco seja considerado grave.

Sobre essa contribuição, oportuno destacar que, muitas vezes, as autoridades fiscais não distinguem o tipo de risco a que a empresa está submetida e tributam com a alíquota máxima de 3% (três por cento). Dessa forma, cabe destacar a jurisprudência abaixo colacionada:

---

[1] "Art. 22. A contribuição a cargo da empresa, destinada à Seguridade Social, além do disposto no art. 23, é de: 6 I – vinte por cento sobre o total das remunerações pagas, devidas ou creditadas a qualquer título, durante o mês, aos segurados empregados e trabalhadores avulsos que lhe prestem serviços, destinadas a retribuir o trabalho, qualquer que seja a sua forma, inclusive as gorjetas, os ganhos habituais sob a forma de utilidades e os adiantamentos decorrentes de reajuste salarial, quer pelos serviços efetivamente prestados, quer pelo tempo à disposição do empregador ou tomador de serviços, nos termos da lei ou do contrato ou, ainda, de convenção ou acordo coletivo de trabalho ou sentença normativa" (Redação dada pela Lei nº 9.876, de 1999).

[2] "Art. 22 da Lei 8.212/91. [...] II – para o financiamento do benefício previsto nos arts. 57 e 58 da Lei nº 8.213, de 24 de julho de 1991, e daqueles concedidos em razão do grau de incidência de incapacidade laborativa decorrente dos riscos ambientais do trabalho, sobre o total das remunerações pagas ou creditadas, no decorrer do mês, aos segurados empregados e trabalhadores avulsos" (Redação dada pela Lei nº 9.732, de 1998).

Das Obrigações Sociais e Tributárias **305**

AGRAVO REGIMENTAL NO AGRAVO DE INSTRUMENTO nº 1.134.164/SP

2008/0.269.291-2

Relator: Ministro Herman Benjamin (1132)

Órgão Julgador: T2 – Segunda Turma

Data da Publicação/Fonte: *DJe* 24/9/2009

Ementa:

PROCESSUAL CIVIL E TRIBUTÁRIO. AGRAVO REGIMENTAL. CONTRIBUI-ÇÃO AO SAT. INSTRUÇÃO NORMATIVA 2/1997. EXCLUSÃO DE EMPREGA-DOS DA ATIVIDADE-MEIO. ILEGALIDADE.

1. O entendimento em relação à legalidade da cobrança da contribuição ao SAT está consolidado no STJ, no sentido de que o decreto que estabeleça o que venha a ser atividade preponderante da empresa e seus correspondentes graus de risco – leve, médio ou grave – não exorbita de seu poder regulamentar. Precedentes do STJ.

2. O item 2.2.1 da Instrução Normativa 2/1997 ofendeu o princípio da legalidade, ao determinar a exclusão dos empregados que trabalham na atividade-meio para verificação do grau de risco da empresa, uma vez que criou preceito não previsto na Lei 8.212/1991, a qual disciplina o Seguro de Acidentes do Trabalho – SAT.

3. Agravo Regimental provido.

Acórdão

Vistos, relatados e discutidos os autos em que são partes as acima indicadas, acordam os Ministros da Segunda Turma do Superior Tribunal de Justiça: "A Turma, por unanimidade, deu provimento ao agravo regimental, nos termos do voto do(a) Sr(a). Ministro(a)-Relator(a)." Os Srs. Ministros Mauro Campbell Marques, Eliana Calmon, Castro Meira e Humberto Martins votaram com o Sr. Ministro Relator.

Referido assunto encontra-se sumulado, desde a publicação no *DJe*, em 19/6/2008, através da Súmula 351 do STJ, *in verbis*:

(SÚMULA) A alíquota de contribuição para o Seguro de Acidente do Trabalho – SAT é aferida pelo grau de risco desenvolvido em cada empresa, individualizada pelo seu CNPJ, ou pelo grau de risco da atividade preponderante quando houver apenas um registro.

Ainda, são devidos 20% (vinte por cento) sobre a remuneração paga ou creditada a qualquer título, no decorrer do mês, aos segurados contribuintes individuais que lhe prestem serviços.

Também, são devidos 15% (quinze por cento) sobre o valor bruto da nota fiscal ou fatura de prestação de serviços, relativamente a serviços que lhe são prestados por cooperados, por intermédio de cooperativas de trabalho.

Com efeito, as agroindústrias (o produtor rural, pessoa jurídica, cuja atividade econômica seja a industrialização de produção própria ou de produção própria e adquirida de terceiros) têm um tratamento diferente com relação à contribuição para a previdência social, ou seja, a base de cálculo da contribuição previdenciária é o faturamento, com as seguintes alíquotas:

I – 2,5% (dois vírgula cinco por cento) destinados à Seguridade Social;

II – 0,1% (zero vírgula um por cento) para o seguro acidente de trabalho.

As receitas de prestação de serviços pela agroindústria não serão tributadas pela previdência. Entretanto, a mão de obra aplicada na prestação dos serviços terá o tratamento normal, ou seja, contribuição para a Previdência Social.

Atenção para o tratamento diferenciado às agroindústrias, pois não se aplica às sociedades cooperativas e às agroindústrias de piscicultura, carcinicultura, suinocultura e avicultura.

Às empresas de atividade de florestamento e reflorestamento como fonte de matéria-prima para industrialização própria, mediante a utilização de processo industrial que modifique a natureza química da madeira ou a transforme em pasta celulósica, não se aplica o regime específico para as agroindústrias, ainda que comercializem resíduos vegetais, sobras ou partes da produção.

Nos casos das empresas de florestamento e reflorestamento, cuja receita com venda de resíduos vegetais, sobras ou partes da produção seja superior a 1% (um por cento) da receita bruta, enquadram-se no regime específico para a agroindústria.

Com relação às remunerações pagas ou creditadas aos contribuintes individuais, existe ainda retenção de 11% (onze por cento) limitada ao teto máximo, ou seja, a pessoa jurídica assume a obrigação de recolher essas contribuições e, no ato da retenção, faz o registro nessas contas específicas.

Ainda cabe comentar sobre a retenção e não recolhimento das contribuições para a Previdência Social, não de forma extensiva, em face da notoriedade desse assunto.

A retenção e o não recolhimento de qualquer tributo são considerados crimes de apropriação indébita, conforme determina o inciso II do art. 2º da Lei nº 8.137/90. Assim determina o dispositivo legal:

> Art. 2º Constitui crime da mesma natureza:
>
> I – [...];
>
> II – deixar de recolher, no prazo legal, valor de tributo ou de contribuição social, descontado ou cobrado, na qualidade de sujeito passivo de obrigação e que deveria recolher aos cofres públicos.

Dessa forma, não resta dúvida de que a falta de recolhimento das retenções pode gerar problemas penais.

No entanto, existem várias linhas de defesa com relação a essa acusação de crime.

Entre as linhas de defesa existem posicionamentos de que se os administradores não tiraram proveito do não recolhimento, ou seja, simplesmente não recolheram porque não tinham recursos, e isso ficar provado através da contabilidade, é muito difícil que sejam penalizados.

Outro argumento dentro da mesma linha lógica é que, na verdade, a administração da empresa não pagou a totalidade da folha; pagou somente o líquido, faltando as obrigações relacionadas à folha de pagamento.

A contabilidade é muito importante, visto que todos estes argumentos são embasados nos livros contábeis, portanto, devem estar registrados com muita clareza, inclusive a obrigação assumida pela retenção, para demonstrar que não houve a intenção de sonegar.

Oportuno acrescentar o julgamento da Apelação Criminal nº 21952-44.2007.4.05.8300, realizado pela Primeira Turma do Tribunal Federal da 5ª Região, sob a Relatoria do Desembargador Federal Francisco Cavalcanti, com publicação no *DJe* em 21/12/2009, p. 176, que acolhe a tese de inexigibilidade de conduta diversa no crime de apropriação indébita previdenciária, desde que haja cabal demonstração da crise financeira da empresa, consoante ementa colacionada:

> Ementa:
>
> PENAL E PROCESSUAL PENAL. OMISSÃO NO RECOLHIMENTO DE CONTRIBUIÇÃO PREVIDENCIÁRIA (ART. 168-A DO CÓDIGO PENAL). PRELIMINAR. QUESTÃO PREJUDICIAL. INEXISTÊNCIA. PRESCRIÇÃO. INOCORRÊNCIA.
>
> 1. CONFORME O SUPREMO TRIBUNAL FEDERAL, O DELITO DE APROPRIAÇÃO INDÉBITA PREVIDENCIÁRIA (CP, ART. 168-A) APERFEIÇOA-SE INDEPENDENTEMENTE DA EXISTÊNCIA DE "PROCEDIMENTO PRÉVIO PARA APURAR O MONTANTE OU O VALOR DA CONTRIBUIÇÃO PREVIDENCIÁRIA DEVIDA." O DESCONTO OU RETENÇÃO DE CERTA QUANTIA AO SALÁRIO É ATO QUE CONCERNE EXCLUSIVAMENTE AO PODER DECISÓRIO DO EMPREGADOR. ORA, SE HÁ VALOR RETIDO, APURADO SEGUNDO O PRÓPRIO JUÍZO DO EMPREGADOR, HÁ A OBRIGAÇÃO DO RECOLHIMENTO RESPECTIVO AOS COFRES DA PREVIDÊNCIA SOCIAL, INDEPENDENTE DO FATO DE O VALOR DESCONTADO CORRESPONDER, OU NÃO, AO DO CRÉDITO EXIGÍVEL. O TIPO PENAL APERFEIÇOA-SE, EM TESE, NO MOMENTO EM QUE NASCE AO EMPREGADOR A OBRIGAÇÃO JURÍDICA DE TRANSFERIR À AUTARQUIA AS IMPORTÂNCIAS QUE RETEVE A TÍTULO DE DESCONTO PREVIDENCIÁRIO. NESSE CASO, CONJUGAM-SE AS DUAS CONDUTAS PREVISTAS NO TIPO PENAL – "DESCONTAR" E "DEIXAR DE RECOLHER". A DISCUSSÃO ADMINISTRATIVA SOBRE O VALOR, PORTANTO, É DE TODO IRRELEVANTE SOB TAL ASPECTO" (HC Nº 93.874/PA).

2. A REGRA DE CÔMPUTO DA PRESCRIÇÃO DO ART. 119 DO CP NÃO SE APLICA ÀS HIPÓTESES DE CONTINUIDADE DELITIVA. O CÓDIGO PENAL ADOTOU A TEORIA DA FICÇÃO JURÍDICA, SEGUNDO A QUAL O CRIME CONTINUADO É UM ÚNICO DELITO. DESSE MODO, O TERMO INICIAL DO CÁLCULO DA PRESCRIÇÃO COINCIDE COM O ÚLTIMO ATO DELITIVO. PRELIMINARES REJEITADAS.

MÉRITO. AUTORIA E MATERIALIDADE COMPROVADAS. DOLO GENÉRICO. CULPABILIDADE. INEXIGIBILIDADE DE CONDUTA DIVERSA. INADMISSI-BILIDADE. DIFICULDADES ECONÔMICAS. NÃO PROVADAS. DOSIMETRIA DA PENA. CRIME CONTINUADO. CRITÉRIO DE AUMENTO. QUANTIDADE DE INFRAÇÕES.

3. O CRIME DE APROPRIAÇÃO PREVIDENCIÁRIA É OMISSIVO PRÓPRIO E PERFAZ-SE COM O DOLO GENÉRICO, CONSISTENTE NA VONTADE LIVRE E CONSCIENTE DE NÃO RECOLHER À PREVIDÊNCIA SOCIAL, NO PRAZO PREVISTO EM LEI, A CONTRIBUIÇÃO ARRECADADA DOS EMPREGADOS. NÃO IMPORTA, PARA A CONFIGURAÇÃO DO DELITO, O RÉU TER OU NÃO SE APROPRIADO DOS VALORES DESCONTADOS DOS EMPREGADOS.

4. RESTARAM SOBEJAMENTE DEMONSTRADAS A MATERIALIDADE E A AUTORIA DO DELITO. PRECEDENTES DO SUPREMO TRIBUNAL FEDERAL (RHC Nº 86.072/PR) E DO SUPERIOR TRIBUNAL DE JUSTIÇA (ERESP Nº 331.982/CE).

5. **APESAR DE O CÓDIGO PENAL NÃO ADOTAR A INEXIGIBILIDADE DE CONDUTA DIVERSA COMO CAUSA GERAL DE EXCLUSÃO DE CUL-PABILIDADE, OS TRIBUNAIS PÁTRIOS TÊM-NA ACEITO COMO CAU-SA SUPRALEGAL DE EXCLUSÃO DE CULPABILIDADE E, AINDA, COMO CIRCUNSTÂNCIA DE MITIGAÇÃO DA PENA, PELA LIVRE APRECIAÇÃO DA PROVA CONSTANTE DOS AUTOS PELO MAGISTRADO** (ART. 157 DO CPP). ADEMAIS, **NÃO SE HÁ DE RECONHECER A TESE EXCULPANTE DE DIFICULDADES FINANCEIRAS DA EMPRESA, SE DESACOMPANHADA DE PROVA DOCUMENTAL OU PERICIAL CONTÁBIL.**

6. O RÉU CARREOU AOS AUTOS CERTIDÕES NARRATIVAS EXPEDIDAS POR CARTÓRIOS DE PROTESTO DE TÍTULOS DA COMARCA, QUE NÃO DE-MONSTRAM A EXISTÊNCIA DE DIFICULDADES FINANCEIRAS DA EMPRE-SA, MÁXIME PORQUE NÃO SE REFEREM EXCLUSIVAMENTE AO PERÍO-DO DO NÃO RECOLHIMENTO DAS CONTRIBUIÇÕES PREVIDENCIÁRIAS.

7. O ÔNUS DA PROVA, NESSA HIPÓTESE, COMPETE À DEFESA, E NÃO À ACUSAÇÃO, POR FORÇA DO ART. 156 DO CÓDIGO DE PROCESSO PENAL. PRECEDENTE DO SUPERIOR TRIBUNAL DE JUSTIÇA (RESP nº 888.947/PB).

8. DEVE-SE TAMBÉM CONSIDERAR QUE O NÃO RECOLHIMENTO PER-DUROU POR QUASE 6 ANOS. É DIFÍCIL ACEITAR A TESE DE INEXIGI-BILIDADE DE CONDUTA DIVERSA POR PRAZO TÃO DILATADO. NÃO É ADMISSÍVEL QUE EMPRESAS SIGAM EM SUA ATIVIDADE ECONÔMICA SEM ADOTAR MEDIDAS ADMINISTRATIVAS RIGOROSAS PARA CUMPRIR SUAS OBRIGAÇÕES COM A SEGURIDADE SOCIAL, QUE É PATRIMÔNIO DE TODA A SOCIEDADE BRASILEIRA.

9. OS TRIBUNAIS SUPERIORES FIRMARAM O ENTENDIMENTO DE QUE O PERCENTUAL DE AUMENTO A SER APLICADO À PENA PELA CONTI-

Das Obrigações Sociais e Tributárias **309**

NUIDADE DELITIVA DEVERÁ SER ARBITRADO EM FUNÇÃO DO NÚMERO DE INFRAÇÕES COMETIDAS PELO AGENTE. PRECEDENTES (STF: HC Nº 83.632/RJ E HC Nº 73.446/SP; STJ: HC Nº 12.386/RJ E HC Nº 47.652/SP). A QUANTIDADE DE RESULTADOS OBTIDOS PELO RÉU (SETENTA E TRÊS) AUTORIZA APLICAR A FRAÇÃO EM 2/3, COMO FEZ A SENTENÇA.

10. APELAÇÃO IMPROVIDA.

Na prática

Alguns lançamentos já foram realizados nessa conta, tais como:

a) Lançamento de nº 38, no valor de R$ 3.250 (três mil, duzentos e cinquenta reais), referente à retenção de INSS sobre a folha de pagamento contabilizada no Capítulo 7;

b) Lançamento de nº 84, referente à Contribuição para a Previdência Social, calculado sobre a depreciação de veículo da empresa utilizado pelo sócio.

Falta fazer o lançamento da provisão, ou seja, contabilizar a despesa da ABC Comércio Ltda. com as contribuições para a Previdência Social e pagamento.

Demonstrativo da provisão

Descrição	Salário	Alíquota	Valor
INSS	35.000	20%	7.000
SAT[3]	20.000[4]	3%	600
Salário-educação	20.000	2,5%	500
INCRA/SENAI/SESI/SEBRAE	20.000	3,3%	660
Total		**28,80%**	**8.760**

Do lançamento em 30/6/2009

Da Provisão do INSS, Lançamento nº 112

Débito:	4.2.2.1.02 INSS
Crédito:	2.1.3.1.001 INSS
Histórico:	R$ 8.760

---

[3] O seguro acidente de trabalho foi calculado pela alíquota máxima.

[4] O SAT, seguro-educação e Incra/Senia/SESI/SEBRAE não são calculados sobre o pró-labore.

Em 2/7/2009, foi realizado o pagamento.

Do lançamento em 20/7/2009

Do Pagamento do INSS, Lançamento n.º 113

Débito:	2.1.3.1.001 INSS
Crédito:	1.1.1.02.001
Histórico:	(8.760 + 3.507 + 2.284)[5] 14.551

Conforme comentado, esses lançamentos são realizados mensalmente, embora nesse caso esteja sendo considerado como um único mês.

14.3 Do IRRF

Essa conta registra a obrigação pelo recolhimento do IRRF em relação a qualquer rendimento. Sobre o recolhimento desse tributo, aplica-se o mesmo comentário a respeito do recolhimento para as Contribuições à Previdência Social retidas e não recolhidas.

Os vencimentos são de acordo com o fato gerador da retenção, conforme a seguir comentado.

O IRRF deve ser recolhido até o terceiro dia útil subsequente ao decêndio de ocorrência dos fatos geradores, no caso de:

a) retido sobre juros sobre o capital próprio e aplicações financeiras, inclusive os atribuídos a residentes ou domiciliados no exterior e títulos de capitalização;

b) retido sobre prêmios, inclusive os distribuídos sob a forma de bens e serviços, obtidos em concursos e sorteios de qualquer espécie, e lucros decorrentes desses prêmios;

c) retido sobre multa ou qualquer vantagem paga ou creditada pela pessoa jurídica, ainda que a título de indenização, a beneficiária pessoa física ou jurídica, inclusive isenta, em virtude de rescisão de contrato.

Quando o IRRF tiver como fato gerador o pagamento o crédito da folha de pagamento e sem vínculo empregatício (autônomos), como também pagamentos de pessoas jurídicas às outras pessoas jurídicas referentes a serviços de limpeza,

---

[5] O pagamento é do saldo do INSS, considerando que todos os fatos tenham acontecido em junho/2009.

conservação, manutenção, serviços profissionais, propaganda, assessoria creditícia, dentre outros, o vencimento será no dia 20 (vinte) do mês subsequente ao fato gerador e será antecipado o recolhimento se no dia 20 (vinte) não houver expediente bancário.

Na prática

Com relação à retenção do IR, já existe o Lançamento nº 39, no valor de R$ 3.737,46 (três mil, setecentos e trinta e sete reais e quarenta e seis centavos). Assim, falta apenas o pagamento, que será realizado em 20/7/2009.

Do lançamento em 20/7/2009

Do Pagamento do IRRF, Lançamento nº 114

Débito:	2.1.3.2.001 IRRF
Crédito:	1.1.1.02.001 Banco do Brasil
Histórico:	4.003.3.737

14.4 PIS e COFINS a pagar

Para não se tornar repetitivo, as contribuições a pagar relativas ao PIS e COFINS serão comentadas neste item, mas os lançamentos contábeis devem ser feitos em contas separadas.

Essa conta registra as obrigações com relação a contribuições para o PIS e COFINS. Ao final de cada mês, é feita a apuração conforme o regime a que a empresa e suas receitas estejam submetidas, ou seja, cumulativo ou não cumulativo, e serão demonstrados como saldo desta os valores que a pessoa jurídica deve recolher. Explicando melhor:

a) a empresa deve recolher as contribuições para o PIS e COFINS pelo regime cumulativo. Simplesmente, ao final do mês, aplicam-se as alíquotas de cada contribuição sobre o faturamento, reconhece-se contabilmente a despesa e registra-se a obrigação;

b) com relação às empresas que estão sujeitas ao regime não cumulativo, mensalmente será feita a apuração dos débitos e créditos. Os débitos são registrados nas despesas, em contrapartida dessa conta no passivo, enquanto os créditos, como impostos a recuperar, em contrapartida de estoque. No final, será feito o ajuste. Se o débito for maior que o crédito, fica a obrigação a pagar.

Na prática

Alguns lançamentos já foram realizados nessa conta, tais como:

a) Lançamento de nº 10, no valor de R$ 2.145 (dois mil, cento e quarenta e cinco reais), referente ao PIS sobre vendas contabilizadas no Capítulo 3; Lançamento de nº 25, no valor de R$ 3.300 (três mil e trezentos reais), referente ao PIS sobre vendas contabilizadas no Capítulo 4;

b) Lançamento de nº 11, no valor de R$ 9.880 (nove mil, oitocentos e oitenta reais), referente à COFINS sobre vendas contabilizadas no Capítulo 3;

c) Lançamento de nº 26, no valor de R$ 15.200 (quinze mil e duzentos reais), referente à COFINS sobre vendas contabilizadas no Capítulo 4.

Falta fazer o ajuste dos créditos com os débitos, conforme demonstrado a seguir:

Descrição	Crédito (CD)	Débito (DB)	Saldo	(CD) ou (DB)
PIS	7.512	5.445	2.067	(CD)
COFINS	34.600	25.080	9.250	(CD)

Como demonstrado, o saldo das contribuições para o PIS e COFINS é credor. Dessa forma, não há valores a pagar, de modo que serão eliminados os valores a pagar, compensando com os valores a recuperar.

Dos lançamentos em 30/6/2009

Da compensação do PIS, Lançamento nº 115

Débito: 2.1.3.2.002 PIS Crédito: 1.1.3.02 PIS Histórico: 5.445

Da compensação do COFINS, Lançamento nº 116

Débito: 2.1.3.2.003 COFINS Crédito: 1.1.3.03 COFINS Histórico: 25.080

Lembre-se que esse tratamento contábil deve ser mensal; no caso deste livro, é realizado de uma única vez, para evitar repetição.

14.5 FGTS a pagar

Essa conta registra as obrigações da pessoa jurídica com relação ao FGTS, que é devido aos empregados, que são depositadas na Caixa Econômica Federal.

Não existe depósito de FGTS para os sócios. No caso da ABC Comércio Ltda., o FGTS mensal sobre o salário de R$ 20.000 (vinte mil reais) tem uma alíquota de 8,5% (oito vírgula cinco por cento), enquanto, para as empresas optantes pelo SIMPLES, a alíquota é de 8% (oito por cento).

O FGTS deve ser recolhido no dia 7 (sete) do mês subsequente. No caso de feriado bancário, o recolhimento deverá ser antecipado.

Demonstrativo do cálculo

Descrição	Valor
Salário	20.000
Alíquota	8,5%
FGTS	1.700

Do lançamento em 30/6/2009

Da Provisão para o FGTS, Lançamento nº 117

```
Débito:     4.2.2.1.03  FGTS
Crédito:    2.1.3.1.002
Histórico:  1.700
```

Do lançamento em 7/7/2009

Do Pagamento do FGTS, Lançamento nº 118

```
Débito:     2.1.3.1.002
Crédito:    1.1.1.02.001
Histórico:  1.700
```

14.6 ICMS

Essa conta registra os valores do ICMS sobre as vendas, de modo que, ao final de cada mês, é feita a compensação com os valores do saldo dos créditos, que podem ser referentes ao saldo de períodos anteriores acrescido dos créditos sobre as compras do mês.

Ocorre a mesma situação das contribuições para o PIS e COFINS. Se o valor dos débitos for maior que o saldo de crédito existente, essa conta fica com o saldo que será os valores a recolher, com vencimentos variáveis, de acordo com a legislação de cada Estado.

Na prática

Alguns lançamentos já foram realizados nessa conta, tais como:

a) Lançamento de nº 8, no valor de R$ 22.100 (vinte e dois mil e cem reais), referente ao ICMS sobre vendas contabilizadas, no Capítulo 3;

b) Lançamento de nº 23, no valor de R$ 34.000 (trinta e quatro mil reais), referente ao ICMS sobre vendas contabilizadas, no Capítulo 4;

c) falta fazer o ajuste dos créditos com os débitos, conforme demonstrado a seguir:

Descrição	Crédito (CD)	Débito (DB)	Saldo	(CD) ou (DB)
ICMS	68.000	56.100	11.900	(CD)

Do lançamento em 31/7/2009

Do Pagamento do FGTS, Lançamento nº 119

Débito:	2.1.3.2.004
Crédito:	1.1.3.04
Histórico:	56.100

A apuração do ICMS, como os demais tributos, deve ser mensal.

14.7 Dos incentivos fiscais e doações

Da Isenção

O setor público, muitas vezes, para fomentar o crescimento econômico de determinada região, concede alguns incentivos fiscais, através de isenções de tributos.

Quando a concessão de benefícios fiscais determinar a obrigação de o contribuinte realizar alguns investimentos, os valores dos tributos não recolhidos, em função do incentivo fiscal, devem ser registrados na contabilidade como receita.

Com efeito, a receita relativa ao incentivo fiscal em que existe a obrigação do contribuinte na realização de investimento é denominada pelo fisco como subvenções para investimento.

Nos casos de subvenções recebidas para investimentos, deve ser constituída uma reserva de capital, vinculada a este valor; sendo assim, pode ser excluída pelo contribuinte da base de cálculo do Imposto de Renda.

Assim como os valores destinados à reserva são excluídos da base de cálculo do Imposto de Renda, deve eliminar este efeito, também, na apuração do lucro da exploração.

As condições que os contribuintes têm que observar para evitarem a tributação das subvenções para investimentos, sob pena de perda do incentivo fiscal, são as seguintes:

a) o valor do imposto não recolhido não pode ser distribuído aos sócios;

b) deve ser constituída uma reserva, sendo esta reserva ter possibilidade de ser utilizada nas seguintes condições:

    i. para aumento de capital;

    ii. compensação de prejuízos, desde que não existam mais reservas para serem utilizadas para este fim, com exceção da reserva legal.

Após o aumento de capital, o contribuinte poderia até pensar em fazer uma redução de capital e retirar o lucro indiretamente, mas para evitar estas situações, há definições como distribuição de lucro para as seguintes situações:

a) a restituição de capital aos sócios, em caso de redução do capital social, até o montante do aumento com incorporação da reserva;

b) a partilha do acervo líquido da sociedade dissolvida, até o valor do saldo da reserva de capital.

Para o contribuinte que tem isenção ou redução do Imposto de Renda, o valor do benefício será calculado com base no lucro da exploração, sendo que nos casos em que não observar as condições mencionadas anteriormente perderá o benefício fiscal.

Quando o valor do Imposto de Renda não pago em um determinado exercício em função da isenção, e a soma do lucro do exercício com o saldo de lucros acumulados de anos anteriores for inferior a valor da reserva a ser constituída, a constituição será nos exercícios seguintes.

Além das hipóteses comentadas até aqui, existe a possibilidade de a empresa receber doação de órgãos públicos.

Dando continuidade do caso em estudo, ocorreram no nosso exemplo os seguintes fatos:

1) A empresa recebe um terreno para a construção de um galpão por doação da prefeitura, o valor justo deste imóvel é de R$ 500.000.00.

2) A empresa tem um incentivo fiscal concedido pelo Estado de 75% do ICMS apurado na conta-corrente.

A apuração do ICMS é a soma algébrica do imposto destacado nas notas fiscais de compra (crédito) e nas notas fiscais de venda (débito) conforme a seguir:

Descrição dos fatos		D/C
ICMS destacado nas notas fiscais de entrada	100.000,00	C
ICMS destacado nas notas fiscais de saída	200.000,00	D
Saldo de ICMS apurado	100.000,00	C
Incentivo fiscal 75% do saldo devedor	75.000,00	C
ICMS a recolher	25.000,00	C

14.8 Dos lançamentos, razões e demonstração de resultado na contabilidade societária

As normas brasileiras de contabilidade determinam que os valores referentes a doações de bens devem ser reconhecidos como receita de acordo com o valor justo.

O terreno recebido como doação da prefeitura tem o valor justo de R$ 500.000,00. Dessa forma, deve ser feito o seguinte lançamento:

Do lançamento do terreno recebido como doação

Débito: Ativo não circulante

Imobilizado

Terreno

Terreno na Av. São João

Crédito: Outras receitas operacionais

Doações recebidas

Histórico: R$ 500.000,00

A empresa, para evitar a tributação dessa receita após a apuração do resultado, deve constituir uma reserva de capital no mesmo valor conforme lançamento a seguir.

Do lançamento da constituição da reserva de capital

Débito: Patrimônio Líquido

Lucros acumulados

Crédito: Patrimônio Líquido

Reserva de capital

Doações recebidas

Histórico: R$ 500.000,00

Do lançamento da apuração e recolhimento do ICMS

Do lançamento do crédito

Débito: Ativo circulante

Impostos a recuperar

ICMS

Crédito: Ativo circulante

Estoques

Mercadoria

Histórico: R$ 100.000,00

Do lançamento do débito

Débito: Dedução de vendas

ICMS sobre as vendas

Crédito: Passivo circulante

Obrigações Tributárias

ICMS a recolher

Histórico: R$ 200.000,00

Do lançamento da apuração

Débito: Passivo circulante

Obrigações Tributárias

ICMS a recolher

Crédito: Ativo circulante

Impostos a recuperar

ICMS

Histórico: R$ 100.000,00

Do lançamento do incentivo fiscal

Débito: Passivo circulante

Obrigações Tributárias

ICMS a recolher

Crédito: Outras receitas operacionais

Incentivos fiscais

ICMS

Histórico: R$ 75.000,00

Do lançamento do pagamento do ICMS

Débito: Passivo circulante

Obrigações Tributárias

ICMS a recolher

Crédito: Ativo circulante

Disponível

Banco conta movimento

Banco do Brasil

Histórico: R$ 25.000,00

14.9 Do Razão

RAZÃO CONTÁBIL

Empresa ABC Comércio Ltda.   Folha – 2

Conta Contábil: 1.1.1.02.001 – Banco do Brasil

Data	Histórico	Nº Lança-mento	Débito	Crédito	Saldo	D/C
20/7/2009	Saldo anterior				48.992	D
20/7/2009	Vr. pago INSS	113		14.551	34.441	D
20/7/2009	Vr. pago IRRF	114		4.003	30.438	D
7/7/2009	Vr. pago FGTS	118		1.700	28.738	D
				Saldo final >>	28.788	D

RAZÃO CONTÁBIL

Empresa ABC Comércio Ltda.   Folha – 5

Conta Contábil: 1.1.3.02 – PIS

Data	Histórico	Nº Lança-mento	Débito	Crédito	Saldo	D/C
20/6/2009	Saldo anterior				7.512	D
30/6/2009	Vr. compensação	115		5.445	2.067	D
				Saldo final >>	2.067	D

RAZÃO CONTÁBIL

Empresa ABC Comércio Ltda.   Folha – 6

Conta Contábil: 1.1.3.03 – COFINS

Data	Histórico	Nº Lança-mento	Débito	Crédito	Saldo	D/C
20/6/2009	Saldo anterior				34.600	D
30/6/2009	Vr. compensação	116		25.080	9.520	D
				Saldo final >>	9.520	D

RAZÃO CONTÁBIL

Empresa ABC Comércio Ltda.   Folha – 7

Conta Contábil: 1.1.3.04 – ICMS

Data	Histórico	Nº Lança-mento	Débito	Crédito	Saldo	D/C
30/6/2009	Saldo anterior				68.000	D
30/6/2009	Vr. compensação	119		56.100	11.900	D
				Saldo final >>	11.900	D

RAZÃO CONTÁBIL

Empresa ABC Comércio Ltda.   Folha – 11

Conta Contábil: 2.1.3.2.001 – INSS a pagar

Data	Histórico	Nº Lança-mento	Débito	Crédito	Saldo	D/C
30/12/2009	Saldo anterior				6.757	C
30/6/2009	Vr. provisão INSS	112		8.760	15.517	C
20/7/2009	Vr. pago INSS	113	15.517		–	
				Saldo final >>	–	

RAZÃO CONTÁBIL

Empresa ABC Comércio Ltda.   Folha – 10

Conta Contábil: 2.1.3.1. 002 – FGTS

Data	Histórico	Nº Lança-mento	Débito	Crédito	Saldo	D/C
30/6/2009	Vr. provisão FGTS	117		1.700	1.700	C
7/7/2009	Vr. pago FGTS	118	1.700		–	
				Saldo final >>	–	

RAZÃO CONTÁBIL

Empresa ABC Comércio Ltda. Folha – 11

Conta Contábil: 2.1.3.2.001 – IRRF a pagar

Data	Histórico	Nº Lança-mento	Débito	Crédito	Saldo	D/C
30/4/2009	Saldo anterior				4.003	C
20/7/2009	Vr. pago IRRF	114	4.003		–	
				Saldo final >>	–	

RAZÃO CONTÁBIL

Empresa ABC Comércio Ltda. Folha – 10

Conta Contábil: 2.1.3.2.002 – PIS a pagar

Data	Histórico	Nº Lança-mento	Débito	Crédito	Saldo	D/C
2/3/2009	Saldo anterior				5.445	C
30/6/2009	Vr. compensação	115	5.445		–	
				Saldo final >>	–	

RAZÃO CONTÁBIL

Empresa ABC Comércio Ltda. Folha – 11

Conta Contábil: 2.1.3.2.003 – COFINS a pagar

Data	Histórico	Nº Lança-mento	Débito	Crédito	Saldo	D/C
2/3/2009	Saldo anterior				25.080	C
30/6/2009	Vr. compensação	116	25.080		–	
				Saldo final >>	–	

RAZÃO CONTÁBIL

Empresa ABC Comércio Ltda. Folha – 12

Conta Contábil: 2.1.3.2.004 – ICMS a pagar

Data	Histórico	Nº Lança-mento	Débito	Crédito	Saldo	D/C
2/3/2009	Saldo anterior				56.100	C
30/6/2009	Vr. compensação	119	56.100		–	
				Saldo final >>	–	

RAZÃO CONTÁBIL

Empresa ABC Comércio Ltda. Folha – 23
Conta Contábil: 4.2.2.1.02 – INSS

Data	Histórico	Nº Lança-mento	Débito	Crédito	Saldo	D/C
30/12/2009	Saldo anterior				3.507	D
30/6/2009	Vr. provisão INSS	112	8.760		12.267	D
				Saldo final >>	12.267	D

RAZÃO CONTÁBIL

Empresa ABC Comércio Ltda. Folha – 23
Conta Contábil: 4.2.2.1.03 – FGTS

Data	Histórico	Nº Lança-mento	Débito	Crédito	Saldo	D/C
30/6/2009	Vr. provisão FGTS	117	1.700		1.700	D
				Saldo final >>	1.700	D

14.10 Posição patrimonial

	Posição anterior em real	Variação em real	Posição atual em real
Ativo			
Circulante	333.104	(106.879)	226.225
Caixa	200		200
Bancos c/ movimento	48.992	(20.254)	28.738
Impostos a recuperar	113.512	(86.625)	26.887
IRRF	3.400	(5.445)	3.400
PIS	7.512	(25.080)	2.067
COFINS	34.600	(56.100)	9.520
ICMS	68.000		11.900
Estoques	147.500		147.500
Mercadorias	147.500		147.500
Adiantamentos	22.500		22.500
13º salário	22.500		22.500
Despesa de exercício seguinte			
Seguros	400		400

Das Obrigações Sociais e Tributárias 323

	Posição anterior em real	Variação em real	Posição atual em real
Ativo não circulante	1.795.677		1.795.677
Investimentos	561.800		561.800
Banco do Brasil	1.800		1.800
JB Indústria S.A.	500.000		500.000
(–) Deságio	(100.000)		(100.000)
Ceará S.A.	160.000		160.000
Imobilizado	1.233.877		1.233.877
Custo de aquisição	1.240.946		1.240.946
Edificações	1.100.000		1.100.000
Veículos	40.000		40.000
Computadores	4.000		4.000
Instalações	96.946		96.946
Depreciação acumulada	(7.069)		(7.069)
Veículos	(4.676)		(4.676)
Computadores	(401)		(401)
Instalações	(1.992)		(1.992)
Total do ativo	2.128.781	(106.880)	2.021.902
Passivo			
Circulante	839.347	(96.420)	742.928
Empréstimos	742.928		742.928
Moeda Nacional	530.664		530.664
Moeda Estrangeira	212.264		212.264
Obrigações sociais	5.791	(5.791)	–
INSS	5.791	(5.791)	–
Obrigações tributárias	90.628	(90.628)	–
IRRF	4.003	(4.003)	–
PIS	5.445	(5.445)	–
COFINS	25.080	(25.080)	–
ICMS	56.100	(56.100)	–
Provisão CSLL	56.700		–
Provisão IRPJ	–		–
Passivo não circulante	250.000	–	250.000
Empréstimo de sócio	250.000	–	250.000
Patrimônio líquido	1.039.434	(10.460)	1.028.974
Capital social	1.000.000	–	1.000.000
Subscrito	1.000.000	–	1.000.000
Resultado do período	39.434	(10.460)	28.974
Total do passivo	2.128.781	(106.880)	2.021.902

14.11 Demonstração do resultado

Demonstração do resultado apurado até essa conta, ou seja, variação do Patrimônio Líquido, relativa a lançamentos contábeis que podem ter incidência de tributação.

Descrição dos fatos	Valor		
	Posição anterior	Variação	Posição atual
Venda de mercadorias	330.000		330.000
(–) ICMS	56.100		56.100
(–) PIS	5.445		5.445
(–) COFINS	25.080		25.080
Receita líquida	243.375		243.375
Custo da mercadoria vendida	(147.500)		(147.500)
Lucro bruto	95.875		95.875
Despesas de salário	(35.000)		(35.000)
INSS	(3.507)	(8.760)	(12.267)
FGTS		(1.700)	(1.700)
Despesa de seguro	(800)		(800)
Despesas de depreciação	(24.604)		(24.603)
Despesas financeiras	(97.028)		(97.028)
Receitas financeiras	26.663		26.663
Receita de dividendo	300		300
Ajuste de equivalência	60.000		60.000
Receita não operacional	150.000		150.000
Despesas não operacionais	(132.465)		(132.465)
Lucro antes do IR e CSLL	39.434	(10.460)	28.974,20
CSLL (9%)	–	–	–
IRPJ (15%)	–	–	–
Lucro líquido	39.434	(10.460)	28.974,20

14.12 Demonstrativo dos custos tributários

Os custos tributários da operação até aqui compensados com os valores dos créditos correspondentes à baixa do estoque são de R$ 34.125 (trinta e quatro mil, cento e vinte e cinco reais), mas, para melhor fixar, serão a seguir demonstrados:

Descrição dos fatos	Valor		
	Posição anterior	Variação	Posição atual
(A) Tributos s/vendas	**86.625**	–	**86.625**
ICMS	56.100	–	56.100
PIS	5.445	–	5.445
COFINS	25.080	–	25.080
(B) Tributos s/ resultado	–	–	–
CSLL	–	–	–
IRPJ	–	–	–
(C) Créditos s/ vendas	**52.500**		**52.500**
ICMS R$ 34.000	34.000		34.000
PIS R$ 3.300	3.300		3.300
COFINS R$ 15.200	15.200		15.200
(D) Custo líquido (A + B – C)	**34.125**	–	**34.125**

14.13 Resumo e efeito dos lançamentos com relação às contas das obrigações sociais e tributárias

(P) Permutativo

(MA) Modificativo aumentativo

(MD) Modificativo diminutivo

Nº Lanç.	Fato contábil			Valor do lançamento	
	P	MA	MD		
112			X		(8.760)
113	X			15.517	
114	X			3.737,46	
115	X			5.445	
116	X			25.080	
117			X		(1.700)
118	X			1.700	
119	X			56.100	
Resultado dos lançamentos de despesas de exercício seguinte					(10.460)

15

Provisões

15.1 Provisão de imposto ou contribuição

Com relação aos tributos, os valores contabilizados no passivo como "a pagar", comumente conhecidos como provisão, na verdade não se trata de provisão e sim de despesas incorridas.

Os valores contabilizados como despesas em contrapartida com o passivo referente a imposto ou contribuição social, com exceção do Imposto de Renda e Contribuição Social sobre o Lucro, são dedutíveis da base de cálculo do Imposto de Renda.

Ocorre que, quando o contribuinte está discutindo judicialmente a legalidade da referida exação fiscal, essa provisão é não dedutível, consoante as seguintes considerações:

a) no período em que for realizada a provisão, o valor dos tributos, os quais o contribuinte está discutindo, deve ser adicionado ao resultado contábil para fins de determinação do lucro real, sendo controlado na parte B do mesmo livro até que ocorra o desfecho da ação;

b) caso a decisão seja desfavorável ao contribuinte, implicará a conversão do depósito judicial porventura existente em renda da União,[1] possibilitando o reconhecimento da dedutibilidade do tributo e contribuição,

---

[1] CTN, "Art. 156. Extinguem o crédito tributário: [...] VI – a conversão de depósito em renda."

com a baixa do valor escriturado na parte B do LALUR, e a sua exclusão na parte A no período de apuração correspondente, ressaltando-se que a dedutibilidade não alcança o IRPJ e a CSLL;

c) quando a decisão for favorável ao contribuinte, resultará no levantamento de eventuais depósitos judiciais existentes, ocorrendo então a reversão para o resultado ou patrimônio líquido dos valores da provisão, bem como a baixa na parte B do LALUR dos valores ali controlados. Saliente-se que a parcela que for revertida ao resultado, por ter sido adicionada quando de sua constituição, poderá ser excluída na apuração do lucro real.

No sentido de não dedutibilidade do Imposto de Renda com a despesa referente ao depósito judicial, registre-se o julgamento do STJ, no Agravo Regimental no Agravo de Instrumento nº 1110028/SP, da relatoria do Ministro Mauro Campbell Marques, Segunda Turma, com data de publicação no *DJe* de 1º/7/2009, cuja ementa segue colacionada:

Ementa:

TRIBUTÁRIO. AGRAVO REGIMENTAL. ART. 43 DO CTN. ARTS. 7º e 8º DA LEI 8.541/92. IMPOSTO DE RENDA DE PESSOA JURÍDICA. LUCRO REAL. DEPÓSITO JUDICIAL. IMPOSSIBILIDADE DE DEDUÇÃO DE DESPESA. PRECEDENTES.

1. "A disposição contida no art. 7º da Lei nº 8.541/92 – a qual determina que, para fins de apuração de Imposto de Renda, as provisões designadas para pagamento de impostos e contribuições não podem ser deduzidas como despesas para o fim de apuração do lucro real – não se incompatibiliza com o ordenamento jurídico de regência" (REsp 395654/SC, rel. Min. João Otávio de Noronha, Segunda Turma, *DJ*, 6/4/2006).

2. Precedentes: REsp 636093/MG, Rel. Min. Denise Arruda, Primeira Turma, *DJ*, 17/9/2007; AgRg no Ag 427.915/SP, rel. Min. Francisco Peçanha Martins, Segunda Turma, DJ 2/5/2005; REsp 438624/RJ, rel. Min. Eliana Calmon, Segunda Turma, *DJ*, 4/10/2004; REsp 177.734/PR, rel. Min. José Delgado, Primeira Turma, *DJ*, 10/3/2003.

3. Agravo regimental não provido.

Acórdão

Vistos, relatados e discutidos estes autos em que são partes as acima indicadas, acordam os Ministros da SEGUNDA TURMA do Superior Tribunal de Justiça, na conformidade dos votos e das notas taquigráficas, por unanimidade, negar provimento ao agravo regimental, nos termos do voto do Sr. Ministro Relator. Os Srs. Ministros Eliana Calmon, Castro Meira, Humberto Martins e Herman Benjamin votaram com o Sr. Ministro Relator. Presidiu o julgamento o Sr. Ministro Castro Meira.

15.2 Provisão de férias

A pessoa jurídica poderá, ao final de cada período de apuração do resultado, fazer a provisão para pagamento de férias, a qual deverá ser calculada da seguinte forma:

I – a base de cálculo será a remuneração mensal de cada empregado;

II – o número de dias de férias a que cada funcionário tenha direito;

III – a provisão contempla a inclusão dos gastos já incorridos com a remuneração de férias proporcionais, inclusive os encargos sociais incidentes sobre os valores que forem objeto dessa provisão.

A contagem dos dias será de acordo com o art. 130 da CLT, ou seja:

a) por períodos completos – após 12 meses de vigência do contrato de trabalho, o empregado terá direito a férias na seguinte proporção;

b) até 5 (cinco) faltas no período aquisitivo, 30 (trinta) dias corridos;

c) de 6 (seis) a 14 (catorze) faltas, 24 (vinte e quatro) dias corridos;

d) de 15 (quinze) a 23 (vinte e três) faltas, 18 (dezoito) dias corridos;

e) de 24 (vinte e quatro) a 32 (trinta e duas) faltas, 12 (doze) dias corridos;

f) mais de 32 (trinta e duas) faltas, o empregado perde o direito a férias;

g) por períodos incompletos – relativamente aos períodos inferiores a 12 (doze) meses de serviço, na data do balanço, tomar-se-ão por base férias na proporção de 1/12 (um doze avos) de 30 (trinta) dias por mês de serviço ou fração superior a 14 (catorze) dias, na data de apuração do balanço ou resultado (ou seja, 2,5 dias por mês ou fração superior a 14 dias).

Sempre que, nos termos da CLT, as férias forem devidas em dobro, os dias de férias a que fizer jus o empregado, na forma acima, serão contados, observada essa circunstância.

> Art. 13. Para efeito de apuração do lucro real e da base de cálculo da contribuição social sobre o lucro líquido, são vedadas as seguintes deduções, independentemente do disposto no art. 47 da Lei nº 4.506, de 30 de novembro de 1964:
>
> I – de qualquer provisão, exceto as constituídas para o pagamento de férias de empregados e de décimo-terceiro salário, a de que trata o art. 43 da Lei nº 8.981, de 20 de janeiro de 1995, com as alterações da Lei nº 9.065, de 20 de junho de 1995, e as provisões técnicas das companhias de seguro e de capitalização, bem como das entidades de previdência privada, cuja constituição é exigida pela legislação especial a elas aplicável; (Vide Lei 9.430, de 1996)

Provisões **329**

II – das contraprestações de arrendamento mercantil e do aluguel de bens móveis ou imóveis, exceto quando relacionados intrinsecamente com a produção ou comercialização dos bens e serviços;

III – de despesas de depreciação, amortização, manutenção, reparo, conservação, impostos, taxas, seguros e quaisquer outros gastos com bens móveis ou imóveis, exceto se intrinsecamente relacionados com a produção ou comercialização dos bens e serviços;

IV – das despesas com alimentação de sócios, acionistas e administradores;

V – das contribuições não compulsórias, exceto as destinadas a custear seguros e planos de saúde, e benefícios complementares assemelhados aos da previdência social, instituídos em favor dos empregados e dirigentes da pessoa jurídica;

VI – das doações, exceto as referidas no § 2º;

VII – das despesas com brindes.

§ 1º Admitir-se-ão como dedutíveis as despesas com alimentação fornecida pela pessoa jurídica, indistintamente, a todos os seus empregados.

15.3 Provisão de gratificação para empregado

A despesa referente ao pagamento da gratificação de empregado é dedutível da base de cálculo do Imposto de Renda e Contribuição Social sobre o Lucro, mas a **provisão deve ser adicionada ao resultado contábil para definição do lucro real**.

A participação de empregados nos lucros é dedutível quando ocorra sem discriminação, ou seja, para todos que se encontrem na mesma situação. Conforme IN nº 99/78, podem ser não discriminatórias as participações que tenham as seguintes características:

a) na proporção do tempo de serviço, ainda que dela sejam excluídos os funcionários admitidos no último período razoável de tempo, certamente que não excedente de um ano;

b) em proporção do último salário ou do salário médio do último ano, haja ou não limite superior ou quotas mínimas;

c) pelo mesmo montante a todos os funcionários;

d) por qualquer combinação de critérios anteriormente mencionados.

A enumeração citada na IN não é exaustiva, podendo ainda existir outros critérios para a determinação de que não existe discriminação.

É vedado o pagamento de qualquer antecipação ou distribuição de valores a título de participação nos lucros ou resultados da empresa em periodicidade inferior a um semestre civil ou mais de duas vezes no mesmo ano civil (Lei nº 10.101, de 2000, art. 3º, § 2º).

Exemplo: Uma empresa tem dois funcionários, João e Pedro, com as seguintes informações:

João: contratado há 18 (dezoito) meses, porém nunca tirou férias;

Pedro: contratado há 19 (dezenove) meses, mas já tirou férias.

Dessa forma, o cálculo da provisão de férias será da seguinte forma:

Mês: Janeiro

Nome	Período	Salário	Férias proporcionais	1/3	Saldo de férias
João	18	2.000	3.000[2]	1.000[3]	4.000
Pedro	7[4]	1.000	584[5]	195	779
			Total de saldo de férias		4.779
			Saldo na contabilidade		–
			Ajuste contábil		4.779
			INSS sobre férias (4.779 × 28,8%)		1.376
			FGTS sobre férias (4.779 × 8,5%)		406

Com base nos cálculo acima, a empresa fez o seguinte lançamento.

Débito: Despesa de férias

Crédito: Passivo circulante de férias a pagar

Histórico: 4.779

Débito: Despesa de INSS

Crédito: Passivo circulante de INSS sobre provisão de férias

Histórico: 1.376

Débito: Despesa de FGTS

Crédito: Passivo circulante de FGTS sobre provisão de férias

Histórico: 406

---

[2] $(2.000/12 \times 18) = 3.000$.

[3] $(3.000/3) = 1.000$.

[4]   19 meses – 12 meses (uma férias gozada).

[5] $(1.000/12 \times 7) = 584$.

Oportuno ressaltar o entendimento do STJ, no Recurso Especial nº 496949/ PR, Relator Ministro Herman Benjamin, Segunda Turma, com data da publicação no *DJe* de 31/8/2009, *RDDT*, v. 170, p. 178, sobre a impossibilidade de antes de 6 (seis) meses ocorrer pagamento de qualquer antecipação ou distribuição de valores a título de participação dos empregados nos lucros ou resultados da empresa, sob pena de tributação, consoante ementa abaixo transcrita:

Ementa:

TRIBUTÁRIO. PARTICIPAÇÃO NOS LUCROS E RESULTADOS. PERIODICIDADE MÍNIMA DE SEIS MESES. ART. 3º, § 2º, da Lei 10.101/2000 (CONVERSÃO DA MP 860/1995) C/C O ART. 28, § 9º, *j*, DA LEI 8.212/1991. REDUÇÃO DA MULTA MORATÓRIA. ART. 27, § 2º, DA LEI 9.711/1998. EXIGÊNCIA DE PAGAMENTO INTEGRAL. ART. 35 DA LEI 8.212/1991. REDAÇÃO DADA PELA LEI 9.528/1997. DISCUSSÃO ACERCA DA CONSTITUCIONALIDADE. NÃO CONHECIMENTO.

1. Hipótese em que se discute a incidência de contribuição previdenciária sobre parcelas distribuídas aos empregados a título de participação nos lucros e resultados da empresa.

2. O Banco distribuiu parcelas nos seguintes períodos: (a) outubro e novembro de 1995, a título de participação nos lucros; e (b) dezembro de 1995 a junho de 1996, como participação nos resultados.

3. As participações nos lucros e resultados das empresas não se submetem à contribuição previdenciária, desde que realizadas na forma da lei (art. 28, § 9º, *j*, da Lei 8.212/1991, à luz do art. 7º, XI, da CF).

4. O art. 3º, § 2º, da Lei 10.101/2000 (conversão da MP 860/1995) fixou critério básico para a não incidência da contribuição previdenciária, qual seja a impossibilidade de distribuição de lucros ou resultados em periodicidade inferior a seis meses.

5. Caso realizada ao arrepio da legislação federal, a distribuição de lucros e resultados submete-se à tributação. Precedentes do STJ.

6. A norma do art. 3º, § 2º, da Lei 10.101/2000 (conversão da MP 860/1995), que veda a distribuição de lucros ou resultados em periodicidade inferior a seis meses, tem finalidade evidente: impedir aumento salarial disfarçado cujo intuito tenha sido afastar ilegitimamente a tributação previdenciária.

7. O Banco realizou pagamentos aos empregados de modo absolutamente contínuo durante nove meses, de outubro de 1995 a junho de 1996, o que implica submissão à contribuição previdenciária, nos termos do art. 3º, § 2º, da Lei 10.101/2000 (conversão da MP 860/1995) c/c o art. 28, § 9º, *j*, da Lei 8.212/1991.

8. Irrelevante o argumento de que as parcelas de outubro e novembro de 1995 referem-se à participação nos lucros, e as demais, nos resultados.

9. As expressões *lucros* e *resultados*, ainda que não indiquem realidades idênticas na técnica contábil, referem-se igualmente a ganhos – percebidos pelo empregador em sua atividade empresarial – que, na forma da lei, são compartilhados com seus empregados.

10. Para fins tributários e previdenciários, importa o percebimento de parcela do ganho empresarial pelos funcionários, seja ela contabilizada como lucro ou como resultado.

11. Ademais, *in casu*, ainda que houvesse distinção entre a participação nos lucros (outubro e novembro de 1995) e a participação nos resultados (dezembro de 1995 a junho de 1996), ocorreram múltiplos pagamentos em periodicidade inferior a seis meses em ambos os casos, o que afasta o argumento recursal.

12. Escapam da tributação apenas os pagamentos que guardem, entre si, pelo menos seis meses de distância. Vale dizer, apenas os valores recebidos pelos empregados em outubro de 1995 e abril de 1996 não sofrem a incidência da contribuição previdenciária, já que somente esses observaram a periodicidade mínima prevista no art. 3º, § 2º, da Lei 10.101/2000 (conversão da MP 860/1995).

13. O Recurso do Banco deve ser parcialmente provido, exclusivamente para afastar a tributação sobre o pagamento realizado em abril de 1996. O Recurso do INSS deve ser parcialmente provido para reconhecer a incidência da contribuição sobre aquele ocorrido em novembro de 1995.

14. O art. 27, § 2º, da Lei 9.711/1998 é claro ao condicionar a redução da multa à "liquidação do valor total da notificação fiscal de lançamento". A intenção do legislador foi premiar o pagamento imediato e desestimular a litigiosidade. Nesse aspecto, inviável equiparar depósito judicial à liquidação do valor total da notificação.

15. O TRF afastou a restrição "para os fatos geradores ocorridos a partir de 1º de abril de 1997", prevista no art. 35 da Lei 8.212/1991 (na redação dada pela Lei 9.528/1997), por entendê-la inconstitucional. Questão que não pode ser apreciada em Recurso Especial, sob pena de invasão da competência do STF.

16. Recurso Especial do Banco parcialmente provido. Recurso Especial do INSS parcialmente conhecido e, nessa parte, parcialmente provido.

Acórdão

Vistos, relatados e discutidos os autos em que são partes as acima indicadas, acordam os Ministros da Segunda Turma do Superior Tribunal de Justiça: "A Turma, por unanimidade, conheceu em parte do recurso do INSS e, nessa parte, deu-lhe parcial provimento e deu parcial provimento ao recurso do Paraná Banco S/A, nos termos do voto do(a) Sr.(a) Ministro(a)-Relator(a)." Os Srs. Ministros Mauro Campbell Marques, Eliana Calmon, Castro Meira e Humberto Martins votaram com o Sr. Ministro Relator. Dr.(a) Erico Bomfim De Carvalho, pela parte Recorrente: Paraná Banco S.A.

Mês: Fevereiro

Nesse mês, o João tirou férias, porque não pode acumular dois períodos, sob pena de a empresa pagar em dobro.

Quando João tirou férias, não pôde mais ser contabilizado como despesas com férias, portanto, agora, deve-se somente baixar o valor da provisão. Então, é feito o seguinte lançamento:

Débito: Provisão de férias

Crédito: Banco conta movimento

Histórico: (2.000 + (2.000/3) = 2.667

Na realidade, o valor a ser pago não é exatamente R$ 2.667 (dois mil, seiscentos e sessenta e sete reais), porque há os descontos, mas, para fins de facilitar o entendimento, será considerado esse número.

Dessa forma, o saldo da conta de provisão de férias fica em R$ 2.112 (dois mil, cento e doze reais), isto é, R$ 4.779 (quatro mil, setecentos e setenta e nove reais) menos o valor de R$ 2.667 (dois mil e seiscentos e sessenta e sete reais).

Nome	Período	Salário	Férias proporcionais	1/3	Saldo de férias
João	7	2.000	1.166[6]	389[7]	1.555
Pedro	8[8]	1.000	666[9]	222	888
				Total de saldo de férias	2.443
				Saldo na contabilidade	2.112
				Ajuste contábil	331

Como restou demonstrado no mês de fevereiro, as despesas com férias foram somente de R$ 331 (trezentos e tinta e um reais), e assim seguem as provisões sendo ajustadas mensalmente.

Os lançamentos acima não foram numerados porque não serão considerados na contabilidade da empresa ABC Comércio Ltda.

15.4 Décimo terceiro salário

Os valores contabilizados mensalmente como 13º (décimo terceiro) salário com título de provisão (despesas incorridas) são calculados da seguinte forma:

---

[6] $(2.000/12 \times 18) = 3.000$.

[7] $(3.000/3) = 1.000$.

[8] 20 meses – 12 meses (uma férias gozada).

[9] $(1.000/12 \times 7) = 584$.

Mês	Salário	Fator	Despesa do mês
Janeiro	20.000	1/12	1.666,67
Fevereiro	20.000	1/12	1.666,67
Março	20.000	1/12	1.666,67
Abril	20.000	1/12	1.666,67
Maio	20.000	1/12	1.666,67
Junho	20.000	1/12	1.666,67
Julho	20.000	1/12	1.666,67
Agosto	20.000	1/12	1.666,67
Setembro	20.000	1/12	1.666,67
Outubro	20.000	1/12	1.666,67
Novembro	20.000	1/12	1.666,67
Dezembro	20.000	1/12	1.666,63
Total			**20.000**

O reconhecimento dessa despesa como dedutível da base de cálculo da CSLL e IRPJ e os procedimentos contábeis estão regulamentados no art. 388 do RIR/99, que tem a seguinte redação:

> Art. 338. O contribuinte poderá deduzir, como custo ou despesa operacional, em cada período de apuração, importância destinada a constituir provisão para pagamento de remuneração correspondente ao 13º salário de seus empregados (Lei nº 9.249, de 1995, art. 13, inciso I).
>
> Parágrafo único. O valor a ser provisionado corresponderá ao valor resultante da multiplicação de um doze avos da remuneração, acrescido dos encargos sociais cujo ônus cabe à empresa, pelo número de meses relativos ao período de apuração.

Sobre o 13º (décimo terceiro) salário devem incidir todos os encargos sociais (INSS) e o FTGS calculados a seguir:

Descrição	Valor
Vr. 13º Salário	20.000
INSS (20.000 × 28,8%)	5.760
FGTS (20.000 × 8,5%)	1.700

Na prática

Nessa conta são creditados os valores contabilizados mensalmente como despesas e débitos pelos pagamentos e adiantamentos do 13º (décimo terceiro) salário.

Como demonstrado, os valores de despesas com 13º (décimo terceiro) salário no ano foram de R$ 20.000 (vinte mil reais), que deveriam ser contabilizados mensalmente, embora, neste livro, seja considerado como um único lançamento.

Dos lançamentos

Do lançamento em 20/12/2009

Da provisão do 13º salário, Lançamento nº 120

Débito:	4.2.2.1.04 13º salário
Crédito:	2.1.6.02 13º salário
Histórico:	20.000

Do lançamento em 20/12/2009

Da provisão do INSS sobre 13º salário, Lançamento nº 121

Débito:	4.2.2.1.02 INSS
Crédito:	2.1.3.2.001 INSS a pagar
Histórico:	5.760

Do lançamento em 20/12/2009

Da provisão do FGTS sobre 13º salário, Lançamento nº 122

Débito:	4.2.2.1.04 FGTS
Crédito:	2.1.3.2.002 FGTS
Histórico:	1.700

Do lançamento em 20/12/2009

Do pagamento do 13º salário, Lançamento nº 123

Débito:	2.1.6.02 13º salário
Crédito:	1.1.1.02.001 Banco do Brasil
Histórico:	10.000

Do lançamento em 20/12/2009

Da baixa do adiantamento do 13º salário, Lançamento nº 124

Débito:	2.1.6.02	13º salário a pagar
Crédito:	1.1.5.02.003	Adiantamento 13º salário
Histórico:	10.000	

Do lançamento em 20/12/2009

O 13º salário e seu adiantamento são indevidos para os sócios fazendo-se necessária a sua devolução pelo sócio que indevidamente o recebeu

Débito:	1.1.1.02.001	Banco do Brasil
Crédito:	1.1.5.02.001	Francisco
Histórico:	1.500	

Do lançamento em 20/12/2009

O 13º salário e seu adiantamento são indevidos para os sócios fazendo-se necessária a sua devolução pelo sócio que indevidamente o recebeu

Débito:	1.1.1.02.001	Banco do Brasil
Crédito:	1.1.5.02.001	Érika
Histórico:	6.000	

Do lançamento em 20/12/2009

Do pagamento do INSS sobre 13º salário, Lançamento nº 127

Débito:	2.1.3.2.001	INSS a pagar
Crédito:	1.1.1.02.001	Banco do Brasil
Histórico:	5.760	

Do lançamento em 20/12/2009

Do pagamento do FGTS sobre 13º salário, Lançamento nº 128

Débito:	2.1.3.2.002	FGTS a pagar
Crédito:	1.1.1.02.001	Banco do Brasil
Histórico:	1.700	

15.5 Provisão para contingências

A diferença básica da provisão para o reconhecimento das despesas pelo regime de competência é que a provisão depende de eventos futuros.

A provisão para contingência, como não poderia ser diferente, depende de eventos, mas o contador, em continência ao princípio do conservadorismo, reconhece contabilmente uma despesa que não existe e a certeza de que será realizada.

Com relação à dedutibilidade na base de cálculo da CSLL e IR, como as demais provisões, exceto férias e 13º (décimo terceiro) salário, é indedutível.

Essa conta registra os valores contabilizados como despesas referentes a possíveis iminentes perdas, que podem ser com relação à agricultura, mudanças climáticas que causam prejuízos, ações judiciais, cíveis, trabalhistas e outras.

Na prática

Um funcionário da ABC Comércio Ltda. ingressou com uma ação na justiça requerendo valor de R$ 30.000,00 (trinta mil reais).

Do lançamento em 31/12/2009

Da provisão para contingência, Lançamento nº 129

Débito:	4.2.3.1.01 Trabalhistas
Crédito:	2.1.6.04 Provisões para contingências
Histórico:	30.000

15.6 Do livro Razão

RAZÃO CONTÁBIL						
Empresa ABC Comércio Ltda.				Folha – 2		
Conta Contábil: 1.1.1.02. 001 – Banco do Brasil						
Data	Histórico	Nº Lança-mento	Débito	Crédito	Saldo	D/C
7/7/2009	Saldo anterior				28.738	
20/12/2009	Vr. pago 13º salário	123		10.000	18.738	
20/12/2009	Vr. devolução 13º salário	125	1.500		20.238	
20/12/2009	Vr. devolução 13º salário	126	6.000		26.238	
20/12/2009	Vr. pago INSS 13º salário	127		5.760	20.478	
20/12/2009	Vr. pago FGTS 13º salário	128		1.700	18.778	
				Saldo final >>	18.778	

RAZÃO CONTÁBIL

Empresa ABC Comércio Ltda.   Folha – 7
Conta Contábil: 1.1.5.02 – 001 Francisco

Data	Histórico	Nº Lança-mento	Débito	Crédito	Saldo	D/C
20/4/2009	Saldo anterior				1.500	
20/12/2009	Vr. baixa adiant. 13º salário	125		1.500	-	
				Saldo final >>	-	

RAZÃO CONTÁBIL

Empresa ABC Comércio Ltda.   Folha – 7
Conta Contábil: 1.1.5.02 – 002 – Érika

Data	Histórico	Nº Lança-mento	Débito	Crédito	Saldo	D/C
20/4/2009	Saldo anterior				6.000	
20/12/2009	Vr. baixa adiant. 13º salário	126		6.000	–	
				Saldo final >>	–	

RAZÃO CONTÁBIL

Empresa ABC Comércio Ltda.   Folha – 7
Conta Contábil: 1.1.5.02 – 003 Diversos

Data	Histórico	Nº Lança-mento	Débito	Crédito	Saldo	D/C
20/4/2009	Saldo anterior				10.000	
20/12/2009	Vr. baixa adiant. 13º salário	124		10.000	–	
				Saldo final >>	–	

RAZÃO CONTÁBIL

Empresa ABC Comércio Ltda.   Folha – 11
Conta Contábil: 2.1.3.2.001 – INSS a pagar

Data	Histórico	Nº Lança-mento	Débito	Crédito	Saldo	D/C
20/12/2009	Vr. prov. INSS 13º salário	121		5.760	5.760	C
20/12/2009	Vr. pago INSS 13º salário	127	5.760		-	
				Saldo final >>	-	

RAZÃO CONTÁBIL

Empresa ABC Comércio Ltda. Folha – 10

Conta Contábil: 2.1.3.1.002 – FGTS

Data	Histórico	Nº Lança-mento	Débito	Crédito	Saldo	D/C
20/12/2009	Vr. prov. FGTS 13º salário	122		1.700	1.700	C
20/12/2009	Vr. pago FGTS 13º salário	128	1.700			
		Saldo final >>			-	

RAZÃO CONTÁBIL

Empresa ABC Comércio Ltda. Folha – 14

Conta Contábil: 2.1.5.01 – 13º salário a pagar

Data	Histórico	Nº Lança-mento	Débito	Crédito	Saldo	D/C
20/12/2009	Vr. provisão 13º salário	120		20.000	20.000	C
20/12/2009	Vr. pago 13º salário	123	10.000		10.000	
20/12/2009	Vr. baixa adiant. 13º salário	124	10.000		–	
		Saldo final >>			–	

RAZÃO CONTÁBIL

Empresa ABC Comércio Ltda. Folha – 14

Conta Contábil: 2.1.6.04 – Provisão para contingências

Data	Histórico	Nº Lança-mento	Débito	Crédito	Saldo	D/C
31/12/2009	Vr. provisão para contin-gência	129		30.000	30.000	C
		Saldo final >>			30.000	

RAZÃO CONTÁBIL

Empresa ABC Comércio Ltda. Folha – 23

Conta Contábil: 4.2.2.1.04 – 13º salário

Data	Histórico	Nº Lança-mento	Débito	Crédito	Saldo	D/C
20/12/2009	Vr. provisão 13º salário	120	20.000		20.000	D
		Saldo final >>			20.000	

RAZÃO CONTÁBIL

Empresa ABC Comércio Ltda.   Folha – 23

Conta Contábil: 4.2.2.1.02 – INSS

Data	Histórico	Nº Lança-mento	Débito	Crédito	Saldo	D/C
30/6/2009	Saldo anterior				12.267	D
20/12/2009	Vr. prov. INSS 13º salário	121	5.760		18.027	D
			Saldo final >>		18.027	D

RAZÃO CONTÁBIL

Empresa ABC Comércio Ltda.   Folha – 23

Conta Contábil: 4.2.2.1.03 – FGTS

Data	Histórico	Nº Lança-mento	Débito	Crédito	Saldo	D/C
30/6/2009	Saldo anterior				1.700	D
30/12/2009	Vr. prov. FGTS 13º salário	122	1.700		3.400	D
			Saldo final >>		3.400	D

RAZÃO CONTÁBIL

Empresa ABC Comércio Ltda.   Folha – 26

Conta Contábil: 4.2.3.1.01 – Trabalhista

Data	Histórico	Nº Lança-mento	Débito	Crédito	Saldo	D/C
31/12/2009	Vr. provisão para contin-gência	129	30.000		30.000	D
			Saldo final >>		30.000	D

15.7 Posição patrimonial

	Posição anterior em real	Variação em real	Posição atual em real
Ativo			
Circulante	226.225	(27.460)	198.765
Caixa	200		200
Bancos c/ movimento	28.738	(9.960)	18.778
Impostos a recuperar	26.887		26.887
IRRF	3.400		3.400
PIS	2.067		2.067
COFINS	9.520		9.520
ICMS	11.900		11.900
Estoques	147.500		147.500
Mercadorias	147.500		147.500
Adiantamentos	22.500	(17.500)	5.000
Pró-labore	5.000		5.000
13º salário	17.500	(17.500)	–
Despesa de exercício seguinte			
Seguros	400		400
Ativo não circulante	1.795.677		1.795.677
Investimentos	561.800		561.800
Banco do Brasil	1.800		1.800
JB Indústria S.A.	500.000		500.000
(–) Deságio	(100.000)		(100.000)
Ceará S.A.	160.000		160.000
Imobilizado	1.233.877		1.233.877
Custo de aquisição	1.240.946		1.240.946
Edificações	1.100.000		1.100.000
Veículos	40.000		40.000
Computadores	4.000		4.000
Instalações	96.946		96.946
Depreciação acumulada	(7.069)		(7.069)
Veículos	(4.676)		(4.676)
Computadores	(401)		(401)
Instalações	(1.992)		(1.992)
Total do ativo	2.021.902	(27.460)	1.994.442

	Posição anterior em real	Variação em real	Posição atual em real
Passivo			
Circulante	742.928		772.928
Empréstimos	742.928		742.928
Moeda nacional	530.664		530.664
Moeda estrangeira	212.264		212.264
Provisão para contingência		30.000	30.000
Passivo não circulante	250.000	–	250.000
Empréstimo de sócio	250.000	–	250.000
Patrimônio líquido	1.028.974	(57.460)	971.514
Capital social	1.000.000	–	1.000.000
Subscrito	1.000.000	–	1.000.000
Resultado do período	28.974	(57.460)	(28.486)
Total do passivo	2.021.902	(27.460)	1.994.442

15.8 Demonstração do resultado

Demonstração do resultado apurado até essa conta, ou seja, variação do Patrimônio Líquido, relativa aos lançamentos contábeis que podem ter incidência de tributação.

Descrição dos fatos	Valor		
	Posição anterior	Variação	Posição atual
Vendas de mercadorias	330.000		330.000
(–) ICMS	56.100		56.100
(–) PIS	5.445		5.445
(–) COFINS	25.080		25.080
Receita líquida	243.375		243.375
Custo da Mercadoria vendida	(147.500)		(147.500)
Lucro bruto	95.875		95.875
Despesas de salário	(35.000)		(35.000)
INSS	(12.267)	(5.760)	(18.027)
FGTS	(1.700)	(1.700)	(3.400)
13° Salário		(20.000)	(20.000)
Despesa de seguro	(800)		(800)

Descrição dos fatos	Valor		
	Posição anterior	Variação	Posição atual
Despesas de depreciação	(24.603,80)		(24.603,80)
Despesas financeiras	(97.028)		(97.028)
Provisão para contingência		(30.000)	(30.000)
Receitas financeiras	26.663		26.663
Receita de dividendo	300		300
Ajuste de equivalência	60.000		60.000
Receitas não operacionais	150.000		150.000
Despesas não operacionais	(132.465)		(132.465)
Lucro antes do IR e CSLL	28.974,20	(57.460)	(28.485,80)
CSLL (9%)	–	–	–
IRPJ (15%)	–	–	–
Lucro líquido	28.974,20	(57.460)	(28.485,80)

15.9 Demonstrativo dos custos tributários

Os custos tributários da operação até aqui compensados com os valores dos créditos correspondentes à baixa do estoque são de R$ 34.125,00 (trinta e quatro reais e cento e vinte e cinco reais), mas, para melhor fixar, será a seguir demonstrado:

Descrição dos fatos	Valor		
	Posição anterior	Variação	Posição atual
(A) Tributos s/ vendas	**86.625**	**–**	**86.625**
ICMS	56.100	–	56.100
PIS	5.445	–	5.445
COFINS	25.080	–	25.080
(B) Tributos s/ resultado	**–**	**–**	**–**
CSLL	–	–	–
IRPJ	–	–	–
(C) Créditos s/ vendas	**52.500**		**52.500**
ICMS R$ 34.000	34.000		34.000
PIS R$ 3.300	3.300		3.300
COFINS R$ 15.200	15.200		15.200
(D) Custo líquido (A + B – C)	**34.125**	–	**34.125**

15.10 Resumo e efeito dos lançamentos com relação às contas de provisões

(P) Permutativo

(MA) Modificativo aumentativo

(MD) Modificativo diminutivo

Nº Lanç.	Fato contábil			Valor do lançamento	
	P	MA	MD		
120			X		(20.000)
121			X		(5.760)
122	X			10.000	(1.700)
123	X			10.000	
124	X			25.080	
125	X			1.500	
126	X			6.000	
127	X			5.760	
128	X			1.700	
129	X				(30.000)
Resultado dos lançamentos de despesas de exercício seguinte					(57.460)

16

Comentários Gerais Sobre as Contas de Resultado

16.1 Custos das vendas de bens ou serviços

Os custos das vendas de bens podem ser mercadorias para revendas ou custo de produção.

O custo de mercadoria para revenda é a soma dos valores referentes às mercadorias destinadas à revenda, transporte e seguro até o estabelecimento do contribuinte e aos tributos não recuperáveis devidos na aquisição ou importação.

Com relação ao custo de produção dos bens ou serviços, compreenderá, obrigatoriamente (RIR/99, art. 290):

> a) o custo de aquisição de matérias-primas e quaisquer outros bens ou serviços aplicados ou consumidos na produção, inclusive os de transporte e seguro, até o estabelecimento do contribuinte e os tributos não recuperáveis devidos na aquisição ou importação;
>
> b) o custo do pessoal aplicado na produção, inclusive na supervisão direta, manutenção e guarda das instalações de produção;
>
> c) os custos de locação, manutenção e reparo e os encargos de depreciação dos bens aplicados na produção;
>
> d) os encargos de amortização, diretamente relacionados com a produção;
>
> e) os encargos de exaustão dos recursos naturais utilizados na produção.

Ainda podem ser considerados como custos as perdas e quebras razoáveis, de acordo com a natureza do bem e da atividade, ocorridas na fabricação, no transporte e no manuseio, bem como as quebras e perdas de estoque por deterioração, obsolescência ou pela ocorrência de riscos não cobertos por seguros, desde que comprovadas por laudos ou certificados emitidos por autoridade competente (autoridade sanitária, corpo de bombeiros, autoridade fiscal etc.), que identifiquem as quantidades destruídas ou inutilizadas e as razões da providência, consoante o RIR/99, art. 291.

A pessoa jurídica deve fazer o levantamento e a avaliação dos seus estoques ao final de cada período de apuração do Imposto de Renda, de modo que a pessoa jurídica estará obrigada a promover o levantamento e avaliação dos seus estoques com a seguinte periodicidade:

> a) pessoas jurídicas que fizerem apuração trimestral deverão fazer o levantamento e avaliação em 31 de março, 30 de junho, 30 de setembro e 31 de dezembro;

> b) pessoas jurídicas que optarem pela apuração anual farão o levantamento e avaliação anualmente em 31 de dezembro.

Ocorre que, na hipótese de suspensão ou redução do pagamento mensal, para fins de recolhimento com base na estimativa, é dada a opção à pessoa jurídica para que somente promova o levantamento e a avaliação de seus estoques, segundo a legislação específica, ao final de cada período anual, em 31 de dezembro, consoante a IN SRF n$\underline{o}$ 51, de 1995, art. 10 c/c a IN SRF n$\underline{o}$ 93, de 1997, art. 12, § 4$\underline{o}$.

O custo das mercadorias revendidas e das matérias-primas utilizadas será determinado com base em registro permanente de estoque ou no valor dos estoques existentes, de acordo com o livro de inventário, no fim do período de apuração, conforme o art. 289 do RIR/99.

O valor dos bens existentes no encerramento do período-base poderá ser o custo médio ou dos bens adquiridos ou produzidos mais recentemente. Admite-se a avaliação com base no preço de venda, subtraída a margem de lucro (RIR/99, art. 295).

O contribuinte que mantiver sistema de custo integrado e coordenado com o restante da escrituração poderá utilizar os custos apurados para a avaliação dos estoques de produtos em fabricação e acabados (RIR/99, art. 294, § 1$\underline{o}$).

Quando a empresa não possibilitar a apuração de custo com base no sistema de contabilidade de custo integrado e coordenado com o restante da escrituração, os estoques deverão ser avaliados de acordo com os seguintes critérios (RIR/99, art. 296):

> a) os de materiais em processamento, por uma vez e meia o maior custo das matérias-primas adquiridas no período, ou em 80% do valor dos produtos acabados, determinado de acordo com a alínea *b* a seguir;

> b) os dos produtos acabados, em 70% do maior preço de venda no período de apuração.

16.2 Despesas operacionais

Conforme a Primeira Câmara do Conselho de Contribuintes, no Recurso Voluntário nº 143949, na sessão do dia 23/3/2006, cuja ementa segue transcrita, despesas operacionais são as despesas que a empresa tem com a sua própria manutenção e funcionamento. Desde que provadas, são dedutíveis do Imposto de Renda:

> Ementa:
>
> IMPOSTO DE RENDA DE PESSOA JURÍDICA e OUTRO – AC 1996
>
> IRPJ – FATO GERADOR – REGIME DE COMPETÊNCIA – o fato gerador do Imposto de Renda é a aquisição da disponibilidade econômica ou jurídica da renda, e para as pessoas jurídicas o montante do lucro é apurado com base na escrituração contábil e que esta está subordinada ao regime de competência, com base na lei comercial.
>
> IRPJ – LUCRO PRESUMIDO – impossível dedução de despesas na sistemática do lucro presumido.
>
> IRPJ – BASE DE CÁLCULO – DEDUTIBILIDADE – DESPESAS COMPROVADAS – as despesas usuais/normais e necessárias à atividade da empresa e à manutenção da fonte produtora, quando comprovadamente realizadas são dedutíveis da base de cálculo do IRPJ. A exigência de comprovação da efetividade da realização dos serviços que deram origem às despesas, deve basear-se em um mínimo de conjunto indiciário de que aqueles não tenham ocorrido.
>
> POSTERGAÇÃO DE RECEITAS – a contabilização de receita em período de apuração posterior, em que não se comprove prejuízo ao Fisco, dá azo ao lançamento isolado dos acréscimos moratórios.
>
> Recurso voluntário provido em parte.

Ainda no tema, o sítio eletrônico da Receita Federal[1] traz o conceito de despesas operacionais, nos seguintes termos:

> São operacionais as despesas não computadas nos custos, necessárias à atividade da empresa e à manutenção da respectiva fonte produtora.
>
> As despesas operacionais admitidas são as usuais ou normais no tipo de transações, operações ou atividades da empresa, entendendo-se como necessárias as pagas ou incorridas para a realização das transações ou operações exigidas pela atividade da empresa (RIR/99, art. 299 e seus §§ e PN CST nº 32, de 1981).

---

[1] BRASIL. Receita Federal. Disponível em: <www.receita.fazenda.gov.br/PessoaJuridica/DIPJ/2005/PergResp2005/pr335a347.htm>.

Referido sítio traz ainda orientação sobre a comprovação das despesas dedutíveis:

> As despesas, cujos pagamentos sejam efetuados à pessoa jurídica, deverão ser comprovadas por Nota Fiscal ou Cupom emitidos por equipamentos ECF (Emissor de Cupom Fiscal), observados os seguintes requisitos, em relação à pessoa jurídica compradora: sua identificação, mediante indicação de seu CNPJ; descrição dos bens ou serviços, objeto da operação; a data e o valor da operação (Lei nº 9.532, de 1997, art. 61, § 1º e 81, II). Qualquer outro meio de emissão de nota fiscal, inclusive o manual, depende de autorização da Secretaria de Estado da Fazenda, com jurisdição sobre o domicílio fiscal da empresa interessada.
>
> A partir de 1º/1/1997, a Lei nº 9.430, de 1996, em seu art. 82, introduziu a hipótese de que não será considerado como comprovado o gasto ou a despesa quando os documentos comprobatórios forem emitidos por pessoa jurídica cuja inscrição no CNPJ tenha sido considerada ou declarada inapta, não produzindo tais documentos quaisquer efeitos tributários em favor de terceiro por se caracterizarem como uma hipótese de inidoneidade. Todavia, a dedutibilidade será admitida quando o adquirente de bens, direitos e mercadorias ou o tomador de serviços comprovar a efetivação do pagamento do preço respectivo e o recebimento dos bens, direitos e mercadorias ou a utilização dos serviços.

16.2.1 Despesas com remuneração de dirigentes

De acordo com o entendimento da Administração Tributária, considera-se:

> I – Diretor: a pessoa que dirige ou administra um negócio ou uma soma determinada de serviços. Pessoa que exerce a direção mais elevada de uma instituição ou associação civil, ou de uma companhia ou sociedade comercial, podendo ser ou não acionista ou associado. Os diretores são, em princípio, escolhidos por eleição de assembleia, nos períodos assinalados nos seus estatutos ou contratos sociais;
>
> II – Administrador: a pessoa que pratica, com habitualidade, atos privativos de gerência ou administração de negócios da empresa, e o faz por delegação ou designação de assembleia, de diretoria ou de diretor;
>
> III – Conselho de Administração: o órgão instituído pela Lei das Sociedades por Ações, cujos membros recebem para os efeitos fiscais, o mesmo tratamento de diretores ou administradores.

Não são considerados como administrador os empregados que trabalham com exclusividade para uma empresa, subordinados hierárquica e juridicamente e, como meros prepostos ou procuradores, mediante outorga de instrumento de mandato, exercem essa função cumulativamente com as de seus cargos efetivos, percebendo remuneração ou salário constante do respectivo contrato de traba-

Comentários Gerais Sobre as Contas de Resultado **349**

lho, provado por carteira profissional, bem como o assessor, que é a pessoa que tenha subordinação direta e imediata ao administrador, dirigente ou diretor e atividade funcional ligada à própria atividade da pessoa jurídica (IN SRF nº 2, de 1969, e PN CST nº 48, de 1972).

Antes da vigência da Lei nº 9.430/96, os pagamentos eram creditados, mensalmente, aos administradores, conforme conceito anteriormente mencionado, a título de remuneração (retiradas pró-labore), tinham a dedução da base de cálculo do Imposto de Renda limitada, mas atualmente poderão ser considerados integralmente como custo ou despesa operacional, no resultado da pessoa jurídica, independentemente de qualquer restrição, condição ou limite de valor.

A remuneração dos administradores é qualquer vantagem recebida, independentemente do título. Basta que tenha caráter de remuneração pelos serviços efetivamente prestados à empresa, como, por exemplo, o valor do aluguel de imóvel residencial ocupado por sócios ou dirigentes pago pela empresa e outros salários indiretos (PN CST nº 18, de 1985).

Os salários indiretos, igualmente, incluem-se no conceito de remuneração, assim consideradas as despesas particulares dos administradores, diretores, gerentes e seus assessores, nelas incluídas, por exemplo, as despesas de supermercados e cartões de crédito, pagamento de anuidade de colégios, clubes, associações etc. **(RIR/99, art. 358, e PN CST nº 18, de 1985 e nº 11, de 1992).**

Os pagamentos creditados a beneficiário não identificado não serão dedutíveis como custo ou despesa da pessoa jurídica, para fins da apuração do lucro real, e serão tributados exclusivamente na fonte, à alíquota de 35% (trinta e cinco por cento) (RIR/99, arts. 304 e 622).

Todas as despesas com alimentação, contraprestações de arrendamento mercantil e do aluguel de bens móveis ou imóveis, bem como de despesas de depreciação, amortização, manutenção, reparo, conservação, impostos, taxas, seguros e quaisquer outros gastos com bens móveis ou imóveis, quando não intrinsecamente relacionados com a produção ou comercialização dos bens e serviços, não podem ser deduzidas da base de cálculo do Imposto de Renda.

As despesas mencionadas no parágrafo anterior, mesmo não sendo intrinsecamente ligadas à produção ou comercialização dos bens ou serviço, mas quando se enquadrarem como **remuneração indireta** dos administradores, diretores, gerentes e seus assessores, poderão ser deduzidas do resultado contábil para definição do lucro real.

A remuneração indireta dos administradores deverá ser tributada pelo Imposto de Renda na pessoa física, sujeita à retenção na fonte e inclusão na declaração de ajuste anual (Lei nº 9.249, de 1995, art. 13, II, III e IV).[2]

---

[2] "Art. 13. Para efeito de apuração do lucro real e da base de cálculo da contribuição social sobre o lucro líquido, são vedadas as seguintes deduções, independentemente do disposto no art. 47 da Lei nº 4.506, de 30 de novembro de 1964: I – de qualquer provisão, exceto as constituídas para o pagamento de férias de empregados e de décimo-terceiro salário, a de que trata o art. 43 da Lei

Oportuno destacar que o pagamento de previdência privada aos sócios se constitui como despesa indedutível, conforme ementa do Recurso Voluntário nº 135873, da Quinta Câmara do Primeiro Conselho de Contribuintes, na sessão do dia 20/10/2005, que segue transcrita:

Ementa:

Imposto de Renda de Pessoa Jurídica – DESPESAS – PREVIDÊNCIA PRIVADA – SÓCIOS – Os valores despendidos para custear planos de previdência privada, instituídos exclusivamente em favor dos sócios da empresa, não são dedutíveis da base tributável do imposto sobre a renda e da contribuição social sobre o lucro líquido, nos termos do art. 13, V, da Lei nº 9.249/1995.

DEDUTIBILIDADE DOS JUROS DO CAPITAL PRÓPRIO – Ainda que a fonte pagadora assuma o ônus do IRRF, este continua ser parte integrante da despesa com juros, não podendo exceder, para efeitos de dedutibilidade como despesa financeira, a cinquenta por cento ou do valor do lucro líquido correspondente ao período-base do pagamento ou crédito dos juros, antes da provisão para o Imposto de Renda e da dedução dos referidos juros, ou dos saldos de lucros acumulados de períodos anteriores.

EXCLUSÃO DO LUCRO – O valor da redução indevida do lucro real do ano-calendário de 1996, relativo a equivalência patrimonial em coligadas inexistentes no mencionado período, deverá ser adicionado ao lucro líquido para determinação da base tributável do imposto sobre a renda e da contribuição social sobre o lucro líquido.

COMPENSAÇÃO DE CRÉDITOS DECORRENTES DE RECOLHIMENTOS – A utilização de crédito, decorrente de pagamento indevido ou maior que o devido, para pagamento de débito decorrente de lançamento de ofício, ainda que de mesma espécie, deverá ser previamente solicitada à DRF ou IRF-A, do domicílio fiscal do contribuinte.

TRIBUTAÇÃO REFLEXA – CONTRIBUIÇÃO SOCIAL SOBRE O LUCRO LÍQUIDO (CSLL) – Aplica-se às exigências ditas reflexas o que foi decidido quanto à exigência matriz, devido à íntima relação de causa e efeito entre elas, ressalvadas as alterações exoneratórias procedidas de ofício, decorrentes de novos critérios de interpretação ou de legislação superveniente.

Recurso improvido.

---

nº 8.981, de 20 de janeiro de 1995, com as alterações da Lei nº 9.065, de 20 de junho de 1995, e as provisões técnicas das companhias de seguro e de capitalização, bem como das entidades de previdência privada, cuja constituição é exigida pela legislação especial a elas aplicável; (Vide Lei 9.430, de 1996) II – das contraprestações de arrendamento mercantil e do aluguel de bens móveis ou imóveis, exceto quando relacionados intrinsecamente com a produção ou comercialização dos bens e serviços; III – de despesas de depreciação, amortização, manutenção, reparo, conservação, impostos, taxas, seguros e quaisquer outros gastos com bens móveis ou imóveis, exceto se intrinsecamente relacionados com a produção ou comercialização dos bens e serviços; IV – das despesas com alimentação de sócios, acionistas e administradores; V – das contribuições não compulsórias, exceto as destinadas a custear seguros e planos de saúde, e benefícios complementares assemelhados aos da previdência social, instituídos em favor dos empregados e dirigentes da pessoa jurídica; VI – das doações, exceto as referidas no § 2º; VII – das despesas com brindes."

16.2.2 Despesas de propaganda

As despesas de propaganda devem ser contabilizadas pelo regime de competência. Para que sejam dedutíveis da base de cálculo do Imposto de Renda, devem estar diretamente relacionadas com a atividade da pessoa jurídica, e que sejam ainda gastas com:

I – rendimentos específicos pagos ou creditados a terceiros em contrapartida à prestação de serviço com trabalho assalariado, autônomo ou profissional, e a aquisição de direitos autorais de obra artística;

II – importâncias pagas ou creditadas a empresas jornalísticas, correspondentes a anúncios ou publicações;

III – importâncias pagas ou creditadas a empresas de radiodifusão ou televisão, correspondentes a anúncios, horas locadas ou programas;

IV – despesas pagas ou creditadas a quaisquer empresas, inclusive de propaganda;

V – o valor das amostras distribuídas gratuitamente por laboratórios químicos ou farmacêuticos e por outras empresas que utilizem esse sistema de promoção de venda, sendo indispensável que:

a) haja contabilização da distribuição, pelo preço de custo real e que as saídas das amostras sejam documentadas com emissão de nota fiscal;

b) que o valor das amostras distribuídas no ano-calendário não ultrapasse os limites estabelecidos pela SRF, até o máximo de 5% da receita líquida obtida na venda dos produtos (PN CST n° 17, de 1976, e n° 21, de 1976, e IN SRF n° 2, de 1969, incisos 89 a 97);

VI – promoção e propaganda de seus produtos, com a participação em feiras, exposições e certames semelhantes, com a manutenção de filiais, de escritórios e de depósitos congêneres, efetuados no exterior por empresas exportadoras de produtos manufaturados, inclusive cooperativos, consórcios de exportadores ou de produtores ou entidades semelhantes, podendo os gastos ser imputados ao custo, destacadamente, para apuração do lucro líquido, na forma, limite e condições determinadas pelo Ministro da Fazenda (Portaria MF n° 70, de 1997).

Os pagamentos ou crédito por pessoas jurídicas a outras pessoas jurídicas a título de serviços de propaganda e publicidade estão sujeitos à incidência do Imposto de Renda na fonte, à alíquota de 1,5% (um vírgula cinco por cento).

O contribuinte fica ainda responsável pela comprovação da efetiva prestação do serviço, sendo também solidária nessa obrigação a empresa que prestou o serviço.

As despesas com brindes não são consideradas como dedutíveis da base de cálculo do Imposto de Renda. Entendem-se como brindes materiais de divulgação que o contribuinte manda confeccionar, como calendários, agendas, chaveiros etc.

Nesse sentido, confira a ementa do Recurso Voluntário nº 137819, da Primeira Câmara do Primeiro Conselho de Contribuinte, com sessão no dia 14/4/2005.

> Ementa:
>
> DESPESAS COM BRINDES – INDEDUTIBILIDADE – A partir da vigência da Lei nº 9.249/95, por expressa disposição em seu artigo 13, inciso VII, todos os gastos relacionados com a aquisição de brindes são indedutíveis na apuração da base de cálculo do IRPJ e da CSLL.
>
> DESPESAS CUSTO C/PESQUISAS CIENTÍFICAS E TECNOLÓGICAS – Devidamente comprovada que as despesas incorridas com pesquisa de novos produtos é normal, usual e necessária às atividades da pessoa jurídica, restabelece-se a sua dedução no próprio ano-calendário em que incorridas.
>
> CONTRIBUIÇÃO SOCIAL SOBRE O LUCRO LÍQUIDO
>
> A solução dada ao litígio principal, relativo ao Imposto de Renda Pessoa Jurídica aplica-se, no que couber, ao lançamento decorrente, quando não houver fatos ou argumentos novos a ensejar conclusão diversa.
>
> Recurso provido parcialmente.

Com relação aos gastos com distribuição de objetos relacionados com atividade da empresa, desde que em pequena monta, podem ser dedutíveis da base de cálculo do Imposto de Renda.

16.2.3 Das despesas com multas

As multas de natureza tributária compensatória que se destinam a compensar o sujeito ativo pelo prejuízo suportado pelo atraso no pagamento do que lhe era devido são dedutíveis nos termos do art. 344, § 5º, do Regulamento do Imposto de Renda. Como exemplos podem ser citadas as multas pagas sob atraso do INSS, IRPJ, CSLL e outros.

As multas de natureza tributária punitivas, que são aquelas que se fundem no interesse público de punir o inadimplente, ou seja, são as multas nos lançamentos de ofício do crédito tributário, não são dedutíveis (art. 344, § 5º RIR/99).

As multas por infrações não tributárias não são dedutíveis, pois se trata de despesas não necessárias ao desenvolvimento das atividades da empresa. Como exemplo podem ser citadas as multas de trânsito, INMETRO, trabalhistas e outras.

Com relação às multas e aos juros, existia dúvida sobre a dedutibilidade dos valores referentes a juros e multa sobre tributos ainda não recolhidos, mas ficou esclarecida com o entendimento do 1º Conselho de Contribuinte, conforme a decisão a seguir transcrita.

> O 1º Conselho de Contribuintes decidiu que a multa de mora é dedutível na apuração do lucro real do exercício em que foi incorrida, mesmo paga no exercício subsequente (Ac. nº 103-18. 787/97 no *DOU* de 20-10-1997).

Os incidentes sobre tributos não recolhidos no prazo legal são dedutíveis no período em que foram incorridos e não no período de seu efetivo pagamento, porquanto prevalece o regime de competência (Ac. nº 103-20. 263/00 *DOU* de 20/6/2000).

Essa posição do Conselho de Contribuinte reconhece o regime de competência, conforme determinação legal.

Como exemplo de multas punitivas, podemos citar:

a) as multas de lançamento de ofício aplicadas sobre a totalidade ou diferença do imposto devido, nos casos de falta de declaração, declaração inexata ou de evidente intuito de fraude (RIR/99, art. 957);

b) a multa aplicada sobre a totalidade ou diferença de imposto, resultante da reunião de duas ou mais declarações, quando a pessoa jurídica não apresentar uma só declaração para cada período-base de incidência (RIR/99, art. 964, II, *b*);

c) a aplicada quando for apurado, mediante revisão posterior, que a indicação da receita bruta ou do lucro tributável, feita pela pessoa jurídica em sua declaração, o foi com inobservância às disposições legais (RIR/99, art. 957);

d) a aplicada quando a fonte pagadora deixar de descontar o Imposto de Renda na fonte sobre rendimentos do trabalho assalariado (RIR/99, art. 957, com as alterações da Lei nº 9.430, de 1996, art. 44);

e) a aplicada à fonte pagadora obrigada a reter tributo ou contribuição, no caso de falta de retenção ou recolhimento, ou recolhimento após o prazo fixado, sem o acréscimo de multa moratória (Lei nº 10.426, de 2002, art. 9º).

16.2.4 *Do reembolso de seguro*

Todos os valores referentes ao reembolso de seguro devem ser contabilizados como outras receitas operacionais (Receita de Indenização de Seguro), sendo sujeitos a pagamento de PIS, COFINS, IRPJ e CSLL. Só existe uma exceção, que é no caso das apólices de seguro ou pecúlio em favor da empresas, pagas por morte dos sócios segurados.

16.2.5 *Multas com rescisão de contrato*

Os valores referentes à multa ou qualquer outra vantagem recebida pela pessoa jurídica, mesmo a título de indenização em virtude de rescisão de contrato, estão sujeitos à retenção de Imposto de Renda na fonte e ainda serão computados na determinação do lucro real.

Esclarecendo melhor o caso do seguro dos sócios, será isento do Imposto de Renda e contribuição social somente o capital das apólices em nome dos sócios, não sendo aplicado a qualquer outro dirigente que não seja sócio (art. 445 do RIR/99).

Para um melhor entendimento, a seguir serão citados alguns procedimentos no caso de reembolso de seguro.

16.2.6 Roubo de mercadorias – com cobertura do seguro

Quando ocorrer roubo de mercadoria, se a mercadoria estiver coberta por seguro, o lançamento contábil original da venda como receita deverá ser estornado, devendo a empresa contabilizar o valor a receber da seguradora como receita sujeita a PIS, COFINS, IRPJ e CSLL (Lei nº 9.718/98, art. 3º).

16.2.7 Roubo de mercadorias – sem cobertura do seguro

Nos casos de roubo de mercadoria que foi vendida normalmente e, portanto, não chegou até o cliente, entende-se que não haverá a contabilização da receita de venda, pois não houve a transferência da sua propriedade. Dessa forma, o lançamento da receita de venda deverá ser estornado e, como consequência, não haverá a incidência do PIS nem da COFINS.

16.2.8 Das despesas com desfalques e apropriação indébita

Para as perdas através de fraudes ou apropriação indébita que não estejam cobertas por seguro será dado o seguinte tratamento.

Os prejuízos por desfalque, apropriação indébita e furto, por empregados ou terceiros, somente serão dedutíveis como despesas quando houver inquérito instaurado nos termos da legislação trabalhista ou quando apresentada queixa perante a autoridade policial (art. 364 do RIR/99).

16.2.9 Dos incentivos fiscais de ICMS

É comum os Estados incentivarem as empresas através do ICMS, por meio das seguintes modalidades:

> a) Conceder a isenção total ou parcial do imposto, muitas vezes por meio de devolução, ou até mesmo a dispensa, de modo que as empresas apuram o imposto como se devido fosse, a contabilização dos débitos como despesa e a devolução ou dispensa do recolhimento registrado como receita.

Com feito, até a vigência da Lei nº 10.638/07, essa receita era tributada pelo IR e CSLL, somente nos casos em que fica clara a vinculação da isenção com investimento feito na implantação ou expansão do projeto. Essa receita seria regis-

Comentários Gerais Sobre as Contas de Resultado **355**

trada como reserva de capital destinada somente a aumento de capital ou compensação de prejuízos. Nesse caso, não teria a incidência dos referidos tributos.

Com efeito, o Primeiro Conselho de Contribuinte vinha decidindo pela não tributação nesses casos de devolução total ou parcial do imposto, conforme decisão a seguir transcrita:

> **As restituições à pessoa jurídica de parte do ICMS por ela pago, efetuadas pelos Governos Estaduais para aplicação em investimentos na região, classificam-se como não operacionais e devem ser excluídas do lucro líquido do exercício para efeitos de determinação do lucro real (Ac. nos 103-10.129/90, no *DOU* de 31/7/1992, 103-10.291/90, no *DOU* de 17/7/1992).**

> b) existem também os casos em que o Estado financia o imposto com um prazo longo para pagamento, muitas vezes sem juros e correção monetária, ou somente reduz os encargos financeiros. Neste caso não podem ser aplicados os procedimentos referentes à decisão administrativa citada acima, conforme resultado de consulta a seguir mencionada.

> **Os aportes financeiros obtidos mediante o financiamento do valor devido a título de ICMS, ainda que incentivados por juros subsidiários e dispensas total ou parcial da correção, não caracterizam a Subvenção para investimentos e, portanto, serão tributados na determinação do Lucro Real (Decisão COSIT nº 4, de 21/6/1933, no *DOU* de 12/8/1999).**

Ocorre que a Lei nº 10.638/07 determinou a obrigação de que todos os incentivos fiscais devem ser contabilizados como receita e independentemente da modalidade, podendo o contribuinte fazer a opção de destinar esses valores para reservas específicas, de modo a evitar a tributação das referidas receitas pelo IR e CSLL. Veja redação do art. 195-A incluído pela referida lei:

> Art. 195-A. A assembleia geral poderá, por proposta dos órgãos de administração, destinar para a reserva de incentivos fiscais a parcela do lucro líquido decorrente de doações ou subvenções governamentais para investimentos, que poderá ser excluída da base de cálculo do dividendo obrigatório (inciso I do *caput* do art. 202 desta Lei).

Dúvidas não pairam de que pode ser destinada dos lucros líquidos a parcela correspondente às doações ou subvenções governamentais para investimentos e para a constituição de reserva de incentivos fiscais. Dessa forma, fica demonstrado que os valores relativos a tais recursos devem ser contabilizados como receitas.

Determinada empresa recebe doação de terreno de órgão governamental para a instalação de um parque fabril. O valor correspondente a esse bem, até a vigência da Lei nº 11.638/07, era contabilizado como reserva de capital.

Com as alterações da Lei das Sociedades por Ações, a partir de 2008, o terreno recebido como doação deve ser reconhecido como receita e, após a apuração do resultado, pode ser destinado para uma reserva específica, que constitui a primeira condição, e não a única, para não ser tributado pelo IRPJ e CSLL.

Dessa forma, o resultado da sociedade que recebeu essa doação foi alterado, assim como a receita bruta também, e consequentemente aumentaria os tributos. Porém, ocorre que a Lei nº 11.638/07 determina que essas mudanças não têm efeito fiscal.

Com a finalidade de eliminar os efeitos das mudanças na Lei das Sociedades por Ações, foi instituído pela Lei nº 11.941/09 o RTT, como opção, podendo assim o contribuinte tributar o resultado apurado de acordo com legislação societária.

O legislador é muito claro quando determina que as empresas tributadas com base no lucro estão sujeitas às alterações na lei societária e apresenta como opção para eliminar os efeitos das mudanças nos critérios no reconhecimento das receitas e despesas o Regime de Tributação Transitório – RTT.

Nesses termos é que determina o art. 16 da Lei nº 11.941/09, *in verbis*:

> Art. 16. As alterações introduzidas pela Lei nº 11.638, de 28 de dezembro de 2007, e pelos arts. 37 e 38 desta Lei que modifiquem o critério de reconhecimento de receitas, custos e despesas computadas na apuração do lucro líquido do exercício definido no art. 191 da Lei nº 6.404, de 15 de dezembro de 1976, não terão efeitos para fins de apuração do lucro real da pessoa jurídica sujeita ao RTT, devendo ser considerados, para fins tributários, os métodos e critérios contábeis vigentes em 31 de dezembro de 2007.

Com a redação desse diploma legal não restam dúvidas de que quem não fizer a opção pelo RTT deve recolher os tributos com base no resultado apurado, de acordo com a legislação societária atual.

16.2.10 Das despesas com viagens, veículos e transportes

As despesas de alimentação com empregados ou administradores das empresas a serviço da sociedade podem, independentemente de comprovação, ser deduzidas na determinação do lucro real, cujo valor diário não exceda o valor de R$ 16,57 (dezesseis reais e cinquenta e sete centavos), sendo que os valores acima do limite têm que ter comprovante.

O contribuinte pode fazer opção por pagar diárias para reembolso de despesa com alimentação e pousada, durante viagem para serviços eventuais, considerando que, para que esse valor seja dedutível, é necessária a comprovação da realização da viagem. De acordo com o PN CST nº 10/92, essa comprovação se dá através de:

> a) para comprovação do deslocamento, o documento hábil será:
>
> a.1) o bilhete de passagem e/ou fatura da agência de viagem ou documento semelhante, no caso de ser utilizado o serviço de companhias aéreas e/ou agências de viagem;

a.2) nota fiscal de serviços, no caso de transporte marítimo, fluvial ou rodoviário;

b) os dias em que o empregado permanecer em viagem devem ser comprovados por meio de nota fiscal do estabelecimento hoteleiro (quando a viagem incluir pernoite), admitindo-se a diferença de um dia entre a quantidade de diárias pagas ao empregado e a quantidade de diárias cobradas pela pousada;

c) nos documentos deve constar o nome do empregado, sendo também necessário que a pessoa jurídica mantenha relatórios internos que demonstrem os valores pagos como diárias a cada empregado que os recebeu.

As despesas com veículos registrados no ativo permanente da empresa podem ser dedutíveis da base de cálculo do Imposto de Renda e Contribuição Social, pois fica subtendido que seja uma despesa necessária para a operacionalização do objeto social, devendo as notas fiscais de consumo de combustíveis indicarem ao menos a placa do veículo. Quando o veículo é da empresa, o ônus da prova da desnecessidade é da autoridade fiscal.

Quando o veículo é de um dos sócios ou de um dos empregados, as despesas com combustíveis e manutenção utilizados a serviço da empresa constituem condição fundamental, para serem classificadas como despesa operacional dedutível da base de cálculo do Imposto de Renda e Contribuição Social sobre o lucro, que seja provada a utilização do veículo e a consequente necessidade.

Algumas empresas fazem contrato de comodato para dar suporte ao lançamento contábil, porém, o mais importante não é esse contrato, e sim a prova da utilização, pois quando o veículo não é da empresa, cabe ao contribuinte o ônus da prova.

Os valores pagos a empregados para reembolso de custos com gastos de viagens feitas em veículo do empregado a serviço da empresa, quando tais valores forem pagos com base em quilometragem percorrida, ou qualquer outra forma de cálculo, serão considerados como rendimentos do trabalho assalariado, portanto, sujeito ao Imposto de Renda na fonte (PN nº 864/71).

Ainda sobre os pagamentos de despesas com veículos de terceiros, conforme o PN nº 108/72, podem ser dedutíveis quando satisfizerem os três seguintes requisitos:

a) uso efetivo dos veículos;

b) desembolso do preço;

c) adequação do preço.

16.2.11 Das despesas de doação

As despesas de doações, na grande maioria, são indedutíveis da base de cálculo do Imposto de Renda e Contribuição Social sobre o Lucro, sendo dedutíveis somente aquelas destinadas a projetos culturais e aquelas para instituição de ensino e pesquisa, cuja criação tenha sido autorizada por lei federal e preencham os requisitos dos incisos I e II do art. 213 da Constituição Federal, que são os seguintes:

I – comprovem finalidade não lucrativa e apliquem seus excedentes financeiros em educação;

II – assegurem a destinação de seu patrimônio a outra escola comunitária, filantrópica ou confessional, ou ao Poder Público, no caso de encerramento de suas atividades.

Ainda sobre as doações dedutíveis, são dedutíveis aquelas destinadas às entidades civis sem fins lucrativos, que prestem serviços gratuitos em benefício de empregados e dependentes da pessoa jurídica doadora.

São dedutíveis também as doações feitas a sociedades civis sem fins lucrativos cuja entidade beneficiária tenha sua condição de utilidade pública, sendo que esse certificado deve ser renovado anualmente pelo órgão da União, mediante ato formal.

16.2.12 Rateio de despesas comuns entre empresas do mesmo grupo

É comum um grupo de empresas possuir despesas comuns, como espaço físico, funcionários, telefone etc.

Ocorre que, às vezes, todas essas despesas são em nome de uma ou de poucas, sendo que as que não registram as despesas apresentam lucro até com adicional do Imposto de Renda.

Nesses casos, pode ser feito o rateio das despesas através de contrato com previsão de transferência dessas despesas. Conforme determina o art. 299 RIR/99, a seguir descrito:

Art. 299. RIR/99. São operacionais as despesas não computadas nos custos, necessárias à atividade da empresa e à manutenção da respectiva fonte produtora (Lei nº 4.506, de 1964, art. 47).

§ 1º São necessárias às despesas pagas ou incorridas para a realização das transações ou operações exigidas pela atividade da empresa (Lei nº 4.506, de 1964, art. 47, § 1º).

§ 2º As despesas operacionais admitidas são as usuais ou normais no tipo de transações, operações ou atividades da empresa (Lei nº 4.506, de 1964, art. 47, § 2º).

§ 3º O disposto neste artigo aplica-se também às gratificações pagas aos empregados, seja qual for a designação que tiverem.

16.2.13 Das despesas com tecnologia

As despesas operacionais relativas aos gastos realizados com pesquisa tecnológica e desenvolvimento de inovação tecnológica de produtos poderão ser deduzidas do lucro líquido, na determinação do lucro real, e da base de cálculo da CSLL (art. 39 da Lei nº 10.637).

Serão consideradas como despesas com pesquisas tecnológicas e desenvolvimento de inovação tecnológica de produtos as seguintes despesas:

> a) despesas de pesquisa para a concepção de novo produto ou processo de fabricação, bem como a agregação de novas funcionalidades ou características ao produto ou processo que implique efetivo ganho de qualidade ou produtividade, resultando maior competitividade no mercado (art. 39, § 1º, da Lei 10.637);

> b) despesa de depreciação calculada em conformidade com a legislação vigente referente aos gastos incorridos em instalações fixas e na aquisição de aparelhos, máquinas e equipamentos, destinados à utilização em projetos de pesquisa e desenvolvimento tecnológico, ensaios de conformidade, certificações e registros sanitários e de patentes. Se na conclusão do projeto existe saldo remanescente a ser depreciado, pode ser excluído na determinação do lucro real no período de apuração em que for concluída sua utilização (art. 39, § 2º, da Lei 10.637);

> c) O reconhecimento das despesas de depreciação na conclusão do projeto será somente fiscal, e deve ser dada continuidade à contabilização como despesa operacional do saldo existente naquela data. Para isso é necessário que os valores excluídos no final dos projetos sejam controlados na parte B do LALUR, para serem adicionados em cada período posterior os valores contabilizados como despesa operacional (art. 39, § 3º, da Lei 10.637).

Ainda é condição, para que a pessoa jurídica possa deduzir da base de cálculo do Imposto de Renda e Contribuição Social sobre o Lucro as despesas com projetos de pesquisa, que estas sejam contabilizadas em contas separadas específicas por projeto (art. 39, § 4º, da Lei nº 10.637).

As pessoas jurídicas, além das deduções já comentadas, poderão, ainda, excluir, na determinação do lucro real, valor equivalente a 100% (cem por cento) do gasto total de cada projeto que venha a ser transformado em depósito de patente, devidamente registrado no Instituto Nacional de Propriedade Industrial (INPI), e em pelo menos uma das seguintes entidades de exame reconhecidas pelo *"Patent Cooperation Traty"* (PCT):

> I – European Patent Office *(art. 40, I, da Lei 10.637)*;

> II – Japan Patent Office; *(art. 40, II, da Lei 10.637)*; ou

> III – United States Patent and Trade Mark Office *(art. 40, III, da Lei 10.637)*.

O valor que servirá de base para a exclusão deverá ser controlado na parte B do LALUR, por projeto, até que sejam satisfeitas as exigências previstas nessa Medida Provisória, pois somente depois de satisfeitas essas exigências é que pode ser excluído na determinação do lucro real (art. 40, §1º, da Lei nº 10.637).

As despesas referentes ao benefício ora comentado deverão, a qualquer tempo, ser comprovadas por documentação idônea, que deverá estar à disposição da fiscalização da Secretaria da Receita Federal (art. 40, § 2º, da Lei nº 10.637).

Para que a pessoa jurídica possa considerar como dedutíveis as despesas com pesquisa tecnológica e excluí-las outra vez na base de cálculo do Imposto de Renda, para aquele que tem registro de patente, deverá submeter à análise e aprovação de órgão vinculado à Administração Pública Federal, que detenha conhecimentos específicos para convalidar a adequação dos gastos efetuados, ou seja, depende de aprovação (arts. 4ª e 42 da Lei nº 10.637).

Os gastos com registro de patente e nas entidades determinadas nessa medida provisória só serão deduzidos se pagos a pessoas físicas ou jurídicas residentes e domiciliadas no país (art. 43 da Lei nº 10.637).

Nos casos de apuração de excesso de custo de aquisição de bens, direitos e serviços, importados de empresas vinculadas, ou seja, gastos com pessoas físicas ou jurídicas não residentes ou domiciliadas no país, que sejam considerados indedutíveis na determinação do lucro real e da base de cálculo da Contribuição Social sobre o Lucro Líquido, a pessoa jurídica deverá ajustar o excesso no encerramento do período de apuração, contabilmente, por meio de lançamento a débito de conta de resultados acumulados e a crédito de:

> I – conta do ativo onde foi contabilizada a aquisição dos bens, direitos ou serviços e que permanecerem ali registrados ao final do período de apuração; ou (art. 45, I da Lei 10.637);
>
> II – conta própria de custo ou de despesa do período de apuração, que registre o valor dos bens, direitos ou serviços, no caso desses ativos já terem sido baixados da conta de ativo que tenha registrado a sua aquisição (art. 45, II, da Lei 10.637).

No caso de bens classificáveis no ativo permanente e que tenham gerado quotas de depreciação, amortização ou exaustão, no ano-calendário da importação, o valor do excesso de preço de aquisição na importação deverá ser creditado na conta de ativo, em cujas quotas tenham sido debitadas, em contrapartida à conta de resultados acumulados (art. 45, § 2º, da Lei nº 10.637).

No cálculo dos juros sobre capital na empresa que tenha feito a opção de adicionar o valor do excesso de gastos ao lucro líquido na determinação do lucro real e base de cálculo da Contribuição Social sobre o Lucro Líquido, somente na realização por alienação ou baixa a qualquer título do bem, direito ou serviço adquirido esse valor deve ser excluído do patrimônio líquido para determinação da base de cálculo desses juros (art. 45, § 2º, da Lei nº 10.637).

No caso de a pessoa jurídica fazer a opção comentada no parágrafo anterior, esta deverá registrar o valor total do excesso de preço de aquisição em subconta própria da que registre o valor do bem, serviço ou direito adquirido no exterior (art. 45, § 3º, da Lei nº 10.637).

16.2.14 Despesas em nome de terceiros

São dedutíveis as despesas em nome de terceiros, tais como: telefone, água, energia, IPTU e outras em nome do proprietário do imóvel alugado que são pagas pela pessoa jurídica locatária do imóvel.

Essas despesas são dedutíveis desde que o efetivo uso seja comprovado pela pessoa jurídica.

Nesse sentido, confira o julgado da Sétima Câmara do Primeiro Conselho de Contribuintes, no Recurso nº 145755, com sessão no dia 6/3/2008, cuja ementa está abaixo colacionada:

> Ementa:
>
> Assunto: Imposto sobre a Renda de Pessoa Jurídica – IRPJ Ano-calendário: 1995
>
> IRPJ/CSLL – GLOSA DE CUSTOS/DESPESAS – SERVIÇOS DE TERCEIROS – IMPROCEDÊNCIA.
>
> Se não há acusação de falsidade dos comprovantes de pagamentos de serviços de terceiros, nem da inexistência dos dispêndios, a questão se cinge à sua dedutibilidade ou não. Os pagamentos foram devidamente contabilizados e especificados em contas próprias, suportados os registros na escrituração pelos recibos apresentados. O fisco não provou, satisfatoriamente, os dispêndios são indedutíveis.
>
> IRPJ/CSLL – GLOSA DE CUSTOS/DESPESAS – CORTESIAS – IMPROCEDÊNCIA.
>
> A simples afirmação do fisco de que os dispêndios com cortesia são indedutíveis "por caracterizar ato de mera liberalidade", não é suficiente para sustentar a glosa. Não parece, em princípio, mera liberalidade o fato de uma concessionária de veículos oferecer aos adquirentes acessórios de valor reduzido em função do bem vendido. É despesa usual e normal na atividade. No ano de 1995, ainda não vigorava a vedação legal à dedução de brindes como despesa operacional (Lei nº 9.249/95).
>
> RECURSO DE OFÍCIO
>
> Nega-se provimento ao recurso de ofício, quando a Decisão de Primeiro Grau, ao afastar as exigências, ancorou-se na correta interpretação da legislação tributária.
>
> RO Negado e RV Provido.

16.2.15 Das despesas que devem ser rateadas pelo período de competência

As despesas devem ser reconhecidas como tal quando incorridas. Muitas vezes uma despesa já foi paga, mas não incorrida, ou seja, são aquelas pagas antecipadamente, mas correspondem a mais de um período. Exemplos:

> a) a contratação à vista de seguro para o período de um ano. Esta despesa é referente a diversos meses, portanto, deve ser rateada proporcionalmente a cada mês;
>
> b) pagamento do IPTU, quando o imposto era apurado anualmente. Para esta despesa não é necessário fazer rateio, porque ficava dentro do próprio exercício. Ocorre que agora o imposto pode ser apurado trimestral ou mensalmente, conforme a opção para realizar os pagamentos.

16.2.16 Tributos com exigibilidade suspensa

Os valores referentes à provisão de tributos com sua exigibilidade suspensa não são dedutíveis, pois se trata de mera provisão e não teria sentido sua dedução, uma vez que o contribuinte está questionando a legalidade da exação (art. 41, § 1º, da Lei nº 8.981/95). Dessa forma, a contabilização de provisão de juros e multas sobre os valores provisionados, mas com a exigibilidade suspensa, também é indedutível.

Oportuno registrar o julgado da Quinta Câmara do Primeiro Conselho de Contribuintes, no Recurso Voluntário nº 139778, com sessão do dia 16/6/2005, cuja ementa segue transcrita:

> Ementa:
>
> IMPOSTO SOBRE A RENDA DE PESSOA JURÍDICA – IRPJ. DESPESAS OPERACIONAIS – DEDUÇÃO DO VALOR DE CONTRIBUIÇÃO E DE TRIBUTO, CUJAS EXIGÊNCIAS FORAM SUSPENSAS POR MEDIDA JUDICIAL – A dedutibilidade de contribuição, prevista em lei, cuja exigibilidade esteja suspensa por depósito do montante integral, somente ocorrerá no período-base em que houver a decisão final da justiça, na hipótese de ser desfavorável à empresa.
>
> DESPESAS DE VARIAÇÕES MONETÁRIAS PASSIVAS – As variações monetárias passivas só poderão ser deduzidas, desde que devidamente apropriadas ao período-base correspondente.
>
> EXCLUSÕES DE ENCARGOS DE DEPRECIAÇÃO – Só poderão deduzidas do lucro líquido para apurar o lucro real as exclusões prescritas ou autorizadas pelo Regulamento do Imposto de Renda.

Comentários Gerais Sobre as Contas de Resultado **363**

TRIBUTAÇÃO REFLEXA – CSLL – Aplica-se às exigências ditas reflexas o que foi decidido quanto à exigência matriz, devido à íntima relação de causa e efeito entre elas.

Negado provimento.

16.2.17 Das despesas comprovadas por recibos, notas simplificadas, cupons fiscais e documentos inidôneos

Das despesas comprovadas com recibos

É comum as autoridades fiscais considerarem como despesas não dedutíveis os pagamentos somente que estejam em recibos, mas esse procedimento não encontra respaldo legal, pois a lei não veda a comprovação de despesas.

Para a dedução como despesa operacional, além do recibo, deve ser comprovada a necessidade da realização da mesma no processo operacional da empresa. Entre essas despesas podem ser citadas as pequenas despesas do escritório, tais como: limpeza, conserto, fretes e outras.

Das despesas comprovadas com nota fiscal simplificada

As despesas comprovadas através de notas fiscais simplificadas não são dedutíveis porque não têm mecanismos para se fazer juízo das despesas, ou seja, saber se os gastos são realmente necessários e atendem aos requisitos que a lei exige para a dedução.

No entanto, admite-se a dedutibilidade quando a pessoa jurídica comprova, por qualquer meio de prova lícito, que o gasto existiu e se trata de despesa normal e usual no tipo de transação, operação ou atividade da empresa.

Já existem máquinas emissoras de cupom fiscal capazes de identificar o adquirente da mercadoria. Porém, a maioria dos comerciantes ainda não tem acesso a esse tipo de equipamento. Com isso, as pessoas jurídicas tributadas com base no lucro real terão dificuldade de dedutibilidade das despesas comprovadas com notas fiscais simplificadas.

16.2.18 Da reparação de danos patrimoniais

As receitas referentes à indenização destinadas à reparação de danos patrimoniais não estão sujeitas à incidência de Imposto de Renda (art. 32 IN 93/97).

O contribuinte deve ter cuidado com a recuperação de despesa, pois não se trata de reparação de danos e está sujeita ao imposto, o que é justo, tendo em vista a contabilização como despesa ser dedutível do Imposto de Renda.

16.2.19 Das despesas financeiras

Despesas de juros

As despesas financeiras com juros pagos ou incorridos pelo contribuinte são dedutíveis, como custos ou despesas operacionais, observadas as seguintes normas:

I – os juros pagos antecipadamente, os descontos de títulos de crédito e o deságio concedido na colocação de debêntures ou títulos de crédito deverão ser apropriados, *pro rata temporis*, nos períodos de apuração a que competirem (art. 374 RIR/99);

II – os juros de empréstimos contraídos para financiar a aquisição ou construção de bens do ativo permanente, incorridos durante as fases de construção e pré-operacional, podem ser registrados no ativo diferido, para serem amortizados (art. 374, II, RIR/99).

Registre-se que a Terceira Câmara do Primeiro Conselho de Contribuintes, no Recurso nº 155639, firmou o entendimento de que são dedutíveis as despesas financeiras referentes a juros passivos sobre tributo pago a menor, conforme colação abaixo:

Ementa:

Assunto: Imposto sobre a Renda de Pessoa Jurídica – IRPJ. Ano-calendário: 1999

Ementa: CUSTOS OU DESPESAS. DEDUTIBILIDADE. COMPROVAÇÃO. Deve ser cancelado o lançamento referente à glosa de custos ou despesas que não haviam sido registrados originariamente como tal ou em relação às quais o sujeito passivo demonstra a efetiva ocorrência da operação e a inculação às atividades operacionais da empresa.

PROVISÃO NÃO AUTORIZADA. GLOSA. EXCLUSÃO INDEVIDA NO LALUR. Demonstrado que o montante da provisão sem previsão legal de dedução foi adicionado ao lucro real, não cabe a glosa da despesa correspondente, nem a caracterização de exclusão indevida.

DESPESAS FINANCEIRAS. DEDUTIBILIDADE. Descabe a glosa de despesas financeiras referentes a juros passivos sobre tributo pago a menor quando restou comprovada a contabilização como receita dos ganhos em relação aos pagamentos efetuados a maior.

Assunto: Contribuição Social sobre o Lucro Líquido – CSLL

Ano-calendário: 1999

Ementa: LANÇAMENTO DECORRENTE.

Tratando-se de autuação decorrente dos mesmos fatos que implicaram na tributação do IRPJ, aplica-se à contribuição o resultado do julgamento do imposto. Publicado no *DOU* nº 112, de 13 de junho de 2007.

Enquanto existir nos balanços das empresas coligadas ou controladas com sede no exterior lucro disponível, as despesas financeiras nas empresas aqui no Brasil referentes a empréstimos concedidos por essas empresas serão não dedutíveis (Lei n° 9.532, de 1997, art. 1º, § 3º).

16.2.20 Variações passivas

As despesas com variação monetária de obrigações e perdas monetárias na realização de créditos poderão ser deduzidas do lucro com despesas operacionais pelo regime de competência (Decreto-lei n° 1.598, de 1977, art. 18, parágrafo único, Lei n° 9.249, de 1995, art. 8º).

A despesa de variação cambial calculada em função da atualização de taxa cambial poderá, a critério do contribuinte, ser pelo regime de caixa, conforme comentado no item variação cambial.

16.2.21 Das despesas com créditos junto a sócios

Os créditos de sócios podem ter incidência de juros e atualização monetária, sendo que o juro ideal é de 1% (um por cento) ao mês e a variação, por qualquer índice utilizado no mercado. Mas para que essa despesa seja dedutível, tem que existir um contrato por escrito.

16.3 Das receitas não operacionais

16.3.1 Operações de desapropriação de imóvel rural

Da incidência

As receitas originárias de desapropriação de imóveis têm a incidência do Imposto de Renda, podendo ser diferida sua tributação nas seguintes condições:

> I – transfira o ganho de capital para reserva especial de lucros;
>
> II – aplique, no prazo máximo de 2 (dois) anos do recebimento da indenização, na aquisição de outros bens do ativo permanente, importância igual ao ganho de capital;
>
> III – discrimine, na reserva de lucros, os bens objeto da aplicação de que trata o inciso anterior, em condições que permitam a determinação do valor realizado em cada período de apuração.

A reserva será computada na determinação do lucro real quando da realização do bem ou quando for utilizada para distribuição de dividendos. O controle de ganho de capital deve ser feito na parte B do LALUR.

Lembramos que na receita de desapropriação para reforma agrária o ganho de capital é isento.

Exemplo: A empresa A, em 31/12/1999, obteve um ganho de capital no montante de R$ 200.000 (duzentos mil reais), proveniente de desapropriação e no prazo de 2 (dois) anos comprou bens no mesmo valor.

Procedimentos:

1. na venda, o ganho de capital não será contabilizado como receita, mas sim como reserva;
2. na compra dos bens, esses serão contabilizados no imobilizado;
3. a depreciação dos novos bens será contabilizada como despesa, à qual será adicionado ao resultado um valor correspondente à despesa referente à realização da reserva (tributação do ganho de capital).

Controle da reserva:

Data	Histórico	Débito	Crédito	Saldo
31/12/1999	Diferimento do ganho	200.000		200.000
31/12/2000	Realização ref. à depreciação do ano		20.000	180.000
31/12/2001	Realização ref. à depreciação do ano		20.000	160.000
31/12/2002	Realização com a venda dos bens		160.000	0

Observação: A explanação feita trata-se de um planejamento conservador, por observar somente a legislação fiscal, mas é induvidoso afirmar que a tributação dessa reserva é inconstitucional, porque não houve ganho de capital e reposição de bem que tenha sido expropriado.

A empresa que pretende uma linha moderada não deve tributar a reserva, mesmo após a realização dos bens comprados (art. 422 RIR/99, art. 31, § 4º, Decreto-lei nº 1.598/77).

Da não incidência

As receitas referentes à desapropriação de bens destinados à reforma agrária são isentas do Imposto de Renda (art. 423 RIR/99, art. 184, § 5º, CF).

16.3.2 Do resultado positivo nas compras e vendas de participações societárias

A sociedade pode ter lucro nas compras de ações ou quotas de terceiro, como também em subscrição de suas próprias ações, na venda de ações em tesouraria.

Para facilitar o entendimento do leitor, este grupo é dividido em dois subgrupos.

16.3.2.1 Resultado nas compras de quotas ou ações de terceiro

Quando a empresa compra quotas ou ações de outras sociedades, são dois os tratamentos que devem ser dados, a seguir delineados:

a) Quando o investimento em sociedades controladas ou em coligadas sobre cuja administração tenha influência, ou que participe com 20% (vinte por cento) ou mais do capital social, deve ser avaliado pelo valor do patrimônio líquido da investida.

Exemplo:

A empresa **A** subscreve e integraliza no capital de **B**, no valor de R$ 250.000 (duzentos e cinquenta mil reais), sendo que a empresa **B**, após o investimento, ficou com a seguinte situação:

Capital	R$ 1.000.000
Reservas de lucro	R$ 2.000.000
Total do patrimônio líquido	R$ 3.000.000

A empresa A participa com 25% (vinte e cinco por cento) do capital de B, então deve fazer a avaliação de seu investimento pelo valor do patrimônio líquido de B.

Dessa forma, deve fazer a equivalência inicial, conforme a seguir demonstrado:

Capital de B	R$ 1.000.000
Participação de A	R$ 250.000
Percentual	25%
PL da investida	R$ 3.000,000
Percentual de participação	25%
Equivalência inicial	R$ 750.000
Investimento inicial	R$ 250.000
Ajuste (receita) deságio	R$ 500.000

Esse valor não é reconhecido como receita, e sim como uma conta redutora do investimento.

A contabilização será a seguinte:

1. Pelo valor pago

    D – Investimento na empresa B

    C – Banco (caixa)

    Histórico: R$ 250.000

2. Ajuste da avaliação

    D – Investimento na empresa B

    C – Deságio no investimento em B

    Histórico: R$ 500.000

O ajuste tem a finalidade de apurar corretamente as receitas de equivalência patrimonial a partir do investimento, ou seja, sempre o percentual de participação de 25% (vinte e cinco por cento) no lucro da investida.

Dando continuidade ao exemplo, pode-se imaginar que no período da subscrição até o balanço a empresa B apresentou um lucro de R$ 100.000 (cem mil reais), passando a ter um PL conforme a seguir:

Capital	R$ 1.000.000
Reservas de lucro	R$ 2.000.000
Lucro	R$ 100.000
Total do patrimônio líquido	R$ 3.100.000
PL da investida	R$ 3.100,000
Percentual de participação	25%
Equivalência	R$ 775.000
Investimento	R$ 750.000
Ajuste (receita de equivalência)	R$ 25.000

Essa receita não é tributável, portanto, deve ser excluída na apuração do lucro real.

b) investimentos avaliados pelo custo de aquisição.

16.3.2.2 Lucro na venda das ações

Continuando o exemplo, logo em seguida ao lucro, a empresa A vendeu as ações que possuía da empresa B pelo valor de R$ 300.000 (trezentos mil reais). Vejamos como será apurado o resultado:

Demonstração do resultado

Valor da venda	R$ 300.000
(–) Custo investimento	R$ 775.000
(+) Deságio	R$ 500.000
= Lucro	**R$ 25.000**

Alem dos lucros em investimento em ações ou quotas de outras empresas, existe também a possibilidade de a sociedade obter resultado nas suas próprias ações, tais como:

a) ágio na emissão de ações;

b) lucro na venda de ações em tesouraria.

Ágio na emissão de ações das companhias abertas é a diferença entre o valor do lançamento da ação e o valor de venda.

Por exemplo, a sociedade lança 2.000.000 (dois milhões) de ações ao preço de R$ 1 (hum real) cada. Ocorre que o investidor comprou as ações por R$ 2.500.000 (dois milhões e quinhentos mil reais). Nesse caso, a diferença de R$ 500.000 (quinhentos mil reais) pode ser registrada como reserva de capital e não será computada na determinação do lucro real (art. 442, RIR/99).

As sociedades anônimas podem comprar suas próprias ações. Quando isso acontece, o valor das ações deve ser registrado como ações em tesouraria, visto que, se depois forem vendidas com lucro, não serão tributadas pelo Imposto de Renda (art. 442, RIR/99).

17

Do Cálculo do Imposto de Renda e Contribuição Social sobre Lucro

17.1 Comentários gerais

O Imposto de Renda da pessoa jurídica pode ser apurado de três modos, ou seja, lucro real, presumido e arbitrado.

Com efeito, a maioria das empresas faz a opção pelo lucro presumido, tendo em vista suas várias características, das quais a mais relevante é a simplicidade na apuração do Imposto de Renda e Contribuição Social sobre o Lucro Líquido.

A autoridade vem incentivando o contribuinte a fazer a opção pelo lucro presumido também por várias razões, dentre as quais a principal é o aumento da arrecadação em função de que muitas empresas estão deficitárias, portanto, pagando Imposto de Renda e Contribuição Social sobre Lucro sobre um lucro que não existe.

Neste capítulo será tratado de forma breve o lucro real e presumido, tendo em vista que o arbitrado recebe os mesmos procedimentos com relação ao lucro presumido, com exceção ao limite de faturamento do ano-calendário anterior, que não se aplica.

Dessa forma, para o cálculo do IR e CSLL com base no lucro arbitrado, serão os mesmos procedimentos, acrescidos de 20% (vinte por cento) nas alíquotas.

17.2 Lucro real

Consoante o art. 247 do RIR/99, lucro real é o resultado contábil do período de apuração ajustado pelas adições e exclusões ou compensações autorizadas pela legislação fiscal.

O resultado contábil é a soma algébrica de todas as despesas e receitas de um determinado período.

O lucro real, portanto, é a base de cálculo do Imposto de Renda, partindo do resultado apresentado na contabilidade, com os devidos ajustes.

As adições são referentes a valores que devem ser somados ao lucro contábil, que pode ser em função das seguintes situações:

> a) despesas que afetaram o resultado contábil do período, mas não estão autorizadas pela legislação fiscal como redutoras da base de cálculo do Imposto de Renda. **Exemplos: comissão, multa por infração de trânsito, realização de reserva de reavaliação etc.**;

> b) receitas que no período anterior tenham sido excluídas do lucro contábil para definir o lucro real, por uma condição de deferimento para ser adicionado em períodos posteriores. **Exemplo: venda a prazo de bens ou serviços para órgãos públicos, para recebimento nos períodos seguintes**;

> c) despesas que em períodos anteriores foram excluídas do resultado contábil para a definição do lucro real, em função da antecipação do reconhecimento da despesa fiscal, mas somente agora está sendo contabilizado. **Exemplo: empresa que tenha a atividade rural e compra equipamentos; o contribuinte considera totalmente depreciado para fins do Imposto de Renda; contabilmente reconhece a despesa no prazo da vida útil do bem**. (Grifou-se)

As exclusões são referentes a valores que devem ser deduzidos do lucro contábil, que podem ser em função das seguintes situações:

> a) receitas que afetaram o resultado contábil, mas a legislação define como receitas isentas do Imposto de Renda. **Exemplo: receita de equivalência patrimonial**;

> b) despesas que no período anterior tenham sido adicionadas ao resultado contábil, por uma condição necessária para a sua dedutibilidade;

> c) deduções por incentivos fiscais. **Exemplo: depreciação acelerada para fins fiscais**. (Grifou-se)

As pessoas jurídicas que tenham atividades incentivadas com relação ao IR devem apurar o lucro da exploração, que é a base de cálculo desses incentivos fiscais.

Os incentivos fiscais com o IR são sempre para o setor industrial e algumas atividades exercidas por construtoras. Como está sendo tratada neste livro uma pessoa jurídica com atividade de comércio, então não se estudará com profundidade essa matéria.

O conceito de lucro real é o lucro líquido apurado ajustado pelas adições e exclusões. Assim sendo, o art. 7º do Decreto-lei nº 1.598/77 determina que esse lucro deve ser apurado com observância às leis comerciais e fiscais, *in litteris*: "Art. 7º O lucro real será determinado com base na escrituração que o contribuinte deve manter, com observância das leis comerciais e fiscais."

Como já não bastasse, o inciso XI do art. 67 do Decreto-lei nº 1.598/77, *in verbis*, determina que o lucro líquido do exercício deva ser apurado de acordo com a Lei nº 6.404/76:

> XI – o lucro líquido do exercício deverá ser apurado, a partir do primeiro exercício social iniciado após 31 de dezembro de 1977, com observância das disposições da Lei nº 6.404, de 15 de dezembro de 1976.

Dessa forma, o Imposto de Renda é calculado com base no lucro real que será apurado em livro próprio, que é o LALUR.

O LALUR é dividido em duas partes, quais sejam, A e B. Na primeira parte, são demonstrados os cálculos do imposto; na segunda, são controlados os créditos tributários, tanto a favor da Fazenda quanto do contribuinte.

Exemplo de crédito da Fazenda: receitas que a legislação autoriza o contribuinte a excluir do lucro para adicionar em exercícios seguintes.

Exemplo de crédito do contribuinte: valores referentes à provisão de comissão que a legislação determina que seja adicionada ao lucro na apuração do lucro real para ser excluída em exercícios seguintes.

Na prática

Considerando todos os lançamentos contábeis realizados na empresa ABC Comércio Ltda., bem como os comentários realizados ao longo deste livro, agora será apurado o Imposto de Renda:

LALUR – Livro de Apuração Lucro Real

PARTE A – REGISTRO DOS AJUSTES DO LUCRO LÍQUIDO DO EXERCÍCIO

DATA	HISTÓRICO		ADIÇÕES	EXCLUSÕES
31/12/2009	Prejuízo do exercício	(28.485,80)		
31/12/2009	Provisão para contingência		30.000	
31/12/2009	Dividendos recebidos			300
31/12/2009	Ajuste de equivalência			60.000
31/12/2000	Depreciação incentivada			
		(28.485,80)	30.000	60.300
	Demonstração do lucro real			
31/12/2009	Prejuízo do exercício	(28.485,80)		
	Adições			
31/12/2009	Provisão para contingência	30.000		
	Subtotal	30.000		
	Exclusões			
31/12/2009	Dividendos recebidos	(300)		
31/12/2009	Ajuste de equivalência	(60.000)		
	Subtotal	(60.300)		
	Prejuízo fiscal	(58.785,80)		

Como apresentou prejuízo fiscal, dessa forma deve ser preenchida a parte B da LALUR para controlar o crédito da ABC Comércio Ltda.

PARTE B – CONTROLE DE VALORES QUE CONSTITUIRÃO AJUSTE DO LUCRO LÍQUIDO DE EXERCÍCIOS FUTUROS

CONTA: PREJUÍZO FISCAL – ANO-CALENDÁRIO 2009								
DATA DO LANÇAMENTO (1)	HISTÓRICO (2)	Para efeito de correção monetária			Controle de valores			
		Mês de Referência (3)	Valor a corrigir (4)	Coef. (5)	Débitos (6)	Crédito (7)	Saldo	
							R$ (8)	D/C (9)
31/12/2009	Prejuízo fiscal	12/09				58.785	58.785	D

O cálculo da CSLL é semelhante ao IR, enquanto as exclusões e adições são as mesmas para ambos os tributos, esta única exceção, qual seja: é com relação à diferença do IPC/90, que na apuração do lucro real do Imposto de Renda é a partir do resultado reduzido da CSLL. Quando isso ocorre, a provisão para a CSLL não é dedutível.

Dessa forma, a base de cálculo da CSLL da ABC Comércio Ltda., para o ano-calendário 2009, vai ser negativa, no valor de R$ 58.785,00 (cinquenta e oito mil, setecentos e oitenta e cinco reais).

17.3 Lucro presumido

A tributação pelo lucro presumido, nos últimos anos, tem sido muito incentivada pelas autoridades tributantes, sempre apresentada como a forma mais simples de ser apurado o imposto, o que é verdade. Entretanto, devem ser analisadas com muito critério as vantagens e desvantagens.

Ocorre que virou moda as empresas apurarem os seus impostos com base nessa sistemática sem fazer qualquer avaliação.

Apesar de este livro não ter a finalidade de fazer esse tipo de comentário, faz-se necessário ressaltar a importância de se realizar uma análise antes da escolha da tributação do Imposto de Renda.

17.3.1 Das pessoas jurídicas autorizadas a optar

Nem todas as pessoas jurídicas podem fazer a opção pelo lucro presumido, haja vista que somente podem optar:

a) empresas cuja receita bruta total, no ano-calendário anterior, tenha sido igual ou inferior a R$ 48.000.000,00, ou R$ 4.000.000,00 multiplicados pelo número de meses de atividade no ano-calendário anterior. Esta última situação é para as empresas que tenham iniciado as suas atividades no ano anterior (art. 516, RIR).

b) empresas que não estejam obrigadas a declarar com base no lucro real em função da atividade que exercem;

c) as sociedades civis de profissão regulamentada, as sociedades que explorem atividade rural, as sociedades por ação, as sociedades de capital aberto, as empresas que se dediquem à compra, à venda, ao loteamento, à incorporação ou à construção de imóveis e à execução de obra da construção civil, que não estejam enquadradas no item *b*;

d) empresas que tenham sócios ou acionistas residentes ou domiciliados no exterior;

e) empresas constituídas sob qualquer forma societária, de cujo capital participem entidades da administração pública, direta ou indireta, federal, estadual ou municipal;

f) empresas que sejam filiais, sucursais, agências ou representação, no país, de pessoas jurídicas com sede no exterior;

g) empresas que vendam bens importados, qualquer que seja o valor da receita auferida com a venda desses produtos.

17.3.2 Das pessoas jurídicas não autorizadas a optar

Como já comentado, existem pessoas jurídicas que não podem optar pela sistemática de lucro presumido, que são as seguintes:

a) pessoas jurídicas cujas atividades sejam de bancos comerciais, bancos de investimentos, bancos de desenvolvimento, caixas econômicas, sociedades de crédito, financiamento e investimento, sociedades de crédito imobiliário, sociedades corretoras de títulos e valores mobiliários, empresas de arrendamento mercantil, cooperativas de crédito, empresas de seguro privado e de capitalização e entidades de previdência privada aberta;

b) pessoas jurídicas que tiverem lucros, rendimentos ou ganhos de capital oriundos do exterior;

c) pessoas jurídicas que, autorizadas pela legislação tributária, queiram usufruir de benefícios fiscais relativos à isenção ou redução do Imposto de Renda;

d) pessoas jurídicas que, no decorrer do ano-calendário, tenham efetuado o recolhimento mensal com base em estimativa;

e) pessoas jurídicas que explorem as atividades de prestação cumulativa e contínua de serviços de assessoria creditícia, mercadológica, gestão de crédito, seleção e riscos, administração de contas a pagar e a receber, compras de direitos creditórios resultantes de vendas mercantis a prazo ou de prestação de serviços (*factoring*).

Algumas empresas que optarem pelo Programa de Recuperação Fiscal (REFIS) podem fazer opção pelo lucro presumido mesmo que estejam impedidas pelas condições anteriormente citadas.

17.3.3 Das receitas que deverão ser consideradas para cálculo do limite

Consoante o regulamento de Imposto de Renda para efeito do cálculo do limite, serão consideradas as seguintes receitas:

a) as receitas brutas auferidas na atividade objeto das pessoas jurídicas;

b) quaisquer outras receitas, mesmo que sejam de fontes não relacionadas com a atividade principal da empresa;

c) os ganhos de capital;

d) os ganhos líquidos obtidos em operações de renda variáveis;

e) os rendimentos auferidos em aplicações financeiras de renda fixa;

f) os rendimentos decorrentes de participações societárias.

As pessoas jurídicas que fizerem a opção pelo lucro presumido e, durante anos, extrapolaram os limites da receita, não podem mais ser tributadas pelo lucro presumido naquele exercício, sendo obrigadas a declarar com base no lucro real no ano seguinte.

17.3.4 Quando fazer a opção

A opção pelo lucro presumido anteriormente podia ser feita até a data da entrega da declaração do Imposto de Renda. Dessa forma, o contribuinte poderia fazer a escolha com segurança sobre qual seria a forma de calcular seus impostos de forma menos onerosa.

Atualmente, a opção é feita de forma irrevogável na data do pagamento da primeira quota ou da quota única nos casos em que se aplique, sendo a manifestação de forma irrevogável. É comum a prática dos contribuintes de tentar alterar a opção feita através de retificação de DARF.

Esse procedimento não prospera, pois a Secretaria da Receita Federal já se manifestou, através da Consulta nº 216 da 8ª RF (*DOU* de 1º/10/2001), que não aceita REDARF para alteração de opção pela sistemática de apuração do imposto.

17.3.5 Do início das atividades

No exercício em que a pessoa jurídica iniciar suas atividades, não existe o limite em função de valores, mas deve ser observado para o período posterior, para avaliar se pode continuar ou ingressar no sistema de lucro presumido.

Nesse caso, deve ser adotado o seguinte procedimento:

EXEMPLO I

Empresa constituída em 1º/9/2000

Faturamento no ano de 2000 = R$ 20.000.000

Nº de meses = 4

Faturamento por mês = R$ 5.000.000

Limite para declarar com base no lucro presumido = (R$ 48.000.000/12 = R$ 4.000.000 × 4)

Limite = R$ 4.000.000 × 4 = R$ 16.000.000

Conclusão: nesse caso, a empresa não pode optar pelo lucro presumido no ano posterior.

EXEMPLO II

Empresa constituída em 1º/9/2000

Faturamento no ano de 2000 = R$ 12.000.000

Nº de meses = 4

Faturamento por mês = R$ 3.000.000

Limite para declarar com base no lucro presumido = R$ 48.000.000/12 = R$ 4.000.000 × 4

Limite = R$ 4.000.000 × 4 = R$ 16.000.000

Conclusão: nesse caso, a empresa pode optar pelo lucro presumido no ano posterior.

17.3.6 Da base de cálculo do Imposto de Renda

1ª Fase

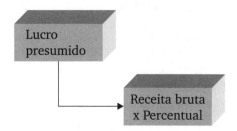

2ª Fase

3ª Fase

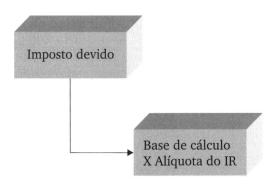

4ª Fase

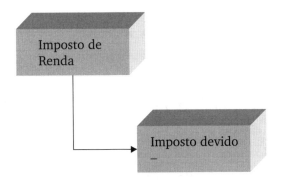

17.3.7 Do percentual

Sobre a receita bruta ajustada será aplicado um percentual que varia de acordo com a atividade exercida pelo contribuinte, conforme a seguir descrito:

a) Percentual de 8% (oito por cento)

Revenda de mercadoria, fabricação própria, industrialização por encomenda, transporte de cargas, serviços hospitalares, atividade rural e venda de imóveis das empresas com esse objeto social.

b) Percentual de 1,6% (um vírgula seis por cento)

Receita de combustíveis.

c) Percentual de 32% (trinta e dois por cento)

Nas receitas de prestação de serviço, exceto a de serviços hospitalares.

d) Percentual de 16% (dezesseis por cento)

Nas receitas de prestação de serviço em geral das pessoas jurídicas com receita bruta anual de até R$ 120.000 (cento e vinte mil reais), exceto serviços hospitalares, de transportes e de profissão regulamentares.

Na prática

Considerando as seguintes informações da ABC Comércio Ltda., pode-se dar início aos cálculos do lucro presumido:

Faturamento R$ 330.000

Atividade: Comércio (percentual de 8% para o IR e 9% para a CSLL)

Do cálculo do IR

Primeira fase:

Lucro presumido = 330.000 × 8% = 26.400

Segunda fase

Lucro presumido	R$ 26.400
(+) Receita financeira	R$ 26.663
(+) Ganho de capital	R$ 17.535[1]
Base de Cálculo do IR	R$ 70.598
IR (70.598 × 15%)	= R$ 10.589

O lucro presumido é calculado trimestralmente, sendo que a base de cálculo do IR que passar do limite de R$ 60.000 (sessenta mil reais) terá adicional de 10% (dez por cento).

Como neste livro está sendo considerada a apuração anual, o limite para o adicional está sendo no valor de R$ 240.000 (duzentos e quarenta mil); todavia, o correto é a apuração trimestral.

Do cálculo da CSLL

Primeira fase:

Lucro presumido = 330.000,00 × 12% = 39.600,00

Segunda fase

Lucro presumido	R$ 39.600,00
(+) Receita financeira	R$ 26.663,00
(+) Ganho de capital	R$ 17.535,00[2]
Base de Cálculo do CSLL	R$ 83.798,00
CSLL (83.798 × 9%)	= R$ 7.541,82

Diante do exposto, a ABC Comércio Ltda., declarando e recolhendo o IR pelo lucro presumido, além de pagar IR e CSLL sem ter lucro, ainda teria que recolher 0,65% (zero vírgula sessenta e cinco por cento) e 3% (três por cento) de PIS e COFINS, respectivamente, sobre o faturamento.

Por essa razão, evidencia-se importante o planejamento tributário.

---

[1] Valor da venda 150.000 – custos, 132.465, conforme demonstração do resultado.

[2] Valor da venda 150.000 – custos, 132.465, conforme demonstração do resultado.

Referências

ANDRADE FILHO, Edmar Oliveira. *Imposto de Rendas das Empresas*. São Paulo: Atlas, 2009.

BORBA, Cláudio. *Direito Tributário*. Rio de Janeiro: Campus, 2007.

BRAGA, Hugo Rocha; ALMEIDA, Marcelo Cavalcanti. *Mudanças Contábeis na Lei Societária – Lei nº 11.638, de 28 de dezembro de 2007*. São Paulo: Atlas, 2008.

BRASIL. Conselho Administrativo de Recursos Fiscais – CARF. Disponível em: <http://carf.fazenda.gov.br/sincon/public/pages/index.jsf>. Acesso em: 15 dez. 2009.

_____. Receita Federal do Brasil. Disponível em: <www.receita.fazenda.gov.br>. Acesso em: 12 dez. 2009.

_____. Superior Tribunal de Justiça. Disponível em: <www.stj.jus.br>. Acesso em: 12 jul. 2009.

_____. Supremo Tribunal Federal. Disponível em: <www.stf.jus.br>. Acesso em: 20 jul. 2009.

CEARÁ. Tribunal de Justiça do Estado do Ceará. Disponível em: <www.tjce.jus.br>. Acesso em: 28 out. 2009.

HARADA, Kiyoshi. *Direito Tributário*. São Paulo: Atlas, 2006.

HIGUCHI, Hiromi; HIGUCHI, Fábio Hiroshi; HIGUCHI, Celso Hiroyuki. *Imposto de Renda das Empresas*. São Paulo: IR Publicações, 2009.

IUDÍCIBUS, Sergio de; MARTINS, Eliseu; GELBCKE, Ernesto Rubens. *Manual de Contabilidade das Sociedades por Ações*. São Paulo: Atlas, 2008.

MACHADO, Hugo de Brito. *Comentário ao Código Tributário Nacional*. São Paulo: Atlas, 2003. v. I.

MARANHÃO. Tribunal de Justiça do Estado do Maranhão. Disponível em: <www.tjma.jus.br>. Acesso em: 22 nov. 2009.

MARION, José Carlos. *Contabilidade Empresarial*. São Paulo: Atlas, 2007.

OLIVEIRA, Ricardo Mariz de. *Fundamentos do Imposto de Renda*. São Paulo: Quartier Latin, 2008.

PAULSEN, Leandro. *Direito Tributário*. Porto Alegre: Livraria do Advogado, 2008.

PEIXOTO, Marcelo Magalhães et al. *Regulamento do Imposto de Renda*. São Paulo: MP, 2009.

QUEIROZ, Mary Elbe. *Imposto sobre a Renda e Proventos de Qualquer Natureza*. São Paulo: Manole, 2004.

TRIBUNAL REGIONAL FEDERAL DA 1ª REGIÃO. Disponível em: <www.trf1.jus.br>. Acesso em: 23 ago. 2009.

TRIBUNAL REGIONAL FEDERAL DA 2ª REGIÃO. Disponível em: <www.trf2.jus.br>. Acesso em: 12 ago. 2009.

TRIBUNAL REGIONAL FEDERAL DA 3ª REGIÃO. Disponível em: <www.trf3.jus.br>. Acesso em: 12 set. 2009.

TRIBUNAL REGIONAL FEDERAL DA 4ª REGIÃO. Disponível em: <www.trf4.jus.br>. Acesso em: 12 out. 2009.

TRIBUNAL REGIONAL FEDERAL DA 5ª REGIÃO. Disponível em: <www.trf5.jus.br>. Acesso em: 16 out. 2009.

WINKLER, Noé. *Imposto de Renda*. São Paulo: Forense, 1999.

atlas

www.grupogen.com.br

Pré-impressão, impressão e acabamento

grafica@editorasantuario.com.br
www.editorasantuario.com.br

Aparecida-SP